e World
Sulu Sea
CEBU
MACTAN I.
Tidore
BORNEO
SPICE IS. (MOLUCCAS)
UROPE
ASIA
lquivir R.
PACIFIC OCEAN
Portuguese
Spanish
PHILIPPINE ISLANDS
GUAM
1521
AFRICA
INDIAN OCEAN
AUSTRALIA
DEL CANO 1521
NEW ZEALAND
"VICTORIA"

PACIFIC AVENUE

Claude Cueni

PACIFIC AVENUE

Roman

WÖRTERSEH

Für Emmanuel Goetschel

Lektorat: René Staubli, Zollikon
Korrektorat: Reto Winteler, Wetzikon, und Andrea Leuthold, Zürich
Umschlaggestaltung und Motiv:
Hauptmann & Kompanie Werbeagentur, Zürich
Vorsatz, Nachsatz: historische Karte der ersten Weltumsegelung 1519 bis 1522. Quelle: mappery.com (planet.time.net.my)
Layout, Satz und herstellerische Betreuung: Lucius Keller und Andrea Leuthold, Zürich
Druck und Bindung: CPI – Ebner & Spiegel, Ulm

Print ISBN 978-3-03763-060-0
E-Book ISBN 978-3-03763-582-7

www.woerterseh.ch

MIX
Papier aus verantwortungsvollen Quellen
FSC® C083411
FSC
www.fsc.org

»Es gibt Erlebnisse, über die zu sprechen die meisten Menschen sich scheuen, weil sie nicht in die Alltagswirklichkeit passen und sich einer verstandesmäßigen Erklärung entziehen.«

Dr. Albert Hofmann, Chemiker (1906–2008)
Entdecker des LSD

»Die Fantasie tröstet die Menschen über das hinweg, was sie nicht sein können, und der Humor über das, was sie tatsächlich sind.«

Albert Camus (1913–1960)

Inhalt

1

Onkel Arthur?

»Salopard!«, brüllte jemand, »Sauhund!«

Reflexartig schaute ich in die obere rechte Ecke meines Monitors. New Message? Ich versuchte, mich auf meinen Text zu konzentrieren. Malaysia 1511. Der Portugiese Fernão de Magalhães erobert die Hafenstadt Malakka und versklavt einen dunkelhäutigen Jungen.

»Salopard!« Jetzt hatte ich es deutlich gehört. Brüllte Magellan etwa seinen Sklaven an? Wollte er ihn über Bord werfen, weil er sich weigerte, zum Christentum zu konvertieren? Vor eine solche Alternative gestellt, würde ich sogar dem Islam beitreten. Der Sklave war im indonesischen Sumatra geboren, sprach aber auch Cebuano, den Dialekt der philippinischen Insel Cebu. Aber wo zum Teufel liegt Cebu? Und wie hieß der Sklave schon wieder? Traprobana? Malakka? Spätfolgen der Schädeltrepanation? Oder hatten all die Chemos und Pillen mein Gehirn derart frittiert, dass ich mir einen einfachen Namen nicht mehr merken konnte?

»Ouvre cette porte!«, brüllte jemand. Jemand stand draußen im Flur. Jetzt trommelte er mit den Fäusten gegen meine Tür.

Ich versuchte, mich erneut auf meinen Text zu konzentrieren. Den Sklaven nenne ich Enrique, das ist der christliche Name, den ihm Magellan später verpasste, nachdem sich der arme Junge für den lieben Gott und gegen die Haie entschieden hatte.

»Salaud! Salaud!«

Sich bloß nicht ablenken lassen. Das Gepolter da draußen integrieren und weiterschreiben. Also machen wir daraus Kanonenschüsse, mit denen sich Magellan den Insulanern jeweils als Vertreter einer überlegenen Zivilisation vorstellte. Steinkugeln aus der Bombarde oder Eisenkugeln aus dem Falkonett? Ist doch egal, Anker lichten und Kurs auf die Gewürzinseln. Eine gute Story braucht gleich am Anfang einen gewissen Drive. Wie bitte? Magellan hat noch keine Seekarte? Bin ich denn für alles verantwortlich?

»Ouvre la porte, salaud! J'te craque le crâne!«

Heißt so viel wie: »Öffne die Tür, Sauhund! Oder ich schlag dir den Schädel ein!« Dieser Jemand donnerte erneut seine Fäuste gegen meine Wohnungstür. Aber wieso sollte ich ihm öffnen, wenn er mir den Schädel einschlagen wollte?

Ich sicherte meine Datei *Pacific Avenue* und schlich vorsichtig zur Tür. Behutsam verschob ich die kleine Scheibe über dem Türspion – und wich instinktiv zurück. Erst nach einer Weile wagte ich einen zweiten Blick. Ein Riesenauge starrte mich an. Es bewegte sich. Draußen stand offenbar eines jener brachialen Wesen aus der griechischen Mythologie, das nur ein einziges Auge hat, und zwar mitten auf der Stirn.

»Stell dich, wenn du ein Mann bist!«, rief der Zyklop, »ich warte hier draußen, und ich sage dir, ich habe damals in Aleb Said überlebt, weil ich in diesem gottverdammten algerischen Wüstensand ausgeharrt habe. Ich werde dich aushungern! Dann werde ich dir die Eier abreißen, hörst du?«

»Onkel Arthur?«, fragte ich ungläubig. »Wieso hast du es nicht gleich gesagt?«

Onkel Arthur wich ein paar Schritte zurück. Er humpelte. O mein Gott, dachte ich, seine Hüftarthrose ist noch schlimmer geworden. Er wedelte mit einem Hochglanzmagazin.

»Was soll der Scheiß? Da ist eine Geschichte von dir drin. Du schreibst von der hölzernen Handprothese des Capitaine Danjou, die ich seinerzeit im Legionärslager von Französisch-Guayana gekauft habe. Jeder Trottel weiß, dass du deinen Onkel meinst, und das bin ich!«

»Ach, Onkel Arthur, du liest jetzt auch das Kulturmagazin?«

Onkel Arthur begann, das Magazin zu zerfetzen. Ich lehnte mit dem Rücken gegen die Tür und versuchte, die zunehmende Übelkeit (eine Nebenwirkung der Zehnuhrpille) zu unterdrücken. Ich brauchte dringend Primperan und etwas Süßes zum Lutschen. Draußen im Flur tobte der Zyklop wie ein Breakdancer in der Pariser Banlieue. Er versuchte, die Papierfetzen in immer kleinere Stücke zu reißen. Litt er etwa auch unter dem Tourette-Syndrom, dieser neurologisch-psychiatrisch bedingten Anhäufung von Tics und zwanghaften Handlungen?

»Onkel Arthur, die Auflage dieses Heftes ist ziemlich hoch, du schaffst es nie, alle Exemplare zu vernichten. Zudem ist es hundertgrammiges Papier! Hast du keinen Reißwolf zu Hause? Oder Streichhölzer?«

Onkel Arthur schmiss, was vom Kulturmagazin übrig geblieben war, gegen meine Wohnungstür, und griff sich mit einem Aufschrei an die rechte Schulter. »Jetzt habe ich mir die Schulter gezerrt! Ich schwöre dir, wenn daraus wieder eine *frozen shoulder* wird, bring ich dich um.«

»Reg dich nicht auf. Niemand weiß, dass *du* Onkel Arthur bist. Nur du und ich. Für alle andern ist er einfach eine literarische Figur, die in Algerien Kriegsverbrechen begangen hatte und später die Kinder seiner Geschwister vergewaltigte.«

»Hat dir jemals eine Romanfigur die Fresse poliert?«

»Onkel Arthur, ich bitte dich, so eine kleine Kurzgeschichte in einem Kulturmagazin! Außerdem ist die Ausgabe bereits vor einem halben Jahr erschienen.«

»Ich habe deinen Scheiß beim Zahnarzt gelesen. Seine Frau entsorgt die alten Magazine immer im Wartezimmer.«

»Hast du wieder Probleme mit den Weisheitszähnen?«, fragte ich ruhig, bemüht um Deeskalation.

»Ich verbiete dir, jemals wieder etwas über mich zu schreiben! Hörst du?« Onkel Arthur trat erneut gegen die Wohnungstür.

»Das hättest du mir früher sagen müssen. Letzte Woche ist *Script Avenue* erschienen. Ein autobiografischer Roman. Liegt bereits in allen Buchläden. Onkel Arthur, ich hab nichts ausgelassen. Ich habe geschrieben, wie du meine Cousins jahrelang vergewaltigt hast und warum sich Francis in Syrakus umgebracht hat.«

Onkel Arthur klebte seine Wange an die Tür. »Da kommt noch mehr, Junge? Bist du lebensmüde?«

»Das Buch ist bereits auf Platz 4 der Bestsellerliste. Aber es steht dir frei, die Exemplare sämtlicher Buchhandlungen aufzukaufen, dann schaffen wir vielleicht Platz 3.«

»Ich werde mir ein Buch besorgen und …«, drohte Onkel Arthur.

»Danke! Das ist schön, wenn die Familie zusammenhält. Ich bin um jeden Leser froh! Vielleicht schaffen wir sogar eine zweite Auflage.«

Er schwieg eine ganze Weile. Plötzlich fragte er: »Wieso nennst du mich eigentlich Onkel Arthur?«

»Soll ich in meinen Romanen etwa deinen richtigen Namen nehmen?«

»Ja, da hast du auch wieder recht«, gab er kleinlaut zu.

Er setzte sich müde auf die Treppe, die zum oberen Stockwerk führte. Ich beobachtete ihn weiter durch den Türspion.

»Eigentlich warst du zu Beginn nur eine unbedeutende Nebenfigur«, sagte ich zu ihm, »aber während des Schreibens bist du größer, mächtiger und dominanter geworden, und irgendwann hatte ich Bedenken, dass du am Ende noch zur Hauptfigur heranwächst.«

»Ah«, machte Onkel Arthur, »ich habe dir damals in der *Rio Bar* gesagt, du solltest ein Buch über mich schreiben. *Ein Jurassier in der Fremdenlegion*. Oder: *Der Mann, der die Schlacht von Algier überlebte.*«

»Ich weiß nicht, Onkel Arthur, kein Schwein kann sich heute noch an den Algerienkrieg erinnern. Mir geht es genauso: Ich höre den Hämatologen, Radiologen, Kardiologen, Pneumologen, Podologen und Dermatologen zu, aber nach fünf Minuten habe ich keine Ahnung mehr, was die mir erzählt haben.«

»Wie wärs, wenn du mich jetzt reinlässt?«, fragte Onkel Arthur nach einer Weile. »Der Gemüsehändler sagte mir kürzlich, er hätte dich im Fernsehen gesehen, du hättest Leukämie.«

»Du meinst Gérôme, diese elsässische Bohnenstange mit der Brokkolifrisur? Verliest er neuerdings Gesundheitsbulletins des Unispitals? Meine Leukämie ist im Blut nicht mehr nachweisbar, also habe ich jetzt keine Leukämie mehr. Aber seit der Knochenmarktransplantation wird mein Immunsystem medikamentös unterdrückt, damit es keine Abstoßungen gibt. Ich kann dich deshalb nicht in meine Wohnung lassen. Wegen der Keime. Weiß der Teufel, wo du überall deine Finger reingesteckt hast!«

»Ich bin kerngesund, ich habs nur mit der Hüfte! Du hast ja keine Ahnung …«

»Onkel Arthur, ich schlucke jeden Tag 17 Pillen, also komm mir nicht mit deiner blöden Hüfte. Großmutter wurde damit 95 Jahre alt.«

»17 Pillen am Tag?« Onkel Arthur schien plötzlich besorgt.

»Ja, vor fünf Jahren waren es sogar 25.«

»Dann ist das doch ein kleiner Fortschritt, Sammy«, versuchte er mir Mut zu machen.

»Schon, nur habe ich seit der Knochenmarktransplantation schon über 32 000 Pillen geschluckt. Irgendwann haben meine Organe die Nase voll, und ich vermutlich auch, dann pisse ich nur noch in Regenbogenfarben.«

»Oh«, seufzte Onkel Arthur, »ich habe in Algerien einmal eine Woche lang Blut gepisst! Das war nach der Schlacht …«

»Aufhören!«, schrie ich, »ich kann deine Geschichten nicht mehr hören! Ich bin jetzt im 16. Jahrhundert, und bevor ich den Faden verliere …«

»Wie meinst du das, *im 16. Jahrhundert?*«

»Verschwinde, oder ich rufe die Polizei!«, rief ich.

»Wozu auch, Sammy? Ist alles verjährt, ich bin jetzt siebzig geworden. Sammy, kein Mensch hat mir gratuliert, in Vilaincourt vergisst man nie. Ich habe keine Familie mehr, die Legion war meine Familie, und hier in der Stadt habe ich nur einen einzigen Menschen, dich.« Die letzten Worte flüsterte er nur noch.

»Und ausgerechnet diesem Menschen wolltest du noch vor fünf Minuten den Schädel einschlagen?«

Onkel Arthur humpelte unschlüssig den Flur auf und ab. Ich beobachtete ihn weiterhin.

»Weißt du noch, wie wir uns zusammen in Belfort *High Noon* angeschaut haben?«

»Jaja, ich erinnere mich, wie du anschließend den Zollbeamten verprügelt hast.«

Onkel Arthur lachte herzhaft: »Du erinnerst dich?«

»Nicht an alles, ich habe jetzt ein Chemohirn, da vergisst man vieles.«

»Du hast ein Chemohirn?« Onkel Arthur klebte wieder an der Tür.

»Ja, das ist so, als hättest du einen Riesenkaugummi unter der Schädeldecke, du denkst in Zeitlupe, und wenn du einen Schritt weiterdenkst, hast du den vorherigen Schritt schon wieder vergessen. Ich sag dir, einen banalen Einkauf von ein paar Cherrytomaten und einem gefrorenen Pangasius muss ich planen wie Magellan seine Weltumsegelung.«

»Ich könnte dir helfen, ich kenn den Laden da vorn, das Gemüse ist gleich links vom Eingang, und der Pangasius ...«

»Im Tiefkühler! Onkel Arthur, das ist meistens so bei Tiefkühlprodukten.«

»Mach jetzt die Tür auf«, bat Onkel Arthur versöhnlich, »wir setzen uns zusammen aufs Sofa und schauen uns einen Film an. Hast du Bier im Kühlschrank?«

»Nein, ich darf doch nicht ...«

»Klar, ich Trottel, bist ein armes Schwein, aber lass mich jetzt rein. Man lässt seinen Onkel nicht einfach draußen stehen, ich habs mit der Hüfte. Ich kann nicht so lange herumstehen.«

Ich schwieg. Nach einer Weile fragte er: »Bist du noch da? Was ist das für eine Musik bei dir? Schaust du dir etwa eine DVD an? *Mission?* Mit Robert De Niro und Jeremy Irons?«

Ich schlug mit der Faust entnervt gegen die Tür. »Nein, das ist Vangelis, *1492: Conquest of Paradise.* Von Ridley Scott.«

»Habe ich nicht gesehen, Sammy, spielte da nicht Gérard Depardieu mit?«

»Ja, aber aus historischer Sicht war der Film nicht berauschend.«

»War Depardieu da bereits so fett wie ein watschelnder Seelöwe? Ich wette, der bucht bei seinen Flügen nach Moskau gleich zwei Business-Sitze nebeneinander.« Er klopfte leise an die Tür und flüsterte: »Mach schon auf, Sammy.«

»Ich bin an der Arbeit, Onkel Arthur, ich schreibe einen neuen Roman, der um 1520 spielt, deshalb höre ich den ganzen Tag diesen Soundtrack.«

»Das klingt aber interessant, Sammy. Lass mich rein und erzähl mir mehr darüber. Ich bin sicher, du kannst ein bisschen Gesellschaft brauchen – und ich auch: Ich lebe in einem Dachzimmer in Untermiete bei einer alten Witwe. Ich könnte jeden Tag zu dir kommen.«

Ich setzte mich auf den kleinen Hocker, den mir Maricel, meine Ehefrau, neben die Tür gestellt hatte, damit ich mich setzen konnte, wenn ich mich über die Gegensprechanlage oder durch die Tür mit potenziell kontaminierten Besuchern länger unterhalten musste. »Wenn ich dich reinlasse, Onkel Arthur, versprichst du mir, dass du die Schuhe ausziehst und dir die Hände zweimal gründlich mit Sterilium einreibst?«, fragte ich vorsichtig.

»Das ist ja wie in der Kirche in Vilaincourt, als wir uns mit Weihwasser bekreuzigen mussten«, maulte er.

»Hau endlich ab! Glaubst du im Ernst, du könntest mich mit dieser billigen Tour um den Wickel fingern?«

»Du meinst, *um den Finger wickeln?* Sind das auch die Pillen?«

»Nein!«, schrie ich, »als ich damals im Koma lag, haben sie mir den Schädel aufgebohrt, um das Blut abfließen zu lassen. Damit der Druck auf das Gehirn abnimmt. Seitdem erwürge ich Sätze und zerstampfe Wörter. Aber ich habe überlebt!«

»Vielleicht hat dich der liebe Gott am Leben gelassen, damit du mir verzeihen kannst«, sinnierte Onkel Arthur.

Mein iPhone klingelte.

»Du hast einen Anruf, Sammy, bei mir ruft seit Jahren keiner mehr an. Geh nur ran, ist schon in Ordnung. Ich gehe in die City. An der Aeschenvorstadt gibts wieder eine Baustelle, die will ich mir genauer anschauen …«

The Phantom

Ich ging ins Wohnzimmer zurück und ließ mich in meinen schwarzen Ledersessel fallen, mein nächtliches Cockpit. Die Armlehnen sind so breit und flach, dass ich links und rechts iPad, iPhone, Zeitschriften, Bücher und den Notizblock drauflegen kann. Hier verbringe ich ganze Nächte, wenn mich Krämpfe und Nervenschmerzen aus dem Schlaf reißen. Hier fühle ich mich wie die Comicfigur *The Phantom,* die seit 1936 in einer Totenkopfhöhle im Dschungel unter Pygmäen lebt; deshalb nenne ich den Sessel »Phantom-Sessel«.

Ich habe die Hefte von Lee Falk verschlungen und damals nicht geahnt, dass man auch in einer Großstadt zum Phantom werden kann. Ich hatte kaum noch physischen Kontakt zu Menschen, denn jeder Kontakt barg die Gefahr einer Ansteckung. Mein Sozialleben beschränkte sich auf iPhone, Mails und Social Media.

Deshalb kenne ich nur die wenigsten Menschen, die im Haus wohnen. Für sie bin ich wohl auch *The Phantom.* Aber ich lebe nicht unter Pygmäen, sondern inmitten von griechischen Göttern und Schaufensterpuppen, die meine Wohnung bevölkern. Und ich ermittle nicht da draußen in der Welt gegen böse

Mächte, ich ermittle in der *Script Avenue,* die nun zur *Pacific Avenue* geworden ist. Sie werden es bald verstehen.

Taxi Achmed

Achmed wartete bereits in seinem Taxi vor dem Haus. Früher nannte er sich Mohammed. Zu meinem Erstaunen hatte er sich eine olivgrüne Gebetskappe aufgesetzt. Er wartete gespannt auf meine Reaktion, doch ich zeigte keine Regung. Er hatte sich auch ein neues Auto gekauft. Gekauft ist übertrieben, geleast. Ich hatte ihm ausgerechnet, dass er sich das gar nicht leisten könne, aber er hatte lächelnd gesagt, Allah sehe, dass das gut sei, kein Problem. Bei mir als Ungläubigem könne das natürlich nicht gehen …

»Es geht dir schon wieder besser«, freut sich Achmed jeweils, wenn er mir die Beifahrertür öffnet und mich zum Universitätsspital fährt, »weil ich für dich bete.« Während der Fahrt erzählt er immer das Gleiche: »Allah mag dich, weil er weiß, dass du eines Tages zum Islam übertreten wirst.«

Meistens lasse ich ihn einfach reden. An diesem Tag meldete ich jedoch meine Bedenken an: »Vielleicht täuscht er sich, Achmed, ich habe für Aberglauben nichts übrig – und für mich ist Religion eine Form des Aberglaubens.«

Achmed lachte. »Wenn eines Tages so ein wilder Kerl mit langem Bart und Krummschwert vor deiner Wohnungstür steht, wirst du auf den Knien darum bitten, zum Islam übertreten zu dürfen. Ihr verwöhnten Hirntypen liebt das Wort, die Karikatur, aber der zornige Gotteskrieger vor deiner Tür hat weder Bildung noch Bankkonto. Er hat weniger zu verlieren als all die intellektuellen Klugscheißer hier, deshalb seid ihr chancenlos und werdet die Islamisierung Europas als das kleinere Übel betrachten.«

»Weißt du, Achmed, ich finde all diese monotheistischen Religionen ziemlich bescheuert, vielleicht sogar faschistoid. Wenn ich mich für einen Gott entscheiden müsste, würde ich den Hirtengott Pan wählen. Ich habe übrigens drei Statuen von ihm im Wohnzimmer.«

»Pan?«

»Der *Big Lebowski* der griechischen Mythologie. Er steht für *sex and drugs and rock 'n' roll.* Er hat zwei Hörner auf dem Kopf und Füße wie ein Ziegenbock. Pan löst Panik aus, wenn man ihn beim Schlafen stört. Er ist ein *bad guy,* deshalb hat ihn das Christentum geklaut und daraus den Teufel gemacht.«

Achmed bremste brüsk, um zwei Mädchen in Hotpants und bauchfreiem T-Shirt den Vortritt zu lassen. Dabei rutschte ihm seine Mütze, die *chachia,* vom Kopf. Der Fahrer hinter uns konnte nur knapp eine Auffahrkollision vermeiden und malträtierte seine Hupe. Achmed schaute den beiden Mädchen nach und sagte bestimmt: »Wenn wir hier mal die Mehrheit haben, wird es so was nicht mehr geben.«

»Aber du siehst es auch ganz gern, oder?«

»Das sind Huren«, lächelte Achmed, »alle eure Frauen sind Huren und haben keinen Respekt.«

»Ich mag dich ja, Mohammed, auch wenn du jetzt Achmed heißt, aber solltest du dich nicht ein bisschen mäßigen?«

Achmed bedrängte das vorausfahrende Fahrzeug.

»Wozu mäßigen, Sammy? Schau dir mal die Geburtenraten an. Der Imam in der Berliner Al-Nur-Moschee hat ausgerechnet, dass wir im Jahr 2036 in Europa die Mehrheit haben werden. Wir sind gekommen, um zu bleiben, Sammy. Wir müssen uns nicht mäßigen. Erwartet uns! Jederzeit! Überall! Wir erobern euch nicht mit Panzern, sondern mit unseren Gebärmüttern!« Er lachte erneut, man wusste nie so genau, wie ernst er das alles meinte.

Beim nächsten Vollstopp klappte der Deckel des Handschuhfachs auf meine entzündeten Kniescheiben, was ziemlich schmerzte. Ein Flugblatt wurde seinem Namen gerecht und flog mir auf den Schoß.

»Hast du eigentlich deine Taxikundenkarte wieder gefunden?«, fragte Achmed.

»Nein«, sagte ich, »das ist jetzt schon das dritte Mal, dass ich sie verloren habe. Es ist echt zum Rohölscheißen. Ich vergesse Termine, kriege Mahnungen, verwechsle Hausnummern mit Telefonnummern und Uhrzeiten, es ist unsäglich, was diese Krankheit mit mir anstellt.«

»Im Koran würdest du Antworten auf deine Fragen finden, glaub mir, ich habe das alles studiert. Der Koran hat auf alles eine Antwort.«

Ich schaute nachdenklich zu Achmed rüber. Es war kaum zu fassen, wie er sich in den letzten Jahren verändert hatte. Während sich die ältere Generation der Muslime nach und nach mit unserem Rechtssystem arrangierte, wurden die Secondos immer radikaler, obwohl sie hier aufgewachsen waren. Achmeds Mobile klingelte, er nahm den Anruf entgegen, murmelte ein paar türkische Worte und legte wieder auf.

»Was sagt eigentlich der Koran zu deinem iPhone? Darfst du *Candy Cash* downloaden?«, fragte ich.

»Natürlich, für das haben wir Imame, die das interpretieren. Kürzlich fragte ein Bruder den Imam: Wie weit darf meine Frau ohne männliche Aufsicht reisen?«

»Zweiundsiebzig Schritte«, mutmaßte ich, »oder verwechsle ich das mit den Jungfrauen im Paradies?«

Achmed hob wie Lehrer Lämpel in *Max und Moritz* den Zeigefinger und sagte: »Exakt 78 Kilometer. In den Schriften wird nämlich allein reisenden Frauen erlaubt, drei Tage und drei Nächte ohne männliche Aufsicht unterwegs zu sein.«

»Aber im 7. Jahrhundert waren die Leute noch mit dem Kamel unterwegs …«

»Eben! Deshalb wurde diese Frage vom Media Research Institute, das sich mit Islamfragen befasst, sorgfältig geprüft. Und die Imame kamen zum Schluss, dass ein Kamelritt von drei Tagen einer Distanz von exakt 78 Kilometern entspricht! Der Islam ist nicht so blöd, wie ihr Kafirn glaubt!«

Ich umklammerte mit der rechten Hand mein linkes Handgelenk, um den plötzlich entstehenden Krampf im Handballen zu unterdrücken. »Achmed, ihr habt Dutzende von diesen Islaminstituten und Tausende von Imamen. Einige haben Theologie studiert, aber das ist keine Bedingung, um Imam zu werden. Bei euch kann jeder bekiffte Ziegenhirt aus dem Hindukusch den Koran nach eigenem Gutdünken interpretieren und öffentlich verkünden. Deshalb versucht jeder Imam, den andern in Sachen Radikalität zu übertreffen. Euch fehlt ein allgemein akzeptiertes geistiges Oberhaupt, ein Chef, der ein bisschen aufräumt und den Standard vorgibt. So eine Art theologischer USB-Stecker.«

»Wir haben den Großimam Scheich Ahmed al Tajib von der ägyptischen al-Azhar-Universität. Er behauptet, es gebe eine historische Ansammlung falscher Interpretationen islamischer Quellen, die zu Extremismus und Gewalt geführt hätten. Man müsse den Islam deshalb der Zeit anpassen, modernisieren. Aber der Islam ist nicht reformierbar, weil er nicht reformiert werden muss.«

Ich warf einen Blick auf das Flugblatt auf meinem Schoß.

»Hat mir gestern einer vom Islamischen Zentralrat auf dem Marktplatz ausgehändigt«, sagte Achmed, »aber ich habe mit denen nichts zu tun.«

»Hmm …«, machte ich und legte das Flugblatt ins Handschuhfach zurück, »vierzig Peitschenhiebe wegen eines Feierabendbierchens? Ist das nicht ein bisschen krass?«

»Allah will das so«, sagte Achmed, »kannste nix machen.«

»Wie wollt ihr bloß die nächste Fußball-WM überstehen?«

Achmed lachte und zeigte einem Velofahrer den Mittelfinger.

»Achmed, es ist noch nicht lange her, da warst du ein moderner Muslim mit Nike-Kappe. Doch jedes Mal, wenn du von deinem Türkeiurlaub zurückkehrst, bist du frisch imprägniert und etwas radikaler. Und mir scheint, seit du deine Leasingraten nicht mehr bezahlen kannst, bist du noch radikaler geworden. Jetzt läufst du mit einer *chachia* rum, nennst dich Achmed und mich einen Kafir. Kaum zu glauben, dass du vor zehn Jahren noch jedes Wochenende in der Stadt rumgebumst hast.«

»Ich war ein Suchender«, rechtfertigte sich Achmed, »aber ich habe zum wahren Glauben gefunden. Jetzt bumse ich nur noch meine Plastikpuppe zu Hause, die ist weder verheiratet noch unverheiratet.«

»Das geht voll in Ordnung, Achmed, im Koran steht bestimmt nichts über Plastikpuppen.«

»Ich mag dich ja auch, Sammy, aber du bist und bleibst ein Kafir, ein Ungläubiger. Ich dürfte streng genommen keinen Kafir chauffieren. In der 5. Sure, al-Ma'ida, Vers 51, steht klar geschrieben: ›O ihr, die ihr glaubt, nehmt nicht Juden und Christen zu Freunden.‹«

»Das kann aber bestimmt nicht für Taxifahrer gelten, Achmed, oder?«

Wir gerieten erneut in einen Stau. »Lass mich aussteigen«,

sagte ich entnervt, »den Rest gehe ich zu Fuß. Ein bisschen Training muss sein. *Use it or lose it.*«

Achmed zwinkerte mir zu. »Siehst du? Deshalb habe ich die Plastikpuppe.«

Hämatologie; Ravioli al limone

Der Flur vor dem verglasten Eingang zum Zellersatzambulatorium diente als Warteraum. Frauen und Männer jeglichen Alters harrten hier aus, bis sie aufgerufen wurden. Im Winter trugen fast alle einen Mundschutz, und nicht wenige schützten sich auch im Sommer, wobei ich nie wusste, ob die Betreffenden übervorsichtig waren oder gerade mit Infekten zu kämpfen hatten und gern auf weitere Viren, Bakterien und Keime verzichten wollten. Einige blätterten in Zeitungen, einige taten gar nichts oder sorgten sich nur. Einige waren vom Kortison aufgedunsen wie Heißluftballone oder abgemagert wie die Skelette im Naturhistorischen Museum. Was mich angeht, so war ich gerade im Michelin-Männchen-Stadium, und meine Haut sah aus, als hätte ich mich für eine Halloween-Party geschminkt.

Einige Patienten trugen Mützen, um das kahle Haupt zu verbergen, einige waren allein, andere in Begleitung, ab und zu wurde einer im Rollstuhl an uns vorbeigeschoben, die Sauerstoffflasche an der Rückenlehne, und jeder, der hier den halben oder ganzen Vormittag wartete, dachte sich seinen Teil. In diesem Flur waren wir alle Brüder und Schwestern im Geiste, unabhängig von der Art Leukämie, die uns erwischt hatte, und den unterschiedlichen Krankheitsstadien, Behandlungsformen und Aussichten.

Ich hatte Kopfhörer auf und hörte an diesem Morgen Kings

of Leon und Jerry Lee Lewis. Manchmal wechseln die Patienten ein paar Worte miteinander. Dann tun wir so, als würden wir hier auf den Flug nach New York oder Tokio warten. Ein älterer Patient sagte mir einmal, im Alter wolle man vermehrt Oldies hören, weil sie das Tor zur Erinnerung aufstoßen. Deshalb müsse man manchmal weinen. »Und weißt du«, hatte er noch gesagt, »Ärsche wie die von Miley Cyrus und Kim Kardashian habe ich schon zur Genüge gesehen.« Ich traf seine Frau Jahre später in der Delikatessenabteilung des Globus. Sie sagte mir, ihr Mann sei tot. Zuerst sei er oft gestürzt, dann habe er nur noch erbrochen, und als der Darm abgestoßen wurde, habe sie ihn ins Spital gebracht. Nach zwei Wochen sei er gestorben. Ich hatte anschließend keine Lust mehr auf Ravioli al limone.

Nach einer Weile wurde ich in eines der Untersuchungszimmer geführt. Drei Betten und ein Sessel für die Blutentnahme im Sitzen. Ich hatte Glück, das Bett beim Fenster war noch frei. Hatte ich mich während meines sechsmonatigen Aufenthalts im Isolationszimmer jeweils auf die Aprikosenkonfitüre gefreut, freute ich mich hier auf die freie Sicht über die Stadt, während die Krankenschwester, nein, die Krankenfachfrau, nein, die Pflegefachfrau, meine Vene suchte und die Nadel sanft einführte. Vier Ampullen für 52 Laborwerte. Dann folgten Blutdruck, Gewicht, Temperatur. Ich habe seit bald fünf Jahren oft leicht erhöhte Temperatur, das ist die Hitze, die meinen Körper von innen austrocknet: GvHD, Graft-versus-Host-Disease. Nach einer allogenen Stammzelltransplantation attackieren die fremden Zellen, die einen freundlicherweise von der Leukämie geheilt haben, die gesunden Organe. Ein Urheberrechtsstreit sozusagen: Wer ist das Original, wer ist die Kopie? Um Organabstoßungen zu verhindern, wird die körpereigene Immunabwehr täglich medikamentös unterdrückt. Das bewirkt aber auch, dass man einen Infekt nach dem andern erleidet. Jeder kann zu schweren Komplikationen führen und das Ende bedeuten.

Nach der Blutentnahme wurde ich ins Lungenlabor gerufen. Einige der wartenden Patienten husteten erbärmlich und versetzten mich in Angst und Schrecken, einige hielten dabei die Hand oder ein Taschentuch vor den Mund, andere husteten einfach in die Runde. Als gebildeter Hypochonder leidet man natürlich mehr, weil man weiß: Beim Niesen werden die ausgestoßenen Tröpfchen auf 160 Stundenkilometer beschleunigt, was rund 45 Meter pro Sekunde ergibt. Ich trug hier immer einen Mundschutz, aber ein Ganzkörperkondom wäre zweckmäßiger gewesen.

Meine Lunge war bei 41 Prozent Restvolumen, also stabil auf tiefem Niveau. Als mir die Lungenfachfrau den Computerausdruck für die Hämatologie aushändigte, sagte sie, sie hätte die *Script Avenue* gelesen. Sie machte eine Pause, als wollte sie sagen, sie wisse jetzt Bescheid, sie wisse nun alles über meine geheime Welt. »Sie waren also in Hongkong«, schmunzelte sie. Zum Glück war der Fußboden aus Beton und mit Linoleum überzogen, sonst wäre ich vor Scham darin versunken. Sie dachte bestimmt an die Sexszenen mit Sariani.

Ich ging zurück in den fünften Stock, in die Hämatologie. Es gab kaum noch einen freien Stuhl im Flur. Ich setzte mich zwischen zwei Vermummte und las wie üblich die *Manila Times.* Nach der Zeitungslektüre scrollte ich die News auf Facebook und realisierte einmal mehr, was ich alles nicht mehr machen konnte. Ja, Facebook trägt nur beschränkt zum Tagesglück bei. Der eine postet seinen neuen BMW, und selber hat man nur ein altes, gebrauchtes Velo, das einmal im Monat gestohlen wird. Der Nächste postet seine neuen Hundefotos. Ich vermisse den Kontakt zu Tieren sehr, aber ich darf keine mehr berühren. Keimalarm. An diesem Morgen hatte ich den Eindruck, dass all meine Facebook-Freunde in Afrika auf Safari waren, in philippinischen Korallenriffen tauchten oder mit halbnackten Blondinen vor den Niagarafällen posierten.

Oh, jemand wollte auf Facebook mein Freund werden. Großartig! Man kann gar nicht genug Freunde haben. Ein Dr. Pedro Hacban aus Cebu. Er habe auf meiner Homepage gelesen, dass ich einen historischen Roman schreibe, der auch auf seiner Insel spiele, das mache ihn neugierig. Ich schaute mir kurz sein Profil an, denn hinter jedem Professor kann auch eine russische Prostituierte stecken, die von der Mafia vorgeschoben wird. Er war offenbar Direktor des Museo Sugbo an der Cuenco Avenue in Cebu. Ich googelte kurz das Museum und schaute mir auf Tripadvisor die Bewertungen unter Cebu/Sehenswürdigkeiten an. Schien informativ zu sein, aber kein sonderlich großes Museum; ich nahm die Freundschaftsanfrage an. Irgendein anderer Typ, der aus der Zeitung von meiner Krankheit erfahren hatte, wollte mir einen Sirup verkaufen – ich wäre dann in wenigen Stunden geheilt. Ich schrieb ihm zurück, das sei doch großartig, dann könnten jetzt alle Krebszentren dieser Welt dank seinem Sirup geschlossen werden. Ein Leser der *Script Avenue* meldete sich, um mir von seinem Schicksal zu erzählen. Ich war einmal mehr erstaunt, dass meine Ehrlichkeit in diesem Roman viele Menschen veranlasste, mir mit der gleichen Offenheit Intimes mitzuteilen.

Und dann: *Message for you.*

Ich klickte auf die Mail mit dem Absender Lourgien und dem Betreff *Do you miss me, Joe?* Es war tatsächlich diese indonesische *single mom* mit dem taubstummen Kind, die mich nicht Sammy nannte, sondern Joe, weil man in ihrem Land alle

»Langnasen« Joe nenne. Falls Sie die *Script Avenue* gelesen haben, wissen Sie, dass ich Lourgien, die sich damals Sariani nannte, vor fünf Jahren im Phonak-Center in Hongkong kennen gelernt hatte. Und dass ich ihr ein Hörgerät sowie drei Jahre Taubstummenunterricht für ihren kleinen Sohn Ken bezahlt hatte. Als damaliger Neo-Witwer und tropfender Trauerpudding hatte ich keinen klaren Gedanken mehr fassen können. Mein Freund Henri, der in Hongkong Software für die Casinos in Macau vertrieb und mittlerweile verschollen ist, hatte mich gewarnt: »Die Frau ist *street-smart.*« Er war richtig sauer geworden, als ich nicht auf ihn hörte, aber ich war damals, in meinem larmoyanten Zustand, besessen davon, Gutes zu tun. Der Verlust der Partnerin, nach 33 gemeinsamen Jahren, ist eben nicht so einfach zu überwinden.

Aber hatte der kleine Ken sprechen gelernt? Nein, seine Mutter hatte sich mit dem Geld ihre Brüste vergrößern lassen. Sie muss ständig ihren Namen ändern, weil all ihre Opfer ihren Account sperren. Und dieses Miststück wagte es heute Morgen, mich wieder zu kontaktieren? Sie schrieb, sie lebe jetzt nicht mehr in Jakarta, sondern wieder in Manila. Sie wolle kein Geld, nur ein paar nette Zeilen, vielleicht mal ein Bild oder so, sie würde jeden Tag an mich denken, sie sei *homesick* nach mir. Wahrscheinlich nach meiner Entwicklungshilfe. Falls ich jemals auf die Philippinen käme, würde sie am International Airport in Manila auf mich warten. Ich wollte *Fuck you!* antworten, ließ es aber sein. Ich wusste aus meiner Zeit als Krimiautor, dass man sich in solchen Fällen nicht in ein Gespräch verwickeln lassen sollte. Deeskalation, Kapitel drei. Ich löschte ihre Nachricht. Einmal mehr.

Ein Arzt kam den langen Flur entlang. Alle schauten ihn erwartungsvoll an. Es war ein bisschen wie beim *Bachelor.* Wer kriegt die Rose? Alle sechs Monate wechselt der Arzt; Universitätsspitäler sind eben auch Ausbildungszentren, und irgendwo müssen sich zukünftige Fachärzte Praxiserfahrung aneignen. Aber diesmal war es der Oberarzt. Wenn er kommt, gibts meistens etwas Besonderes mitzuteilen. Wir versuchten alle, an seinem Gesichtsausdruck abzulesen, was es wohl sein könnte. In der Hand hielt er einen Ausdruck des Lungenlabors und nickte mir zu; ich war an der Reihe.

»Alles mehr oder weniger stabil«, sagte er, als er mir im Behandlungszimmer den Befund mitteilte.

»41 Prozent sind doch ein Fortschritt», erwiderte ich, »vor drei Monaten war ich noch bei 37 Prozent.« Ich bestand darauf, dass sich was Positives getan hatte. Fortschritte!

Er wippte zögerlich mit dem Kopf und zeigte mir die grafische Darstellung der Lungenfunktionstests der letzten fünf Jahre. Der Kurvenverlauf entsprach in etwa dem Börsenkurs von Blackberry.

»37 oder 41 Prozent – das ist auch ein bisschen von der Tagesform abhängig. Würden wir den Test heute Nachmittag wiederholen, hätten Sie vielleicht wieder 37 Prozent. Entscheidend ist die Langzeitkurve.« Er deutete erneut auf die Blackberry-Performance. Ich sah ihm an, dass er mir gern etwas Besseres gezeigt hätte, den Aktienkurs von Anheuser-Busch oder so. Die meisten Ärzte leiden mit, wenn sie schlechte Nachrichten haben.

»Dann geht es jetzt so weiter?«, fragte ich frustriert. »Letztes Jahr habe ich sieben Prozentpunkte verloren, wenn es dieses Jahr wieder sieben sind …«

»Sie müssen einfach Erkältungen vermeiden …«

»Es ist eher unwahrscheinlich, dass ich jahrelang ohne Erkältung durch den Winter komme …«

Was wollte ich denn hören? Dass ich schon mal mit der Organisation der Party zu meinem hundertsten Geburtstag beginnen könne?

»Wir haben letztes Jahr die Immunsuppression etwas reduziert. Seitdem baut Ihr Körper wieder eine eigene Immunabwehr auf.«

»Ich möchte, dass Sie mir ganz ehrlich sagen, wie meine Aussichten sind. Wenn es nächstes Jahr zu Ende geht, esse ich jeden Tag im *Donati* Scaloppine purgatorio del padrone, dann muss ich ja nicht mehr fürs Alter sparen. Diese Ungewissheit blockiert mich.«

Der Arzt hörte mir aufmerksam zu und sagte schließlich: »Wir wissen nicht, wie es weitergeht. Sie könnten bereits heute Nacht eine weitere Abstoßung haben, vielleicht auch erst in einem halben Jahr, vielleicht bleibt es so stabil, und Sie erreichen ein normales Durchschnittsalter. Wir wissen es einfach nicht. Bei Darm- oder Brustkrebs haben wir Hunderttausende von Patientendaten, aussagefähige Statistiken, aber in Ihrem Fall gibt es zu wenig Datenmaterial.

Ich hörte nicht mehr richtig zu, ich wollte an der *Pacific Avenue* weiterschreiben. Ich wusste mittlerweile, wie ich Magellan einführen würde, die Szene würde in der Casa da India in Lissabon stattfinden, wo in der Blütezeit Portugals die Überseeterritorien verwaltet wurden. Ich hatte die Szene mittlerweile komplett vor Augen, ich konnte es kaum erwarten, sie niederzuschreiben. In diesem Augenblick war mir meine Krankheit scheißegal.

»Haben Sie seit der letzten Kontrolle Veränderungen festgestellt?«, fragte der Arzt.

»Nein, alles wie üblich«, sagte ich ungeduldig, »alle paar Stunden Krämpfe, Nervenschmerzen, die Haut verklebt mit dem Gewebe, versteift die Gelenke, ich versteinere allmählich. Wird wohl nicht mehr besser.«

»Es kann mit den Jahren wieder verschwinden oder bis zur völligen Invalidität führen, das ist bei jedem Patienten anders. Aber wir beobachten es«, sagte er und bat mich dann, Schuhe und Socken auszuziehen. Vergeblich versuchte er, mein versteiftes Fußgelenk zu mobilisieren. »Wir beobachten es«, wiederholte er, »haben Sie noch Fragen?«

»Ja, eine letzte«, sagte ich, während ich meine Strümpfe wieder anzog. »Ist es möglich, dass all diese Medikamente nach all den Jahren meine Psyche beeinträchtigen? Irgendwie werde ich nicht mehr richtig wach. Ich bin nicht mehr präsent. Ich schwebe wie in Trance durch den Tag. Manchmal verliere ich für den Bruchteil einer Sekunde die Orientierung. Wo bin ich? Ich bekomme vermehrt Mahnungen wegen nicht bezahlter Rechnungen, trage Termine falsch ein, verliere mitten im Gespräch den Faden …«

Der Oberarzt schien nicht überrascht. Das war schon mal beruhigend. Offenbar waren meine Beschwerden nichts Ungewöhnliches. »Ihre Probleme können verschiedene Ursachen haben. Sie lagen eine Weile im Koma, hatten zahlreiche Narkosen. Jeder fünfte Patient erleidet nach einer Narkose eine Störung der Gehirnfunktion. Manche sind verwirrt, können sich nicht mehr erinnern, können die Realität nicht mehr von ihren Gedanken trennen, haben Wahnvorstellungen, sie verheddern sich in einem psychischen Ausnahmezustand. Das ist ein postoperatives Syndrom, Delir. Während des chirurgischen Eingriffs unter Narkose entstehen im Gewebe große Mengen von Entzündungsstoffen. Sie überfluten den Körper, durchdringen die Blut-Hirn-Schranke und greifen die Gehirnzellen an.«

»Geht das vorüber?«

»Manchmal ja, manchmal nein. Manchmal stellen wir eine Wesensveränderung fest, die es dem Patienten verunmöglicht, weiterhin selbständig zu leben.«

»Oh«, machte ich, »dann werde ich meiner Frau nun täglich Blumen bringen.« Ich wollte aufstehen, doch der Arzt gab mir ein Zeichen, sitzen zu bleiben. Ich hatte ja geahnt, dass noch etwas kommt.

»Die Pneumologen empfehlen, dass Sie ab heute täglich zweimal Cellaris zu sich nehmen. Wir geben Ihnen eine Schachtel mit und ein Dauerrezept.«

»Cellaris?« Ich schaute ihn fragend an.

»Vielleicht sollten wir die nächste Kontrolle etwas früher ansetzen. Nicht alle Patienten vertragen Cellaris.«

»Was wollen Sie damit andeuten?«

Der Oberarzt hatte plötzlich einen sehr merkwürdigen Gesichtsausdruck.

Ich zog meinen Mundschutz über die Nase, reinigte vor dem Verlassen des Zimmers meine Hände mit Sterilium und trat auf den Flur hinaus. Ich ärgerte mich, dass ich den Arzt so lange mit meinen dümmlichen Fragen aufgehalten hatte. Was sollte er mir sagen? Dass ich kerngesund war?

Wichtig war jetzt nur: Wo kriege ich den besten Pariserring? Ich war mir durchaus bewusst, dass die Patisserie meinen Bauch wie einen Ballon aufblasen würde. Kortison verursacht, je nach Dosis, beträchtliche Fettverteilungsstörungen, aber ohne süße Schweinereien würde ich den Stress, der mir im Nacken saß, nicht abbauen können. Vielleicht würde ich sogar noch eine Schachtel Schokowaffeln aus dem Läckerli Huus brauchen, die mit der dunklen Schokolade. Einen kleinen Serotoninschub zur

Hebung der Stimmung werde ich mir doch wohl verdient haben, oder?

Bistek Tagalog

»Alles okay, Hunnybunny?«, fragte Maricel, während sie tänzelnd und singend den Reiskocher ausschaltete und sich wieder an den Herd stellte. Im Hintergrund lief die philippinische Tagalog-Version von Freddie Aguilars *Anak* über die Karaoke-Anlage, die ich ihr zum Valentinstag geschenkt hatte. In Maricels Gegenwart ist es kaum möglich, Trübsal zu blasen, ihre Fröhlichkeit ist ansteckend. Sie erfreut sich am nackten Leben und überschüttet jeden Besucher mit Herzenswärme und Zuneigung. Sie erinnert mich jeden Tag ein bisschen an die polynesische Tänzerin Tarita Tumi Teriipaia, die in *Meuterei auf der Bounty* die Rolle der Maimiti an der Seite von Marlon Brando spielt. Ja, das war 1962 – *Please Mr. Postman,* der Hit der Marvelettes, John F. Kennedy bestellte noch rasch 1200 kubanische Zigarren, ehe er das Handelsembargo gegen Kuba unterschrieb.

Streichen!, hat jemand am Rand vermerkt. Wer? Mein Sohn Tim? Ich etwa? Ist egal, wird nicht gestrichen. Ich habe zwar keine Kontrolle mehr über meine Krankheit, aber in der *Pacific Avenue* bin ich der Boss. Zu diesem Zeitpunkt bestand jedenfalls noch berechtigte Hoffnung, dass es so war.

»Hunnybunny, ich rede mit dir.«

»Oh«, sagte ich und schaute ihr über die Schulter.

Sie verrührte hauchdünn geschnittenes Kalbfleisch, das vorher stundenlang in einer philippinischen Marinade gelegen hatte, mit Chili, Frühlingszwiebeln und Knoblauch. Bistek Tagalog. Sie gab mir einen Kuss. »Alles okay?«

»Ja, alles okay, alles stabil. Der Arzt meinte, langsam entwickle mein Körper wieder ein eigenes Immunsystem! Ich kann jetzt da draußen ohne Mundschutz herumlaufen.«

»Siehst du?», freute sich Maricel, ich habe dir immer gesagt, dass wir die Talsohle durchschritten haben.« Sie gab mir noch einen Kuss und flüsterte: »Ich war übrigens noch bei Western Union und habe dir ein paar Luxemburgerli mitgebracht.«

Ich umfasste ihre Taille und neckte sie ein bisschen, aber sie entwischte mir, als plötzlich *Simply the Best* über die Karaoke-Anlage lief. Wir sprechen selten über meine Krankheit, aber am Tag der Monatskontrolle wird uns stets bewusst, dass unser gemeinsames Zusammenleben begrenzt ist.

»Du hast heute im Schlaf wieder gelacht«, sagte sie, »was hast du geträumt?«

»Ich träumte von Magellan. Wir waren in der Casa da India in Lissabon. Und plötzlich tauchte mein Schwiegervater Jack auf.«

»Der ist doch längst gestorben.«

»Eben, das fand ich echt komisch, vor allem weil unsere Dialoge recht vernünftig waren.«

Maricel verteilte das Bistek Tagalog auf zwei Teller. »Hoffentlich wird die *Pacific Avenue* nicht so traurig wie die *Script Avenue.* An der Buchvernissage mussten einige Leute weinen«, sagte sie und beobachtete mich skeptisch. Sie konnte längst meine Gedanken lesen. »Du hast die fünf schwierigen Jahre hinter dir, Hunnybunny, deine Abstoßungen sind jetzt stabil. Aber du leidest unter dem Fluch, der alle Schriftsteller trifft. Ihr denkt immer die schlechteste aller Möglichkeiten durch. Deshalb heiratet ihr immer Krankenschwestern. Wir auf den Philippinen, wir vertrauen *swerte.*«

»Hör mir auf mit *swerte!* Euer Optimismus grenzt an Realitätsverweigerung«, sagte ich und öffnete den Kühlschrank. Ich nahm eine kleine Flasche Pommery aus dem Getränkefach und riss das Zellophan ab.

»Du trinkst Alkohol?«, rief Maricel entsetzt, als sie das Essen auf den Tisch stellte. Sie reagiert immer entsetzt, wenn ich einmal im Monat diesen kleinen Pommery trinke, wobei mir schon nach der Hälfte übel wird.

Nach dem Essen blieben wir wie üblich noch eine Weile zusammen am Tisch sitzen und scrollten über unsere iPhones und iPads, zeigten uns gegenseitig witzige Postings oder Bilder. Plötzlich vergrub Maricel ihren Kopf in den Armen und weinte leise. Ich stand auf und ging zu ihr hinüber. Auf ihrem iPad war das Bild ihres Vaters zu sehen. Er wirkte eingefallen und ausgezehrt. Er saß, von der Sonne fast schwarz gebrannt, mit halb offenem Mund inmitten eines Dschungelgartens, sein Gesichtsausdruck war leer. Kinder spielten, aber er schien sie nicht zu beachten, links im Bild erkannte man einen angeketteten Hahn.

»Das ist Papa«, Maricel schluchzte verhalten, »er ist so alt geworden.«

»Du solltest ihn besuchen«, sagte ich spontan, »du warst zuletzt vor drei Jahren auf den Philippinen.«

Wir saßen noch eine Weile beieinander, schließlich stand sie abrupt auf und sagte, es sei wieder gut, sie sei einfach erschrocken, als sie gesehen habe, wie alt er in der Zwischenzeit geworden sei.

Sie ging zur offenen Küche hinüber und bereitete auf der Abstellfläche meine Pillen für die nächsten sieben Tage vor. Sie drückte eine nach der andern aus dem Blisterstreifen und verteilte sie in den Fächern des Pillenspenders. Ich legte die Cellaris-Schachtel, die man mir im Spital mitgegeben hatte, neben den Haufen zerknüllter Blister.

»Cellaris?«, fragte sie erstaunt. »Morgens und abends?«

»Ja, Cellaris soll die Lungenbläschen erweitern. Die abgestoßenen Lungenteile werden dadurch nicht wieder lebendig, aber man kann besser atmen.«

Maricel griff nach dem Beipackzettel. Er war fast so lang wie ein Borussia-Dortmund-Schal.

»Und es würde dir wirklich nichts ausmachen, wenn ich für ein paar Wochen auf die Philippinen ginge?«, fragte sie.

»Natürlich nicht. Ich komme auch allein klar. Ich verbringe mein Leben eh in meinem Zimmer, kochen kann ich auch, und Wasser und Nahrungsmittel kann man sich ins Haus liefern lassen.«

Maricel schaute mich prüfend an. Sie war sich ihrer Sache nicht ganz sicher. Sie las aus dem Beipackzettel vor: »Bauchschmerzen, Kopfschmerzen, Schluckbeschwerden, Hautausschläge, Juckreiz, Nasenbluten, Schwindel, Zittern, Krämpfe, Spasmen, Gelenkschmerzen, Erschöpfung …«

»… das hab ich doch alles schon …«

»… übermäßiger Durst …«

Ich prostete ihr kurz zu und leerte mein Champagnerglas.

»… Schwellungen des Gesichts, der Lippen, der Zunge …«

»… und des Penis?«

»… Halluzinationen, Zittern, Ängstlichkeit, Depressionen, Desorientierung, Gedächtnisschwäche, abnormes Träumen, Aufmerksamkeitsstörungen, Selbstmordgedanken …« Maricel schaute erschrocken hoch: »Hunnybunny, du wirst dich doch nicht umbringen?«

Ich steckte mir ein Luxemburgerli in den Mund. Die mit der Mandarinencreme mochte ich besonders.

Dreißig Minuten nach der Einnahme meiner ersten Cellaris-Pille überfiel mich eine schreckliche Müdigkeit. Ich legte mich aufs Bett. Merkwürdige Gedanken gingen mir durch den Kopf, schreckliche Gedanken. Die Angst vor der Angst hielt mich davon ab, einzuschlafen. Ich versuchte, mich zu konzentrieren. In meinem Roman würde ich die Reise Magellans in den Jahren 1519 bis 1521 beschreiben, von der Casa da India in Lissabon bis zur philippinischen Insel Mactan gegenüber von Cebu, wo Magellan von Einheimischen getötet wurde. Für einen Augenblick dachte ich, dass nicht Magellan, sondern ich dorthin fahren würde.

Zuerst verwirrte mich dieser Gedanke, doch bald kam ich darauf zurück und dachte, dass es vielleicht gar keine schlechte Idee wäre, selber auf die Philippinen zu reisen. Der Gedanke euphorisierte und erschreckte mich zugleich, denn für einen Augenblick sah ich mich erneut in Cebu. Aber es sollte die Geschichte des Magellan werden und nicht die meine. Nur: Wieso sollte mich das davon abhalten, nach Cebu zu fliegen? Mein Immunsystem baute sich allmählich wieder auf, ich musste nicht mehr zwei Steriliumflaschen mitnehmen, wenn ich die Wohnung verließ. Ich hatte zudem große Lust, das Schicksal noch einmal herauszufordern, nach dem Motto: Gib mir mein Leben zurück, oder lass mich in den philippinischen Visayas verrecken. Ich könnte mir mit dieser Reise beweisen, dass ich den Turnaround nochmals schaffe. Es wäre auch gut für Maricel, sehr gut sogar, und natürlich sehr hilfreich für meinen Roman. Ich sah die Statue des Nationalhelden Lapu-Lapu vor mir. Wir würden einen Einheimischen fragen, ob er uns davor fotografiert. Ja, dachte ich plötzlich, ich will an jenem Strand stehen, wo Magellan den Tod fand.

Vielleicht war eine solche Reise unvernünftig, vielleicht

sogar sehr unvernünftig. Aber ein Tourette-Kranker hat keine Wahl. Ist der Gedanke einmal da, ist es schon zu spät. Man kann diesem unerklärlichen Zwang nicht widerstehen. Es ist schlicht unmöglich! Das ist wie ein Juckreiz, eine zum Bersten volle Blase, ein Härchen auf dem Augapfel oder ein Orgasmus *in progress.* Interruptus gehört nicht zum Repertoire von Zwangsneurotikern.

Irgendwann musste ich eingeschlafen sein. Aber nicht für lange. Nervenschmerzen in den Extremitäten rissen mich aus diffusen Träumen. Maricel schlief ruhig. Ich humpelte aus dem Schlafzimmer und setzte mich in den Phantom-Sessel, nahm mein iPad, beantwortete Mails, las die *South China Morning Post* und setzte mich schließlich an den Computer, um Magellan den Weg über die Westroute zu weisen. Der Gedanke an die Reise erregte mich, ließ mich die Schmerzen vergessen. Selbst wenn ich nächstes Jahr ins Gras, beziehungsweise in den Sand, beißen sollte, hätte ich an der Seite von Magellan noch die erste Weltumsegelung erlebt. Großartig!

Ich schrieb gleich drauflos, denn ich hatte mir in den letzten Tagen schon alles zurechtgelegt. Ich kannte die meisten Dialoge aus meinen Träumen, intuitiv fühlte ich die Tonalität, die notwendige Dramaturgie, den Geruch der Stoffe. Das 16. Jahrhundert, das ist ein fürchterlicher Gestank, aber man gewöhnt sich daran.

Gegen acht kam Maricel in mein Büro, sie war wie jeden Morgen spät dran und musste sich beeilen, rechtzeitig zur Arbeit zu kommen. Sie legte ihre Arme über meine Schultern und las dabei laut den Text, der gerade auf dem Monitor stand. Manchmal dichtete sie etwas dazu: »Und Magellan fragte den Chronisten an Bord: Wie war deine erste Nacht mit Cellaris?«

»Seltsam«, antwortete ich, »ich erinnere mich nur noch an ein Gefühl, an eine eigenartige Stimmung, das ist alles. Ich träumte, dass Magellan in Cebu an Land geht und ein Holzkreuz in den Sand rammt. Und ich war dabei. Manchmal war ich nur Beobachter, und manchmal gehörte ich zu Magellans Mannschaft. Als Häuptling Lapu-Lapu auf der Insel Mactan aus dem Dschungel trat, rief ich ihm zu: Halt! Du bist noch nicht an der Reihe! Du hast noch keinen Dialog!«

Sie hielt mir lachend meine zweite Cellaris-Pille vor den Mund und biss mir ins Ohr: »Jetzt schlucken!« Sie reichte mir die Wasserflasche. »Ruf mich in einer Stunde an, okay? Das ist doch ziemlich heavy, was die auf den Beipackzettel geschrieben haben. Ich habe dir übrigens auf dem iPhone eine Erinnerungsfunktion für Cellaris programmiert, für morgens und abends – mit einem speziellen Jingle. Ich hoffe, er gefällt dir. Ich muss jetzt, bin spät dran …«

Ich verkniff mir einen Kommentar. Maricel war immer zu spät, selbst wenn sie um fünf Uhr morgens aufstand. Im Sessel hörte ich Johnny Cash: *San Quentin, I hate every inch of you …* Ich spürte, wie mich eine unbezwingbare Schläfrigkeit erfasste, lehnte zurück und schloss die Augen. Ich überließ meinen Körper der Chemie, die nun meine Blutbahnen verseuchte, um die körpereigenen Leukotriene, die Entzündungsstoffe, zu hemmen. *San Quentin, I hate every inch of you.*

Eine zunehmende Schwere ließ meine Muskulatur erschlaffen, unkontrollierte Zuckungen signalisierten die einsetzende Wirkung. Cellaris, *I hate every inch of you.* Ich ließ mich weiter fallen, unendlich tief fallen, und ich erinnere mich, dass ich plötzlich in der Casa da India stand, an der Ribeira von Lissabon, um 1514.

Sanft wie auf Daunenfedern schwebte ich ins 16. Jahrhundert

zurück. Aber wo zum Teufel war Magellan? War denn so etwas überhaupt möglich? Dass die Hauptfigur einfach verschwindet! War Magellan etwa ohne mich in See gestochen? Ich sollte doch der Chronist an Bord seines Dreimasters sein und über die erste Weltumsegelung berichten. Ich erkannte im Hintergrund die Konturen eines Mannes, der Geruch von altem Holz lag in der Luft, Eiche.

Was wäre Achill ohne Homer?

In einer staubigen Halle mit hohen Fensterbögen schlug ich hart auf. Mühsam rappelte ich mich hoch. Es schien, als würde ich auf dem schwarz-weiß gekachelten Marmorboden festkleben. Ich stand vor einem hölzernen Tor. Es öffnete sich von selbst, knirschend und ächzend, als sei es seit Jahrhunderten verschlossen gewesen.

Ich betrat den finsteren Archivsaal der Casa da India und schritt gewaltigen Regalen entlang, während eine martialische *musica sacra* erklang. Es war der 15. Mai 1514. In diesen düsteren Gemäuern lagerten die Seekarten des portugiesischen Königreiches, in den oberen Stockwerken wurden die Territorien in Übersee verwaltet und der Handel mit den Kolonien abgewickelt. Seit der Seefahrer und Abenteurer Vasco da Gama 1498 den Seeweg nach Indien entdeckt hatte, war die Casa da India das Zentrum der Wirtschaftsmacht Portugal: Zollbehörde, Rechnungshof und Informationszentrum für Seefahrer, Händler und Soldaten zugleich. Mächtige Beamte kontrollierten die ein- und auslaufenden Schiffe und stellten teure Lizenzen für den Überseehandel aus. Alles wurde besteuert, vom Sklavenhandel bis zu den Geschäften mit Gewürzen und Rohstoffen.

Ein untersetzter, stämmiger Mann Mitte dreißig, mit Vollbart und Barett, zog eine Kartenrolle nach der andern aus den Holzregalen, überprüfte die Beschriftung, schob die Rollen wieder zurück und humpelte weiter. Es war Magellan. Über dem weißen Hemd trug er ein dunkelbraunes, gefüttertes Wams mit Schlitzen auf der Brust, darüber eine offene, knielange Schaube mit pelzigem Kragen und Saum. Er hörte mich nicht kommen und wechselte zum nächsten Regal. Sichtlich angespannt, überprüfte er die Beschriftung weiterer Landkarten.

»Was suchen Sie?«, fragte ich und blieb neben ihm stehen.

Er drehte sich um, nicht sonderlich überrascht, und starrte mich mit großen, feurigen Augen an, als könne er mich mit einem einzigen Blick in Flammen setzen. Jeder seiner groben Gesichtszüge offenbarte Ehrgeiz, Entschlossenheit, Furchtlosigkeit. Er gab keine Antwort, sondern setzte seine Arbeit fort, bis schließlich eine Karte seine besondere Aufmerksamkeit erregte.

»Endlich habe ich sie gefunden!«, sagte er triumphierend, »das ist der Nachlass des portugiesischen Ritters Martinho da Boémia. Er hat den *Paso* auf seiner Karte eingezeichnet, die Meerenge, die uns die Westroute zu den Gewürzinseln öffnen wird.«

Er schritt mit der Rolle die Wendeltreppe zur Galerie hoch. Ich folgte ihm. Merkwürdigerweise kam mir in den Sinn, dass ich eigentlich gar nicht mehr in der Lage war, eine so steile Treppe hochzusteigen, aber hier, in der Casa da India, war es mir möglich. Ich erreichte mühelos die obere Galerie. Unter einem verdreckten Fenster saß ein Mann mit abfallenden Schultern und durchlöcherten Schnabelschuhen an einem großen Tisch zwischen wandhohen Bücherregalen. Sorgfältig klebte er Papierstreifen auf eine Holzkugel. Magellan nahm den Tisch in Beschlag und breitete die Seekarte aus.

»Siehst du nicht, dass ich an einem Globus arbeite?«, fragte der Mann, ohne aufzuschauen. Seine Haut war grau wie Asche. Seine schmale Nase verlieh ihm das Aussehen eines menschlichen Raubtiers, eines kranken Raubtiers.

»Halte die Karte, damit sie nicht wieder zusammenrollt«, entgegnete Magellan und zwinkerte mir zu: »Das ist Rui Faleiro, Kosmograf und Astronom, er bastelt bereits an einer Weltkugel, bevor wir die Welt umsegelt haben.«

Faleiro hielt das Ende der Landkarte fest und beschwerte es mit seinem Dolch. »Ist das der Chronist, der uns auf unserer Reise begleiten wird, Capitão?«, fragte er und deutete auf mich.

Jetzt sah ich seine Augen, misstrauisch, ängstlich. Was er und Magellan hier taten, schien niemand wissen zu dürfen.

»Nein! Ich habe mich für Antonio Pigafetta entschieden, einen blutjungen Italiener aus Vicenza. Er ist ein Träumer, ein Idealist, er ist nicht an einer Schatulle voller Maravedís interessiert. Er wird der Unnützeste an Bord sein, aber als Chronist für die Nachwelt der Wichtigste: Was wäre Achill gewesen ohne Homer?«

Magellan fuhr mit dem Finger über die Karte: von Spanien aus der afrikanischen Küste entlang hinunter, um das Kap der Guten Hoffnung herum und wieder hinauf nach Indien. »Das ist die Ostroute, die Vasco da Gama für den portugiesischen König entdeckt hat, dem spanischen König bleibt also noch die Westroute.«

Dann fuhr er mit dem Zeigefinger von Spanien südwestwärts nach Brasilien und dort der Küste nach hinunter bis nach Feuerland. Da Farbe sehr teuer war, waren die Meere auf den Landkarten kaum koloriert, sondern nur die Küstenlinien. »Hier unten, am südlichsten Zipfel, wo die Welt scheinbar aufhört, gibt es eine Durchfahrt nach Westen. Den legendären *Paso.* Von Boémias Karte hatte ich als Page am portugiesischen Hof erfahren und diesen Ritter nie mehr vergessen. Ich wusste, dass ich die Karte in seinem Nachlass finden würde.«

»Wisst ihr denn, was euch erwartet, falls ihr den *Paso* findet und nach Westen ins offene Meer segelt?«, fragte ich Magellan.

Er hielt einen Augenblick inne und starrte an mir vorbei ins Leere. »Ein neuer Ozean, Meeresungeheuer, gigantische Greifvögel, wer weiß das schon? Aber ich werde es eines Tages erfahren, und dank mir wird es auch die Welt zu wissen bekommen.« Er schien das Ungewisse als Herausforderung anzunehmen, ließ keinen Zweifel daran, dass er die Reise antreten würde.

»Wieso bemächtigt sich ein Portugiese klammheimlich einer Seekarte seines Königs?«, hakte ich nach.

»Ab heute bin ich kein Portugiese mehr«, grollte Magellan, »der König hat mich unehrenhaft entlassen. Schuld sind Intrigen, nichts als Intrigen.«

»Dann ist Fernão de Magalhães jetzt Fernando de Magallanes?«, fragte ich.

»Richtig! Der Capitão ist von nun an der Capitán.«

Rui Faleiro räusperte sich. »Letzte Nacht habe ich schreckliche Dinge geträumt, Capitán, wir müssen uns vorsehen, unsere Flotte wird fünf Schiffe haben, vier davon unter dem Kommando spanischer Kapitäne, nimm dich bloß vor Juan de Cartagena und den andern in Acht! Die hassen uns Portugiesen!«

Magellan hatte kein Gehör dafür: »Kümmere dich um die Berechnung der Längen- und Breitengrade, der kleinste Fehler kann uns ins Verderben führen, in ein Meer, das nirgends anfängt und nirgendwo aufhört.«

»Ich könnte das Horoskop berechnen«, schlug Rui Faleiro

vor, »wenn Sie wissen wollen, was das Schicksal mit uns vorhat, lese ich die Sterne für Sie«, wandte er sich an mich. Es klang wie eine Bitte.

»Hör auf damit!«, sagte Magellan in harschem Ton, »du wirst niemandem die Sterne lesen. Wir vertrauen Gott und der heiligen Jungfrau Maria. Und wenn du nur einem einzigen Mann meiner Besatzung die Sterne liest, lasse ich dich über Bord werfen! Mach mir bloß niemanden verrückt!«

Rui Faleiro schwieg betreten.

»Wir werden nun zum spanischen König gehen, Rui«, fuhr Magellan fort. »Er erwartet von uns kein Horoskop, sondern eine plausible Erklärung, warum wir glauben, die Gewürzinseln auch über die Westroute erreichen zu können.«

In diesem Moment betrat ein elegant gekleideter Mann um die vierzig die Galerie. Er trug ein geschlitztes Seidengewand mit übergeworfenem Pelz. An seinem Hals hing ein Goldmedaillon. Er sagte: »Wir haben die Risiken berechnet, jetzt berechnen wir den Gewinn!«

Magellan zeigte auf den Fremden, der breitbeinig und mit gewölbter Brust dastand und keinen Zweifel daran ließ, dass er ein Mann von Welt war. »Das ist Christopher de Haro, auch er ein Portugiese, Financier, er vertritt das mächtige Handelshaus der Fugger. Er wird uns zum spanischen König begleiten.«

»Drei Portugiesen«, sagte Rui Faleiro, »wollen wir wirklich Portugal verraten?«

»Wir wollen die Gewürzinseln über die Westroute erreichen, nicht mehr und nicht weniger!«, sagte Christopher de Haro entschlossen.

Rui plagten Zweifel und Ängste: »Wir stehlen geheimes Wissen der portugiesischen Seemacht und laufen zu Spanien über, das kommt nicht gut …«

»Rui!«, herrschte ihn Magellan an, »kleb noch ein bisschen an deiner Weltkugel und halte den Schnabel. Diese Expedition wird uns reich machen, hörst du, reich und mächtig, unsterblich. Wir werden nicht nur die Erde umrunden, sondern auch Pythagoras bestätigen: Die Erde ist keine Scheibe. Die Erde ist eine Kugel!«

»Dafür wird Sie der Papst der Folter unterziehen«, warnte ich ihn.

»Er kann mich foltern und bis ans Ende meines Lebens einkerkern, aber die Welt wird wissen: Die Erde ist eine Kugel! Und Magellan hat es als Erster bewiesen.«

»Das wissen wir doch schon lange«, brummte jemand hinter uns und bückte sich unter dem tiefen Türbogen, der in die Galerie führte. Es war unglaublich: Es war Jack, mein längst verstorbener Schwiegervater. Er hielt ein Glas mit einer dunklen Flüssigkeit in der Hand und wies auf Magellan. »Hat er kein Navigationssystem?«

»Jack«, rief ich ihm erfreut zu, »wir befinden uns im 16. Jahrhundert! Wie kommst du überhaupt nach Lissabon?« Für einen Toten sah er verdammt gut aus, wie damals, als er seinen 65. Geburtstag gefeiert hatte, ein bisschen wie John Wayne – *ein Mann muss tun, was ein Mann tun muss* –, jetzt hatte er sogar den coolen, wippenden Gang des *Duke* drauf.

»Mit der TAP Portugal, ich habe mein Weib einfach nicht mehr ausgehalten. Du kennst ja Maggy! Am besten wäre, wenn Magellan sie mitnehmen und auf einer einsamen Insel aussetzen würde. Vielleicht könnte Robinson ja eine Putzfrau gebrauchen.« Jack griff in seine Vestontasche, nahm eine dicke Tranche Knoblauchschinken heraus und stopfte sie sich in den Mund. »Luftgetrockneter Gewürzschinken, passt hervorragend zu andalusischem Sherry!« Er griff erneut nach einer Tranche, während er die erste genüsslich zerkaute, und warf sie auf Magellans Indienkarte. »Jetzt hätte ich Lust auf geröstete Nüsse. Weißt du, Sammy, so ein *Very Old Rare Sherry* ist mindestens dreißig Jahre alt. Falls Herr Magellan ein paar Kisten mitnimmt und bei Feuerland auf Grund geht, werden wir die Flaschen noch in 500 Jahren genießen können. Lass uns anstoßen, Sammy!«

Jack zauberte ein zweites Glas hervor und stellte es auf Magellans Karte ab.

»Ich darf keinen Alkohol trinken, Jack, ich hatte doch Leukämie …«

»Oh, gopferdammihueresiech«, stieß Jack hervor, »ich kannte mal einen, der hatte auch Leukämie, er ist aber nach zwei Jahren gestorben.«

»Das ist nett, dass du mir das so sagst, Jack, das macht mir Mut.«

Er schenkte mir ein. Ich trank das Glas in einem Zug leer.

Jack schenkte mir nach: »Wirf die Pillen weg, Sammy, mein Arzt sagte immer: ›Jack, solange du fett bist, mache ich mir keine Sorgen. Nur wenn du plötzlich an Gewicht verlierst.‹ Aber du, Sammy, du hast seit dem letzten Mal bestimmt zehn Kilo zugelegt.«

»Das ist das Kortison, Jack, seit fünf Jahren pumpen sie mich jeden Tag mit Kortison voll.«

Ich trank auch das zweite Glas leer. Der Sherry schmeckte unwahrscheinlich gut. Ich glaube, gewisse Leute werden nicht aus Labilität Alkoholiker, sondern einfach, weil ihnen Sherry so gut schmeckt.

Ein Geräusch schreckte uns auf. Wir schauten zur Tür. Eine Raumpflegerin schob gedankenversunken ihren Staubsauger in die Bibliothek. Sie hatte das Pensionsalter längst überschritten und wog wahrscheinlich keine vierzig Kilo mehr.

Jack verwarf die Hände: »Maggy, mein Gott, hört denn diese Folterehe nie mehr auf? Ich dachte, wenigstens in der *Pacific Avenue* hätte ich meine Ruhe!«

Meine längst verstorbene Schwiegermutter näherte sich unbeirrt mit ihrem Hoover-Staubsauger und rammte mit ihm den Kartentisch.

»Ist das eine Sternenkarte?«, fragte Maggy. »Hitler glaubte auch an Astrologie, Hitlers Saturnring …«

»Maggy, hör mit diesem Hitlerscheiß auf! Niemand will das hören!«

»Jack hat recht, Maggy«, pflichtete ich ihm bei, »du hast mir damit bereits die halbe *Script Avenue* versaut, jetzt ist Schluss damit! Wir sind hier in Lissabon, Maggy, 1514!«

Ich versuchte, sie mit einem stechenden Blick zu fixieren, doch sie lächelte mädchenhaft: »Salazar, dieser portugiesische Nationalsozialist, belieferte das Naziregime mit Rohstoffen, obwohl er offiziell mit den Engländern verbündet war.«

»Schön, dass wir das jetzt auch noch wissen«, zischte Jack und griff nach seiner Smith & Wesson, richtete die Waffe auf Maggy und schoss die ganze Trommel leer. Ihr kleiner Körper bäumte sich ein paarmal auf, dann gab sie Ruhe. Jack schritt um den Tisch herum, nahm das Teleskoprohr des Staubsaugers und sog die Leiche in den Staubsack. Ein Telefon klingelte. Er ließ das Rohr fallen und stampfte aus der Bibliothek.

Denkst du oft an den Tod?

Ich erwachte, als mir Maricel eine SMS schickte. Sie machte sich Sorgen wegen der Nebenwirkungen. Aus den Lautsprechern tönte *You Can't Always Get What You Want* in einer besonders deprimierenden Soul-Version. Ich spürte, wie sich meine Bronchien zusammenzogen und mir das Atmen schwerer fiel. Hatte jemand die Wohnung betreten? Ich stellte den Song ab und ging in den Flur. Vor der Wohnungstür blieb ich stehen und spähte durch den Spion. »Onkel Arthur?«

Nichts. Ich kehrte in mein Büro zurück, da sah ich ihn wieder, diesen Schatten, am anderen Ende des Flurs. Irgendetwas war da hinten im Wohnzimmer. Ein Tier vielleicht? Leises Gelächter. Ich drehte mich blitzschnell um. In meinem Phantom-Sessel saß eine verhüllte Gestalt. Arnold Böcklins *Toteninsel* hier in meinem Wohnzimmer?

»Dort landet der Tod in einem weißen Schleier«, sagte die Gestalt, »ich hingegen trage Schwarz. Weißt du, was das bedeutet?«

Andrea! Meine verstorbene Frau! Sie schaute an mir vorbei. Auf den ersten Blick hätte man meinen können, sie trage eine Burka. Auf Augenhöhe war ein Netz eingearbeitet, aber ich konnte darunter weder Augen noch Haut erkennen.

»Das darf doch nicht wahr sein«, sagte ich, »ich habe nach deinem Tod das Haus verkauft, bin hierhergezogen ...«

»Du dachtest, du könntest mir entwischen, Sammy«, sagte Andrea mit einem Anflug von Bedauern in der Stimme, »du dachtest, ich würde dir nicht folgen, zu lärmig für mich, alle fünf Minuten rattert die Straßenbahn vorbei, Autos, Passanten, du schläfst direkt in der Anflugschneise des Euroairports Basel-Mulhouse. Du hast diesen Ort mit Absicht gewählt.«

»Ja, Andrea, du hättest dich wohl den ganzen Tag empört. Ich hingegen mag das …«

»Du hast ihn doch auch gehasst, den ganzen Verkehr, die Flugzeuge …«, sagte sie leise, als wäre sie enttäuscht, dass wir nicht mehr derselben Meinung waren.

»Dir zuliebe, Andrea, wie alles, was ich getan oder unterlassen habe; dir zuliebe, mir waren doch all diese Flugzeuge scheißegal – mehr noch, ich mochte sie sogar, besonders wenn sie tief über die Dächer dröhnten, dann schaute ich hoch und dachte, mein Gott, was für ein Wunder der Technik, und ich Depp habe keine Ahnung, wie so ein Ding zusammengebaut wird.«

»Aber du hast doch oft beim Flughafen angerufen, dich beschwert …«

»Dir zuliebe, Andrea! Immer dir zuliebe, du hast ja weiß Gott genug Theater gemacht, bis ich endlich anrief. Dann war ich zu nett am Telefon, zu wenig aggressiv, und du lagst einfach mit einem Buch auf deinem Designersofa und übtest Manöverkritik. Andrea, ich liebte es, wenn Flugzeuge über unser Haus flogen, ich liebe dieses Geräusch, je lauter, desto eindrücklicher. Es ist großartig! Am liebsten würde ich in einem Hangar auf dem Euroairport wohnen.«

Ein Lächeln huschte über Andreas Gesicht: »Denkst du oft an den Tod, Sammy? Versetzt er dich in Panik? Woran denkst du, wenn du um ein Uhr nachts schweißgebadet aufwachst, von Krämpfen geplagt? Macht dir das nahende Ende Angst, das Unausweichliche, das da schleichend auf dich zukommt?«

»Ich denke manchmal, dass du alles unternimmst, um mich zu dir ins Tal der Toten herabzuziehen.«

»In deinem Zustand ist es nur noch eine Frage der Zeit. Vielleicht verschweigen dir die Ärzte etwas. Hast du schon mal daran gedacht?«

Ich begann zu niesen und schnäuzte mehrmals die Nase. »Ich habe kürzlich eine Studie der Universität Birmingham gelesen. Sie haben untersucht, warum der überlebende Partner dem verstorbenen so oft folgt. Je länger die Ehe oder Beziehung gedauert hat, desto wahrscheinlicher ist es, dass der zurückbleibende Partner nach dem Todesfall einen hormonellen Tsunami erlebt und sein Immunsystem zusammenbricht.«

»Dann gibst du mir jetzt die Schuld an deiner Krankheit?«, amüsierte sich Andrea.

»Ich habe nie an diese Dinge geglaubt, Andrea. Wieso erkranken Zweijährige an Leukämie? Aber die Forscher meinen, indirekt könne man tatsächlich an einem gebrochenen Herzen sterben. Wer trauert, steht unter Stress. Dieser wirkt sich auch auf das Immunsystem aus: Es wird geschwächt. Während junge Menschen das in der Regel gut wegstecken, kann es bei älteren zum totalen Zusammenbruch und damit zum Tod führen. Man stirbt also nicht an gebrochenem Herzen, sondern an den Folgen von Stress.«

»War das jetzt hilfreich, Sammy?«

»Nicht wirklich, Andrea. Ich habe dich mein Leben lang geliebt, aber dieses Leben ist vorbei. Verschwinde aus meinem Leben, du bist tot, du hast aufgehört zu existieren, es sind bloß meine Gedanken, die mich quälen, die Erinnerung, die wie eine Schlingpflanze nach mir greift. Aber ich werde sie durchtrennen, diese Lianen, mit einer Machete, wie Danny Trejo in *Machete Kills*.«

»Das kannst du nicht, Sammy, weil du mich brauchst. Deine neue Frau kann dir nicht geben, was ich dir geben konnte.

Vertrautheit. Sie kann dich streicheln, umarmen und küssen, wie sie will, du wirst diese Nähe nie mehr spüren, du wirst diese Vertrautheit nie mehr erfahren, du wirst immer einsam sein. Selbst wenn ihr zusammen Sex habt.«

Plötzlich verdunkelte sich der Himmel und heftiger Regen klatschte gegen das Panoramafenster. Ich drückte auf den elektrischen Schalter, um alle Lamellenstoren im Haus herunterzulassen. Man hörte, wie Hagelkörner daran abprallten. Ich wollte Andrea anbieten, ihr ein Taxi zu bestellen, doch dann fiel mir ein, dass sie ja längst tot war. Mein Phantom-Sessel war leer. Mick Jagger sang:

Angie, I still love you baby
Remember all those nights we cried
All the dreams we held so close
Seemed to all go up in smoke
Let me whisper in your ear
Angie, Angie

Borgia 1500

In der Nacht tobte ein heftiger Sturm, die Flüsse traten über die Ufer, setzten ganze Dörfer unter Wasser, Bäume knickten um wie Streichhölzer. Ich befand mich in den päpstlichen Gemächern in Rom. Plötzlich brach die doppelschalige Kuppel über mir, gewaltige Balken lösten sich von der Decke, schossen wenige Meter am siebzigjährigen Roderic Llançol i de Borja vorbei und bohrten sich durch den Marmorboden in die unterirdischen Katakomben. Rodrigo Borgia, wie ihn die Italiener nannten, hielt die Arme über den Kopf, um sich vor dem herunterstürzenden Gips, Ziegelschrot und Mörtel zu schützen. Ein Brocken des bemalten Kuppelfrieses zerriss den Stoff des Baldachins, unter dem er zusammen mit *La Bella,* der 26-jährigen Giulia Farnese, auf einem breiten Bett lag. Sie schüttelte den Gipsstaub aus ihrem feuerroten Haar und griff nach dem erigierten Geschlecht des Kirchenfürsten.

»Er steht immer noch, Ihre Heiligkeit«, staunte die junge Gespielin.

»Blas weiter, mein Liebes, solange der Heilige Geist noch in mir ist«, erwiderte Papst Alexander VI.

Da stürmten Kardinäle in den Saal und schrien: »Eure Heiligkeit, das ist die Strafe Gottes, weil Ihr mordet, hurt und stehlt! Ganz Rom ist in Aufruhr! Die Menschen werten es als Zeichen der Vorsehung! Sie fürchten die Ankunft des Bösen, die Ankunft Satans!«

»Er liegt bereits vor euch«, amüsierte sich der Papst und gab *La Bella* ein Zeichen, sich auf ihn zu setzen. Sie drehte sich flink um, streckte dem Papst ihr Hinterteil entgegen und saugte weiter an seinem Geschlecht.

»Haut ab, ihr Hurensöhne!«, rief Borgia, »ihr Heuchler, ihr bumst alles, was ein Loch hat, eure Mätressen sind die wahren Kardinäle, eure Bastarde macht ihr zu Kirchenfürsten, ihr stecht euch gegenseitig nieder, und jedes Wort, das ihr aussprecht, ist Lug und Trug. Und jetzt lasst gefälligst die *sponsa christi* die letzten Sakramente hinunterschlucken. Oder ich rufe die Schweizergarde!«

»Einspruch, Eure Heiligkeit«, rief ich und trat vor die päpstliche Bettstatt, »die Schweizergarde wird erst in sechs Jahren von Papst Julius II. gegründet.«

Borgia begann heftig zu stöhnen und hauchte: »Der Leib Christi«, während *La Bella* seinen Samen in ihrem Mund aufnahm. Ich hob ein Stück Fries auf, wischte den Staub weg und las: *»Et super hanc petram aedificabo ecclesiam meam«* – *Auf diesen Felsen werde ich meine Kirche bauen.* Der Papst sah es, grinste und legte sich auf den Bauch, damit ihm die Braut Christi den Rücken massieren konnte.

»Ich komme im Auftrag von Magellan, wir suchen den Vertrag von Tordesillas«, sagte ich.

»Habe ich den unterschrieben?«, gab er zurück.

»Ja, Eure Heiligkeit, 1494. Sie wollten Frieden schaffen zwischen den beiden Großmächten Portugal und Spanien.«

»Erzählen Sie mir nicht, was ich wollte. Oder sind Sie mein Biograf? Machen Sie sich keine Mühe, meine Biografie käme sofort auf den Index und würde öffentlich verbrannt. Tja, der Vertrag von Tordesillas ... es ging um die Aufteilung der Welt.«

»Ich weiß.«

In väterlichem Ton sagte Borgia zu *La Bella:* »Leg dich auf den Bauch, Kleines.« Sie tat es, und der Papst zeigte auf ihre festen Pobacken. »Siehst du, das sind die beiden Seemächte, die die Welt beherrschen.« Er fuhr mit dem Finger zwischen den Pobacken hinunter: »Deshalb habe ich die Welt aufgeteilt in eine portugiesische und in eine spanische Hälfte. Eine ganze Horde unnützer Geografen, Astronomen und Seefahrer hat die Demarkationslinie auf eine Länge von 46° 37' West festgesetzt; sie verläuft durch Brasilien. Portugal kontrolliert die Gebiete östlich der Demarkationslinie und damit auch den Seeweg nach Indien entlang der afrikanischen Küste. Spanien hat weitgehend die Kontrolle über den von Kolumbus entdeckten Kontinent im Westen, wie immer dieser auch heißen mag.«

Ich sagte: »Die Frage ist nun, und das ist der Grund meines Besuches – wem gehören die Gewürzinseln? Zählen sie zum Osten oder zum Westen?«

»Die Molukken gehören … hör mal, das ist dem Herrn doch ziemlich egal und mir eigentlich auch: Ob Spanier oder Portugiesen, Hauptsache, man bringt mir Pfeffer! Ich weiß nicht, was sich der liebe Gott dabei gedacht hat, als er die Pfeffersträucher auf den Molukken anpflanzte. Das Essen hier in Rom ist abscheulich, es schmeckt nach nichts! Jeder Fürst, der mich besucht, erwartet, dass wenigstens der Stellvertreter Gottes ihm ein gepfeffertes Essen servieren kann. Bring mir eine Schiffsladung Pfeffersäcke! Ich wiege dir jedes einzelne Pfefferkorn in Gold auf! Mit Pfeffer kannst du Land erwerben, eine Mitgift stellen, ein Haus bauen, einen Kardinalstitel kaufen, dir gehört die Welt. Auf dem Landweg geht der Pfeffer durch mindestens zehn Hände, und wenn er bei uns ankommt, ist er genauso teuer wie Gold. Segelt zu den Gewürzinseln, gebt den Heiden das Kreuz und holt euch ihren Pfeffer! Also: Anker lichten! Aber kommt den Portugiesen nicht in die Quere. Ihnen gehört die Ostroute, Spanien die Westroute. Und jetzt lass mich in Ruhe, ich muss noch Nachkommen zeugen, damit ich auch den Bischofssitz in Canosa mit meiner Brut besetzen kann. Ihr könnt später über den großen Borgia schreiben, was ihr wollt, aber Papst Alexander VI. war ein Papst des Friedens, und er hat alle seine Kinder geliebt.«

La Bella kniff ihm in die Lenden.

»Und natürlich auch seine Mätressen«, schmunzelte Borgia.

Sie kniff ihn erneut.

»Insbesondere Giulia Farnese. Eigentlich nur sie.«

Die Kardinäle, die der Szene beigewohnt hatten, nickten sich gegenseitig zu und bildeten einen Halbkreis um uns. Sie falteten die Hände zum Gebet und senkten demütig die Köpfe. Zuerst hörte man nur ein leises Summen, doch plötzlich warfen sie ihre Häupter zurück und sangen inbrünstig:

Welcome to my nightmare
I think you're gonna like it
Welcome to my nightmare
Welcome to my breakdown
I hope I didn't scare you
That's just the way we are when we come down
Welcome to my nightmare

55 Männer an Bord

Gegen drei Uhr morgens riss mich ein brutaler Krampf aus dem linken Schlaf. Ich meine, ein Krampf im linken Bein aus dem Schlaf. Es war mir, als hätte ein Krokodil nach meinem Oberschenkel geschnappt. Das Bein war so steif, dass ich das Knie nicht biegen und nicht aufstehen konnte. Maricel war wie üblich sofort hellwach, sprang um das Bett herum und half mir auf die Beine. Es dauerte eine Weile, bis das Krokodil aufgab. Maricel hakte sich unter und ging mit mir in der Wohnung umher.

»Ich habe dich doch nicht etwa geweckt?«, fragte ich scheinheilig.

»Nein«, beruhigte sie mich, »ich spaziere gern mit dir um drei Uhr nachts durch die Wohnung. Ich stelle mir vor, du führst mich über den roten Teppich zur Oscar-Preisverleihung.«

Ich tankte in der Küche Magnesium, um den Krampf zu lösen, setzte mich in meinen Phantom-Sessel und googelte »Krokodil«. Fragen Sie mich nicht, wieso, ich weiß es auch nicht. Auf jeden Fall googelte ich anschließend »Alligator« und fragte mich, woran ich das nächste Mal erkennen könnte, ob sich ein Krokodil oder ein Alligator in meinem Oberschenkel verbeißt. Plötzlich realisierte ich, wie unsinnig das war. Bald fielen mir die Augen zu, und ich döste vor mich hin. 120 Tonnen, 55 Mann Besatzung, das war mein letzter Gedanke, ehe ich einschlief.

Ein kühler Wind blies mir ins Gesicht. »Halte das Lot senkrecht«, sagte jemand. Mein Bürostuhl schaukelte, ich hörte das Peitschen von Wellen in stürmischer See. »Nehmt diesen Quadranten. Findet den Nordstern.« Die Wände begannen sich zu verfärben, als würde mein Büro von unsichtbarer Hand getäfert. Fässer rollten auf mich zu, schlugen links und rechts krachend gegen die Zwiebackkisten, die hinter mir gestapelt waren. Die Eisenreifen der Fässer lösten sich, die Dauben fielen auseinander, in Salz eingelegte Sardinen flutschten über den Holzboden.

Jetzt realisierte ich, dass ich mich im knarrenden Laderaum einer Karavelle befand. Ich saß inmitten von Säcken, die mit Mehl, Bohnen und allerlei Hülsenfrüchten vollgestopft waren. Von der Decke hingen Hunderte Schnüre Knoblauch und rote Zwiebeln herunter, die dickbäuchige Fregatte schaukelte unruhig, und die Balken ächzten, als würde der Schiffsrumpf gleich auseinanderbrechen. Ich sprang zur Seite, als Dutzende von Käselaibern von Regalen herunterpurzelten. Über mir hing geräuchertes Fleisch.

Plötzlich hörte ich Kühe muhen, ich hatte wohl endgültig den Verstand verloren. Ich torkelte über die Käselaiber zur steilen Holztreppe und staunte: Hinter der Treppe standen tatsächlich sieben Kühe im Stroh, aber die lila Kuh von Milka war nicht dabei – hatte ich jemals für die Firma Suchard Slogans geschrieben?

»Zuerst geben sie auf der Reise Milch, dann geben sie Fleisch«, brummte Jack, er hatte es sich bei den Kühen im Stroh gemütlich gemacht. Er erhob sich und torkelte auf mich zu. »Stürmische See«, sagte er entschuldigend, »das ist nicht der Alkohol.« Er hob kurz seinen Weinschlauch hoch: »Das soll angeblich der edelste Tropfen von Jerez sein, aber wenn du mich fragst, Sammy: Um diesen Wein zu mögen, geschweige denn zu saufen, muss man schon ein schwerer Alkoholiker sein. Lass uns raufgehen, dann kann ich über die Reling kotzen.«

»Bitte Jack, gib mir den Schlauch, ich will nicht, dass du bei jedem Auftritt säufst. Deine Verwandtschaft im Schwarzbubenland hat durchblicken lassen, dass es gar nicht nett war, dich in der *Script Avenue* als Alkoholiker darzustellen.«

»Ach wo«, lachte Jack, »in den Siebzigerjahren haben alle Manager gesoffen. Die Jugend hat damals gekifft, gebumst, sich mit Musik zugedröhnt und ab und zu einen Pflasterstein geworfen, aber wir, die Nachkriegsgeneration, wir haben von morgens bis abends gesoffen und trotzdem unseren Job gemacht. Ich sag dir, es gab kaum eine Sitzung, an deren Ende nicht alle sturzbetrunken waren. Die Leute haben 1995 gestaunt, als Clinton und Jelzin in New York angeheitert vor die Journalisten traten und der US-Präsident einen Lachanfall hatte, aber das war die Regel, das war unsere Generation.«

»Okay, Jack«, sagte ich, »dann behalten wir in der *Pacific Avenue* deinen Weinschlauch bei.«

Jack ging voran, ich gab acht, dass er nicht rückwärts von der Treppe fiel.

»Die haben tatsächlich 417 Weinschläuche und 253 Weinfässer an Bord der fünf Schiffe genommen. Soll mir keiner erzählen, dass diese Reise nur drei Monate dauert! Dieser Magellan macht uns allen was vor! Ich habe da so eine Theorie entwickelt.«

Ich ging aufs Vordeck. Die gesamte Besatzung hatte sich dort versammelt. Ich rief: »Wo sind wir?« Niemand beachtete mich.

Auf Magellans Zeichen hin entrollte der Matrose im Mastkorb ein seidenes Banner, die königliche Standarte. Ich schaute zum Krähennest hoch. Die *Trinidad* hatte drei Masten; Fockmast und Großmast waren mit Rahsegeln bestückt, der Besanmast mit einem Lateinersegel. Die *Trinidad* war das Flaggschiff der Flotte, stark genug, die Welt zu umsegeln, so stark wie Kolumbus' *Santa Maria* oder Vasco da Gamas *São Gabriel*.

Wir kreuzten bereits auf dem offenen Meer. Ein rauer Wind schlug uns entgegen. Ein kleiner Mann drängte sich an Magellan vorbei. Er trug eine schwarze Priestersutane, Padre Sánchez de la Reina, ein schmächtiger Mann mit spitzem Kinn, Mitte dreißig. Es hieß, er sei auf dieses Schiff verbannt worden, um Buße zu tun. Die Männer knieten vor Magellan nieder und schworen ihrem Capitán Treue. Sie versprachen, ihm bis ans Ende der Welt zu folgen. Es waren finstere Gestalten, verwilderte Männer aus aller Herren Ländern, die mit nacktem Oberkörper vor der Standarte knieten. Sie waren Ausgestoßene, die man in Hafenkneipen, Bordellen und Gefängnissen aufgetrieben hatte, Bastarde, denen man erst noch Disziplin und Respekt einpeitschen musste, Kinderschänder, Diebe, Verbrecher auf der Flucht. Sie knieten, schworen vor Gott, an den sie nicht mehr glaubten, und legten den Eid ab, den sie bei der erstbesten Gelegenheit brechen würden.

»Das kommt nicht gut«, flüsterte jemand hinter uns. Es war der abergläubische Astronom Rui Faleiro: »Zu viele Spanier an Bord. Die mögen keine Portugiesen.«

»Das wird Probleme geben, da gebe ich Ihnen recht«, sagte Jack. Er machte sich ernsthaft Sorgen.

»Die Fugger glauben, mit ihrem Geld könnten sie die Welt bezwingen«, sagte Rui Faleiro, »aber es ist nicht das Geld, das die Welt in Atem hält, es ist die Sehnsucht nach neuen Horizonten, nach unbekannten Welten, aber auch die Gier, der Hass, die Eifersucht, die Missgunst, und ich sage euch, die Reise wird verdammt lange dauern, ich habe die Karten gelegt, und ich bereue schon jetzt, dass ich auf diesem Schiff bin. Hört ihr das Meer?«

»Wo ist dieser Chronist?«, fragte ich Rui Faleiro.

»Antonio Pigafetta finden Sie in der Waffenkammer. Der Generalkapitän hat ihn dort untergebracht, er meinte, wenn er bei den Männern schliefe, würde er keine Nacht überleben, die würden dieses zarte Bürschchen von hinten und von vorn ...«

Wir stiegen die Holztreppe hinunter und nochmals eine zum nächsten Deck. Ich klopfte dreimal an die kleine Tür und stieß sie auf. Zuerst stolperte ich über den Fußbalken, und kaum hatte ich das Gleichgewicht wiedergefunden, schlug ich mir den Kopf am niedrigen Türrahmen an.

»Pass auf, Jack, dieses Schiff ist nicht für breite Schultern gebaut.«

Jack bückte sich und betrat die Waffenkammer. Die Decke hing tief, der Boden war mit groben Brettern belegt. Hier lagerten weit über tausend Lanzen, ein paar hundert Piken und Schilde, Helme, Brustpanzer. Zwischen zwei kompletten Harnischen hatte ein schelmisch dreinblickender junger Mann mit femininen Gesichtszügen ein Brett über zwei Truhen gelegt. Er kniete vor dem behelfsmäßigen Tisch und schrieb in ein leeres Buch.

»Nein«, lachte er beim Anblick von Jack, »ich bin kein Spion des Papstes, wie die spanischen Kapitäne behaupten. Mich treiben weder das Geld noch die Gewürze an, ich habe Sehnsucht, Sehnsucht nach fernen, exotischen Welten, die noch kein weißer Mann erblickt hat.«

Antonio Pigafetta tunkte seine Gänsefeder ins Tintenfässchen. Er trug einen kurz geschnittenen Vollbart und hatte zartgliedrige Hände, die wohl noch nie eine Schaufel angefasst hatten. Entzückt richtete er sich auf, schlug die erste beschriebene Seite des Buches auf und las vor: »*Generalkapitän Fernão de Magalhães hatte beschlossen, eine lange Schifffahrt auf einem Meer zu unternehmen, das von wütenden Winden und furchtbaren Stürmen beherrscht wird, und nach Eilanden zu suchen, auf welchen Menschenfresser leben und Tiere hausen, denen keiner gewachsen ist, weil sie so groß wie ein Schiff sind. Keinem der Seinen wollte Magalhães den kühnen Plan seiner Fahrt offenbaren, um nicht von seiner großartigen und bewundernswerten Tat, die er mit Gottes Hilfe auszuführen gedachte, abgehalten zu werden. Doch die spanischen Kapitäne, die ihn begleiteten, schmiedeten einen Plan.*« Pigafetta lächelte verlegen: »Eigentlich wollte ich Schriftsteller werden, wer weiß, vielleicht werde ich nach meiner Rückkehr nach Spanien Abenteuergeschichten schreiben.«

»Ich bin auch Schriftsteller«, sagte ich zu ihm, »aber ich lebe 500 Jahre nach dir; ich werde bald zu einer Reise auf die Philippinen aufbrechen, aber ich frage mich die ganze Zeit: Wieso bin ich dann auf diesem Schiff? Ich habe keine Lust, zwei Jahre lang die Welt zu umsegeln, ich weiß bereits, dass die Erde eine Kugel ist, ich kann mir mit meiner Bronchiolitis obliterans keine Erkältung mehr leisten! Ich werde es mir bequemer machen und bald eine Maschine nehmen – sechzehn Stunden Flugzeit – und dann auf Cebu landen.«

«Die Einheimischen nennen diese Insel Sugbo«, orakelte Faleiro, der zu uns gestoßen war, »dort wird sich unser aller Schicksal erfüllen, wir sollten nie im Hafen von Sugbo vor Anker gehen, ich habe das Horoskop berechnet …«

»Hört nicht auf ihn«, riet ich Pigafetta, »er wird noch die ganze Mannschaft verrückt machen.«

Ich mochte Pigafettas Unbekümmertheit und Schwärmerei auf Anhieb, auch wenn er etwas kindlich und naiv wirkte. Auch ich war weder an Geld noch an Gewürzen interessiert, sondern an einem exotischen Land, das ich 500 Jahre später erkunden würde. Ich legte meine Hand auf Pigafettas Schulter und fragte ihn in vertraulichem, fast konspirativem Ton: »Sag mir, wieso bin ich auf diesem Schiff?«

Er zuckte die Schultern und meinte: *»Ich* bin der Chronist an Bord, aber dich kann ich mit keinem Wort erwähnen, denn du bist nicht da.«

»Ich bin gar nicht auf diesem Schiff?«, fragte ich verzweifelt.

»Es müssten 55 Männer auf dem Schiff sein, du kannst nachzählen, mit dir wären es also 56.«

Ich rannte von Deck zu Deck und begann die rauen Kerle zu zählen, Spanier, Portugiesen, Italiener, Franzosen, Flamen, Griechen, Deutsche, ein Engländer, ein Norweger. Es waren 55! Also war ich tatsächlich nicht auf diesem Schiff.

Einer der Griechen schrie vom Mastkorb hinunter: »Der malaysische Sklave zählt nicht! Das ist kein Mensch, das ist ein Sklave, schwarz wie Schießpulver!«

Ich erinnerte mich, dass ich in der Schiffsküche einen jungen Mann mit dunkler Haut gesehen hatte. Ich eilte hinunter. Er briet Fisch.

»Bist du der Sklave?«, fragte ich ihn.

»Nein«, antwortete er, »ich bin der Koch.« Er begann herzhaft zu lachen.

Ich eilte zurück an Deck und suchte die Kapitänskajüte auf. Kurz entschlossen betrat ich Magellans Refugium. Es war leer. Meistens war der Generalkapitän auf dem Schiff unterwegs, patrouillierte von Deck zu Deck, überprüfte, kontrollierte, wies zurecht. Auf seinem Schreibtisch lagen Dokumente, nautische Hilfsmittel, Kompass, Kompassnadel, Stundenglas, Astrolabium und Quadrant, alles fein säuberlich aneinandergereiht. Als ehemaliger Soldat war Magellan ein strukturierter, vernunftbegabter Mensch, ein Mann der Ordnung.

Ich sah mich in der düsteren Kajüte um und griff nach Magellans Aufzeichnungen. Normalerweise hätte ich mir das nicht erlaubt, aber ich ging zu diesem Zeitpunkt fest davon aus, dass ich nicht auf dem Schiff war, sondern in einem Traum, den ich nun steuern konnte. Ich beugte mich über eine abgegriffene, dunkelgraue Kladde. Zwischen den letzten beiden Seiten entdeckte ich ein loses Blatt. Es war Magellans Testament. *»Meinem selbst gefangenen Sklaven Enrique Melaka, Mulatte, gebürtig aus der Stadt Malakka.«*

»Was suchst du hier?«, fragte jemand. Ein kleiner, dunkelhäutiger Jüngling stand in der offenen Tür. Das schwarze Haar reichte ihm bis auf die Schultern.

»Bist du der Sklave?«, fragte ich ihn.

»Ja, ich bin Traprobana und stamme von der Insel Sugbo. Der Generalkapitän hat mich 1511 während der Belagerung Malakkas gefangen genommen. Er hat mich nach Spanien gebracht und eure Sprache gelehrt. Wenn wir auf unserer Reise einem Stamm begegnen, der meine Sprache spricht, wird er wissen, dass wir die Welt umsegelt haben und im Reich von Radscha Humabon sind. Dieser herrscht über die Inselwelt von Sugbo.«

»Und du heißt Traprobana«, murmelte ich nachdenklich.

»Der Generalkapitän hat mich auf den Namen Enrique getauft, doch wenn ich eines Tages vor Radscha Humabon niederknie, werde ich wieder Traprobana sein und die Geister des Waldes anbeten.«

»Dann sind mit dir also 55 Menschen an Bord?«, hakte ich nach.

»Nein«, widersprach Enrique, »ein Sklave zählt hier genauso wenig wie die sieben Kühe. Du bist der 55. Mann an Bord!«

Cellaris

Meine Nase triefte wie ein gerissener Infusionsschlauch, und mein Kopf brummte, als würde eine Horde bekiffter Puertoricaner auf ihren Stahlpfannen herumtrommeln. Nebenhöhlen und Ohren waren so verschleimt, dass ich kaum noch etwas hörte. Ich setzte mich mit einem Krug heißem Tee und einer Familienpackung Papiertaschentücher an meinen Computer. GvHD-Attacke. Ich musste dennoch sofort weiterschreiben, niederschreiben, was ich soeben an Bord der *Trinidad* erlebt hatte. Noch hatte ich alles in Erinnerung, in wenigen Minuten würde ich alles vergessen haben. Es war zwei Uhr in der Nacht. Ich hatte also genügend Zeit bis zur nächsten Pille. Anschließend würde ich wieder zurück an Bord gehen und nach dem Rechten sehen. Wenn ich schreibe, bleiben alle Uhren stehen, ich verliere jegliches Zeitgefühl. Das Einzige, was mich daran hindert, 24 Stunden am Tag zu schreiben, ist mein geschundener Körper.

Pünktlich um fünf kam die erste Nachricht. Nicht von Magellan, sondern von Beyoncé: *Take your pill, darling.* Widerwillig warf ich sie ein und spülte mit Wasser nach. Ich hasse Cellaris. Cellaris zwingt mich in die Zeit zurück, als ich im Koma lag. Ich weiß nicht, was damals mit mir geschah, aber ich denke, man hat mich in einer MRI-Röhre übernachten lassen. Seit ich aus dem Koma aufgewacht bin, verfolgt mich die Vorstellung, man könnte mich eines Tages kopfvoran in ein enges Kanalisationsrohr stecken. Das ist natürlich lächerlich, wer sollte so etwas tun? Und wie sollte das gehen? Jemand klopft an die Tür und sagt: »Guten Morgen, es ist nun so weit, ich würde sie gern kopfvoran in ein Rohr stecken?«

Cellaris sind logische Überlegungen völlig egal, kaum hat man das Ding geschluckt, beginnt der Albtraum. Zuerst beschleicht einen ein unangenehmes Gefühl, man ahnt, dass gleich etwas geschehen wird, ein emotionaler Sturm kündigt sich an, Angst steigt hoch, man beginnt leicht zu zittern, und plötzlich wird man von einer unfassbaren Trauer heimgesucht, die einen umhüllt wie ein Schleier. Man könnte schreien vor Angst, kotzen vor Wut. Am besten, man bleibt einfach sitzen, wie damals die Kelten in der Nacht von Samhain. Man hört Geräusche, selbst wenn man auf einem Ohr taub ist. Dann sieht man etwas vorbeihuschen. Es ist gräulich, aber keine Maus, es ist größer, aber keine Katze. Zuerst dachte ich, es sei eine Monsterratte. Man sieht es jeweils nur ganz kurz, es ist stets in Bewegung, manchmal denke ich, es sei ein Marder, ja, es hat die Größe eines Marders und bewegt sich wie ein Marder, aber es kleidet sich wie eine Ratte, einen Schwanz habe ich auch noch nie gesehen. Was ist es also? Es ist Cellaris!

Ich hasse Cellaris! Wenn ich es geschluckt habe, versuche ich mich jeweils abzulenken. Ich räume irgendetwas in eine Schublade. Doch dann starre ich in die offene Schublade und frage mich, was wohl geschehen würde, wenn mich jemand in diese Schublade legen und sie schließen würde. Es spielt überhaupt keine Rolle, dass ich mit meinen 180 Zentimetern in keine Schublade passe. Ich kriege von der bloßen Vorstellung Atemnot, die Bronchien verkrampfen sich, ich gehe in die Küche, vielleicht hilft ein Glas Wasser, ich fliehe aus der Wohnung auf die Straße, in das nächste Lebensmittelgeschäft. Vielleicht wäre jetzt ein Stück Gruyère genau das Richtige, aber nur der höhlengereifte. Auf dem Parkplatz stoßen Leute ihre Einkaufswagen zu ihren Autos, öffnen den Kofferraum, mein Gott, es ist kaum auszuhalten, noch schlimmer als die Vorstellung, in eine Schublade eingepfercht zu werden.

Ich torkle ins Lebensmittelgeschäft, die thailändische Kassiererin schaut mich prüfend an, ich weiß, dass sie alles liest, was über mich in den Zeitungen steht, sie scheint überrascht. Muss ich mich entschuldigen, dass ich noch nicht gestorben bin?

Wenn ich dann vor den Toilettenartikeln stehe, frage ich mich, was ich eigentlich einkaufen wollte. Ich schiele zum Metzger hinüber und versuche herauszufinden, ob ich bei ihm die 400 Gramm Hackfleisch schon bestellt habe oder nicht. Er nickt mir freundlich zu, er kennt mich natürlich, ich bin der Glatzkopf, der immer vor sich hin grinst und behauptet, er würde noch weiter einkaufen, während der Metzger das Rind durch den Fleischwolf quält. Und dann fragt mich Maricel am Mittag, wo das Hackfleisch geblieben sei. Ich weiß es nicht, da gibt es unzählige Möglichkeiten. Über solche Dinge zwingt mich Cellaris, nachzudenken.

Auf dem Nachhauseweg frage ich mich, ob der Sommer wohl noch kommt, ob wir Mittwoch haben, ob das Mittagessen schon vorbei ist und wo ich eigentlich wohne. Ein angebundener Hund jault mich an. Soll ich ihn befreien, mitnehmen – oder gehört dieser Hund gar nicht mir? Hatte ich jemals einen Hund? Plötzlich lichtet sich der Nebel, und ich finde den Nachhauseweg. Manchmal denke ich, ich sollte mich mit Handschellen an einen Heizkörper ketten, bevor ich Cellaris schlucke, aber wir haben eine Bodenheizung. Oder ein T-Shirt mit dem Aufdruck meiner Adresse tragen. In Hongkong trug ich ein Shirt mit dem Haltestellenplan der Mass Transit Railway, MTR. *Lost in Hongkong.*

Zu Hause setze ich mich wieder in den Phantom-Sessel, kaue ein Stück Gruyère und bestätige mir, dass ich nicht verrückt werde. Es ist Cellaris, das kann man aussitzen. Gegen Mittag lässt die Wirkung nach, und wenn Maricel von der Arbeit nach Hause kommt und fragt, wie mein Morgen gewesen sei, dann sage ich: »Gut, ich konnte einiges erledigen.«

Hämatologie – Wieso Mactan?

»Kann ich wenigstens Cellaris absetzen?«, fragte ich die Oberärztin, als wir im Untersuchungszimmer der Hämatologie saßen. Sie schaute kurz hoch, etwas erstaunt darüber, dass ich ihr diese Frage stellte. Sie überflog nochmals das Datenblatt des Lungenlabors. Ich hatte soeben eine halbe Stunde in der Lungenkabine ausgeharrt und wie ein Elch geröhrt, aber ich hatte beim besten Willen nicht mehr Luft ausstoßen können. 37 Prozent Restlunge, das war ein neuer Tiefpunkt.

»Kann ich wenigstens Cellaris absetzen?«, fragte ich noch einmal. Ich hoffte, sie würde vielleicht aus Mitleid zustimmen. Doch sie schüttelte den Kopf, ohne eine Sekunde zu zögern.

»Können wir nicht auf fünf Milligramm reduzieren?«, insistierte ich.

»Fünf Milligramm ist für Kinder«, sagte sie.

Irgendwie bleiben wir doch alle ein Leben lang Kinder, sinnierte ich, auch wenn wir im Lauf der Jahre ein ernsteres Gesicht machen und keine Kaugummis mehr unter Tischkanten kleben. Ich hatte den Faden verloren. Was hatte ich gefragt? Wann der nächste Zug zum Pazifik fährt, fliegt, fließt, flutscht?

»Wir müssen bei zehn Milligramm bleiben«, sagte die Ärztin, »Cellaris löst die Krämpfe in der Lunge, erleichtert die Atmung, Sie *müssen* Cellaris nehmen! Das ist ein sehr wichtiges Medikament für Sie. Was stört Sie daran?«

»Alles! Einfach alles! Ich hasse Cellaris! Cellaris püriert die Sinne, vakuumiert die Seele. Seit ich Cellaris schlucke, finde ich kaum noch Schlaf, ich bin chronisch übermüdet, erschöpft. Wenn ich aufstehe, wird mir schwindlig …«

»Aber das hatten Sie doch schon früher, seit der Knochenmarktransplantation vor fünf Jahren …«

»Aber wenn ich jetzt Schwindel habe, spüre ich eine frische Meeresbrise, Salz in der Luft, ich bin an Deck einer Fregatte, dann kommen mir Worte in den Sinn, Jahreszahlen, Gesichter …«

»Halluzinationen sind bei Cellaris nicht ungewöhnlich, jedes Medikament hat Nebenwirkungen.«

Ich hörte ihre Stimme nicht mehr. Ich sah nur noch, wie sich ihr Mund öffnete und wieder schloss. Ich neigte den Kopf nach vorn, schaute auf meine Füße hinunter. Der Linoleumboden löste sich auf, und ich sah die verfaulten Holzplanken darunter. Als ich den Kopf wieder hob, war die Ärztin wie vom Erdboden verschwunden, ich sah nur noch das offene Meer, Wasser, so weit das Auge reichte.

»Haben Sie noch Fragen?«, hörte ich eine weibliche Stimme. »Sie brauchen nachher noch eine Privigen-Infusion.«

»Ich habe verdammt viele Fragen, warum zum Teufel bin ich auf diesem Schiff?«

Jemand berührte meinen Arm. »Ist alles in Ordnung, Monsieur Bretelle?«

»Nein«, flüsterte ich, »nichts ist in Ordnung. Ist es möglich, dass es da draußen noch andere Realitäten gibt?«

»Können Sie das näher erklären?«

»Das Delir ist nicht mein Problem, damit lebe ich seit fünf Jahren, ich habe ein neues Problem, es heißt Cellaris. Cellaris raubt mir die Orientierung, Cellaris versklavt mich, entreißt mir die Kontrolle über meine Gedanken, verknotet Realität und Fiktion. Ist es möglich, dass ich verrückt werde?«

Die Ärztin schüttelte den Kopf. »Verrückt werden Sie nicht, aber Cellaris kann in einzelnen Fällen Gehirnrezeptoren aktivieren.«

»Cellaris schubst mich kurz nach der Einnahme von einer vertrauten in eine unbekannte, geheimnisvolle Welt«, erzählte ich ihr. »Der Wirkstoff nimmt Besitz von meinen Träumen. Cellaris kreiert Gedanken, die mir fremd sind. Es erscheinen Menschen, die mir vertraut sind, obwohl ich ihnen noch nie begegnet bin. Ich bin dabei, einen historischen Roman über die Weltumsegelung Magellans zu schreiben. Manchmal denke ich, diese Reise ist die Realität, und was hier auf dem Zellersatzambulatorium geschieht, ist Fiktion, Science-Fiction, Jules Verne. Dann habe ich nur noch einen Wunsch: zurück an Deck der *Trinidad.* Dort bin ich zu Hause. Dort kenne ich mich aus.«

»Tatsächlich sind Sie aber hier im Zellersatzambulatorium der Hämatologie des Universitätsspitals«, lächelte die Ärztin freundlich.

»So spricht auch Magellan zu mir«, gab ich zurück. »Er sagt, ich sei auf der *Trinidad,* das sei die Gegenwart, das sei meine Welt. Wir seien miteinander unterwegs zu den Gewürzinseln.«

»Monsieur Bretelle – auch andere Patienten klagen, dass Cellaris Gedanken und Tatsachen auf die gleiche Realitätsstufe setzt, aber an Bord von Magellans Schiff war bislang noch keiner. Sie müssen das leider ertragen wie alle unsere Patienten. Haben Sie noch weitere Fragen?«

»Ich weiß nicht, warum, aber ich fühle den Zwang, auf die Philippinen zu fliegen.«

»Das hat doch nichts Zwanghaftes. Das ist völlig normal, dass Sie das Bedürfnis nach Urlaub haben. Ihr Immunsystem baut sich allmählich wieder auf. Die Reiserisiken sind deutlich kleiner geworden. Im Flieger sollten Sie allerdings einen Mundschutz tragen und auf den Philippinen nichts Rohes essen. Werden Sie auch in Manila haltmachen?«

»Nein, um Gottes willen, nicht in Manila!«, rief ich entsetzt. Beinahe wäre mir *Nicht zu dieser Schlampe!* herausgerutscht.

Die Ärztin schien über meine heftige Reaktion verblüfft.

»Ich habe mich vielleicht nicht präzise ausgedrückt. Der Zwang besteht nicht darin, dass ich auf die Philippinen muss, der Zwang besteht darin, dass ich noch vor Magellan die Insel Cebu erreichen muss. Respektive die Insel Mactan!«

»Wieso Mactan?«, stutzte die Ärztin.

Ich beugte mich zu ihr hin und flüsterte: »Weil Magellan dort von Lapu-Lapu getötet wird.«

Saigon Moon

Ich keuchte den Petersgraben hinauf bis zum ehemaligen Stadttor. Mein Ziel war das *Saigon Moon,* meine Hauskantine. Ein Hundertjähriger (grobe Schätzung) überholte mich, ohne nach Luft zu japsen. Hätte er dazu noch ein Wanderlied geträllert, ich hätte ihm wahrscheinlich einen Tritt in den Hintern gegeben. Das sind manchmal deprimierende Augenblicke, ganz zu schweigen von den Joggern, die man am Sonntagmorgen vom Küchenfenster aus beobachtet, wie sie frohen Mutes starten, vor Energie und Kraft strotzend, und zwei Stunden später, kein bisschen außer Atem, wieder zurückkehren. Ich setzte mich auf den Betonpfosten vor dem Spalentor und keuchte.

»Ist alles in Ordnung?« Der Hundertjährige stand vor mir.

Ich sah entgeistert zu ihm hoch. Es war keine einzige Schweißperle auf seiner Stirn zu sehen. Kräftiger weißer Schnauz, volles Haar, sah ein bisschen aus wie der Rentner Irving Zisman in *Bad Grandpa.*

»Alles okay?«, wiederholte er freundlich und mimte den jugendlichen Kumpel.

Ich nickte, zum Sprechen fehlte mir die Luft.

Ich hörte ihn noch etwas rufen, *Kopf hoch!* oder so. Menschen wuselten um mich herum. Sie hatten alle einen Plan, ein Ziel. Aber was waren denn meine Pläne? Schon morgen konnte die Lunge nochmals um ein paar Prozentpunkte abgestoßen werden; dann wäre es bald aus mit mir. 37 Prozent Restlunge, das war jetzt echt beschissen. Ich schaute noch eine Weile den Autos nach. Ich vermisste das Autofahren. Ich wäre gern wieder mal ins Elsass gefahren, vielleicht nochmals nach Colmar ins Bartholdi-Museum oder sogar ein bisschen weiter, ins Burgund. Aber was sollte ich im Burgund tun? All die edlen Tropfen anstarren, die ich nicht mehr trinken durfte?

Ich versuchte, mich auf kleinere Ziele zu konzentrieren, Ziele, die realistisch und erreichbar waren. Ich erhob mich und wartete einen Moment, bis sich der übliche Schwindel gelegt haben würde. Vor mir eine stark befahrene Straße, ein Fußgängerstreifen, eine Ampel und viele Leute, die warteten. Als sich alle in Bewegung setzten und die Straße überquerten, gab ich mir einen Ruck, doch die Schmerzen im Fuß waren so stark, als wurden die Knochen gleich zerbröseln und die glühende Haut über dem Rist zerreißen. GvHD eben. Als ich den ersten Schritt auf die Fahrbahn machte, zeigte die Ampel schon wieder Rot.

Ich schaute den Menschen nach, die auf der anderen Straßenseite ihrer Wege gingen. Autos flitzten an mir vorbei. Ich starrte genervt auf das rote Ampelmännchen. Ja, in diesem Augenblick hatte ich den Eindruck, dass mir das Leben die rote Karte zeigte, dass es an mir vorbeirauschte, dass ich nicht mehr Teil davon war. Es war schon fast peinlich, dass ich es überhaupt noch wagte, auf einer öffentlichen Straße herumzustehen. Eigentlich hatte dieses ganze Leben um mich herum nichts mehr mit mir zu tun.

Mir fiel in diesem Augenblick auch ein, dass ich letzte Nacht schon wieder von diesem Fahrstuhl geträumt hatte. Von einem der roten Personenaufzüge im Universitätsspital. Der Traum ist immer derselbe, weil auch die Botschaft immer dieselbe ist. Ich humple zu den Fahrstühlen und bleibe stehen, starre auf die fünf Doppeltüren. Andere Leute kommen hinzu, Patienten, Besucher, Pflegepersonal, Ärzte, alle warten. Dann öffnet sich eine Tür, eine Menschentraube purzelt heraus, die Umstehenden betreten den Lift, ich will ihnen folgen, aber es sind schon zu viele Leute drin. Die Türen schließen, und ich stehe wieder allein da. Ich möchte ins Erdgeschoss, zum Ausgang, das Gebäude verlassen, an die frische Luft, nach Hause, mich unter meinem Schreibtisch verkriechen, aber irgendwie bin ich verdammt, allein hier oben zu stehen. Und ich denke, ich werde nie mehr gesund, was mir klar ist, aber ich werde auch nie mehr das Zellersatzambulatorium im fünften Stock verlassen können.

Grün. Nichts wie rüber, die Zeit läuft. Zebrastreifenlaufen ist mittlerweile eine olympische Disziplin. Für Alte und Behinderte ist es kaum zu schaffen. Bevor man das rettende Ufer erreicht, stehen die Ampeln bereits wieder auf Rot.

Ich denke, Städte sind für junge, gesunde Menschen konzipiert, und jeder Velorowdy genießt diplomatische Immunität.

Vielleicht sollte man über Alte und Behinderte gleich eine Ausgangssperre verhängen. Es gibt ja auch Politiker, die fordern, dass Alte nach dem Tod des Ehepartners umgehend die Wohnung räumen müssen, um Platz für andere zu machen, und dass sie während der Stoßzeiten weder Straßenbahnen benützen noch Einkaufszentren betreten dürfen.

Wenn man gehbehindert ist, gehört man zu den Alten, und alt sein hat in der Selfie-Gesellschaft nichts mehr mit nützlicher Erfahrung oder gar Weisheit zu tun. Alt sein bedeutet alt sein, alt bedeutet verbraucht, kaputt, Reparatur lohnt sich nicht mehr, reif für die Entsorgung, Aasgeruch, Sondermüll.

Zum Glück rempelten mich zwei junge, schlaksige Männer aus Eritrea an und brachten mich auf andere Gedanken. Instinktiv zog ich den Kopf ein, versuchte eine römische Ein-Mann-Schildkrötenformation und war bereit, den Kampf der Kulturen gegen zwei Exponenten jener kriminalstatistisch ziemlich auffälligen Volksgruppe aufzunehmen. Ich hoffte insgeheim, dass es sich bei den Männern um Kokaindealer handelte, denn Dealer wollen Geschäfte machen und nicht ihre potenzielle Kundschaft erschlagen.

Sie waren beide um die zwanzig und passten nun ihren Schritt meinem Fünfzig plus-Tempo an. Sie eskortierten mich. Ohne mich anzuschauen. Sie begannen eine kleine Unterhaltung, ohne sich anzuschauen. Das machte mir Angst. Ich fürchtete, dass sie gleich meinen Schädel auf den Bordstein schlagen würden. Ich atmete tief ein, spannte meine kortisongeschädigten Muskeln an und räusperte mich mehrmals, denn gleich würde ich um Hilfe schreien müssen und eine klare Stimme brauchen. Doch die beiden Jungs in den coolen Nike-Trainingsanzügen beschleunigten ihre Schritte und entfernten sich zügig. Entweder dachten sie, ich sehe eh schon ziemlich bekifft aus, oder aber: *Dieser alte Sack kann sich bestimmt kein Handy leisten.*

Ich hatte keine Zeit, darüber nachzudenken, ob ich den beiden möglicherweise unrecht getan hatte, denn kaum hatte ich mich entspannt, kamen mir meine Labordaten in den Sinn, ein dreiseitiger Computerausdruck mit 54 verschiedenen Blutwerten. Bisher hatte man die Werte, die außerhalb der Normbreite waren, mit einem Plus- oder einem Minuszeichen gekennzeichnet, doch neuerdings waren sie mit Farbe unterlegt. Es sah ziemlich farbig aus, wie die Einladung zu einem Kindergeburtstag.

Babyschritte, dachte ich, du darfst jetzt dein Ziel nicht aus den Augen verlieren, du willst ins *Saigon Moon.* Erinnern Sie sich an Bill Murray in *What About Bob?,* der Filmkomödie? Ich bin zwar kein multiphobischer Neurotiker wie er, oder sagen wir mal, ich halte mich nicht dafür, aber das mit den Babyschritten ist in den meisten unerfreulichen Lebenssituationen hilfreich. Auch nach Todesfällen. Meine nächsten Babyschritte sollten mich also ins *Saigon Moon* führen, acht Minuten zu Fuß, das sollte doch wohl noch zu schaffen sein!

Von außen sieht das *Saigon Moon* nach gar nichts aus, es ist wohl eine der kleinsten Quartierkneipen der Stadt. Doch wenn man über die Schwelle tritt, ist man in Vietnam und genießt jeden Mittag ein Buffet, das mich wehmütig an die Straßenkantinen in Hongkong erinnert. Ich setzte mich wie üblich in den hinteren Teil des schmalen Lokals, direkt unter das Porträt von Großvater Nguyen Duc Giang, der während des Vietnamkrieges als Bootsflüchtling nach Malaysia und anschließend nach Europa geflohen war. Nun führten seine Kinder Bian und Tung das Restaurant und entzündeten jeden Morgen und jeden Abend die rot eingefärbten Bambusstäbchen vor dem Porträt des Großvaters, um ihn zu ehren.

Asiaten kümmern sich um ihre Verwandten – wir uns um unsere Selfies auf Facebook. Mir gefällt der Aberglaube der Asiaten wesentlich besser als die monotheistischen Religionen der Christen, Juden und Muslime: In einigen asiatischen Ländern steigen Verstorbene in die andere Welt auf und leben dort als Halbgötter weiter. An sie kann man sich wenden, wenn man Hilfe braucht. Sie haben bestimmt auch verstorbene Verwandte und Freunde, die Ihnen nahestanden, oder? Ich würde mich an meine Großmutter Germaine halten.

Maricel kam verspätet, beziehungsweise pünktlich, denn *Philippine time* ist wie schon erwähnt nicht *exact western time*. Sie sprühte wie immer vor Energie und strahlte deutlich mehr Lebensfreude aus als etwa die Schweizer Fußballer beim Abspielen der Nationalhymne.

»Kumusta ka?«, fragte ich und warf meine vier High-Noon-Pillen ein.

Maricel gab mir einen Kuss und kniff mir in die Wange, während ich die Pillen mit Wasser hinunterspülte. »Mabuti, salamat«, antwortete sie.

»Wie sind die Resultate?« Maricel wartete erst gar nicht meine Antwort ab, sondern imitierte mich: »Stabil, aber auf tiefem Niveau.«

Wir bedienten uns am Buffet, Maricel häufte wie üblich einen Berg Reis auf ihren Teller, der ohne Übertreibung für vier erwachsene Personen gereicht hätte. Aber ihr Gewicht blieb stets unter 45 Kilo, was sie sehr ärgerte. Sie wünschte sich zehn Kilo mehr, weiße Haut, eine lange Nase und dünne Lippen. Und mir wünschte sie einen dickeren Bauch, der ein bisschen mehr nach Wohlstand aussah.

Ich lud einen Schwarm frittierter Fische auf meinen Teller, obwohl ich wusste, dass mein Magen sie nicht mehr vertrug.

Anschließend, vielleicht aus Trotz, noch scharfen Vietnamese-Curry. Bevor wir zu essen begannen, streckte Maricel den Arm über den Tisch und bot mir die offene Handfläche an. Ich strich mit den Fingern sacht über ihre Hand, wie wir das damals in *Planet der Affen: Prevolution* gesehen und als Ritual übernommen hatten. Vielleicht hatten sich früher die Eingeborenen auf der philippinischen Insel Negros so begrüßt, ich weiß es nicht, aber es hatte etwas Archaisches und durchaus Ernsthaftes.

»Wie war dein Tag?«

»Ich war unterwegs mit Magellan. Ich traf tatsächlich meine verstorbenen Schwiegereltern. Cellaris pfuscht mir ständig ins Handwerk.«

»Und Andrea?«

»Du wirst doch nicht etwa eifersüchtig sein auf Andrea?«

»War sie an Bord?«

»Nein, sie war nicht an Bord. Wir haben nie Kreuzfahrten unternommen. Kurz vor ihrem Tod haben wir noch Angebote für Kreuzfahrten studiert. Ich wäre damals gern durch die Magellanstraße gefahren. Aber es war nicht wirklich ernst gemeint, und drei Wochen später war sie bereits tot.«

Maricel spielte mit der Pfeffermühle und sagte verlegen: »Ich würde Papa schon gern wieder einmal sehen.«

»Von mir aus ist es okay, wenn du gehst, ich komme allein gut zurecht.« Ein Pfefferkorn kullerte über den Tisch. Ich zeigte mit meinen Essstäbchen darauf: »Solche Kügelchen waren der Auslöser für Magellans Weltumsegelung, der Auslöser für den Beginn der Globalisierung. Das Essen in Europa war entweder ungesalzen oder dann versalzen. Jedes Königshaus wünschte sich nichts so sehr wie Pfeffer. Jedes einzelne Korn wurde in Gold aufgewogen!«

Ich nahm Maricel die Pfeffermühle aus der Hand und sagte:

»Für die Körner in dieser Mühle hättest du einige Golddukaten bezahlt. Deshalb nannte man vermögende Menschen Pfeffersäcke. Und wenn man jemanden zum Teufel wünschte, wünschte man ihn ins Pfefferland, weil es so weit weg war. Und dort will ich hin.«

»Dann musst du mich auf die Philippinen begleiten! Bei uns im Dorf schlingen sich die Pfeffersträucher um die Bäume und klettern bis vier Meter in die Höhe. Bald ist Erntezeit. Möchtest du nicht dabei sein?«

»Vielleicht sollte ich tatsächlich«, schmunzelte ich, »vielleicht bin ich das den Leserinnen und Lesern schuldig.«

Maricel stieß einen Freudenschrei aus und warf dabei ihr Glas um. Dann sah sie die verdutzten Gesichter der anderen Gäste. »Ihr seid immer so reserviert«, flüsterte sie, »Gelächter ab 57 Dezibel ist hier schon fast ein Offizialdelikt.« Sie stopfte mir ihr letztes frittiertes Fischhäppchen in den Mund und fragte schelmisch: »Darfst du denn reisen?« Sie ahnte bereits *good news*.

»Die Pneumologen sagen ja, die Hämatologen sind skeptisch, jetzt ist die Frage, auf wen wir hören wollen.«

»Lass uns buchen!«, sagte Maricel, »das kommt schon gut, ganz bestimmt. *Swerte!* Dann lernst du endlich meine Familie kennen. Wir werden eine große Fiesta veranstalten und vier Spanferkel am Spieß über dem offenen Feuer braten, wie bei Asterix und Obelix.«

»Und ich bin Obelix?«

»Das halbe Dorf wird kommen, um dich zu sehen. Sie werden dich anstarren und laut herauslachen. Aber sie lachen dich nicht aus, das ist einfach unsere Kultur. Erwarte jedoch keinen Luxus. Wir leben im Dschungel, Hunnybunny, nicht in Makati City! Kein Internet und so, Wasser und Elektrizität nur sporadisch.«

Als wir wieder zu Hause waren, fragte Maricel nochmals nach: »Bist du ganz sicher, dass du mit mir reisen kannst? Wir haben in dieser Jahreszeit etwa 29 Grad, das Wetter ist schwül, und zu Fuß unterwegs zu sein, ist anstrengend für dich.«

»Selbst Achtzigjährige fliegen noch auf die Philippinen. Dort sitze ich im Taxi, im Flugzeug und unter Palmen – ich muss ja kaum gehen. Das wird schon gut, und in Cebu gibts notfalls eine Uniklinik mit einer hämatologischen Abteilung. Wie lange dauert denn die Fahrt von Cebu zum Dorf deiner Familie auf Negros?«

»Mit der Fähre knapp zwei Stunden von Toledo nach San Carlos, von dort gehts dann mit dem Bus nach Escalante City und dann nochmals eine halbe Stunde mit dem Tricycle bis zu unserem Dorf. Es hängt aber alles von verschiedenen Dingen ab. Das ist alles nicht so strikt reguliert wie bei euch«, lachte sie, »bei uns laufen die Uhren anders.«

»Das war auch schon mein Eindruck.«

»Du wirst es verstehen, wenn du dort bist. Du wirst begeistert sein. In unseren Dörfern sieht es teilweise noch aus wie vor 500 Jahren, und in den Bergen leben noch Naturvölker, die Kobolde und Waldgeister anbeten.«

»Das ist genau das, was ich für die *Pacific Avenue* brauche, Maricel. Ich möchte schon bald fliegen. Magellan ist längst in See gestochen. Ich muss unbedingt vor ihm in Cebu sein respektive in Mactan.«

»Wie meinst du das?«, fragte sie irritiert. »Wieso musst du vor Magellan in Mactan sein?«

»Weil er dort den Tod findet. Mit seinem Tod stirbt auch die Geschichte, verstehst du?«

»Wenn du einmal in Cebu bist, kann deine Geschichte nicht mehr sterben«, sagte Maricel ernst, »in Cebu wirst du in viele

Geschichten hineingeraten. Das ist der Wilde Westen Asiens. Du musst dich in Acht nehmen, Hunnybunny. Ich meine das sehr ernst.«

Sie holte die Schokomuffins aus dem Backofen und legte sie zum Auskühlen auf ein Gitter.

»Maricel, ich kann das nicht jeden Tag essen«, sagte ich gequält.

»Jaja«, amüsierte sie sich, »ich weiß, Kortison und Fettverteilungsstörungen und der ganze Kram. Mit Andrea wäre das wahrscheinlich ein Problem gewesen …«

»Ein sehr großes Problem sogar.«

»Aber diese Frau ist tot, Hunnybunny, du bist jetzt mit einer Asiatin verheiratet, und der ist es völlig egal, ob du dick oder schlank bist. Und wenn wir meine Familie besuchen, möchte ich, dass du noch ein paar Kilo mehr hast. Dann sehen sie, dass ihre Tochter eine weiße Langnase gefunden hat, die genug verdient, um sich Übergewicht anzufuttern. Wir setzen Schlanksein mit Armut gleich.«

»Maricel, das ist ja nett gemeint, aber am Ende brauche ich einen Doppelsitz in der Economy-Klasse.«

»Kein Problem, Hunnybunny. Notfalls kaufen wir für dich einfach ein Frachtgut-Ticket.« Sie tippte blitzschnell auf ihrem iPad herum. »Ich werde unsere Reisepläne gleich auf Facebook posten!«

»Das ist gut, dann wissen gleich alle Einbrecher, dass wir in dieser Zeit nicht zu Hause sind.«

Später, als wir wieder beide mit unseren iPads auf der Couch saßen und durch die Social-Media-Plattformen surften, erinnerte ich mich plötzlich an die Freundschaftsanfrage aus Cebu. »Maricel, hast du einen Facebook-Freund, der Dr. Pedro

Hacban heißt? Er hat mir neulich eine Freundschaftsanfrage geschickt.«

»Und, hast du sie angenommen?«, fragte sie. »Solange es keine Frau ist, habe ich nichts dagegen.«

»Pedro Hacban, sagt dir der Name wirklich nichts? Er leitet das Museo Sugbo in Cebu. Der Mann könnte sehr wichtig sein für die *Pacific Avenue.*«

Nach Einbruch der Nacht

Nachts im Phantom-Sessel überlegte ich immer wieder, ob ich in meinem Zustand tatsächlich auf die Philippinen sollte. Ich redete mir ein, dass selbst betagte Leute noch um die Welt reisen. Man weiß, dass die meisten Menschen nach einer Krebserkrankung an Muskelabbau, chronischen Schmerzen, Antriebsarmut, Müdigkeit und chronischer Erschöpfung leiden. Eine nette Umschreibung für den Beginn einer fürchterlichen Depression. Bewegung und Sport sollen hilfreich sein, nicht nur für die Psyche, sondern auch gegen die chronischen Entzündungen in den Gelenken und Muskelfasern. Vielleicht hätte die Reise nebst Vorteilen für meinen Roman auch einen therapeutischen Nutzen. Und Maricels Familie zu besuchen, war natürlich ein schöner Gedanke. Jetzt, wo sich mein Immunsystem allmählich erholte, hatte ich große Lust, dem Schicksal einen Uppercut zu verpassen.

»Kann man mit derart schlechten Resultaten noch lange leben?«, hatte ich die Laborgehilfin nach dem Lungenfunktionstest gefragt.

Sie hatte mich verblüfft angeschaut, als hätte ich gefragt, ob sie in ihrem Mikrowellenherd Schimpansen züchte. »Aber Sie haben doch jetzt eine Bronchiolitis obliterans!«

Eine was?

In den frühen Morgenstunden nahm ich meinen Versicherungsordner hervor und studierte meinen Pensionskassenausweis. Wie würde Maricel ohne mich leben? War es Zeit, vor der Reise die letzten Dinge zu regeln? Ich googelte die Ratgeberseiten, die einem auflisten, was man nach einem Todesfall zu tun hat, und schrieb in ihrem Namen Briefe an Behörden und Versicherungen, dazu kündigte ich alle meine Zeitungsabos; nur das Datum ließ ich jeweils aus.

Eine Nachricht unterbrach meine Arbeit. SMS von Beyoncé: *Take your pill, darling.*

Schon bald legte sich ein milchiger Belag über meinen Bildschirm. Ich hörte ungewöhnliche Geräusche, drehte mich um und starrte auf die schweren, dunkelroten Vorhänge. Ein Windstoß hatte sie bewegt, aber es waren keine Fenster offen. Ein grelles Licht begann mich zu blenden, die Vorhänge bleichten aus, ich sah nur noch ein rotes Malteserkreuz auf hellem Segeltuch.

Süd Süd-Ost / Süd Süd-West

Die Segel der *Trinidad* waren aus schwerer Leinwand und frisch bemalt mit dem roten Kreuz des spanischen Schutzheiligen San Jago. 120 Tonnen, 55 Mann. Die Stimmung war schlecht, weit und breit nur Wasser, kaum Wind, und mancher fragte sich, ob wir tatsächlich vorwärtskamen. Am 10. August 1519 hatte die Reise im Hafen Sanlúcar de Barrameda bei Sevilla begonnen. Am 26. September war die Flotte in Teneriffa eingetroffen, um Vorräte zu laden, am 3. Oktober auf den Kapverden.

Wochen später, am 20. November, überquerten die Schiffe den Äquator und gerieten kurz darauf aus der Passatzone. Die

Matrosen an Bord der *Trinidad* begannen zu murren. Wusste der Generalkapitän überhaupt, wohin es die Schiffe trieb? Missmutig saßen die Männer, die gerade ihre Schicht abgesessen hatten, in der Mannschaftskajüte und lauschten mit grimmigem Blick Jacks Worten. Der saß gebückt auf einer Seemannskiste. Man hatte den Eindruck, als würden ihn die tief hängenden Querbalken, die das Deck stützten, schier erdrücken. Er nahm einen Schluck aus seinem Weinschlauch und fuhr sich mit der Zunge über die spröden Lippen.

»Denkt doch mal nach, Burschen! Wer ist dieser Magellan? Ein portugiesischer Kriegsheld? Verrät seinen König und dient sich dem Erzfeind Spanien an? Kann man so einem trauen?«

»Nein«, sagte einer, »er steuert nicht nach Westen, wie er es angekündigt hat, sondern auf Afrika zu! Er hat gar nicht im Sinn, die Gewürzinseln über die Westroute zu erreichen. Und wisst ihr, warum? Weil es keinen Durchgang nach Westen gibt. Der *Paso,* was für ein Blödsinn!«

»Was erwartet uns nun?«, fragte ein anderer mit unheilvoller Stimme.

»Wir sind aus der Passatzone abgedrängt worden«, sagte Jack, »vielleicht werden wir schon morgen weiter nach Osten getrieben und kommen vor Afrika den Portugiesen in die Quere. Wenn das kein Kriegsgrund ist!«

»Wir werden keine der beiden Küsten erreichen, wir werden uns auf dem Ozean verlieren.«

»Jede Scheibe hat einen Rand. Aber wenn wir diesen Rand erreichen, werden wir darüber hinabstürzen. Ins Nichts.«

Ich nahm einen Schluck aus meiner Wasserflasche und setzte mich auf eine Proviantkiste. »Jack, du solltest die Mannschaft nicht gegen Magellan aufhetzen. Weißt du, was auf Meuterei steht?«

Jack lachte. »Du wirst schon dafür sorgen, dass mich dieser Hasardeur da oben nicht hängt.«

»Niemand wird dich hängen, Jack, die Spanier sind Katholiken, sie erdrosseln die Leute. Mit der Garrotte! Die legen dir eine Halsschraube an und pressen dir die Luftröhre zusammen, bis du erstickst.«

»Dummes Zeug! Seit Franco tot ist, gibts in Spanien keine Hinrichtung mit der Garrotte mehr.« Jack schüttelte den Kopf und murmelte: »Dummechaibesaich.«

Ich legte Jack die Hand auf die Schulter. »Ich bin nur ein Schriftsteller, Jack, ich bin der wahre Sklave auf diesem Schiff. Aber ein Schriftsteller muss die Historie korrekt behandeln, verstehst du?«

»Ich weiß, deshalb lässt du mich ständig besoffen durch deine Seiten torkeln. Aber eigentlich habe ich gar kein Problem mit Alkohol. Nur ohne. Das begann mit dem Job in der Zementfabrik. Mit jedem Kunden musstest du saufen. Das ist gut für den Umsatz und schlecht für die Leberwerte. Als ich schließlich Direktor wurde …«

»Ich will dich ja nicht deprimieren, Jack, aber nach deinem Tod wurde die Firma an die Amerikaner verkauft, die haben die Hälfte des Personals entlassen, das Unternehmen tranchiert und die werthaltigen Teile verhökert. Jetzt hat ein albanischer Schrottwagenhändler das Areal übernommen und die Chefetage an die Gemeinde vermietet. In deinem Direktionsbüro schlafen nun Asylsuchende aus Eritrea.«

»Jaja, diese Amerikaner, attackieren die Steueroasen auf der ganzen Welt und schützen ihre eigenen in Delaware. Es war nicht meine Schuld, dass die Firma zugrunde ging. Das ganze Dorf hat mich geächtet. Selbst im Jenseits hatte ich Mühe, Kumpel für eine Pokerrunde zu finden.«

»Jack, ich brauche frische Luft«, sagte ich und ging an Deck. Unser tollkühner Generalkapitän lehnte wie eine Galionsfigur an der Reling, als könne er es kaum erwarten, in der Ferne die Gewürzinseln zu erspähen. Ein frischer Wind wehte mir ins Gesicht. Man hörte nur das Plätschern des Meeres.

Hinter uns folgten in geringem Abstand die vier Karacken: Die *San Antonio* unter dem Kommando von Capitán Juan de Cartagena, mit 130 Tonnen und 60 Mann Besatzung das größte Schiff der Flotte, die *Concepción* mit Capitán Gaspar de Quesada (90 Tonnen, 45 Mann), die *Victoria* mit Luis de Mendoza (90 Tonnen, 42 Mann) und die *Santiago* mit Capitán Juan Rodríguez Serrano (60 Tonnen, 32 Mann). Sie hatten Order, im Kielwasser der *Trinidad* zu bleiben.

Nachts entzündeten wir am Heck eine Fackel in einer Laterne; wir hatten vor der Abreise verschiedene Lichtsignale vereinbart. Alle Kapitäne hatten den Befehl, sich vor Einbruch der Nacht unserem Flaggschiff zu nähern und das Tagesgeschehen zu rapportieren.

Eines Abends kam es bei den Rapporten zu einem Zwischenfall. »Dios vos salve, señor capitán general y maestre, y buena compañía«, begann Kapitän Juan de Cartagena von der *San Antonio* höflich, bevor er weitherum vernehmbar seine Bedenken über den aktuellen Kurs äußerte: »Wieso hat unser Generalkapitän ohne Rücksprache mit uns den Kurs geändert? Wir nähern uns der afrikanischen Küste bei Sierra Leone. Beabsichtigt der Generalkapitän, entgegen seinem königlichen Auftrag, die Ostroute zu befahren? Beabsichtigt er nicht mehr, Westkurs auf die brasilianische Küste zu nehmen?«

»Ihr seid nicht befugt, mir Fragen zu stellen, der Generalkapitän ist Euch keine Rechenschaft schuldig«, kanzelte Magellan de Cartagena ab, »ich bitte um Euren Rapport.« Er wollte Juan de Cartagena, der sich vergeblich bemüht hatte, die Expedition zu leiten, vor seiner Mannschaft demütigen.

Doch dieser hielt höflich dagegen: »Ich bin offiziell von unserem König beauftragt, die Expedition zu überwachen.«

Magellan schwieg. Und de Cartagena schwieg; der stolze Spanier verlas keinen Rapport. Er ließ die *San Antonio* zurückfallen, damit die andern Kapitäne rapportieren konnten.

»Wieso hast du es ihm nicht erklärt?«, fragte ich Magellan. »Du hast ihn unnötig brüskiert.«

»Wir haben eine lange Reise vor uns. Ich musste ein für alle Mal klarstellen, dass ich bedingungslosen Gehorsam erwarte.« Magellan wandte sich von mir ab, als sei er auch mir keine Rechenschaft schuldig.

»Magellan«, mischte sich Jack ein, »lass dir von einem erfahrenen Geschäftsmann einen Rat geben: Du hast fünf Schiffe, vier davon werden von spanischen Kapitänen geführt. Juan de Cartagena ist der Neffe des Bischofs von Burgos, du solltest es dir mit ihm nicht verscherzen. Wenn du seine Loyalität verlierst, verlierst du alle vier Schiffe. Die haben viermal mehr Kanonen, Falkonetten und Mörser an Bord! 55 Mann gegen 179 Mann! Manchmal muss man nachgeben, um zu gewinnen. Verlier dein Ziel nicht aus den Augen: die Gewürzinseln! Habe ich recht, Sammy?«

Ich gab ihm recht: »Falls wir uns tatsächlich der afrikanischen Küste nähern, werden wir von portugiesischen Kriegsschiffen versenkt, und Portugal erklärt Spanien den Krieg!«

»Ich suche den günstigen Passatwind, dann fahren wir Richtung Westen«, sagte Magellan kühl. Er vermied es, uns in die Augen zu schauen.

»Das leuchtet uns ein«, sagte Jack an mich gewandt, »aber wieso kannst du es nicht auch Juan de Cartagena erklären?«

»Einige werden mir aus Treue folgen, andere aus Angst«, sagte Magellan, »die Beweggründe sind unerheblich. Ich bin der Generalkapitän, ich befehlige das Flaggschiff, ich leite die Expedition.« Frostig, fast abschätzig, musterte er uns und zog sich in seine Kajüte zurück.

»Lass uns was essen, solange es noch Nahrungsmittel an Bord gibt«, schlug Jack vor.

»Es hat noch etwas im Kühlschrank«, rief eine schrille Stimme, die an einen Raben erinnerte. Im Kühlschrank? Wir drehten uns um. Maggy! Sie war noch mehr geschrumpft. Sie trug ein rotes Deux-Pièces mit weißen Punkten. Sie sah aus wie ein von Walt Disney geschaffener kleiner Pilz, der mit seinem Staubwedel über das Deck wuselt. In der freien Hand hielt sie eine zusammengerollte Radio- und TV-Zeitschrift. Sie hielt sie wie ein Zepter und blaffte Jack an: »Wieso hast du mir nicht gesagt, dass du eine Kreuzfahrt machst?«

Jack schnitt eine Grimasse. »Was zum Teufel suchst du hier, Maggy? Das ist keine Kreuzfahrt! Das ist die grösste Schifffahrtsexpedition, die die Menschheit je gewagt hat!« Kopfschüttelnd wandte er sich von ihr ab und schaute grimmig aufs Meer hinaus.

»Natürlich verstehe ich das, Jack, Hitler hatte sein schwimmendes Lazarett auch als Kreuzfahrtschiff getarnt. Er war dabei, als die *Wilhelm Gustloff* 1937 vom Stapel lief. Das Schiff gehörte der Hamburg-Südamerikanischen Dampfschifffahrtsgesellschaft. Jetzt weißt du, warum so viele Nazis in den letzten Kriegstagen eine Kreuzfahrt nach Südamerika gemacht haben. Josef Mengele, der ›Todesengel von Auschwitz‹, Klaus Barbie, der ›Schlächter von Lyon‹, und Adolf Eichmann: Sie alle verkrochen sich mit der Hilfe ihrer Kameraden im Vatikan und in den amerikanischen Geheimdienstbüros in Argentinien und genossen mit dem Geld, das sie den Juden abgenommen hatten, ein Leben in Saus und Braus …«

»Ist ja schon gut, Maggy, wir machen hier eine Kreuzfahrt, also lass mir den Genuss. Oder ist das zu viel verlangt?«

Maggy ging zur Reling und hakte sich bei Jack unter. »Wieso hast du es mir verschwiegen, Jack? Wir sind doch verheiratet. Bis dass der Tod uns scheidet!«

Jack riss sich los. »Bis dass der Tod uns scheidet!« Er schaute auf sie herab und schrie: »Und der Tod *hat* uns geschieden, Maggy, wir sind beide mausetot, und ich bin endlich wieder ein freier Mann!« Er riss ihr die Programmzeitschrift aus der Hand und schmiss sie über Bord.

»Jack!«, schrie Maggy entsetzt, »ich wollte doch eine Sendung sehen!«

»Maggy«, sagte Jack, und jetzt sprach er wie Jack Nicholson in Stanley Kubricks *Shining,* »wenn du eine Sendung sehen willst, brauchst du dafür einen Fernseher und keine Zeitschrift, kannst du das irgendwie nachvollziehen?«

Maggy fuhr Jack mit dem Staubwedel übers Gesicht und lief dann ziellos auf dem Deck herum. »Ach, diese Männer«, wandte sie sich an mich, »große Buben in langen Hosen, geht nur auf eure Kreuzfahrt, ich hörte kürzlich im Radio, dass auf Kreuzfahrtschiffen oft der Norovirus ausbricht. Und keiner kann von Bord, jeder steckt jeden an, und am Ende hat man die Wahl, ob man in seinem Erbrochenen verenden will oder lieber ins Meer springt und von den Haien erlöst wird.«

Jack lief rot an. »Siehst du den Priester drüben auf dem Vorderdeck? Geh zu ihm, Maggy, labere ihn voll, Priester sind sich das gewohnt.«

Maggy trottete davon. »Geht nur auf eure Kreuzfahrt, ich sag euch, keiner wird zurückkehren, keiner.« Sie blieb abrupt stehen und drehte sich um. »Wisst ihr eigentlich, was damals mit der *Wilhelm Gustloff* passiert ist?«

»Nein, Maggy, wir wissen es nicht, und wir möchten es auch nicht wissen!«, rief Jack ins Meer hinaus.

»Der Russe hat uns vor der Küste Pommerns torpediert, mehr als 9000 Menschen kamen ums Leben«, rief Maggy und fuchtelte mit dem Staubwedel in meinem Gesicht herum.

»Uns?«, fragte mich Jack. »Hat sie eben *uns* gesagt, der Russe habe *uns* torpediert?«

Obelix und Falbala

»Schaffst du noch einen?«

Nein, das ist jetzt nicht die Eröffnung einer erotischen Szene in der Besenkammer einer Leihbibliothek. Ich saß auf einem Fitnessvelo in der Reha des Unispitals. Es war halb acht Uhr morgens, mein Therapeut saß hinter einem Bildschirm und trug laufend Werte in eine Tabelle ein.

»Jetzt kommt der letzte Berg. Blutdruck und Puls sind gut«, ermunterte er mich.

Ich versuchte, nochmals alles zu geben. Es war nicht so, dass ich auf dem Ergometer jeweils meinen inneren Schweinehund überwinden musste, nein, ich hatte ein ganzes Rudel von Schweinehunden zu überwinden. Im Saal waren noch andere Patienten, alle älter als ich. Der eine hatte einen Sauerstoffschlauch und kämpfte auf einem Laufband, der andere hievte Gewichte. Neben ihm stand eine Sauerstoffflasche für unterwegs.

Während des gesamten Reha-Programms war ich mir bewusst, dass ich einen Blick auf mein eigenes Schicksal warf. Würde die Lunge nochmals abgestoßen, nochmals sieben Prozentpunkte wie im letzten Jahr, dann würde ich wohl wieder nach Liestal fahren müssen, um Sauerstoffflaschen zu mieten.

Ich hatte das seinerzeit für Andrea getan, hatte gleich Monsterflaschen in den Wagen gepackt und überall im Haus verteilt. Ich war dann sehr dankbar, dass ich die Behälter nicht mehr zurückbringen musste, als wir sie nicht mehr brauchten. Ich saß in meinem Büro mit Sicht auf den Parkplatz und beobachtete, wie ein Spitexfahrer die Flaschen in sein Auto lud. Noch heute erscheinen mir diese Monster im Traum. Manchmal nehmen sie die Gestalt von Torpedos an. Ich finde sie überall, und sie gehören nirgendwo hin, aber ich fühle wieder den Schmerz, den ich damals gespürt hatte, als Andreas Leichnam abgeholt wurde und nur noch die Flaschen da waren. Am liebsten wäre ich mit ihr in den Sarg gestiegen und hätte für immer die Augen geschlossen. Aber ich hatte unserem Sohn Tim nicht zumuten wollen, dass er sich um die Sauerstoffflaschen kümmern musste.

Think positive! Ich wollte an etwas Lustiges denken. Obelix! Falbala! Warum nicht? Da fiel mir plötzlich ein, dass René Goscinny, der literarische Vater von *Asterix,* bei einer ärztlichen Routinekontrolle auf dem Ergometer tot zusammengebrochen war.

»Schaffst du noch einen?«

»Nein«, keuchte ich.

Schwarze Fahnen

Als ich mit dem Taxi nach Hause fuhr, war ich *not amused.* Ich fragte mich, ob ich mit der Reha nicht einfach aufhören sollte. War meine private Reha zu Hause nicht schon genug? Seit einem Jahr bestieg ich jeden Morgen mein Fitnessvelo im Gästezimmer, um das muskuläre Umfeld der Lunge zu verbessern, rackerte mich an der Kraftmaschine ab und hatte dabei nicht das geringste Erfolgserlebnis, weil es in meiner Situation nun mal keine Verbesserungen mehr geben konnte.

Wozu sollte ich also weiterhin all diese Anstrengungen auf mich nehmen und mich in positivem Denken üben? Um dann um drei Uhr nachts im Phantom-Sessel zur Erkenntnis zu gelangen, dass eigentlich alles sinnlos war? *They tried to make me go to rehab, but I said, no, no, no,* sang Amy Winehouse. Ohne neues Projekt würde ich wohl längst aufgegeben haben. Deshalb ist die *Pacific Avenue* so wichtig, nicht für Magellan, sondern für mich.

»Hast du deine Kundenkarte endlich wiedergefunden?«, fragte Achmed.

»Nein«, sagte ich, »vielleicht ist sie in einer Jackentasche.«

»Ich könnte für dich beten und schauen, dass Allah deine Karte findet.«

»Mir ist heute nicht zum Scherzen zumute, Achmed, und ich glaube nicht, dass dein Gott ein Fundbüro betreibt.«

Achmed schien auch nicht gerade den besten Tag erwischt zu haben. »Ihr macht euch über unsere Religion lustig, weil ihr nicht wisst, was sie für uns bedeutet. Religion ist für uns enorm wichtig. Wir lieben sie mehr als unsere Eltern. Wenn ihr euch über unsere Religion lustig macht, beleidigt ihr 1,5 Milliarden Menschen auf der ganzen Welt.»

»Ist das nicht übertrieben, Achmed? Die Mehrzahl der Muslime im Westen ist doch gemäßigt und respektiert unsere Rechtsordnung und Kultur. Diese Menschen wollen in Frieden bei uns leben. Die Radikalen sind die Secondos ohne Bildung und Perspektive. Weißt du, was Ahmed Aboutaleb denen kürzlich gesagt hat?«

»Ein Imam?«

»Nein, der Bürgermeister von Rotterdam, ein Muslim. Er

sagte an die Adresse all dieser militanten Steinzeitmuslime: ›Wenn es euch hier nicht gefällt, haut doch endlich ab!‹ Weißt du, Achmed, wir haben euch nicht eingeladen, ihr seid freiwillig gekommen, wir leben hier unseren eigenen Way of Life, inklusive Sex, Drugs, Rock 'n' Roll. Wenn euch das nicht passt, ist das okay, aber wieso zum Teufel kommt ihr dann in unseren Kulturkreis? Wir haben eine Bundesverfassung, sie gilt für alle, die in diesem Land leben, für die Religiösen und die Nichtreligiösen, für die Linken, die Rechten, die Einheimischen, die Ausländer. In dieser Bundesverfassung steht, dass Mann und Frau gleichberechtigt sind. Wenn ihr das nicht akzeptieren könnt und in unserem Land rückgängig machen wollt, haut endlich ab; die Todesstrafe ist bei uns verboten, wenn ihr bei uns die Scharia einführen wollt, haut endlich ab; die Meinungs- und Gewissensfreiheit ist gewährleistet, wenn euch das nicht passt, haut doch endlich ab und geht ins 7. Jahrhundert zurück!«

Achmed lächelte und verdrehte die Augen, als habe er soeben eine göttliche Eingebung erhalten. »Allah hat uns eine Mission gegeben, Sammy, wir müssen die Welt von den Ungläubigen säubern, wir sind gekommen, weil wir müssen.«

»Wie wollt ihr die Welt säubern? Mit Konzentrationslagern, wie die Nazis? Oder zertrümmert ihr jedem mit einer blasphemischen Stereoanlage den Schädel?«

»Wir brauchen im Westen niemanden zu töten«, sagte Achmed gelassen und schaute kurz zu mir rüber, »denn ihr seid bereits tot. Eine Kultur, die aus Angst alle ihre Prinzipien aufgibt, ist eine tote Kultur. Ihr werdet aus lauter Angst vor Gewalt den Islam als Religionsgemeinschaft akzeptieren und für uns die Steuern eintreiben, wir werden soziale Institutionen gründen, Freizeitangebote für Jugendliche, wir werden uns in den Schulplänen Raum verschaffen, und im Jahr 2036 werden mehr muslimische Kinder in euren Schulen lernen als Christen und Juden. Und dann wird keine einzige Partei mehr ohne uns regieren können. Die Angst wird euch getötet haben. Wir werden euch nicht die Eier abschneiden, denn ihr habt keine Eier. Wohlstand schrumpft die Eier. Wir haben über tausend Jahre darauf gewartet, jetzt sind wir da. Wenn eines Tages auf dem Marktplatz die schwarze Fahne weht, weißt du, was das bedeutet?«

»Die Fans des FC St. Pauli sind da.«

Taxi Tonga

Kaum war ich zu Hause, wusch ich die Füße und machte mich für den nächsten Termin bereit: Podologie in einem Spital neben dem Fußballstadion. Die Podologinnen sind sehr nett, sie entfernen mit spitzem Werkzeug abgesplitterte Nagelspäne unter den eiternden Nagelbetten. GvHD eben, alles trocknet aus, die Nägel wachsen im Turbomodus und zersplittern laufend.

»Sie müssen aufpassen. Wenn sich die Füße verfärben und Sie Herzpochen in der großen Zehe spüren, ist das eine Blutvergiftung. Kommen Sie bis auf Weiteres lieber jeden Morgen vorbei.« Noch mehr Termine!

»Meine vollgekritzelte Agenda unterscheidet sich in Sachen Dichte kaum noch von jener eines Regierungschefs: Physio, Ergo, Podologie, Lymphdrainage, Reha, Blutcheck, manchmal komme ich mir schon ein bisschen krank vor …«

Die Podologin lachte leise, was der sanften Nadelführung nicht sehr dienlich war. Ich schrie kurz auf und bat sie dann weiterzumachen, war ja nicht ihre Schuld, sie gab sich wirklich alle erdenkliche Mühe.

»Ich bin Ihnen dankbar, dass Sie das tun, im Unispital sagen sie mir immer wieder, ich müsste wahrscheinlich das nächste Mal die Nägel herausoperieren lassen.«

»Bloß nicht voreilig«, sagte sie, »kommen Sie einfach jeden Tag vorbei, wir kriegen das auch diesmal wieder hin. Die Nagelentfernung ist gar nicht so einfach, man muss bis auf den Knochen hinunterschneiden, und mit einem halben Nagel haben Sie dann erst recht immer Probleme. Fahren Sie eigentlich noch Auto?«

»Nein«, sagte ich, »meinen Mitmenschen zuliebe. Stellen Sie sich vor, ich bremse vor dem Fußgängerstreifen ab, lasse die Passanten die Straße überqueren, und plötzlich kriege ich einen Krampf, das Bein streckt sich, und das Gaspedal wird …«

»Dann fährt jetzt Ihre Frau?«

»Unser Auto hat gestern den Geist aufgegeben, aber besser das Auto als ich.«

Das Taxi fuhr vor. Nein, es war nicht Achmed, ich hatte ausdrücklich nach Tonga gefragt. Tonga ist ein fröhlicher Ghanaer, mit dem man in deutscher Sprache Lebensweisheiten austauschen kann. Wir freuten uns stets, uns zu sehen, und führten gleich unsere letzte Diskussion weiter. Tonga weiß auf alles eine Antwort. Und Tonga weiß eine ganze Menge, denn viele Fahrgäste erzählen ihm die intimsten Dinge, die müssen das loswerden, und wenn sie wieder aus seinem Taxi steigen, sind sie erleichtert und hoffen, dass sie Tonga nie mehr begegnen. Sie denken, weil er eine schwarze Haut hat, lebt er in Afrika und wird jeweils am frühen Morgen mit DHL eingeflogen, um in der Stadt Taxi zu fahren. Ich mag seine positive Lebenseinstellung. »Sammy«, lacht er jeweils, »du siehst heute fit aus. Dir gehts besser als letztes Mal.«

Ich quälte mich auf den Beifahrersitz. Er wollte mir helfen, mich anzuschnallen, weil meine rechte Schulter versteift war und die Drehbewegung Krämpfe auslöste, aber ich lehnte lachend ab: »Weißt du, Tonga, auch ein kranker Mann hat noch seinen Stolz. Am Ende bindet man mir vor dem Essen noch ein Lätzchen um.«

»Hauptsache, das Essen schmeckt dir. Das wird wieder, Sammy! Glaub mir.«

»Ich weiß nicht, Tonga, wir gehen jetzt zur Physio ins Alterszentrum, schau mich an, ich gehe in ein Alterszentrum und habe noch nicht mal das Pensionsalter erreicht ...«

Tonga versuchte, das Thema zu wechseln, er war wirklich ein lieber Kerl. »Ich habe das Werbeplakat für dein Buch in der Straßenbahn gesehen. Weißt du, ich habe ja selber kein Auto, also fahre ich morgens mit der Straßenbahn zur Taxizentrale. Du bist jetzt sicher sehr glücklich«, lachte er.

»Am Anfang war es eine große Genugtuung. Aber mittlerweile zieht es mich ganz schön runter. Seit Monaten muss ich fast jeden Tag über meine Krankheit sprechen, über das Sterben, über den Tod. Ich habe die *Script Avenue* freiwillig geschrieben, aber ich habe die Folgen unterschätzt.«

Tonga erkannte intuitiv, dass unser Gespräch erneut ins Negative driftete. »Bei uns zu Hause hättest du kein Jahr überlebt, ihr Schweizer schätzt zu wenig, was ihr mit eurem Land habt. Ihr habt Regeln. Ich liebe eure Regeln. Alles ist geregelt. In vielen Ländern gibt es Probleme, weil es keine Regeln gibt.«

Ich musste schmunzeln. Tonga lachte und fuhr fort: »Und wie ihr die Zeit nutzt, das ist einfach perfekt, Sammy. Wenn ich von den Behörden etwas brauche, dauert das hier zehn Minuten, bei uns zu Hause sechs Monate. Deshalb ist euer Land auch mehr entwickelt als meines, verstehst du?«

Beyoncé rief mich an.

»Deine Frau?«, fragte Tonga.

»Nein«, sagte ich, »es ist rein geschäftlich …«

Tonga lachte. »Ich habe auch Frauengeschichten. Wir haben Frauengeschichten, und Frauen haben Männergeschichten.«

Ein Jingle kündigte das Eintreffen einer Mail an. Lourgien. Dieses Miststück.

»Noch eine Frauengeschichte?«

»Nein, nein, ich werde bald verreisen, auf die Philippinen. Eigentlich müsste ich auf die *Trinidad,* aber die Stimmung an Bord ist nicht gut, da braut sich was zusammen.« Ich warf die Pille ein und schluckte sie ohne Wasser runter.

»Du fährst mit einem Schiff auf die Philippinen?«, fragte Tonga.

»Das ist alles etwas kompliziert, ich erkläre dir das auf der nächsten Fahrt. Dann gehen wir zusammen essen. Mein Freund Henri in Hongkong sagte mir einmal, nur über das Essen lerne man eine Kultur kennen. Und ich weiß nichts über Ghana.«

»Ein gescheiter Mann, dein Freund. Aber wenn du unsere Kultur verstehen willst, musst du auch das ghanaische Zeitgefühl verstehen. Wir haben in unserer Sprache kein Wort für Pünktlichkeit. Bei uns spielt Zeit keine Rolle. Du magst jetzt denken, dass wir viel Zeit mit Warten verbringen, das ist tatsächlich so, aber dadurch werden wir gelassener. Es ist wahr, was dein Freund Henri gesagt hat.«

»Eigentlich sagte er: Nur über das Essen und den Sex lernst du eine Kultur kennen.«

»Das ist noch wahrer«, lachte Tonga und ließ mich aussteigen.

Mutter aller Pillen

Die Nacht schien gut zu werden. Keine Krämpfe. Doch gegen drei Uhr kamen die Nervenschmerzen in den Zehen. Ich tastete mich in der Dunkelheit aus dem Schlafzimmer, öffnete den Kühlschrank, hörte das Rauschen des Meeres, steckte mir ein Stück Gruyère in den Mund, spürte die salzige Luft auf den Lippen und schlich in mein Büro. Wie ein Schlafwandler folgte ich einem imaginären Ruf, schrieb mich Zeile für Zeile an Bord der *Trinidad* zurück, ich schrieb gegen Stürme an, gegen meuternde Matrosen, gegen die lauernden spanischen Kapitäne, und Jack brachte mir einen neuen Weinschlauch.

Ein aufziehendes Gewitter verdunkelte den Horizont, in der Ferne hörte man die ersten Donnerschläge, Blitze erhellten krachend die Nacht, plötzlich ein grausamer Schmerz, als habe sich einer in mein linkes Bein gebohrt. Die Nacht erbleichte und nahm die Farbe meiner Zimmertapete an. Ich hatte mich vor Schreck vom Pult abgestoßen und prallte mit meinem rollenden Bürostuhl gegen den Galeriesockel hinter mir. Ich fiel vom Stuhl und sah gerade noch, wie die 35 Kilo schwere *Statue of Liberty* langsam nach vorn kippte und mit der Fackel voran auf mich herabstürzte. Sie verfehlte mein linkes Auge nur knapp, aber der marmorierte Sockel traf mich haargenau in die aufgeblähte Milz.

Ich versuchte, mich aufzurichten, klammerte mich am untersten Tablar des Büchergestells fest, das nachgab und mir Balzacs *Comédie humaine* um die Ohren schlug. Ich ergriff eine der Stangen und hangelte mich hoch. Kaum stand ich aufrecht, traf mich ein neuer Krampf wie der Einschuss einer Harpune.

Ich riss die Stange mit mir zu Boden, nun folgten alle Klassiker des 18. Jahrhunderts. Ich schleppte mich zu meinem Arbeitstisch und zog mich an der Kante hoch. Maricel kam hereingestürmt und schaute mich entgeistert an: »Bist du okay?«

»Ich übe gerade *Walking Dead*«, sagte ich und lehnte an meinen Bürotisch. Noch im Halbschlaf begann Maricel, die Regalstangen wieder aufzurichten, die Tablare zu befestigen und die Bücher einzureihen. Sie tat dies mit einer unglaublichen Gelassenheit, als sei dies um diese Zeit die natürlichste Sache der Welt. Ich schluckte gegen die Krämpfe die vierfache Dosis Magnesium und ging wie üblich mit Maricel im Wohnzimmer auf und ab.

»Willst du wirklich mitkommen?«, fragte sie bekümmert.

»Ich werde Krämpfe haben, ob ich hierbleibe oder dich auf die Philippinen begleite.«

Ich blieb vor den griechischen Götterfiguren stehen, die auf den obersten Bücherregalen aneinandergereiht waren. »War das schon alles für heute Nacht, ihr Penner?«

Anschließend Sirdalud, reduziert den Muskeltonus, lässt aber auch die Augenmuskulatur erschlaffen, scharfstellen unmöglich, Doppelbilder, Schwindel, Schädelbrummen. Jede Pille hat so ihre Nebenwirkungen. Ein Teufelskreis, den man höchstens mit der Mutter aller Pillen beenden kann: mit einer Hohlspitz-Patrone, Kaliber 357 Magnum.

Ich setzte mich in den Phantom-Sessel und bat Maricel, wieder schlafen zu gehen. Ich saß mit offenen Augen da, schläfrig, schreibend, denn ich schreibe auch, wenn ich nicht am Computer sitze. Ich hörte das Schlagen der Wellen und die Gischt, die unter dem Bug der *Trinidad* aufspritzte. Ich warf einen kurzen Blick auf Zeus und Neptun, die immer noch teilnahmslos auf dem Regal standen. »Können wir wieder?« Das Büchergestell verfärbte sich bläulich, begann zu atmen, flutete den Fußboden und sang den Refrain des Meeres, während sich das restliche Wohnzimmer Pixel für Pixel auflöste. Ich blickte auf das offene Meer hinaus.

Im Reich des Todes

Rui Faleiro schlich über das Deck, er ahnte Unheil und hatte Angst. Mit hängenden Schultern blieb der Astronom neben mir stehen. »Wir sind verloren«, flüsterte er, »falls wir jemals die brasilianische Küste erreichen, laufen wir entweder den Portugiesen ins Kanonenfeuer, oder wir landen in den Kochtöpfen der Kannibalen wie seinerzeit Juan Díaz de Solís und seine Männer.«

»Ja«, pflichtete ich ihm bei, »das Leben ist schrecklich.«

Gegen Südsüdwesten segelnd, verloren wir den Polarstern aus den Augen. Kurz vor Tagesanbruch schrie ein Matrose vom Krähennest herunter: »Land in Sicht! Land in Sicht!«

Nach langer Fahrt erreichten wir am 6. Dezember 1519 die brasilianische Küste. Hier wollten wir unsere Schiffe reparieren und Proviant aufnehmen. Die Männer standen gebannt an der Reling und starrten die nackten Ureinwohner an, die am Ufer ausgehöhlte Baumstämme ins Wasser ließen und uns entgegenruderten. Alle an Bord waren hungrig, sehnten sich nach einer richtigen Mahlzeit, Fleisch, Obst, frischem Wasser. Bis zu vierzig Küstenbewohner saßen in einem Kanu. Sie waren ähnlich gebaut wie wir, doch je näher sie kamen, desto mehr erschreckte uns ihr Anblick.

»O heilige Mutter Maria«, seufzte Pigafetta, »die sind ja alle nackt, kahl geschoren, fast schwarz und so schmutzig wie die Leichen in der Styx.«

»Sie meinen, all diese Menschen sind Kinder von Charon, dem Fährmann des Totenreiches?«, fragte Faleiro bang.

»Alle Mann gefechtsklar!«, schrie Magellan. Dolmetscher Enrique bekniete ihn, nicht zu feuern.

»Sie sind uns friedlich gesinnt!«, rief er.

»Wir begrüßen sie mit drei Schüssen! Zielt auf die Baumspitzen! Bombarde abfeuern!«

Drei Steinkugeln jagten über den Strand und rissen eine Schneise durch den Tropenwald, die Palmen knickten wie Streichhölzer. Die Insulaner erschraken und ruderten panisch ans Ufer zurück. Magellan gab Befehl, mit einigen Mann an Land zu gehen.

Ich wollte bei dieser Exkursion nicht dabei sein, sondern wieder aufwachen. Ich realisierte durchaus, dass ich in einem Traum gefangen war. Ich war Teil dieses Traums, Beobachter und Akteur zugleich, erkannte in schneller Abfolge fremdartige Wesen, die kein Gesicht, aber einen Gedanken hatten, skurrile Szenen, aus denen man dennoch etwas in die andere Welt mitnehmen konnte.

Ich las Texte, die ich in meinem ganzen Leben noch nie gelesen hatte, ich schwöre es, die Texte waren ganz neu, aber sie stammten aus meinem Gehirn, Cellarius hatte mir einen Cocktail gemixt aus Dingen, die mir allein gehörten, aus Emotionen, Gegenständen, Ängsten, Völlerei, Songs und sexuellen Exzessen.

Ich wollte endlich aufwachen, zurückkehren in meine vertraute Welt. Ich versuchte, die Augen zu öffnen, aber es gelang mir nicht. Trotzdem sah ich den Aschenbecher auf dem Glastisch neben meinem Phantom-Sessel. Aber ich rauche nicht. Darin brannte Jacks Zigarre, aber Jack war tot. Ich wollte den glühenden Stummel ausmachen, aber ich konnte die Arme nicht bewegen, die Gedanken der Nacht hatten alle meine Sinne ausgelöscht, um mich wehrlos in diesem fremden Kontinent auszusetzen, in der Welt von Cellaris.

Ich sah den keltischen Waldgott im Bücherregal. Es war bloß eine Statue, das weiß ich doch, ich bin nicht blöd, doch er sprach zu mir. Er sagte, in der Nacht von Samhain würden Vergangenheit, Gegenwart und Zukunft ineinanderfließen. Die Anderswelt vermische sich mit unserer Welt. Wer Fragen an die Götter habe, könne sie in der Nacht von Samhain stellen. Ich hatte so viele Fragen. Wo zum Teufel hatte ich meine Taxikundenkarte verlegt?

»Haben Sie noch Fragen?«, hörte ich eine Stimme. Ich wollte den Kopf drehen. Zuerst dachte ich, Jacks Zigarre spreche zu mir, doch dann sah ich, dass es ein Arzt war, nicht größer als sieben Zentimeter, er hatte sich im Kabel meines iPhones verheddert und versuchte nun, es mit dem iPad-Pen zu entwirren. Ich wollte ihm den Stift wegnehmen, bevor er den Gummikopf abschabte, denn ich brauche das Ding, weil die Nerven in meinen Fingerkuppen beschädigt und die Nagelbette entzündet sind. Sie mögen jetzt denken, jetzt hat der Kerl endgültig den Plot verloren, er sollte umgehend seinen Arzt anrufen. Aber können *Sie* etwa Ihre Träume entschlüsseln? Können Sie sich überhaupt an Ihre Träume erinnern? Das Gehirn ist in den Tiefschlafphasen noch aktiver als im Wachzustand.

»Träumen ist Müllentsorgung«, rief mir der Arzt zu, während er weiter mit dem Kabel rang, »das Gehirn sortiert, verwertet, entsorgt Material und schickt es neu aufbereitet in den nächsten Tag hinaus. Das Gehirn schmilzt alles zusammen, was in Ihrer Erinnerung archiviert ist, und gießt es über Nacht in neue Formen, die wir am nächsten Morgen nicht mehr verstehen.«

»Wer? Wer tut solche Dinge?«, rief ich. Ich konnte den Kopf weiterhin nicht drehen, aber ich war mir sicher, dass der kleine Arzt nun in den Aschenbecher gestiegen war und mit dem Stift gegen Jacks verglimmenden Zigarrenstummel kämpfte.

»Ihr Gehirn, Sammy, Sie allein sind der Schöpfer Ihrer Träume, aber nur in der Nacht können Sie die Bedeutung erahnen. Das Wenige, an das Sie sich am Morgen noch erinnern, macht keinen Sinn, denn Ihr Gehirn verrichtet tagsüber wieder die Ihnen vertrauten Funktionen.«

»Seit ich Cellaris nehme, kann ich auf der Brücke zwischen den beiden Welten verharren und werde Zeuge eines merkwürdigen Schauspiels: Ich sehe, wie ein Traum entsteht und gleich wieder verpufft.«

»Ich weiß, Sammy, Cellaris nimmt Besitz von Ihren Träumen«, sagte der kleine Arzt. »Der Hersteller hat es auf dem Beipackzettel notiert, damit Sie ihn nicht auf Schadenersatz verklagen können. *Abnormes Träumen* hat er es genannt. Aber auch ohne Cellaris würde Ihr Gehirn nie ruhen. Auf dem obersten Fortsatz des Rückenmarks schwabbelt etwas Seltsames. Was aussieht wie zwei Walnusshälften, ist Ihr Thalamus, der geheime Newsroom, welchen die Augen mit Bildern überfluten. Die Ohren senden Geräusche, Töne, Stimmen, die Geschmackszellen melden Düfte, die Tastzellen unbekannte Objekte. Es ist der Newsroom, der das alles verarbeitet und an die heiligen Kammern des Großhirns übermittelt. Sobald sich diese Kammern schließen, brechen alle Verbindungen ab, und Sie können sich nicht mehr bewegen. Und doch ist der Schlaf nicht der kleine Bruder des Todes. Denn während Sie ohne Bewusstsein sind, läuft Ihr Gehirn zu Hochform auf und erschafft eine göttliche Sinfonie. Wenn Sie diese Sinfonie über längere Zeit stören, verlieren Sie im Wachzustand allmählich die Struktur in

Ihrem Alltag, die Ordnung Ihrer Gedanken, die Kontrolle über Ihre Gefühle. Sie werden wahnsinnig.«

Verzweifelt rief ich dem kleinen Arzt zu: »Cellaris zerstört die Sinfonie, es wirft weiße Mäuse in den Orchestergraben und macht mich zu einem Menschen, vor dem ich mich fürchte!«

Er schien mit seiner Geduld am Ende und urinierte auf Jacks Zigarrenstummel. Ich hörte nur das Plätschern und Zischen. Dann sagte er: »Im Schlaf übernimmt das limbische System die Kontrolle, wie es schon vor Jahrmillionen die Steuerung der ersten Reptilien übernommen hat. Sie fallen in einen archaischen Zustand zurück, in dem es weder Vernunft noch Logik gibt. Im Schlaf werden Sie wieder zum Tier, das in der Savanne jagt, Sie töten, vergewaltigen und trinken das Blut Ihrer Feinde.«

»Ist der Traum tatsächlich der Königsweg zur Erkenntnis?«

»Nein, vielleicht begegnen Sie auf diesem fremden Kontinent Ihrer Seele, aber als Arzt würde ich bestreiten, dass es eine Seele gibt. Ich habe noch keine gesehen. Wachen Sie jetzt auf, Sammy, die Erinnerung an die Nacht wird verblassen.«

»Nein!«, rief ich. »Cellaris lässt die Gedanken an die Nacht nicht wie Nebelschwaden vorüberziehen, Cellaris setzt sich fest wie Kalkablagerungen in den Arterien.«

»Wachen Sie auf, Sammy, seien Sie vernünftig, ein Arzt, der nur sieben Zentimeter groß ist, das macht doch keinen Sinn, das ist Ihr Gehirn, Sammy, es ordnet nicht chronologisch, es ordnet nicht nach logischen Gesichtspunkten, wachen Sie auf, bevor Sie den Verstand verlieren.«

Kamera läuft

Pünktlich zum Start der Champions League erlitt ich einen weiteren Infekt. Die Ohrspeicheldrüsen waren wieder schmerzhaft entzündet. GvHD trocknet die Schleimhäute aus, Bakterien und mikroskopisch kleine Steinchen schleichen in die Drüsenkanäle, verstopfen sie, man kann keinen Bissen mehr kauen, die Augen verkleben vom austretenden Sekret. Ich konnte deshalb die Schiedsrichterleistung nicht beurteilen. Ich wusch mir die Augen, grinste mein geschwollenes Gesicht an und beantwortete am frühen Morgen wie üblich Mails. Seit ich aus dem Koma aufgewacht bin, sind mir Interviews per Mail am liebsten, denn die Denkprozesse sind verlangsamt. Fühlt sich an wie Tempo 20 außerorts.

Ich las meine Mails, eine war von Lourgien. Sie hatte mir Bilder geschickt. Ein Foto zeigte sie in weißen Shorts und hautengem Brasil-Shirt am Baywalk, der Uferpromenade Manilas. Kapriziös lächelnd, blickte sie in die rote Abendsonne, die gerade ins Südostasiatische Meer eintauchte. Auf einem weiteren Bild stand sie im Rizal Park zwischen überdimensionierten philippinischen Soldaten aus Bronze, die ihre Gewehre auf einen Mann richteten. Er drehte ihnen den Rücken zu. Es war Rizal, der Held der Philippinen. Sie würden ihm gleich in den Rücken schießen. Lourgien hatte sich an seinen Rücken gelehnt und starrte in die Gewehrläufe, das enge T-Shirt hatte sie nur halb über ihre prallen Brüste gezogen, den Kopf leicht nach hinten geworfen, todesmutig und voller Erotik.

Ich musste leer schlucken, was bei verklebten Ohrspeicheldrüsen sehr schmerzhaft ist. Was für ein Luder, dachte ich. Sie kannte natürlich meine Vorliebe für Figuren, Statuen und Geschichte im Allgemeinen. Ich wollte die Mail löschen, kam aber nicht dazu, wobei ich nicht weiß, ob ich es getan hätte, wenn ich die Zeit dazu gehabt hätte.

»Sie sind da!«, rief Maricel von der Wohnungstür her.

Ich verließ mein Büro und trat auf den Flur hinaus. Zwei junge Männer mit schwerem Kameraequipment standen in der Tür, Lucien und Louis. Die beiden wollten im Auftrag eines Westschweizer Regionalsenders einen Beitrag über mich drehen.

»Darf ich mich kurz umsehen?«, fragte Lucien.

»Just have a look«, sagte Maricel und zeigte ihm den Weg.

Hatte ich die Mail von Lourgien weggeklickt? Lucien streckte kurz den Kopf ins Büro, meinte, hier sei ein erstes Motiv, und fragte, ob er ein bisschen umstellen könne, damit es realistischer aussehe. Im Film ist das üblich. Will man eine Schiffskajüte zeigen, die so aussieht wie eine Schiffskajüte, muss man sie im Studio nachbauen. Geht anders gar nicht. Die Crew braucht Umschwung. Deshalb wirkt im Film nur das Falsche echt.

»Vielleicht werfen Sie noch einen Blick ins Wohnzimmer«, schlug Maricel vor.

Lucien verschwand wieder und ließ Louis den Vortritt.

»Vielleicht könnten Sie sich an den Computer setzen und so tun, als würden Sie schreiben?« Er würde mir dann eine Frage stellen, ich müsste mich nach links drehen und antworten.

Lucien kam zurück. Als die Kamera lief, fragte Lucien als Erstes: »Wann werden Sie sterben?«

»Er wartet, bis Sie mit dem Dreh fertig sind«, sagte Maricel lakonisch.

Lucien hob erstaunt die Augenbrauen und gab Louis ein Zeichen. Neustart. Kamera läuft. »Wie schlimm steht es um Sie? Sie haben Leukämie. Wann werden Sie sterben?«

»Er hat doch gar keine Leukämie mehr«, unterbrach Maricel erneut, »sein Problem ist GvHD.«

»Sie hat recht«, sagte ich, »und beim Sterben können Sie mich nicht filmen. Die Videorechte liegen bereits beim Juristen einer Sterbehilfeorganisation. Die drehen aus juristischen Gründen ein kleines Video. *Action please,* und ich werfe das Pentobarbital ein.«

»Er hat sich schon letzte Worte ausgedacht«, sagte Maricel mit theatralischer Miene, »er wird sagen: Hunnybunny, hast du jemals einen Orgasmus vorgetäuscht?«

»Gut, ich meine, nicht so gut – können wir Ihre Pillen filmen? Ich habe irgendwo gelesen, Sie hätten in den letzten fünf Jahren mehr als 32 000 Pillen geschluckt.«

»Ja, ich habe sie geschluckt.«

»Können wir die sehen?«

»Er hat sie geschluckt«, grinste Maricel.

»Verstehe«, sagte Lucien und schaute sich im Büro um.

»Oh«, machte er plötzlich und zeigte auf mein Peak-Flow-Lungentestgerät, »ist das Sauerstoff?«

»Mit diesem Gerät teste ich jeden Morgen mein Lungenvolumen, damit ich rechtzeitig mitbekomme, ob die Abstoßung der Lunge fortschreitet. Ist quasi mein Frühwarnsystem.«

»Können wir Sie dabei filmen?«

»Ist das eine wissenschaftliche Sendung?«, fragte ich.

»Ja«, antwortete Maricel, »sie drehen eine Folge für das Gesundheitsmagazin *Bonne Santé.*«

»Nein, natürlich nicht«, sagte Lucien, »das soll kein Krankenreport werden, sondern ein Beitrag über den autobiografischen Roman *Script Avenue.*« Er wandte sich wieder an mich: »Wo liegt Vilaincourt? Haben Sie damit etwa Boncourt gemeint?«

»Ich habe was gefunden!«, rief Louis aus dem Wohnzimmer. Ich hatte gar nicht bemerkt, dass er verschwunden war. Lucien eilte ins Wohnzimmer, gefolgt von Maricel und mir. Louis zeigte auf einen Koffer. »Wunderbar, dieses Motiv.«

»Ist das der Koffer, den Sie schon gepackt haben?«, fragte Lucien.

Maricel und ich wechselten einen kurzen Blick.

»Sie sagten in einem Interview, Sie hätten Ihren Koffer schon gepackt, Sie seien bereit, zu sterben.«

»Das ist der Koffer für meine Cousine«, lachte Maricel.

»Nein«, antwortete ich Lucien, »ich sagte, ich lebe wie einer, der den Koffer schon gepackt hat. Das heißt: Ich rechne mit allem. Ich bin bereit.«

»Jaja«, pflichtete er mir bei, »dann ist der Koffer hier also noch nicht gepackt?«

»Er ist nicht gepackt, und er wird auch nicht gepackt, weil niemand hier einen Koffer packen muss«, sagte Maricel, »ich schenke den Koffer meiner Cousine.«

»Wird die auch sterben?«

»Nein, niemand wird hier sterben«, sagte Maricel, »wer einen Koffer hat, stirbt nicht gezwungenermaßen, verstehen Sie? Und all die Reisenden, die mit ihren Koffern auf Bahnhöfen und Flughäfen umherirren, sind nicht auf der Suche nach Exit. Okay?«

»Mhh«, machte Louis und stellte die Kamera ab, »das werden wir wohl herausschneiden. Vielleicht nehmen wir den Koffer besser aus dem Bild, sonst rufen die Zuschauer an und fragen, ob das der Koffer sei, den der Autor schon gepackt hat.«

Anruf. *Take your pill, darling.*

»Sie kriegen wohl viele Anfragen …«, sagte Louis.

»Ja«, sagte ich, »sogar von Beyoncé.«

Bucht von Rio de Janeiro

Am 13. Dezember 1520 ankerten wir in der brasilianischen Meeresbucht, die von den Indianern Guanabara genannt wird. Später gaben ihr die Portugiesen den Namen des heiligen Januarius, *Rio de Janeiro.* Wir ließen die Beiboote ins Wasser und ruderten an Land, die Hälfte der Männer waren Soldaten in Rüstungen. Nackte Insulaner mit kahl geschorenen Schädeln traten aus dem Wald, bewaffnet mit Bogen aus schwarzem Palmenholz und Pfeilen, deren Spitzen aus Stein waren. Sie bildeten einen Halbkreis und warteten; möglicherweise hatten sie angenommen, sie seien die einzigen Menschen auf der Welt. Wir standen uns gegenüber, lauernd, abwartend, prüfend.

Die Sonne stand zwischen schweren Wolken im Zenit, die Hitze war unerträglich. Doch plötzlich klatschten vereinzelte Regentropfen auf uns nieder. Die Insulaner begannen zu lachen, und als es schließlich in Strömen goss, als würde ein ganzer Ozean über die Erde ausgeschüttet, zeigten sie gegen den Himmel und sangen fröhlich.

»Ave Maria!«, rief unser Priester Sánchez de la Reina und begann lauthals zu singen: »Maria, gratia plena, Maria, gratia plena, ave, ave Dominus, Dominus tecum.«

Wir stimmten mit ein und sangen mit großer Inbrunst das *Ave Maria.* Die Insulaner schlichen um uns herum und befummelten Pigafettas Bart.

»Sie halten uns wohl für Götter, die ihnen den Regen zurückbringen«, stellte Magellan trocken fest, »sie benehmen sich wie kleine Kinder«, fügte er mit deutlicher Geringschätzung hinzu.

Jack nahm einen Schluck aus seinem Weinschlauch. »Ich sage immer, Armut und mangelnde Bildung sind die Basis jeder Religion; Zusammenhänge herstellen, wo es keine gibt, das ist die Aufgabe der Priester, nicht wahr, Sánchez?«

Magellan und Pigafetta machten einige Schritte auf die Eingeborenen zu. Der Sklave Enrique folgte ihnen mit zwei Säcken aus Segeltuch. Er leerte den Inhalt in den Sand: Scheren, kleine Spiegel, Messer, Glöckchen, wie man sie für die Falkenjagd braucht, Kämme, wertlose Glaskugeln …

»Die Kämme werden sie wohl nicht brauchen«, flüsterte ich Jack zu. Ein Mann löste sich aus der Reihe der Insulaner und stellte sich vor Magellan. Seine Haut war oliv, sehr dunkel, aber nicht schwarz, der ganze Körper tätowiert. Um die Hüften trug er einen Gürtel aus bunten Papageienfedern, in der Unterlippe steckten drei zylinderförmige Steine.

»Ich grüße den Häuptling«, sagte Magellan, »ich komme aus einem fernen Land und habe ihm Geschenke mitgebracht.«

Enrique übersetzte, doch der Häuptling der Insulaner verstand kein Wort. Er stand da, mit halb offenem Mund, und nickte lächelnd. Magellan warf seinem Sklaven einen vorwurfsvollen Blick zu, obwohl er ja wissen musste, dass wir von den Gewürzinseln noch sehr weit entfernt waren.

»Wir sind noch nicht in meiner Heimat«, verteidigte sich Enrique.

»Überreiche ihm Geschenke. Aber nicht zu viele.«

Enrique gab dem Häuptling ein Messer. Dieser befühlte die Klinge und stieß plötzlich einen Schrei aus. Sein Daumen blutete. Er zeigte das Messer seinen Kriegern. Diese rannten sofort herbei, stürzten sich auf die Geschenke und hatten in kürzester Zeit alles, bis auf die letzte Glasperle, eingesammelt.

Der Häuptling forderte uns mit Handzeichen auf, ihm zu

folgen. Die Stimmung war heiter und fröhlich, die Insulaner schienen ein friedliches und vergnügtes Volk zu sein. Sie führten uns über einen Trampelpfad, mitten durch den Tropenwald, bis wir eine Lichtung erreichten. Hier hatten sie ihre Langhäuser auf Pfählen erbaut. Gegen hundert Menschen lebten in diesen Hütten, in denen zahlreiche Netze gespannt waren. Einige schliefen darin, obwohl es um sie herum so laut war, als hätten wir uns in eine Farm voller schnatternder Gänse verirrt. Männer, Frauen, Kinder, alle redeten wild durcheinander, lagen in Menschenknäueln ineinanderverflochten und genossen scheinbar das Nichtstun.

Die Frauen waren fast allesamt schön, exotisch tätowiert und brachten die Matrosen, die uns mittlerweile gefolgt waren, schier um den Verstand. Aber Magellan hatte jedem vierzig Stockhiebe angedroht, der sich mit einer Ureinwohnerin einließ. Vielleicht fürchtete er Krankheiten, Unzucht, den Zerfall der Moral. Oder noch schlimmer: dass die Männer die Weiterreise verweigerten.

»Lass uns in den Schatten gehen«, bat Jack, »an der prallen Sonne werde ich kollabieren.« Er legte sich in eines der baumwollenen Netze, die zwischen den Palmstämmen hingen, und bereitete sich auf seinen Mittagsschlaf vor. Derweil bewirteten uns die Insulaner wie Götter und konnten sich kaum an uns sattsehen.

»Habt ihr irgendwelche Götzenbilder gesehen? Statuen?«, fragte der Priester Sánchez de la Reina in die Runde.

Offenbar hatten die Küstenbewohner keine Religion in unserem Sinne. Sie verehrten die Naturgewalten und glaubten an Geister, die in Bäumen leben. Sie hatten weder Götzenbilder noch religiöse Schriften. Sie hatten sich kein Bild von Gott gemacht – bis wir ihre Bucht erreichten und der Regen einsetzte.

Magellan ließ ein Holzkreuz und eine spanische Flagge bringen. Als das Kreuz im Boden steckte, kniete er nieder. Die Insulaner folgten seinem Beispiel lachend. Magellan zitierte Pigafetta herbei, er solle aufschreiben, dass wir am heutigen Tag neues Land für den spanischen König in Besitz genommen und eine Horde Wilder zum Christentum bekehrt hätten.

»Die brasilianische Küste gehört gemäß dem Vertrag von Tordesillas bereits dem König von Portugal«, brummte Jack und nahm einen Schluck aus dem Weinschlauch, »brecht bloß keinen Krieg vom Zaun. Im Krieg gibts immer Lieferprobleme bei Spirituosen.« Er drehte sich auf die andere Seite und döste mit offenen Augen weiter.

Pigafetta bückte sich nach einer Spielkarte, die Jack offenbar aus der Hosentasche gefallen war. Zwei Insulaner wollten die Karte sehen. Pigafetta zeigte ihnen den Herz-König. Sie reagierten begeistert und zerrten den Chronisten hinter das eine Langhaus. Als Pigafetta nach einer Weile zurückkehrte, hatte er keinen Herz-König mehr, trug aber vier gackernde Hühner, deren Beine zusammengebunden waren, mit sich. Wir alle tauschten Gegenstände gegen unbekannte, knollige Bataten und große, gelbe, tannzapfenförmige Früchte, saftig und süß im Geschmack. Nur Jack und ich erkannten sie als Ananas.

Wir tauschten tagelang. Für mein Messer wurden mir von einem Vater zwei seiner Töchter angeboten (ich lehnte dankend ab). Für einen wertlosen Kamm gaben sie uns zwei Gänse, für einen kleinen Spiegel zehn bunte Papageien, für eine billige Schere Fisch für eine ganze Besatzung, für ein Dutzend Falkenglöckchen erhielten wir so viel Gemüse und Früchte, dass man damit eine Karacke hätte versenken können.

Bei jedem Tausch hatten wir den Eindruck, dass die Insulaner sich einbildeten, uns übers Ohr gehauen zu haben. Als sie die riesige Axt eines Matrosen entdeckten, boten sie uns vier wunderschöne dunkelhäutige Frauen an, als Sklavinnen auf Lebenszeit. Im Nu hätten wir keine einzige Axt mehr an Bord gehabt, wenn Magellan nicht erneut mit der Peitsche gedroht hätte.

Inzwischen waren auch die Besatzungen der anderen vier Schiffe mit ihren spanischen Kapitänen an Land gekommen. Juan de Cartagena, Befehlshaber der *San Antonio,* forderte völlig überraschend eine öffentliche Aussprache. Mitten auf dem Dorfplatz. Magellans Autorität stand auf dem Spiel. Vor allen Besatzungen baute sich der Spanier vor dem Generalkapitän auf und sagte: »Als oberster Beamter des Königs fordere ich Sie zum letzten Mal auf, uns Ihre Pläne darzulegen. Wenn wir nun weiter gegen Süden halten, fahren wir direkt in den Winter hinein!«

Magellan hatte wie üblich ohne Gefühlsregung zugehört, eisig geschwiegen. Doch kaum hatte der Spanier seinen letzten Satz beendet, schlug ihm der Generalkapitän mit der Faust gegen die Brust und rief: »Sed preso!« *Ihr seid verhaftet!* Er gab seinem Waffenmeister Befehl, de Cartagena in Ketten zu legen. Die Kapitäne waren davon, dass Magellan so rasch und entschlossen gehandelt hatte, völlig überrumpelt. Ratlos zögerten sie, und als sie den Kapitän der *San Antonio* gefesselt sahen, schwiegen sie betreten. Doch schweigende Männer sind manchmal gefährlicher als rebellierende.

Luis de Mendoza, Kapitän der *Victoria,* wagte es, den Generalkapitän zu bitten, einen spanischen Edelmann wie Juan de Cartagena nicht in Ketten zu legen, sondern seiner Obhut anzuvertrauen. Magellan willigte ein und verkündete, dass er alle Kapitäne am Abend zu einem Festessen auf der *Trinidad* erwarte, auch Álvaro de Mesquita, den er zum neuen Kapitän der *San Antonio* ernannte. Doch niemand erschien. Magellan saß allein mit uns am gedeckten Tisch. Wir ahnten, dass uns Schlimmes bevorstand.

»Sollen wir das jetzt alles allein essen?«, stieß Magellan plötzlich hervor und griff nach einem gebratenen Fisch.

»Ruf doch Jack, der hat immer einen Mordshunger«, sagte ich und langte herzhaft zu.

»Der ist doch ständig betrunken, der Kerl, wo hast du den überhaupt aufgelesen?«

»Das ist mein Schwiegervater. Freunde kann man sich aussuchen, aber nicht die Familie. Also, lass uns Jack rufen, er braucht einen Boden, sonst frisst sich der Alkohol durch seine Bauchwand.«

Magellan ließ nach Jack rufen. Wenig später kam der Diener mit Jack zurück; er musste ihn stützen. Als er ihn auf den Schemel setzte, sah ich, dass Maggy ihnen gefolgt war. Jack stierte auf einen gebratenen Fisch und schien zu überlegen, wie er ihn einfangen könnte. Er machte dabei ganz kleine Augen und legte die Stirn in Falten.

Maggy kam ihm zuvor und steckte sich den Kopf des Fisches kurzentschlossen in den Mund. »Lass mich vorkosten, Jack, ich habe den besseren Magen, diesen Spaniern ist doch alles zuzutrauen. Erinnerst du dich an den Speiseölskandal, an den gepanschten Wein? Auch Hitler hatte Vorkosterinnen, gleich fünfzehn an der Zahl, aber nur Margot Wölk hat überlebt, deshalb konnte sie mit 96 Jahren noch ihre Autobiografie diktieren.«

»Schon gut, Margot, äh Maggy, zum Teufel mit deinem Hitler!«

»Jeder Bissen konnte den Tod bedeuten.«

»Das lässt mich hoffen«, murmelte Jack und griff nach dem Weinbecher, den ihm ein Bediensteter überreichte.

»Wir wussten ganz genau, dass die Briten ihn vergiften wollten …«

»Wir? Sagtest du eben *wir?*«

»Manchen von uns liefen beim Essen die Tränen hinunter. Und dann haben wir geheult wie die Schlosshunde, dass wirs überlebt haben.«

»Noch ein Wort über Hitler, Maggy, und ich stopf dir Fischköpfe in den Mund, bis du daran erstickst!«

»Aber wisst ihr, was das Schlimmste war?«, wandte sich Maggy nun an Magellan und mich. »Hitler war Vegetarier. Er ernährte sich fast ausschließlich von Rohkost und Müesli. Er war ein Körnlipicker. Aber nicht freiwillig. Er hatte ja immer solche Blähungen und Magenkrämpfe. Es gab deshalb nie Fleisch oder Pasta!«

»Noch ein einziges Wort, Maggy!«, zischte Jack und senkte drohend den Kopf.

Maggy machte eine abschätzige Handbewegung und zottelte davon. Als sie an mir vorbeiging, blieb sie kurz stehen und sagte leise: »Und du solltest endlich auf die Philippinen. Auch die Geduld deiner Leserinnen und Leser hat ein Ende.«

»Bin gleich so weit, Maggy«, flüsterte ich, »aber zuerst müssen wir noch Schokolade kaufen.«

Toblerone

»Nehmen wir noch Lindt & Sprüngli?«, fragte ich. Ich stand mit Maricel in der Schokoladenstraße eines Einkaufszentrums. In den Gestellen lagen große Packungen verschiedenster Marken, darunter Nesquik-Büchsen, so groß wie Plastikkronnen. Wir nahmen zwei Kartons Toblerone und stapelten sie in unserem Einkaufswagen.

Maricel griff nach einer Mon-Chérie Schachtel, schaute sich

den Preis auf der Rückseite an und fragte: »Wieso kaufen wir keine Nestlé-Schokolade? Oder hast du die Aktien schon verkauft?«

»Alles verkauft, das Jahr 2015 wird böse enden.«

»Bist du sicher, Warren Buffett?«

»Ja, lass uns Ragusa nehmen. Da geraten wir nicht in einen Loyalitätskonflikt, Familienbetrieb, ist nicht an der Börse.«

Maricel lud entschlossen ein paar Großpackungen in den Wagen. »Ist das okay? Oder zu viel?«

»Nein«, sagte ich, »es ist gut, wenn du den Einkaufswagen etwas beschwerst – dann reiße ich ihn nicht gleich um, wenn ich einen Krampf kriege.«

Maricel füllte ihn bis an den Rand mit Kaffee, Toilettenartikeln, Spirituosen, Parfüms, Seifen, Duschgels und all den Kleinigkeiten, die man in der philippinischen Provinz so zum Leben benötigt.

»Wir brauchen einen zweiten Wagen«, sagte Maricel und entwischte zwischen zwei Regalen mit Wernli- und Kambly-Biskuits.

»Bist du sicher?«, rief ich ihr nach und versuchte, ihr zu folgen, ohne mit dem Wagen den Mon-Chérie-Aktionsturm zu rammen.

»Ich habe eine sehr große Familie, Hunnybunny«, rief sie von irgendwoher, »ich habe dir doch erklärt, dass sie unbedingt Markenartikel aus dem Ausland wollen.« Sie schnitt Grimassen wie Louis de Funès in *Le Gendarme de Saint-Tropez.*

Nach einer weiteren halben Stunde war auch der zweite Einkaufswagen voll. Wir schoben die Ware zur Kasse und versuchten, uns zu konzentrieren: Hatten wir etwas vergessen?

»Gibts beim Gepäck nicht eine Obergrenze von vierzig Kilo bei British Airways?«, fragte ich.

»Das glaube ich nicht, Hunnybunny, aber wir fliegen sowieso mit Swiss.« Ihr Glaube war unerschütterlich. *Swerte* eben.

Ich reichte der Kassiererin einen mitgebrachten Warengutschein. Sie warf mir einen Doppelblick zu: Der erste Blick ist jeweils normal, dann erinnert man sich und wirft einen zweiten.

»Sind Sie nicht … der …«

»Ja«, nickte ich schuldbewusst.

»Ich lese gerade die *Script Avenue.* Bin bereits auf Seite 480, in Hongkong.«

Sie setzte das wohl schmutzigste Lächeln auf, das mir jemals in einem Supermarkt begegnet ist. Als wolle sie sagen: *Ich weiß Bescheid!* Ich zuckte verlegen die Schultern und dachte: Vielleicht wäre Auswandern eine Option?

Als wir im Parkhaus die Ware einpackten, fiel Maricel doch noch etwas ein. Sie hatte eine entfernte Cousine vergessen, die ihr einmal geholfen hatte, eine geliehene Uhr rechtzeitig aus dem Pfandhaus auszulösen. Und dann musste sie noch den Bruder eines Vetters berücksichtigen – *utang na loob,* das ungeschriebene philippinische Gesetz der gegenseitigen Bringschuld bei Gefälligkeiten. Wir füllten nochmals einen halben Wagen. Wahrscheinlich hätte Magellan all das Zeug für den Rest seiner Entdeckungsfahrt gereicht.

Pommery, 0,35 dl

Zuerst kamen die Nervenschmerzen in den Zehen, das Frühwarnsystem, gleich würden die Spasmen in meinen Beinen explodieren. Ich war sofort hellwach, musste so schnell wie möglich aufstehen und mit meinem Gewicht den Krampf niederdrücken. Ich wollte in meine Badelatschen schlüpfen, aber die Krämpfe hatten die Zehen bereits derart nach oben gebogen, dass ich nicht mehr unter die Schlaufen kam. Leise verließ ich barfuß das Schlafzimmer. Ich wollte Maricel nicht schon wieder wecken. Wenn die Haut über den Fußrücken mit dem Gewebe darunter verklebt, versteifen die Gelenke, und dann wird selbst das Gehen in der Wohnung zur Herausforderung.

Ich schloss die Schlafzimmertür, knipste im Flur das Licht an und setzte mich in meinen Sessel. Mein iPad war mittlerweile wieder geladen. E-Mail-Check. Tim fragte: *Alles okay?* Er verbrachte mit seiner chinesischen Ehefrau gerade einige Tage in Hongkong. Auf dem Tisch lagen Buchungsvorschläge unseres Reisebüros für Hotels in Hongkong, Manila und Cebu.

Ich überflog den Stapel Post der letzten Tage, den ich noch nicht durchgesehen hatte. Exit und Lifecircle hatten praktisch gleichzeitig ihre Mitgliederbulletins verschickt. Die Existenz von Sterbehilfeorganisationen ist für Schwerkranke ein großer Trost. Wenn man weiß, dass man im Worst Case das Martyrium sofort beenden kann, ist es einfacher, den Alltag mit einer gewissen Gelassenheit zu ertragen. Das Wort Selbstmord gehört zum demagogischen Vokabular der Palliativmediziner. In einer ausweglosen Situation will man sich nicht umbringen, man will sich lediglich von den Schmerzen befreien und sich die letzten Wochen ersparen. Es ist in gewissem Sinne Schmerzbehandlung mit Todesfolge. Ich lebe sehr gern und bin jeden Tag neugierig, was in den Zeitungen steht. Aber jeder Mensch hat seine rote Linie. Beim ersten Überschreiten neigt man dazu, sie ein bisschen zu verschieben und nochmals zu verschieben, aber irgendwann ist es ausweglos, und man muss diese *world of pain* verlassen.

Ich habe bereits mit allen Sterbehilfeorganisationen ein Gespräch geführt. Lifecircle macht jeweils ein Video, damit die

Polizei, die anschließend mit dem Staatsanwalt, der Gerichtsmedizinerin und dem Kriminalkommissar anstürmt, den Beweis hat, dass es der Wunsch des Patienten war, sich mithilfe von fünfzehn Milligramm Pentobarbital von dieser Welt zu verabschieden. Ich habe allerdings dreißig vereinbart. Ich traue niemandem mehr, schon gar nicht dem Schicksal.

Aber auch so hintersinne ich mich, ob es klappen wird, oder ob ich am nächsten Morgen im zugenagelten Sarg aufwache und nach dem Lichtschalter suche. Ich habe hartnäckige Zweifel, obwohl es ja bei Tausenden bereits geklappt hat. Als Autor muss man, wie es Dürrenmatt einmal formulierte, alles zum denkbar schlechtesten Ende durchspielen. Das heißt, man muss damit rechnen, dass alles schiefgeht, was schiefgehen kann. *Murphy's Law!*

Robin Williams hatte sich ja zuerst die Pulsadern aufgeschnitten und sich dann mit seinem Gürtel erhängt. Ein Kriminalkommissar erzählte mir einmal anlässlich einer Drehbuchbesprechung, dass er ein Seil an beiden Enden eines Heizkörpers befestigen und sich dann bäuchlings so über das Seil legen würde, dass nur der Hals darauf zu liegen komme. Man schlafe dann langsam ein und wache nie mehr auf. Ich denke, hygienischer gehts nicht. Vorausgesetzt, man geht vorher pinkeln.

Tja, am Ende werde ich mir wohl die Kugel geben. Aber dafür braucht es in der Schweiz einen Waffenschein. Nein, sich wie Gunter Sachs in der eigenen Wohnung zu erschießen, das ist für die Angehörigen und die Tatortreiniger eine ziemliche Zumutung. Die Botschaft lautet: Leckt mich alle am Arsch. So was würde ich nie tun. Ich liebe die Menschen, mit denen ich lebe. Also keine Angst, ich bin nicht der Typ, der sich die Kugel gibt. *Im Notfall frisst er eine Mozartkugel,* werden Sie jetzt gedacht haben. So ist es.

Wenn mich trübe Gedanken plagen, versuche ich manchmal, mit ein bisschen Bewegungsaktivität gegenzusteuern. So entschloss ich mich, mir eine kalte Regenwalddusche zu gönnen. Ich wollte aus sehr egoistischen Gründen Ressourcen der Menschheit verschwenden und mich mit dem Mandarinshampoo (reine Chemie) einseifen. Ich dachte, eine kleine Aktivierung des Kreislaufes könnte angesichts der Bulletins der Sterbehilfeorganisationen nicht schaden. Danach würde ich mich frisch und stark fühlen.

Doch bereits beim Einshampoonieren stellte ich die fortschreitende Versteifung meiner Gelenke fest, und beim Abtrocknen löste ich einen Schulternackenkrampf aus. Anschließend sprühte ich mir den neuen Axe Peace Bodyspray unter die Achseln. Dann schaute ich in den Spiegel und dachte ausnahmsweise nicht darüber nach, warum ich mir so schnell eine derart beschissene Visage zugelegt hatte und ob meine Gesichtshaut noch mehr von roten und braunen Flecken verunstaltet war als gestern. Nein, diesmal wunderte ich mich, wieso ich unter den Achseln noch so viel Badeschaum hatte. Merkwürdig war, dass er sich eher nach Schlagrahm anfühlte, und so genügte ein analytischer Blick auf die Dosen, um zu erkennen, dass ich statt Deodorant Rasierschaum benutzt hatte …

Ich dachte, wieso kehrst du nicht in deinen sicheren Phantom-Sessel zurück und schaust dir ein paar Facebook-Videos an? Vielleicht nochmals jenes mit den Fitnessfreaks, die von ihren Laufbändern abgeworfen werden? Ich scrollte über die Facebook-News und stellte einmal mehr fest, dass die finanztheoretischen Überlegungen zu Gold und Papierwährungen, die ich online verbreitet hatte, von jeder süß dreinblickenden Katze getoppt wurden. Ich scrollte über die Seiten eines Newsportals, wobei ich das Kinoprogramm übersprang, denn es erinnerte mich an vergangene Zeiten, in denen ich mit einem Pappbecher Popcorn in roten Plüschsesseln herumlümmelte.

In meinem Zustand erhalten dafür Todesanzeigen eine neue Bedeutung. Es ist kaum zu fassen, aber ich las meinen Namen in einem der schwarz umrandeten Texte. Für einen Augenblick überlegte ich, ob ich möglicherweise gestorben war und mich niemand darüber in Kenntnis gesetzt hatte. Doch dann sah ich den Vornamen. Ich will nicht pietätlos sein, aber *Aus die Maus* war tatsächlich mein erster Gedanke, als ich den Namen des hageren Blonden im hellblauen Hemd las. Ich war erleichtert, dass mein Name nicht auf der Liste der Trauernden stand, das wäre dann doch zu viel der Heuchelei gewesen. Der Text war kurz und knapp; die Angehörigen hatten bestimmt Kosten sparen wollen. Es gibt Hinterbliebene, die schreiben: *Papa, wir danken dir, dass du endlich den Hut genommen hast.* Das ist kein Witz, gibts tatsächlich. Andere dichten: *Kein Anschluss mehr unter dieser Nummer, er hat für immer aufgelegt.* Zyniker ziehen jedoch die Formulierung vor: *Er ist umgezogen. Neue Adresse: Friedhof Lindenallee.*

In diesem Augenblick erklangen gleich mehrere SMS-Jingles. Klang wie Weihnachten. *Es ist etwas Schlimmes passiert.* Absender war Béatrice. Béatrice? Meine Schwester Béatrice! Der Kerl hat eine Schwester und hat uns das in der *Script Avenue* verschwiegen? Ich habe sie aus dem Manuskript gelöscht. Tim hatte es mir empfohlen. Als erster Lektor, Jurist, Leseratte und Sohn. Er hatte die Romane von Karl Ove Knausgård gelesen und mir anschließend regelmäßig mitgeteilt, welche Verwandten den Schriftsteller gerade verklagten. Sie zeigten ihn so lange wegen Rufschädigung an, bis das Buch auf Platz eins der Bestsellerliste stand und seine Exfrau in eine psychiatrische Klinik eingeliefert werden musste.

Es gab also verschiedene Gründe, warum einige Figuren mein Casting nicht überlebten. War nicht ganz einfach, aber wenn man Geschichten schreibt, kann man nicht alles unter Kontrolle haben. Manchmal treten Figuren ganz unverhofft auf, und der Autor muss dann selber schauen, wie er damit klarkommt. Oder eine Figur macht eine No-Show – wie Béatrice in der *Script Avenue.*

Aber was war denn passiert? Nochmals Jingles. Ich hasse diese ganze Spam-Flut. Die Leute duzen einen, als habe man gemeinsam die Schulbank gedrückt, und müllen einen mit Dingen zu, die man nun wirklich nicht braucht. Oder brauchen Sie etwa einen vergoldeten Kartoffelschäler oder eine pinkfarbene Trompete? Brauchen Sie einen Vibrator im Hello-Kitty-Design, einen Nasenhaarentferner, einen todsicheren Börsentipp, Potenzpillen oder Pornobildchen aus Moskau? Der zweite Teil der SMS lautete: *Unser Vater ist gestorben.*

Mein Vater hatte also seinen hundertsten Geburtstag nur um wenige Monate verpasst. In drei Tagen würde die Beerdigung sein. Ich würde alle meine Verwandten nach fast fünfzig Jahren zum ersten Mal wiedersehen. Vilaincourt! *Es ist schon schlimm, wenn der Vater stirbt,* werden sie säuseln. *Noch schlimmer ist, wenn er nicht stirbt,* antworte ich.

Ich weiß, über Tote sollte man nicht schlecht reden. Aber was soll ich über den hageren Blonden im hellblauen Hemd Gutes erzählen, der stets behauptete, ich sei seinem Sperma entsprungen? Ich träume heute noch davon, dass ich ihm nachts die Hände abhacke. Weil diese Hände Gutes getan hatten?

Falls Sie die *Script Avenue* gelesen haben, wissen Sie Bescheid. Alles in mir sträubte sich dagegen, an seiner Beerdigung teilzunehmen. Anderseits reizte es mich, hinzugehen und die etwas andere Grabrede zu halten. Ich würde aus der *Script Avenue* vorlesen. Autorenlesung am frisch ausgehobenen Grab. Ich dachte mir wie üblich unzählige Szenen aus. *Writing is rewriting.* Die überraschendste Szene ist die beste, nein, vielleicht ist die boshafteste Szene die beste. Oder die überraschend-boshafteste?

Um fünf Uhr morgens weckte ich Maricel. Sie musste zwar erst um acht in der Werbeagentur sein, und ihr Arbeitsweg betrug kaum fünfzehn Minuten, aber sie hatte immer noch Mühe mit unserer *exact western time.* Unser Verständnis von Zeit, Pünktlichkeit und Planung war für sie wohl das Merkwürdigste, als sie vor fünf Jahren zum ersten Mal nach Europa kam. Meinem Freund Tonga ging es ja gleich.

Beide finden übrigens die Schweiz – wie die meisten Ausländer – schlicht großartig, geradezu sensationell. Das Einzige, was Maricel nicht mag, ist unser Zeitmanagement, unsere Agenda-Neurose, unsere Terminzwangserkrankung, unsere Konflikt- und Das-müssen-wir-ausdiskutieren-Kultur, die frontale Konfrontation, das mangelnde Bedürfnis nach Frieden und Harmonie.

Schlaftrunken streckte sie ihre Hand aus. Ich zog sie hoch. Arm in Arm betraten wir das Wohnzimmer und begrüßten respektvoll die historisch eingekleideten Schaufensterpuppen, die uns im abgedimmten Licht einen guten Morgen wünschten. Dann grüßte ich die griechischen Götterstatuen: *Habt ihr keine Blitze runtergeschickt? Nicht mal einen kleinen, giftigen Krampf, ihr Penner?*

Maricel ließ sich neben mir aufs Sofa plumpsen und loggte sich bei Facebook ein. Plötzlich riss sie theatralisch die Augen auf und zeigte erschrocken auf mein Champagnerglas. »Hunny bunny! Du trinkst am frühen Morgen Champagner! Das darfst du nicht! Denk an deine Pillen. Muss ich dir die möglichen Nebenwirkungen vorlesen?«

»Habe ich gelesen«, sagte ich und nahm noch einen Schluck. »Auf den Beipackzetteln steht nichts von Pommery, das wäre mir aufgefallen.«

»Hunnybunny…«, Maricels Gesicht hellte sich auf, »steht die *Script Avenue* auf Platz eins der Bestsellerliste, gönnst du dir deshalb ein Glas?« Sie fiel mir um den Hals. »Congratulation!«

»Mein Vater ist gestorben«, erwiderte ich trocken.

»Was sagst du?«, fragte sie irritiert und wich zurück.

»Du musst mir nicht gratulieren, ich habe ihn nicht umgebracht.«

»Ohh«, jetzt machte sie ein zu Tode betrübtes Gesicht. Die Kommunikation mit Filipinas besteht höchstens zu fünfzig Prozent aus gesprochenen Worten, obwohl schon Pigafetta schrieb, sie würden den ganzen Tag wie Enten schnattern. Filipinas sprechen mit den Augen, mit dem Mund, mit den Wimpern, mit den Händen und mit einzelnen Lauten. Ein kräftiges, kurz ausgestoßenes *Oo* bedeutet zum Beispiel Ja. Maricel zeigte erneut mit theatralischen Gesten, die an die Stummfilmzeit erinnerten, auf meine kleine Flasche.

»Ich habe mir immer geschworen, einen Pommery zu trinken, wenn er stirbt. Nach einem sechsjährigen tristen Dasein in unserem Kühlschrank hatte er gerade die richtige Temperatur. Eigentlich wollte ich sogar eine große Flasche öffnen.«

»War er denn so schlimm?«

»Du hast doch die *Script Avenue* gelesen.«

»Hm«, machte Maricel, »aber Champagner trinken, wenn der Vater mit knapp hundert stirbt, ich weiß nicht. Oder freust du dich etwa über das Erbe?«

»Maricel, er hinterlässt nichts als schlechte Erinnerungen. Ich weiß, man trinkt keinen Champagner, wenn der Vater stirbt. Und man schreibt auch nicht darüber, aber ich möchte nicht wissen, wie viele Menschen nach einer Beerdigung Genugtuung darüber empfinden, dass ein düsteres Kapitel sein Ende gefunden hat. Es kommt gar nicht so selten vor, dass einige nach der Beerdigung ins Bordell gehen.«

»Das wirst du aber nicht tun, Hunnybunny!«, rief sie und baute sich vor mir auf, »ich würde jeder die Augen auskratzen, die dich anfasst.« Sie setzte sich auf meine Knie und kniff mir in die Wange. »Aber dein Vater ist immer noch dein Vater. Egal, was er getan hat.«

»Mein Vater hat eben nichts getan.«

Beyoncé rief an. *Take your pill, darling.*

»Prima, ich habe gerade noch einen Schluck zum Runterspülen.«

Maricel drückte eine Cellaris aus der Packung. »Muss ich für die Beerdigung das schwarze Kleid anziehen?«

»Irgendetwas würde ich schon anziehen. Meine Verwandtschaft ist sehr prüde.«

Rock, Rock, Rock Everybody!

Ich lag regungslos auf dem Bett. Seit Stunden starrte ich auf das Dschungelgemälde, das die gegenüberliegende Wand vollständig bedeckte. Das Motiv basiert auf einer Fotografie und spielt auf den Roman *The Bridge of San Luis Rey* des amerikanischen Schriftstellers Thornton Wilder an. Eine Berner Kunstprofessorin hatte dieses, wie sie kritisch anmerkte, »vom Original entwurzelte Leinwandbild« als »ästhetische Pasteurisierung« bezeichnet, die darauf angelegt sei, »Realitäten fernzuhalten« und eine harmlos-positive Grundstimmung zu verbreiten, »die keine Experimente wagt«. Ich überlegte damals, was wohl im Schlafzimmer dieser Dame hängt. Auf dem Foto neben dem Artikel sah sie jedenfalls nicht sehr glücklich aus.

Ich finde diese Dschungelleinwand in unserem Schlafzimmer großartig. Auch die Kissen und Bettüberzüge folgen dem Design, dazu hat es Palmen und Sträucher aus Plastik. Aus dem Plastikwald ragt die Figur von Lapu-Lapu hervor, dem philippinischen Wilhelm Tell. Wir schlafen gern in dieser Filmkulisse. Manchmal, nach der Einnahme von Cellaris, wird der Dschungel an der Wand von saftigem Grün durchflutet, der Wind spielt mit den Blättern, bunte Vögel setzen sich auf die Seile der Hängebrücke, zwitschern und erheben sich wieder in die Lüfte.

Ich ahnte auch an diesem Tag, dass ich träumte – und wunderte mich, dass ich mir dessen bewusst war. Ich versuchte, mich aufzurichten, aber mein Körper gehorchte mir nicht mehr. Meine Hand blieb wie gelähmt auf der Bettdecke liegen. Ich ahnte, dass mich Cellaris im Niemandsland zwischen Wachsein und Schlaf ausgesetzt hatte. Ich schlief und träumte, war aber offensichtlich bei Bewusstsein. Ein Rascheln im dichten Blattwerk. Ein Tier? Gefahr? Der Kopf eines hageren Blonden in einem hellblauen Hemd ragte aus dem Dickicht. Es war mein Vater. Ich wusste, dass ich ihm gleich die rechte Hand abhacken würde, aber ich konnte meine Arme nicht bewegen. Vielleicht hat es die Natur so eingerichtet, um uns davon abzuhalten, im Schlaf Taten zu begehen, die wir später im Wachzustand bereuen würden. Wirre Gedanken verwischten die Bilder, und plötzlich saß ich auf einem Küchenhocker im dritten Stock einer kleinen Wohnung in der Sommergasse; es war im Jahr 1962.

Neben mir saßen zwei kleine Mädchen am Tisch. Eines war meine Schwester Béatrice. Vor uns standen zwei ältere Damen, zwei Schwestern, Sophie und Agathe. Sophie hielt die weinende

Agathe in den Armen und starrte in die gleiche Richtung wie wir. Ein hagerer Blonder in einem hellblauen Hemd stürmte fluchend in die Wohnküche, stampfte auf mich zu und fegte mich mit einer Ohrfeige vom Stuhl. Ich fiel auf die braunen Fliesen und hörte, wie noch jemand eine Ohrfeige erhielt. Das eine Mädchen fiel vom Hocker. Es war nicht Béatrice, es war Isabelle, meine zweite Schwester.

Wir schauten uns verdutzt an, wussten nicht, ob wir lachen oder weinen sollten. Beiden triefte die Kürbissuppe aus der Nase. Die beiden Damen schrien den Mann im hellblauen Hemd an, er solle aufhören. Dann hörten wir eine Tür zuschlagen und setzten uns wieder auf unsere Hocker. Béatrice saß immer noch auf ihrem Stuhl, bewegungslos, ihre blauen Augen starrten melancholisch ins Leere, als wollten sie nicht sehen, was in dieser Küche vorging. Sie strich sich über die langen, gekräuselten Haare.

»Wieso hat er nur uns geschlagen und dich nicht?«, fragte Isabelle zornig.

Béatrice antwortete nicht. Sie saß da wie eine kleine Prinzessin aus dem Land der Elfen und Einhörner. Sie schien zu sagen: *Weil er mich eben liebt. Ich bin etwas ganz Besonderes.* Sie warf mir und Isabelle einen abschätzigen Blick zu.

Das Bild löste sich plötzlich auf, und ich sah, wie meine Schwester, die mittlerweile erwachsen war, meinen Vornamen auf ein Couvert schrieb und mir dieses vor die Füße warf. Ich war misstrauisch, aber doch neugierig. Ich öffnete das Couvert: Darin war eine Straße. Ich zog die Straße heraus und begann, darauf zu gehen, dann lief ich um mein Leben. Ich wusste nicht, wovor ich mich fürchtete, aber ich wusste, dass ich mich retten musste. Plötzlich befand ich mich in einer Sackgasse, bedrängt von cremefarbenen Küchenschränken, im mittleren Teil war ein Brotfach integriert, Sechzigerjahre dachte ich, *Rock, rock, rock everybody*, *Rock-a-Beatin' Boogie* und so. Ich öffnete das Brotfach, ich war hungrig. Hunderte von Pillen purzelten heraus. Das nackte Bein einer Frau stieß zwischen den Medikamentenschachteln hervor. Die Frau strampelte wie verrückt, bis sie sämtliche Packungen aus dem Brotfach getreten hatte. Plötzlich kam meine Taxikarte, die ich so lange vermisst hatte, zum Vorschein. Die junge Frau stieg aus dem Brotfach und setzte sich auf die Ablagefläche. Sie trug transparente Netzstrumpfhosen mit Schleifen. Sie spreizte ihre Beine, ich wollte sie berühren, küssen, doch ihr Körper fühlte sich an wie die Struktur einer Leinwand. Ich stand vor Gustave Courbets skandalträchtigem Gemälde *L'Origine du monde,* das einen nackten weiblichen Unterleib zeigt. Es hing im Zellersatzambulatorium.

»Helfen Sie mir, Doktor, Cellaris bringt mich um den Verstand!« Ich tippte die Worte in eine imaginäre Tastatur und schickte die Mail ab.

Jemand klopfte mir auf die Schulter, es war ein Techniker der Elektrizitätswerke. Er hielt etwas Kleines in der Hand, das aussah wie das blaue Icon einer Briefmarke, und sagte: »Sie haben uns eine Mail geschickt.«

»Nein«, schrie ich, »ich habe der Hämatologie eine Mail geschickt, es handelt sich um einen Notfall, ich brauche sofort Hilfe!«

Ich tippte erneut eine Mail in die Luft, während ich durch den Raum schwebte, und schickte die Message ab.

Jemand tippte mir auf die Schulter, es war derselbe Techniker der Elektrizitätswerke, er hielt etwas Kleines in der Hand, das aussah wie eine Briefmarke, und sagte: »Sie haben uns eine Mail geschickt.«

»Nein«, schrie ich, »nicht Sie schon wieder! Ich schreibe nicht zweimal dasselbe. Das ist Cellaris! Ich habe der Hämatologie eine Mail geschickt, es ist ein Notfall, ich brauche Hilfe!«

Ich stieß den Techniker weg und drehte mich um. Vor mir der tropische Regenwald, der sich plötzlich blau verfärbte, als hätte jemand ein Tintenfass umgeschubst, der Dschungel nahm das Blau von James Camerons Avatar an. Tausende von Apple-Briefmarken-Icons regneten auf mich nieder. Doch kaum hatten sie den Boden berührt, lösten sich die Adler von den Marken und flogen davon. Dann sah ich Jack. Er döste in seiner Hängematte.

»Jack«, schrie ich, »Jack! Die Knochen!«

Brasilianische Knochen

Jack fiel aus seiner Hängematte und krabbelte auf allen vieren zu einer Lichtung mit einer merkwürdigen Feuerstelle. »Sammy«, rief er, »schau dir das an!«

Ich eilte hinüber. Jack hielt einen länglichen Knochen in der Hand. »Die jagen aber große Affen, Sammy!«

Ich kniete nieder und nahm einen Schädel in die Hand. »Die Verwandtschaft mit Affen ist unübersehbar, Jack, aber …«

»Du meinst …?«

»Jack, die fressen Menschen«, flüsterte ich.

»Oh, verdammt, lass uns sofort abhauen! Wer weiß, ob die heute schon gefrühstückt haben.«

Ich stützte Jack. Während wir über die Lichtung stolperten, forderten wir unsere Gefährten auf, sofort von hier zu verschwinden und auf die Schiffe zurückkehren. Erst auf der Flucht fiel uns auf, dass der Sohn des Häuptlings eine Kapitänsmütze trug. Es war die Mütze von Juan Díaz de Solís, der 1515 die Westpassage nach Indien gesucht hatte und seither mitsamt seiner Mannschaft verschollen war. Kurz bevor wir in eines der Begleitboote stiegen, kam eine junge Insulanerin auf mich zu. Sie kam mir bekannt vor. Diese wohlgeformten Brüste hatte ich doch schon mal gesehen! Sie lächelte neckisch und warf den Kopf nach hinten. Sie schaute mich fragend an und spielte mit ihrem hüftlangen, pechschwarzen Haar. Als ich immer noch nicht reagierte, drehte sie sich kurz um die eigene Achse. Dieser Po!

Grelle Blitze zerrissen das Bild und setzten es in Flammen. Oben im Bild eine Textmessage: *Lourgien. I miss you so much! I am in Manila. I will wait for you until I die.* Ich war sofort hellwach, meine Morgenerektion erschlaffte schlagartig. Ich realisierte, dass ich über der Tastatur eingeschlafen war. Oben rechts auf meinem Monitor tatsächlich die Message: Lourgien! Ich hätte ihr am liebsten zurückgemailt, dass sie ein unverschämtes Luder sei, aber als Hypochonder hatte ich mich auch in Psychologie weitergebildet und wusste, dass die Delete-Taste zielführender war, als dieser … als dieser Schlampe zu antworten. Selbst beim Streiten wird eine Beziehung ausgebaut. Deshalb ist Schweigen in solchen Fällen Gold. Im Lauf des Morgens kamen sieben weitere Mails von ihr, jeweils mit anderen Absendern. Sie schrieb, sie habe mich auf Facebook aufgespürt und gesehen, dass ich an Leukämie erkrankt sei. Das sei ein Grund mehr, ihr ein letztes Mal Geld zu schicken. 4,7 Millionen Pesos würden genügen, 10 000 US-Dollar, das seien doch Peanuts für mich.

»Lourgien«, murmelte ich, während ich bereits wieder einschlief, »selbst wenn ich wollte, ich könnte dir nichts geben, denn hier gibts weit und breit kein Western-Union-Office. Wir haben auch keine Zeit für solche Dinge, wir sind unterwegs zum Kap. Wir wollen den *Paso* nach Westen finden.«

Das Inselmädchen ließ meine Zurückweisung nicht auf sich sitzen. Sie spuckte mehrmals auf den Boden und scharrte wie ein Stier im Sand. Dann rannte sie schreiend in den Wald zurück und schwor Rache.

Motorengeräusch. Das machte uns alle stutzig. Maggy. Sie war wieder einmal mit ihrem Hoover-Staubsauger unterwegs. Sie saugte den Sand am Strand auf.

»Maggy«, rief ich gestresst, »hier leben Menschenfresser, wir müssen fliehen! Weitersegeln, die Passage finden, über den Pazifik, zu den Gewürzinseln …«

»Aber zuerst muss ich hier saubermachen«, insistierte Maggy.

»Maggy«, stöhnte Jack, »du kannst nicht den ganzen Strand aufsaugen, wo willst du denn den Staubsack entleeren?«

»Ach was«, seufzte sie, »ihr bringt mir mit euren Geschichten nur Sand ins Wohnzimmer! Ständig muss man euch hinterherlaufen und staubsaugen.«

»Maggy«, drängte ich, »in dieser Bucht leben Menschenfresser!«

»An mir gibts nichts mehr zu knabbern, ich bin doch nur noch Haut und Knochen.«

Plötzlich rannten ein paar Wilde aus dem Wald, direkt auf Maggy zu, doch sie kannte keine Furcht und sog sie alle auf, als seien es bloß lästige kleine Plastikfiguren. Dann widmete sie sich wieder dem Sand. Ich war erstaunt, dass Maggys Staubsauger ein Stromkabel hatte. Es war mindestens hundert Meter lang und führte direkt ins Meer. Hatte sie etwa ein transatlantisches Telefonkabel angezapft? Die ganze Geschichte machte einfach keinen Sinn.

»Maggy«, schrie ich, »ich hab es dir zu Lebzeiten nie so richtig gesagt, aber du gehst uns gehörig auf die Nerven! Wenn du in zehn Sekunden noch da bist, drücke ich die Delete-Taste.

Du hast in meiner Story nichts zu suchen! Es genügt, dass du in meinem Leben warst!«

»Zehn Sekunden? Das reicht nicht für den ganzen Strand. Und morgen ist Sonntag, da wird nicht staubgesaugt.«

»Acht, sieben, sechs …«

»Drück doch diese Taste, von mir aus! Und was macht ihr dann mit dem Staubsauger?«

»Wir werfen ihn ins Meer«, brüllte Jack, »gopfverdamminonemol.« Das konnte selbst Enrique nicht übersetzen.

»Ins Meer?«, entsetzte sich Maggy. »Und in 500 Jahren finden Forscher diesen merkwürdigen Artefakt, und Erich von Däniken identifiziert ihn als außerirdisches Auspuffrohr und verliert vor Begeisterung den Verstand?« *Delete.*

»Achmed«, schrie Jack, »bring sie und ihren Staubsauger nach Hause!«

Achmed? Jetzt fuhr tatsächlich Achmed in seinem weißen Mercedes-Taxi über den Strand und hielt neben uns. Er kurbelte das Fenster hinunter und sagte: »Sammy, wir sollten jetzt zum Friedhof fahren.«

»Zum Friedhof?«, fragte ich ungläubig. »Wir bestatten unsere Toten doch draußen im Meer.«

Sammyboy

Ich war schockiert. Ich war es nicht gewohnt, derart abstruse Dinge zu träumen, und noch weniger war ich es gewohnt, dass diese Bilder die Nacht überlebten und Besitz von meinem Tag nahmen. Den ganzen Morgen über versuchte ich, mich zu erinnern, versuchte, zu verstehen, wieso ich Dinge träumte, die sich weder reimten noch irgendeinen Sinn ergaben.

Ich versuchte, mich abzulenken, und erstellte eine Liste von Fragen, die ich dem Museumsdirektor in Cebu stellen wollte. Ich war stets auf der Suche nach exotischen Details, die man nicht googeln konnte, und war mächtig stolz, wenn sich einmal eine Universität nach meiner Quelle erkundigte. Man kann einem Pariserring widerstehen, aber nicht Bauchpinseleien. Lob schlägt IQ. In dieser Beziehung bleibt jeder erwachsene Mann in der Tiefe seines Herzens ein kleiner, um Anerkennung winselnder Welpe.

Maricel saß im Wohnzimmer vor der Webcam.

»Hunnybunny«, rief sie, »ist es definitiv, dass wir zusammen auf die Philippinen reisen? Meine Schwester fragt gerade. Sie sind alle online.«

»Ja, definitiv«, sagte ich entschlossen, obwohl ich dabei ein eher mulmiges Gefühl hatte. Maricel war wie üblich fröhlich und ausgelassen, wenn sie ihre Familie an der Webcam hatte.

»Ein Babyname! Kannst du googeln? Wir brauchen einen Babynamen!«

Da Maricel nun die alleinige Ernährerin ihres neunköpfigen Clans in der philippinischen Provinz war, wurde sie als Familienoberhaupt respektiert und für alle Dinge des Alltags um Rat gefragt. Die Nichten, für die wir das Schuldgeld bezahlten, hielten ihre Zeugnisse in die Webcam. Ihr Bruder Jay hörte sich teilnahmslos die Schelte seiner jüngeren Schwester an, die ihn aufforderte, sich endlich mal eine Arbeit zu suchen und mehr Verantwortung zu übernehmen. Er war 31, hatte noch nie richtig gearbeitet, zweimal seine Freundin geschwängert und führte ein ruhiges Leben als Privatier. Seine Ehefrau bat Maricel um einen Namen für das Baby, das bald zur Welt kommen würde.

»Einen Babynamen!«, wiederholte Maricel.

»Sollten das nicht die Eltern entscheiden?«, fragte ich.

»Nein, nein, ich muss das bestimmen; wer das Geld schickt, bestimmt, und da es eigentlich dein Geld ist, musst du mitbestimmen.«

»Ich bin kein Kolonialherr. Ich bin Schweizer, und wenn schon, würde ich als Konquistador Südtirol, Burgund, Südbaden und Norditalien annektieren und den Ausgang der Mailänderkriege bei Marignano korrigieren.«

»Du verstehst das nicht. Meine Familie wäre gekränkt, wenn du den Namen nicht vorgibst.«

»Leo?«, fragte ich und machte ein langes Gesicht.

»Wieso nicht Sammy?«, sagte Maricel. »Das würde sie besonders ehren.«

»Du meinst, der Name wäre dann eine lebenslange Zahlungsverpflichtung. Für mich.«

Beyoncé rief an. *Take your pill, darling.*

»Weißt du was, wir nennen ihn Sammybaby.«

»Vielleicht Sammyboy, er wird ja sicher groß werden, wenn ich ihn zwanzig Jahre durchfüttere.«

Cellaris, I hate every inch of you.

Ein kalter Luftzug von irgendwoher. Aber ich bin sicher, dass ich das Fenster geschlossen hatte. Frischer Fisch? Um diese Zeit?

Andrea an Bord?

Ich stand an der Reling und blickte nachdenklich aufs Meer hinaus. Ich machte mir Sorgen. Würde ich jemals die Gewürzinseln erreichen? Würden die Blutstammzellen des anonymen Spenders das zulassen?

»Ich kann dich beruhigen«, sagte eine weibliche Stimme hinter mir. Ich zuckte zusammen und drehte mich um. Andrea! Mit ihrem dreiköpfigen Höllenhund Kerberos.

»Du schon wieder? Wie kommst du auf die *Trinidad?*«

»Ich habe dir doch gesagt, mich wirst du nie mehr los. Oder bildest du dir ein, man könne 35 Jahre lang verheiratet sein und dann die verstorbene Ehefrau einfach vergessen?« Sie genoss meine Verunsicherung. Sie riss an der Leine. Kerberos fletschte die Zähne und sabberte schleimige Pfützen.

»Ich dachte, du hättest damals in Hongkong das Totenschiff bestiegen, und ich sei jetzt frei. Dann hast du mich in meiner Wohnung besucht, und ich dachte …«

»Weißt du denn überhaupt, wo du bist, Sammy?«

Andrea lehnte sich gegen die Reling und schaute amüsiert aufs Meer hinaus. Sie ließ sich Zeit, sie wollte mich quälen.

»Natürlich weiß ich das.«

»Wo bist du denn, Sammy? Du weißt es nicht wirklich, und das macht dir Angst.«

»Wieso schleppst du den Kerberos mit dir herum? Ich dachte, du stehst auf Luzerner Laufhunde.«

»Kerberos verwehrt allen Lebenden den Zugang zur Unterwelt, und er versperrt den Toten den Weg in die Welt der Lebenden. Aber ich kann mit ihm sprechen, wir sind jetzt Freunde. Er hat deine Spur aufgenommen und mich auf die *Trinidad* geführt. Erinnerst du dich an Allan Pinkerton? *We never sleep.*«

»Das ist aus meinem letzten Roman *Giganten.* Ich mag diesen schottisch-amerikanischen Detektiv, er war …«

»Komm mir bloß nicht mit Konversation. Ich habe deine Romane gelesen. Deine Figuren nerven mich. Vielleicht nervt mich auch der Autor.«

»Das wird mir langsam zu bunt, Andrea. Wieso bist du an Bord der *Trinidad?*«

»Ich wollte diese Maricel sehen«, sagte sie mit großer Bitterkeit.

»Sie ist nicht an Bord, Andrea. Vergiss sie. Es ist nicht mehr dein Leben. Weißt du, am Anfang hatte ich Angst, die Erinnerung an dich zu verlieren, aber ich musste lernen, das zuzulassen. Ich habe lange getrauert, aber ich habe die Trauer überwunden. Ich musste, nein, ich wollte ein neues Leben beginnen, ein Leben ohne dich, aber dieses neue Leben wird nicht lange dauern, ich werde an den Folgen der Knochenmarktransplantation sterben.«

Andrea lachte. »Du wirst früher sterben, auf dem 49. Breitengrad, im Winterlager Magellans, am Ende der Welt, es gibt keinen düstereren Ort auf Erden. Wer erst im Winter die Südspitze des amerikanischen Kontinents erreicht, bleibt im ewigen Eis gefangen. Vielleicht werde ich dich ab und zu besuchen und dir eine heiße Ovo bringen.«

»Wieso kannst du nicht wieder freundlich zu mir sein? Es ist doch vorbei.«

Sie zog sich die Kapuze ihres schwarzen Mantels über den Kopf und setzte sich auf die Reling, die Füße auf einem Querbalken.

Ich wandte mich von ihr ab und schaute wieder aufs offene Meer hinaus. Ich hoffte, das Ganze sei bloß ein Spuk gewesen.

»Es ist kein Spuk, Sammy«, sagte Andrea, als könne sie meine Gedanken lesen. Sie sprang von der Reling und kam mir ganz nahe, als wolle sie mich wegdrängen. Ihr Atem erinnerte mich an die kalte Luft im Mithräum-Tempel unter der Basilika San Clemente in Rom. Ich wich instinktiv zurück. Blitzschnell zog sie das Messer aus meinem Gürtel und schnitt sich eine Haarsträhne nach der andern ab. Danach griff sie in eine ihrer zahlreichen Taschen, nahm eine Handvoll Kalk heraus und verrieb ihn in ihrem Haar, bis es schlohweiß war. »Solches

Zeug hat man doch während der Französischen Revolution über die abgetrennten Köpfe geschüttet«, sagte sie.

»Jetzt siehst du aus wie die Modeschöpferin Christa de Carouge.«

»Ja und?«

»Nichts ja und. Wir leben in einem freien Land. Wer in Mönchskutten rumlaufen will, soll in Mönchskutten rumlaufen.« Ich wich einen Schritt zur Seite.

Andrea folgte mir drohend und riss mehrmals an der Leine, um Kerberos scharf zu machen. »Ich fand übrigens deine *Script Avenue* gar nicht lustig!«

»Das ist dein gutes Recht, Andrea.«

»Ich hatte dir verboten, über mich zu schreiben.«

Ich sah ihr an, dass sie verbissen nach einem Grund suchte, um ihre Wut loszuwerden. Wo sollte der Blitz als Nächstes einschlagen?

»Wieso hast du mir nie gesagt, dass du Christa de Carouge nicht magst? Ich habe doch immer Kleider von ihr getragen.«

Kerberos begann, die Zähne zu fletschen, sie musste die Leine mit beiden Händen festhalten.

»Man durfte dir nie widersprechen, Andrea. Meinungsfreiheit gab es nur außerhalb deiner Welt. Ich habe deshalb deine Soutanen nie kommentiert, sondern einfach bezahlt, aber diese Mode der weiblichen Verweigerung war eigentlich nur eine Nähmaschine entfernt von der Vollverschleierung militanter Islamistinnen. Beide tun so, als wären sie der Inbegriff aller männlichen Begierden auf dem Planeten, und beide verstecken alles, was an weiblichen Formen erkennbar sein könnte. Ihr gutes Recht! Solche Frauen schneiden sich kurze Männerfrisuren, hängen sich überdimensionierte Metallringe aus dem Tinguely-Museum an die Ohren, tragen schwere Optikergeräte auf der

Nase und erinnern in gewisser Weise an die Selbstverstümmelung pubertierender Mädchen, die ihren Körper hassen, wenn die Hormone ihr Unwesen treiben; und dreißig Jahre später, wenn die Hormone verpufft sind …«

Andrea machte eine abschätzige Bewegung. »Zum Glück hat Twitter nur 140 Zeichen, sonst würdest du die Menschheit täglich mit solchen Ergüssen ermüden.«

»Du hast recht, deshalb habe ich neuerdings einen Blog.«

Andrea wandte sich von mir ab. »Lass dich nie von den strahlenden Augen eines Mannes blenden, es könnte die Sonne sein, die durch sein hohles Hirn scheint.« Sie spazierte mit ihrem Kerberos auf und ab. Es war ihr immer wichtig gewesen, dass ihre Hunde genügend Auslauf hatten. »Und, wie ist sie?«, fragte sie dann unvermittelt.

»Wir haben es gut miteinander.«

Andrea gab einen spöttischen Laut von sich. »Ich habe dir immer gesagt, für den Aufstieg hast du einen General wie mich gebraucht, aber jetzt sehnst du dich nach Harmonie, Frieden, Sanftheit … Du hast mich verraten, Sammy, es steht dir nicht zu, ein neues Leben zu beginnen. Noch bin ich deine Frau, selbst dann, wenn ich nicht mehr existiere.«

»Du wirst es nie verstehen.«

»Natürlich verstehe ich, warum du ein reines Gewissen hast: Du hast es noch nie benutzt.«

»Ich denke, jeder würde sich nach allem, was passiert ist, nach Frieden sehnen. Nach einem ruhigen Ozean. Nach einem friedlichen Ozean. *Pacífico.*«

Götter hinter Glas

Ich starrte auf meine Computertastatur. Zwischen den Tasten E, D und S entdeckte ich ein Sesamkörnchen. Wer zum Teufel hatte an meinem PC Sesambrötchen gegessen? Ein merkwürdiger Schwindel übermannte mich, ich schloss die Augen und beugte mich über die Tastatur, als könne ich dadurch einen Sturz in endlose Tiefen verhindern. Nach einer Weile war es wieder vorbei. Ich stieß mich an der Tischkante ab und rollte auf meinem Bürostuhl zum Regal mit den Götterfiguren. Teilnahmslos standen sie auf den Glastablaren und schauten auf mich herunter. Sie sehen alles, beobachten mich und reden mit mir, greifen aber nicht in mein Schicksal ein. Sie lassen alles geschehen, wie die ägyptische Sphinx seit Jahrtausenden alles um sich herum geschehen lässt.

»Jungs«, sagte ich, »ich werde eine lange Reise unternehmen, ich werde eine helfende Hand brauchen. Ist das ausnahmsweise möglich?«

»Falls du eine Seereise unternimmst«, sagte Neptun und klopfte mit seinem Dreizack gegen das Glas, »dann solltest du meine Begleitung in Erwägung ziehen. Ich bin Poseidon, der Gott der Meere.«

»Wieso nennt sich der Kerl wieder Poseidon?«, stänkerte Minerva. »Wir gehören zur römischen Mythologie und nicht zur griechischen.«

»Hört doch endlich mit diesem Scheiß auf«, lallte Bacchus. »Ob Dionysos oder Bacchus, wir saufen doch alle gern. Der Mensch ist nun mal so geschaffen, dass er gern spielt, bumst, säuft und seine Nachbarn verhaut.«

»Er hat recht«, mischte sich der Aztekengott Ometochtli ein und genoss die Aufmerksamkeit, die ihm alle entgegenbrachten. Er trug ein mit Federn geschmücktes Jaguarfell über dem Kopf und hatte das lange Haar geölt. Das Lendentuch war vorn und hinten mit Laschen verbunden. Darüber trug er einen karierten Umhang, der mit farbigen Ornamenten verziert war. Die Schnallen seiner Sandalen: pures Gold.

»Kann dieser Azteke nicht mal die Schnauze halten?«, rief Mars. Er wandte sich an Ometochtli: »Falls wir einmal genügend Schiffe haben, kommen wir rüber und verhauen euch. Ihr bunten Papageien seid ja so was von krank! Ihr müsst ja nicht gleich Veganer werden, aber rohe Herzen fressen, das ist doch ziemlich krass.«

»Sammy«, rief eine mir vertraute Stimme. Ein nackter, junger Mann mit einem geflügelten Helm trat einen Schritt vor. »Wenn du eine Reise tust, brauchst du eigentlich nur mich. Ich bin Merkur, der Gott des Reisens und des Handels, ich habe Flügelschuhe und stets einen Geldbeutel bei mir, was mehr wert ist als Visa und American Express zusammen, und als Götterbote bin ich immer online mit all diesen kranken Typen hier.«

»Der Kerl leidet an einer narzisstischen Verhaltensstörung«, sagte ein groß gewachsener, älterer Herr, »wenn du in deinem Zustand verreisen willst, brauchst du mich, Aesculapius, den Gott der Heilkunst. Merkur solltest du meiden, denn er ist auch der Gott der Diebe, und auf den Philippinen gibts keine Kuscheljustiz. Da wirst du so lange mit Perversen eingelocht, bis du das Passwort für dein Online-Banking preisgibst. Dabei hast du rein gar nichts geklaut, aber die werden dich alle linken.«

»Er hat recht«, rief Mars, »du brauchst Eier und eine starke Hand!«

»Okay«, rief ich, »ich habe mich entschieden, ich nehme Merkur und Aesculapius mit, ich habe nur zwei Hosentaschen, mehr passen nicht rein!«

»Und ich?«, schrie Jupiter, ein langer Kerl mit wucherndem Haar und Bart. »Wenn du mich nimmst, kannst du auf alle anderen Götter verzichten.«

»Du sollst ersaufen, Sammy!«, rief Neptun und stellte sich mit seinem Dreizack wieder in Reih und Glied. Er war gekränkt.

»Ich habe Swiss gebucht, Neptun, wenn du willst, stelle ich dich in meiner Abwesenheit ins Wasserglas beim Lavabo.«

»Dort, wo du jeweils tagsüber deine Plastik-Antiknirsch-Zahnschiene für Psychopathen reinigst?«

Ich griff nach Merkur und Aesculapius und steckte sie in meine Hosentaschen.

»Und die Liebe?«, hauchte Venus.

»Ich habe sie schon gefunden, Venus, und du, Bacchus, solltest dich jetzt wieder einklinken, falls du noch stehen kannst, ich darf ja nicht mehr trinken! Ich weiß echt nicht, was ihr da oben die ganze Zeit getan habt. Zuerst erleidet mein Sohn Tim nach der Geburt eine Cerebralparese, dann stirbt Andrea, meine große Liebe und mein bester Kumpel, an Krebs, und dann krieg ich auch noch Leukämie. Und ihr schaut zu und ergötzt euch an meinem Unglück? Habt ihr denn gar kein Verantwortungsgefühl, macht ihr jetzt auf Zeitgeist? Habt ihr keine Ausdauer, keine Ambitionen mehr? Seid ihr wehleidige, larmoyante, lebensuntaugliche Wohlstandsgötter geworden?«

»Es sind eben keine wirklichen Götter«, unterbrach mich ein vergammelter Hippie, der über das unterste Glastablar schlurfte und warnend den Zeigefinger hob. Er trug langes Haar und einen braunen Bart, Woodstock-Style, irgendein zugedröhnter Kiffer, der den ganzen Tag den *Alabama Song* von Jim Morrison hört. Ich glaube, The Doors hatten die eine Zeile verändert: *Show us the way to the next whisky bar.* »Ich bin der einzig wahre Gott …«

»Ihr habt doch alle eine Profilierungsneurose«, spottete ich.

»Nein, ich bin Jesus Christus. Ich bin der einzig wahre Gott.«

Meine antiken Götter stießen Verwünschungen aus und ließen ihrem Unmut freien Lauf.

»Du bildest dir ein, dass du alle Eigenschaften auf dir vereinst?«, rief ihm Zeus mit donnernder Stimme zu. »Wer behauptet, alles zu können, kann in Wirklichkeit nichts richtig. Oder kannst du einen tropfenden Wasserhahn flicken?«

»Da muss ich ihm recht geben«, mischte ich mich ein, »und erschwerend kommt hinzu, dass du ein langweiliger Gott bist. Du säufst nicht, bumst nicht herum, gönnst dir keine Pariserringe, spielst nicht Lotto und ignorierst deine Morgenerektion.«

»Allahu Akbar!«, schrie ein dunkelhäutiger Mann mit pechschwarzem Bart, kaum sieben Zentimeter groß. Er rannte auf Jesus zu und schlug ihm die Faust ins Gesicht. »Tod den Ungläubigen!«

Ich griff nach dem Propheten, doch ich erwischte ihn nur am Bart. Es war ein Faschingsbart, und wer trug ihn?

»Bist du das, Achmed?«

»Allahu Akbar!«, schrie er mich an.

»Ist ja schon gut, Achmed, es gibt nur einen Gott, und du bist sein Prophet, die Frage ist nur: Wer zum Teufel ist dieser eine Gott? Die Sonne ist das einzig Göttliche auf dieser Welt. Sie wird am Morgen geboren und stirbt am Abend, ohne sie würde alles Leben auf Erden erlöschen. Deshalb haben alle Menschen zu allen Zeiten die Sonne verehrt. Die Sonne hat heutzutage einfach viele Namen.«

»Allahu Akbar!«, schrie Achmed erneut. Mars sprang vom

Regal herunter, direkt auf Achmeds Schultern, und donnerte ihm den Schild in den Nacken. Ich entriss ihm das Ding und legte es auf das Tablar zurück. »Mars, diese Zeiten sind vorbei! Heute diskutieren wir solche Dinge an einem runden Tisch und signieren anschließend unsere Spesenabrechnung.«

Aesculapius klopfte mit seinem Stab auf den Boden. »Sammy, dein iPhone, es ist Zeit für Cellaris. Du solltest dich warm anziehen.«

Von Bucht zu Bucht

Wo zum Teufel war dieser *Paso?* Wir segelten seit Wochen in dichtem Nebel entlang der Küste, immer weiter südwärts. »Warum klappern wir jede Bucht und jeden Flusslauf ab?«, fragte mich Christopher de Haro, der Banker des Handelshauses Fugger. »Er hat uns doch immer versichert, dass der *Paso* auf Martinho da Boémias Landkarte genau eingezeichnet sei und dass Rui Faleiro die Breitengrade mehrmals nachberechnet habe. Wieso steuern wir den *Paso* nicht direkt an? Warum vergeuden wir so viel Zeit?«

Ich suchte mit Jack die Kammer von Faleiro auf. Der arme Kerl saß apathisch an seinem Schreibtisch und spielte nervös mit den Federn in seiner Schreibbüchse.

»Was ist hier los?«, fragte Jack ungeduldig.

»Ich habe das Horoskop gelegt«, sagte Faleiro, »wir segeln dem Untergang entgegen.«

Da stieß Magellan die Kammertür auf und ging direkt auf Faleiro zu. »Was zum Teufel hast du da zusammengestiefelt?«

Faleiro griff nach einem Stapel vollgekritzelter Blätter und hielt sie verzweifelt hoch.

Magellan riss sie ihm aus der Hand und schleuderte sie zu Boden. »Die Mannschaft murrt, lange können wir sie nicht mehr unter Kontrolle halten!«, herrschte ihn Magellan an. »Die Männer sind unruhig, sie wollen nach Brasilien zurück, zu all den wilden Weibern, die ihnen den Verstand geraubt haben – und da kommst du mit deinem Hokuspokus?«

»Wir sind an einem heiklen Punkt angelangt, Magellan«, mischte sich Christopher de Haro ein und presste die Lippen zusammen, »selbst wenn wir die Südspitze erreichen und umschiffen, werden wir anschließend nicht genügend Proviant haben, um den großen Ozean zu durchqueren. Wir haben nur zwei Möglichkeiten ...«

»Nach Brasilien zurück oder in der eisigen Kälte des Südens überwintern«, sagte Faleiro. Man sah ihm an, dass er Brasilien favorisierte.

Wenige Tage später erbarmte sich die heilige Jungfrau Maria unser, lichtete den Nebel und enthüllte die farbenfrohe Pracht einer exotischen Inselwelt. Hier lebten Robben, Tapire, Pinguine und Guanakos, eine launige Abart des Lamas, in friedlicher Eintracht beisammen, denn der Mensch hatte diesen paradiesischen Flecken Erde offensichtlich noch nicht entdeckt, entweiht, geplündert, vergewaltigt, zerstört.

Hier sollten die Schiffe repariert und Proviant gesammelt werden. Wir schlugen uns die Bäuche voll und räucherten Fleisch für die Weiterfahrt. Einige Matrosen fraßen, bis ihr Herz vor Erschöpfung aufhörte zu schlagen. »Soll ich das so ins Logbuch eintragen?«, fragte mich Pigafetta, während er an einer grillierten Lamakeule herumkaute, »das ist doch wenig glaubwürdig, dass sich Menschen zu Tode fressen.«

»Aber es ist wahr, du musst schreiben, was war.«

»Hörst du das?«, fragte mich Jack eines Morgens.

»Was denn? Du weißt ja, dass ich mein Gehör weitgehend verloren habe.«

»Du kannst doch nicht so taub sein!«

Wir eilten an Deck. Jetzt hörten wir alle einen merkwürdigen Gesang. Magellan ließ die Rettungsboote ins Wasser und schickte ein paar Soldaten in Harnischen in den Dschungel. Sie kamen nach einer Stunde zurück, kreidebleich. Sie hatten riesige Fußspuren entdeckt. Riesenaffen? Yetis etwa? Werden diese zotteligen Fabelwesen nicht ausschließlich von den Sherpas im Himalaja gesichtet?

»Seit wann können Affen singen?«, brummte Jack, als wir mit einigen Matrosen an Land gingen, um weitere Erkundungen zu machen.

Plötzlich kam uns Maggy mit einem breitkrempigen, speckigen Hut entgegen. »Jack, dein Hut!«, schrie sie mit piepsiger Stimme.

»Gib doch endlich Ruhe, Maggy«, sagte Jack genervt, »ich brauche Ohrenschoner, aber nicht den Hut von Captain Flint.« Er setzte ihn gleichwohl auf. »Wenn das so einfach wäre im Leben, Maggy, neuer Hut, und schon ist man Captain Flint und fürchtet nur noch Long John Silver.«

Obwohl wir intensiv suchten, entdeckten wir die Urheber des Gesanges nicht.

Anderntags hörten wir die Arien der Waldgeister erneut. Der merkwürdige Singsang lockte uns bereits in den frühen Morgenstunden an Deck. Die gewaltigen, gutturalen Stimmen hörten sich an wie trompetende Elefanten. Dann sahen wir eines der Tiere am Strand – doch das Riesenvieh hatte nur zwei Beine, und trotz des zotteligen Haarwuchses erkannten wir: Das war kein Yeti, das war ein Mensch, ein Wilder! Er war völlig nackt und tanzte wie in Trance. Manchmal bückte er sich und streute Sand über sein Haupt. Immer wieder zeigte er lachend in den Himmel. Er trug das Haar lang, doch hatte er, wie christliche Mönche, eine Tonsur. Sein Gesicht war mit blutroter Farbe bemalt. Um die Augen hatte er gelbe Kreise gezogen.

Nach und nach traten weitere Riesen aus dem Wald und tanzten, bestreuten ihre Köpfe mit Sand und zeigten fröhlich in den Himmel. Offenbar glaubten sie, wir seien vom Himmel gefallen. Auch sie hielten uns für Götter.

»Gebt ihnen ein Zeichen!«, rief Magellan. »Sie sollen an Bord kommen. Das wird sie beeindrucken und davon abhalten, uns anzugreifen!«

Die Riesen verstanden unsere Handzeichen sehr wohl und riefen nun im Chor irgendetwas, das nach *babee katuu* klang. Nach einer Weile traten dicke, untersetzte, dunkelhäutige Frauen mit hängenden Brüsten aus dem Wald. Sie waren bemalt wie die Männer, trugen aber ein Fell um die Hüften und führten Lamas mit sich.

Die Männer schafften Kanus zum Wasser und paddelten zu unseren Schiffen. Wir warfen Strickleitern über die Reling und halfen ihnen an Bord. Sie hatten kurze, dicke Bogen und Pfeile mit Spitzen aus schwarzem Feuerstein dabei. Sie beschnupperten uns wie Hunde und brachen immer wieder in Gelächter aus. Besonders neugierig betasteten sie die Rüstungen unserer Soldaten. Magellan hatte angeordnet, dass sich alle in Kampfmontur an Deck einzufinden hatten. Auch er war von Kopf bis Fuß in Eisen gepackt. Er nahm ein Schwert und schlug damit gegen seinen Brustpanzer. Die Eingeborenen staunten und klopften mit ihren Pfeilen gegen die Rüstung. Erst verschlug es ihnen die Sprache. Dann kriegten sie es mit der Angst zu tun. Doch Magellan ließ ihnen Wein bringen und beschenkte sie mit wertlosen Glasperlen, kleinen Spiegeln, Kämmen und Schellen.

Als sie vor Einbruch der Nacht das Schiff freudentrunken verließen, blieb einer der Riesen zurück. Er hatte wie alle seine Stammesmitglieder ein ausgesprochen sanftes und freundliches Wesen. Magellan beschloss, ihn mit auf die Reise zu nehmen und zu taufen, doch der Riese wollte zurück an Land. Magellan ließ ihn großzügig beschenken und bot ihm auch zwei Fußfesseln an. Der Riese war begeistert, als ihm Magellans Soldaten die Ketten anlegten – bis er merkte, dass er auf eine List hereingefallen und gefangen war.

Magellan sandte Soldaten aus, um noch einige Frauen einzufangen, er dachte, vielleicht könnte man sie in Spanien dem königlichen Zoo verkaufen. Der Versuch endete in einem blutigen Gemetzel. Die Eingeborenen waren von da an wie vom Erdboden verschwunden. Der gefangene Riese brüllte nun wie ein Ungeheuer, zerrte an seiner Kette und flehte seinen Sonnengott Setebos an, ihn zu befreien. Als ihm dieser nicht zu Hilfe kam, starb er aus lauter Verzweiflung. Pigafetta nannte den Großfüßler in seinem Logbuch *Patagonier.* Derweil trug Magellan auf seiner Weltkarte den Namen *Patagonien* ein und nahm das Land für die spanische Krone in Besitz.

Stirb

Gegen Morgen weckten mich die üblichen Nervenschmerzen in Zehen und Fingern. Es war, als würde mir jemand heiße Nadeln unter die Nägel stoßen. Nach fünf Jahren Martyrium hatte ich längst akzeptiert, dass diese Schmerzen mich Tag und Nacht bis ans Ende begleiten und peinigen würden.

Ich stand auf, machte mir einen Kaffee, nahm meine Pillen, setzte mich an den Computer und schrieb, was ich soeben an Bord der *Trinidad* erlebt hatte. Wie ein Regisseur stand ich nachts an Deck und hörte im Traum den Figuren zu. Ich war mir meistens bewusst, dass ich träumte, aber ich war sicher, dass ich all diese Dialoge zum ersten Mal hörte. Manchmal musste ich im Schlaf lachen, so laut, dass ich Maricel aufweckte. Sie legte dann ihre Hand auf meinen Arm und murmelte: »Only a dream, Hunnybunny, sleep.«

Ich schrieb schon eine ganze Weile an der Szene an Bord der *Trinidad,* als mich plötzlich eine bleierne Müdigkeit befiel. Ich setzte mich in den Phantom-Sessel und döste vor mich hin. Ich versuchte, in Gedanken weiterzuschreiben, das Meer zu sehen, doch es gab weit und breit kein Wasser. Ich sah nur einen abgewetzten, rotbraunen Spannteppich. Und eine Tür. Eine Wohnungstür. Ich wusste, dass ich sie öffnen und fliehen musste. Ich rannte zur Tür und riss sie auf. Da stand die kleine Prinzessin Béatrice vor mir. Sie war groß geworden, erwachsen, vielleicht siebzehn, und hatte große Brüste. Sie hielt ein Fleischmesser in der Hand und schien außer sich vor Wut. »Stirb endlich!«, schrie sie und stieß mit dem Messer zu.

Ich konnte gerade noch ausweichen und ihr das Messer aus der Hand reißen. Ich warf es in den Flur und stieß die Prinzessin zurück. Doch sie fiel nicht hin, sie blieb aufrecht stehen, wie gelähmt, als sei sie plastiniert worden. Ihr Mund war noch halb offen. »Ich bringe dich um«, schien sie zu sagen.

»Warum? Weil ich dieses Irrenhaus verlassen will?«

»Du hast kein Recht, uns zu verlassen. Mutter wird jeden Tag weinen, wenn du uns verlässt. Dafür werden wir dich hassen. Die Polizei wird dich suchen, du bist noch nicht volljährig. Du darfst die Familie nicht verlassen.«

Ich ging einen Schritt auf sie zu. »Wenn ich hierbleibe, werde ich den Verstand verlieren. Ich habe gar keine andere Wahl, ich muss dieses Irrenhaus verlassen.«

Plötzlich löste sich die Prinzessin in Rauch auf. Ich sah meine Mutter in unserem Wohnzimmer sitzen. Sie kniete vor dem Jesusbild, gigantische Osterkerzen brannten, Béatrice saß mit einem Rosenkranz in einem Plüschsessel und naschte Diätbiskuits, auch Isabelle betete den Rosenkranz und kniete. Sie war eine junge, attraktive Frau geworden. Das sah man, obwohl sie schäbige Kleider trug.

»Wieso muss sie nicht knien?«, fragte Isabelle und schaute neidisch zu Béatrice, die genüsslich über ihr neues Jackett strich.

Meine Mutter wurde böse. »Schweig, Isabelle, und bete, dass Sammy uns nie verlässt!«

»Ich muss nicht knien«, sagte Béatrice leise, »weil das nicht gut ist für meine Knie. Aufgeschürfte Knie sind nicht schön.«

»Und ich«, zischte Isabelle zornig, »was ist mit meinen Knien? Ich hätte auch gern einen Rock an wie du, aber mit aufgeschürften Knien kann ich keine Röcke tragen; außerdem kauft mir niemand einen neuen Rock. Ich muss immer deine abgetragenen Klamotten tragen, obwohl sie mir zwei Nummern zu groß sind.«

»Du bist nichts Besonderes, deshalb spielt es auch keine Rolle, ob deine Knie blutig geschürft sind«, erwiderte Béatrice, »du wirst immer wie ein Bauerntölpel aussehen.« Sie knabberte verträumt am nächsten Biskuit.

»Wieso sprichst du immer so abschätzig über Bauern?«, fragte ich Béatrice. »Unsere Großmutter war Bäuerin, und sie war ein feiner Mensch.«

»Aber mir sieht man das nicht mehr an«, sagte Béatrice trotzig, »weil ich etwas Besonderes bin, mir sieht man nicht mehr an, dass meine Verwandtschaft in Vilaincourt Kühe molk.«

Die Schwestern schauten zu mir hoch.

»Wenn du uns jetzt verlässt«, sagte Isabelle, »werde ich immer für deine Rückkehr beten müssen, und wenn ich morgens meine wundgescheuerten Knie sehe, werde ich dich hassen!«

»Wenn ich bleibe, werde ich den Verstand verlieren. Ich habe gar keine Wahl.«

Ich rannte zur Tür, riss sie auf und stürzte die Treppe hinunter. Nichts sollte mich aufhalten. Nichts.

Schnatternde Gänse

Das steinerne Treppenhaus begann zu atmen, verfinsterte sich, die Stufen wurden hölzern, knarrten. Ich erreichte das Deck der *Trinidad.* Ich lehnte mich gegen die Reling und schaute aufs Wasser. Endlich frei. Wir sahen wochenlang keine Menschen mehr, nur hysterisch schnatternde schwarze Gänse. Der Himmel verdüsterte sich und legte sich wie eine graue Wolldecke über das Meer. Die Kraft der Sonne ließ nach, die kahle Küstenlandschaft wurde zunehmend menschenfeindlich, als hätte man der Natur die Haut abgezogen. Kein Mensch würde freiwillig hier leben wollen, nur ein paar fette Seelöwen lagen faul am Strand, während Pinguine in Gruppen herumwatschelten.

Es herrschte eine eisige Kälte, man konnte den eigenen Atem sehen. Die Tage wurden kürzer, die Nächte länger, das Meer begann zu beben, Stürme und Orkane griffen unsere Schiffe an, eiergroße Hagelkörner rissen Löcher in unsere Segel mit dem von der brasilianischen Sonne ausgebleichten roten Kreuz. Wir mussten mit klammen Fingern die Leinwände flicken, kein Wams war dem mörderischen Wind gewachsen, Schweißperlen vereisten auf der Stirn.

Die Kapitäne der anderen Schiffe erstatteten allabendlich pflichtbewusst ihren Rapport, doch sie hatten nichts zu rapportieren, und sie übten auch keine Kritik. Aber mit stiller Genugtuung nahmen sie die grassierende Unruhe in den Mannschaften zur Kenntnis.

Bald würde sich rächen, dass man die verruchtesten Gestalten und verkommensten Kreaturen angeheuert hatte. Die Rebellion lag in der Luft. Magellan verbarrikadierte sich nachts in seiner Kajüte und bewegte sich tagsüber nur noch bewaffnet und in Begleitung seines Sklaven Enrique an Deck.

»Generalkapitän«, skandierten eines Tages die Matrosen, »lass uns umkehren! Da kommt nichts mehr, nichts als eisiges Wasser!«

Magellan trat aus seiner Kajüte heraus und sprach zu den aufgebrachten Männern: »Das ist noch nicht das Ende, Männer! Ich verlange Gehorsam! Wir segeln für den König!«

Doch die Elemente schienen sich gegen ihn verschworen zu haben. Tagelang rollten stürmische Südwestwinde über das Meer und brachten eisige Luft und sintflutartige Niederschläge, wie sie noch kein Mensch an Bord erlebt hatte. Die Schiffe gerieten in Seenot. Es schien, als gebe es keinen Ausweg mehr aus dieser Hölle.

Ich saß mit Jack frierend in Magellans Kammer. Der hohe Wellengang machte es ihm fast unmöglich, aus dem Weinschlauch zu trinken. Jack erhob sich von der Bettkante, doch kaum stand er auf den Beinen, verlor er das Gleichgewicht und plumpste auf den mit Stroh gefüllten Leinensack. »Besorg uns noch einen Weinschlauch, solange es noch Fusel an Bord gibt«, bat er.

Es brauchte einiges Geschick, um zur Proviantkammer vorzudringen. Einige Männer lagen betrunken auf aufgeplatzten

Mehlsäcken, einer von ihnen war tot. »Ihr müsst die Leiche über Bord werfen!«, rief ich ihnen zu, doch meine Worte gingen im Sturm unter. »Ihr müsst die Leiche über Bord werfen«, wiederholte ich, »sonst sterben selbst die Ratten ob diesem Verwesungsgestank!«

»Hört ihr nicht, was er sagt?«, rief Jack, er war mir offenbar gefolgt und über die hohe Schwelle gestürzt. Auf allen vieren kroch er hinter mir her. »Weg mit der Leiche! Ich sage euch, ihr werdet noch Leichen fressen, wenn wir sie nicht wegschaffen, und dann werdet ihr euch gegenseitig zu Leichen machen. Fleisch ist Fleisch, Sammy. Wenn man nichts mehr zu essen hat, ist Fleisch einfach Fleisch.«

Ich machte ein paar Schritte hin zum Toten, den ich mit Jack an Deck tragen und ins Meer kippen wollte. Es war ein uralter Mann mit einem langen, schlohweißen Bart und spärlichem Kopfhaar. Er trug ein hellblaues Hemd. Am rechten Arm fehlte die Hand. Ich warf Jack einen kurzen Blick zu. »Gehört der zur Mannschaft?«

»Frag ihn doch«, sagte Jack. Seine Stimme klang müde.

Ich fragte die Leiche: »Gehörst du zur Mannschaft?«

»Nein«, sagte sie, »ich gehöre zu niemandem, und niemand gehört zu mir.«

Ich schaute den Toten etwas genauer an und wandte mich an Jack: »Du, ich glaube, das ist mein Vater. Der Kerl ist fast hundert Jahre alt geworden, stell dir das mal vor, er hat sich ein Leben lang um niemanden gekümmert und wird hundert Jahre alt …«

»Ich helfe euch, die Leiche zu entsorgen«, sagte jemand. Es war Achmed. Wie zum Teufel war er auf die *Trinidad* gelangt?

»Was machst du schon wieder hier?«, fragte ich ihn. »Du versaust mir die ganze Story! Was werden die Kritiker schreiben?«

»Das ist ein Araber«, raunte mir Jack zu, »wenn wir den *Paso* finden, können sie ihre Seidenstraße rauchen.«

Achmed lächelte allwissend.»Die Karawanen bringen nicht nur Pfeffer, Seide, Glas und Porzellan in eure dekadenten Paläste, die Seidenstraße ist auch der Weg, den unsere Kultur, unsere Religion und unsere Armeen nehmen werden. Zuerst werden wir Wien einnehmen und dann den Rest der Welt. Wir werden alle Ungläubigen töten, aber zuerst fahre ich dich jetzt zum Friedhof, Sammy. Man sollte Tote nicht warten lassen.«

Friedhof

Wir schritten tapfer die Friedhofsallee entlang. Jetzt denken Sie: *Typisch, jetzt, wo sein Vater gestorben ist, hat er doch zu würgen. Es macht ihm was aus.* Nein, ich benütze das Wort *tapfer,* weil ich ein großer Fußballfan bin und wegen der Beerdigung auf den Schweizer Cupfinal verzichten musste. Mein Vater hätte wenigstens diesen Match abwarten können, aber er machte sich nichts aus Fußball.

Wenn Hundertjährige sterben, ist der Andrang bei der Beerdigung nicht mehr so groß. Meine jurassischen Onkel und Tanten mussten alle schon über neunzig sein. Meine berndeutschen Verwandten väterlicherseits kannte ich nicht, da meine französischsprachige Mutter den Kontakt stets unterbunden hatte. Sie hasste die deutsche Sprache, die Deutschschweizer, die Juden, die Reichen, Miniröcke und Jerry Lee Lewis. Toleranz ist keine typisch jurassische Eigenschaft, die Pädagogik wurde nicht in Vilaincourt erfunden, dafür die Axt, die Doppelohrfeige, das Bespringen von Schafen und ekstatische Teufelsaustreibungen. Steht alles in der *Script Avenue.* »Wir Jurassier ticken anders als der Rest der Schweiz«, sagte kürzlich mein Cousin Guy, als er für eine Boulevardzeitung den Kanton Jura erklärte.

Ein alter, stämmiger Mann kam mir entgegen, gekrümmt wie ein Rebstock, grimmiger Tunnelblick. »Salue, Samuel«, sagte er mit kratziger Stimme und umarmte mich. Ich hatte keine Ahnung, ob er ein Verwandter war, ein Bekannter meines Vaters, der Friedhofsgärtner oder eine aus dem Antikenmuseum in Kairo entwischte Mumie. Er zeigte mit dem Kinn in Richtung Maricel. »C'est ta gosse?«

Gosse ist ein liebloser Ausdruck für Kind.

»C'est mon épouse.«

»Ah, c'est Samuel«, hörte ich nun diverse ältere Damen mit piepsigen Schulmädchenstimmen sagen. »C'est sa fille!« – »Oh, quelle beauté!« Sie veranstalteten ein kleines Rätselraten. Wie konnte seine Tochter dunkelhäutig sein, wo doch seine Frau …« – »Ist seine Frau nicht gestorben?« – »Dann hat er vielleicht wieder geheiratet?« – »Glaubst du?«

»Ich werde ihn fragen«, sagte eine etwa siebzigjährige Frau, deren einstige Schönheit noch gut erkennbar war. Doch sie schien einen latenten Zorn in sich zu tragen, Bitternis, Hader. Es musste meine Tante Fleur sein! Die einstige Marilyn Monroe von Vilaincourt war verwelkt. Ich ging auf sie zu, umarmte sie, küsste sie links und rechts und gestand ihr, dass ich noch heute von ihrer legendären Bûche de Noël träume. Sie weinte vor Rührung, ich musste ihr ein Taschentuch reichen.

Dann kam ein schmächtiger Mann mit ausgestreckten Armen auf mich zu und rief, es sei eine Freude, dass ich das Haus des Herrn aufsuche. Onkel Pierre, der Priester. Dieser kleine Haudegen lebte also immer noch und war wie immer gut drauf. Ich umarmte ihn herzlich und versuchte, sein poröses Rückgrat nicht zu brechen. Bei einem Methusalem muss man immer vorsichtig sein, der Letzte, der ihn berührt, ist schuld an seinem Tod.

»Das ist schön, dich zu sehen«, sagte ich und küsste ihn auf beide Wangen, »ich werde nie vergessen, wie du mir damals in Delle diese Römerfiguren gekauft hast.«

»Ah«, lachte er, »les Romains!« Er wandte sich an die Umstehenden und rief: »Lasst uns das Haus des Herrn betreten und Abschied nehmen!«

Wir betraten die Friedhofkapelle. Ich musste mit Schrecken feststellen, dass meine körperliche Verfassung nach fünf Jahren *Pearl Harbour* fast ebenso schlecht war wie die der Oldies um mich herum. In den vorderen Reihen saßen ein paar Unbekannte, vermutlich Verwandte aus dem deutschsprachigen Jura. Tante Fleur legte Onkel Pierre eine schwarze Stola über die Schultern und half ihm die vier Stufen zum Rednerpult hoch. Sie setzte sich auf einen Ministrantenstuhl und verharrte artig in dieser Stellung, wie ein einsames Schuldmädchen auf dem Abschlussball.

Maricel warf mir einen irritierten Blick zu, hob kurz die Augenbrauen und flüsterte: »Das geht bei euch aber sehr traurig zu, wenn ihr Leute begrabt. Wir trinken, singen und spielen auf den Gräbern Karten …«

»Wir betrachten Sterben als Skandal der menschlichen Existenz«, gab ich leise zurück.

Maricel schaute sich ungezwungen um. »Da hinten kommen noch welche.«

Ich drehte mich diskret um. »Oh, meine Schwestern«, flüsterte ich, »jetzt kommt gleich Stimmung auf.«

»Du hast zwei Schwestern?«, fragte Maricel verdutzt.

Tatsächlich hatten zwei etwa sechzigjährige Damen die Kapelle betreten. Sie hielten gehörig Abstand zueinander, als hätten sie Angst, sich gegenseitig mit Ebola anzustecken. Meine Schwester Isabelle setzte sich in unsere Bankreihe und kniete nieder.

»Ich habe das Buch gelesen«, raunte sie vorwurfsvoll und ohne mich eines Blickes zu würdigen, »die Medien waren voll davon.«

»Ja, die Presseresonanz war nicht schlecht.«

»Musstest du dieses Zeug schreiben?« Sie starrte zornig zum Altar.

»Die *Script Avenue?«,* fragte ich scheinheilig.

»Du weißt genau, welches Buch ich meine!«

»Ein Buchhändler sagte mir letzten Monat, er habe ein Exemplar verkauft. Dann warst du das also.«

»Ich lebe im Jura! Ich muss mit den Leuten auskommen. Wieso kannst du all diese Geschichten nicht einfach vergessen! Schwamm drüber und fertig. Niemand spricht mehr davon.«

»Vielleicht wollte ich gerade deshalb darüber schreiben. Unserem Cousin Francis zuliebe.«

»Mir wurde beim Lesen kotzübel«, sagte sie angewidert.

»Mir beim Schreiben auch.«

Maricel machte ein bekümmertes Gesicht. Filipinas mögen solche Situationen nicht, deshalb war es für die Spanier damals so einfach, die Insulaner zu christianisieren.

»Ich werde gerichtlich gegen dich vorgehen«, presste jemand hinter meinem Rücken hervor. Es war meine ältere Schwester Béatrice, die ihr Leben lang nie gelacht hat. Außer vielleicht, wenn jemandem ein Missgeschick passierte. Sie sprach mit tiefer, schleppender Stimme: »Ich habe bereits meinen Anwalt kontaktiert.«

»Ich hoffe, du hast trotz deiner Liebe für Luxusartikel noch genügend Erspartes, um das Ding bis zum Bundesgericht durchzuziehen. Sonst kann ich dir meinen Sohn Tim empfehlen, vielleicht gewährt er dir Familienrabatt.«

Während Onkel Pierre vorn am Rednerpult den Lebenslauf meines Vaters in poetisch beschönigter Form herunterlas, echauffierte sich Béatrice: »Du hast unseren Vater mit deinem Buch ins Grab gebracht!«

»Bei einer durchschnittlichen Lebenserwartung von 240 Jahren ist es höchst ungewöhnlich, dass jemand im zarten Alter von 99 Jahren stirbt«, gab ich sarkastisch zurück.

»Er war kerngesund!«, insistierte Béatrice.

»An jeder Fußballweltmeisterschaft erleiden weit über tausend Menschen einen Herzinfarkt vor dem Fernseher.«

»Heute wird lediglich der Cupfinal übertragen«, sagte Béatrice.

»Vielleicht wars die Vorfreude. Also ich habe mich wahnsinnig auf den heutigen Final gefreut. Es ist übrigens statistisch erwiesen, dass kardiale Ereignisse während einer Fußball-WM vermehrt auftreten, wenn die eigene Mannschaft spielt. Es gibt den emotionalen Stress, aber auch Risikofaktoren: Junkfood und Bier im Übermaß, Schnapse zum Frühstück, vergessene Einnahme von Medikamenten … Ich bin überzeugt, er hätte heute drei Familienpackungen Chips gegessen und mit Weizenbier runtergespült. Er kann froh sein, dass er damals das WM-Spiel Schweiz–Ecuador nicht sehen musste. Das hätte ihn frühzeitig ins Grab gebracht.«

»Kannst du nicht mal fünf Minuten ernst sein?«

»Offen gestanden: Es fällt mir schwer. Ohne Humor ist mein Leben nicht mehr zu meistern.«

Maricel nickte zustimmend.

»Dein Buch hat ihn aufgeregt«, beharrte Béatrice.

»Hat er es denn gelesen? Oder habt ihr ihm nur davon erzählt? Vielleicht hat ihn ja auch die Erinnerung an sein Leben umgebracht? Bin ich denn verantwortlich dafür? Ihr solltet mir beide dankbar sein, dass ich euch mit keinem Wort erwähnt habe. Fiel mir verdammt schwer! Könnt ihr mir glauben. Ihr seid genau die Charaktere, die meinem Roman Kultstatus verliehen hätten.«

»Mir hätte es nichts ausgemacht«, kicherte Isabelle überraschend, »aber die da hinten, die hätte man gleich in die Irrenanstalt einliefern können. Mir ist es eigentlich egal, dass er gestorben ist. Er war ein von Grund auf schlechter Mensch, aber du hättest es niemandem erzählen müssen!«

»Jaja, das Schweigen von Vilaincourt. Wir schweigen aus Scham wie Millionen anderer Kinder, die in durchgeknallten Familien groß geworden sind.«

»Es gehört sich einfach nicht, schlecht über Tote zu sprechen«, sagte Béatrice, »und schon gar nicht, wenn sie gerade gestorben sind.«

»Und was sagst du, wenn ein Selbstmordattentäter zu Grabe getragen wird? Hm? Dass er einen schönen, knuddeligen Bart hatte?«

Maricel hielt den Finger auf den Mund und forderte uns auf, still zu sein. Sie zeigte nach vorn, wo sich Onkel Pierre nun abschließende Worte zurechtlegte, aber irgendwie den Schluss nicht fand. Das ist auch bei Drehbüchern immer ein Problem. Am Ende entscheidet der Produzent, dass man bei Minute 98 schneidet.

Béatrice verdrückte ein paar Tränen.

»Hör auf mit dem Theater, Heulsuse«, spottete Isabelle, »davon haben wir schon als Kinder genug gehabt. »Oh, die kleine Béatrice ist traurig, oh, Béatrice weint, oh, Béatrice wird nicht geliebt, was können wir tun?« Als sich einige Trauergäste umdrehten, hielt Isabelle kurz inne und fuhr dann unbeirrt fort: »Hat man dich jemals mit Tritten, Ohrfeigen und Staubsaugerrohren malträtiert? Nein. Und warum nicht? Weil du etwas Besonderes warst. Eine Prinzessin!«

Béatrice schüttelte heftig den Kopf, als wolle sie kein Wort mehr hören. »Er hat uns nie geschlagen«, schluchzte sie leise.

Isabelle flüsterte: »Erinnerst du dich, wie er Sammy und mir bei den Baker-Schwestern Ohrfeigen austeilte, bis uns die Kürbissuppe aus den Nasenlöchern spritzte?«

Béatrice schwieg, sie schien sich zu erinnern.

Isabelle lachte leise. »Du kannst weinen, bis der ganze Friedhof unter Wasser steht und das Grundwasser verseucht ist. Dein Sponsor kommt nicht mehr zurück. Im Übrigen ist diese *Script Avenue* gar nicht so schlecht. Die Szene mit dem Schmuggler, der ihm auf den Kopf pisst … wir konnten vor Lachen kaum mehr einschlafen.«

Einige Trauergäste zuckten zusammen und zogen die Schultern ein. Andere warfen sich irritierte Blicke zu.

»Ich war nie eine Prinzessin«, sagte Béatrice trotzig.

»Bist du sicher, dass es Kürbissuppe war?«, fragte ich Isabelle, um das Gespräch in andere Bahnen zu lenken.

Doch Isabelle ignorierte mich und fuhr fort: »Ich sehe noch, wie selbstgefällig du dich in der Wohnung bewegst, deinen herablassenden Blick, niemand hat dir jemals genügt, niemand hat dir jemals Grenzen gesetzt. Weil du eine Prinzessin warst. Du musstest nie lernen, auf die Gefühle anderer Rücksicht zu nehmen. Du konntest dich ausschließlich mit dir selber beschäftigen.«

»Schau doch lieber, wie du angezogen bist«, spottete Béatrice, »wie ein Bauerntölpel.«

»Was habt ihr eigentlich immer gegen Bauern«, sagte ich, »wir stammen alle von Bauern ab. Im Übrigen muss ich Isabelle recht geben: Man hat dir suggeriert, du hättest Anrecht auf ein

Schloss und einen Prinzen, du hättest Anrecht auf das bestmögliche Leben, weil du etwas Besonderes bist. Man hat dich gelehrt, dass du unwiderstehlich bist, ein Geschenk Gottes an die Menschheit, und dass sich deshalb die ganze Welt nach deinen Wünschen zu richten hat. Du hast dich daran gewöhnt, dass du alles bekommst, und warst dennoch nie zufrieden, weil es stets mehr hätte sein können. Es muss ein Schock gewesen sein, als du da draußen die freie Wildbahn betratest. Niemand nahm dich als Prinzessin wahr. Du hast die neue Realität als feindselig und aggressiv erlebt. Du konntest nur unglücklich werden.«

Isabelle gab mir mit einem Handzeichen zu verstehen, dass ich aufhören solle. Doch ich war noch nicht fertig. Aber diesmal wandte ich mich an Isabelle: »Mir war immer klar, dass ich auf diesem Planeten nur geduldet bin, dass ich ein Stück Scheiße bin, mit mir konnte es deshalb nur noch aufwärtsgehen. Ja, genau so werde ich das in der *Pacific Avenue* niederschreiben.«

»Es gibt doch nicht etwa eine Fortsetzung der *Script Avenue?«,* entsetzten sich beide im Chor.

»Samuel«, rief mein Onkel Pierre, »möchtest du nach vorn kommen und uns etwas über deinen Vater erzählen?«

»Bleib bloß hier!«, sagte Béatrice mit gepresster Stimme. »Was werden die Leute denken?«

»Wieso denn?«, zickte Isabelle. »Solange er nicht im Jura auftritt, ist mir das egal. Hier kann er von mir aus sogar aus seiner *Script Avenue* vorlesen. Vielleicht die Szene mit dem Pilz im Kirchengesangsbuch. Ich habe vor lauter Lachen beinahe das Mandarinenjoghurt erbrochen.«

Maricel, die mittlerweile den lokalen Dialekt verstand, nahm ein Exemplar aus ihrer Tragtasche und reichte es mir. Es überraschte mich immer wieder, wie sie alle möglichen Situationen antizipierte. Ihre Integration erfolgte über die Sprache und verfeinerte sich durch ihr wachsendes Gespür für unsere Bräuche und Eigenarten.

Ich nahm meinen Roman und schritt nach vorn. Ich hatte Mühe, das Cellophan aufzureißen, da meine Fingerkuppen entzündet waren. GvHD. Onkel Pierre half mir. Mit der Spitze des Kreuzes, das an seinem Hals hing, ritzte er die Schutzhülle auf. Ich klappte das Buch auf und versicherte mich mit einem routinierten Blick, dass noch jemand anwesend war. Das habe ich mir bei Lesungen so angewöhnt. Ich räusperte mich kurz und legte los: »Der hagere Blonde im hellblauen Hemd ...«

Ich hielt inne und klappte das Buch zu.

»Der Mann, der behauptete, ich sei seinem Sperma entsprungen, war gemäß Geburtsurkunde mein Vater. Ich weiß, dass man über Tote nichts Schlechtes sagen soll. Aber worüber soll man reden, wenn es nichts Gutes zu berichten gibt? Die Tatsache, dass ich nicht einmal das Pensionsalter erreichen werde, während der hagere Blonde im hellblauen Hemd mehr als 99 Jahre alt geworden ist – das ist für mich der ultimative Beweis, dass es keinen Gott gibt.«

Mit einem Kontrollblick wollte ich nochmals sicherstellen, dass noch einige da waren. Sie waren alle noch da, vermutlich, weil sie kein Wort Deutsch verstanden, einige waren bereits eingenickt. Das sind Augenblicke im Leben eines Autors, die man nur ertragen kann, wenn man genügend Kraft aus den eigenen Figuren schöpfen kann. Mein iPhone machte sich bemerkbar. Beyoncé? Nein, SMS von Tim. *Halbzeitstand 1:1 ...*

Plötzlich hörten wir das laute Knarren der hölzernen Portalflügel, Licht fiel in die kleine Kapelle. Ein Mann stand im Torbogen und warf seinen Schatten weit nach vorn. Onkel Arthur! Er humpelte ein paar Schritte und setzte sich in eine der hintersten Bänke. Ich befürchtete schon, die Fremdenlegion sei wieder im Anmarsch, Arthur würde gleich den Altar stürmen und uns ein paar widerliche Anekdoten über Staatschef Ben Bella und die Vernichtung des FLN erzählen. Wahrscheinlich würde ich ihm dann die ein Meter hohe Osterkerze um die Ohren hauen, und Maricel würde ihn von hinten anspringen, wie damals Wendi Deng, als sie ihren berühmten Ehemann, den Medienmogul Rupert Murdoch, vor laufenden Kameras vor einem Tortenwerfer schützte. Nichts von alledem geschah. Onkel Arthur blieb einsam auf seiner Bank. Er konnte einem fast leidtun.

Als wir die Kirche verließen, saß er immer noch im Halbdunkel. Wie ein nasser Pudel bettelte er um ein bisschen Aufmerksamkeit. Mein iPhone klingelte. Einen Augenblick lang dachte ich, es könnte mein Vater sein, doch dann war mir klar, dass mir mein Gehirn einen Streich gespielt hatte. Es war Beyoncé.

»Dein Telefon, Sammy!«, rief Onkel Arthur.

Ich hörte noch, wie er sagte, bei ihm rufe keiner mehr an.

Crazy Lady

»Sirena! Sirena!«, schrie ich, stieß mich heftig von meinem Schreibtisch ab und rollte durchs Zimmer. Es war zwei Uhr nachts. Onkel Arthur auf der *Trinidad?* Ein absolutes No-Go. Der zerhackt mir die ganze Dramaturgie. Ich stieß mich vom Büchergestell ab und rollte zu meinem Computer zurück.

»Ist etwas passiert?«, fragte Maricel erschrocken, als sie schlaftrunken die Tür öffnete. »Was ist mit Onkel Arthur?«

»Nein, nein«, beruhigte ich sie, »mir wächst langsam alles

über den Kopf. *Ito ay isang tao* – kannst du mir das übersetzen?«

Maricel schaute auf den Monitor. »Was ist das?«, fragte sie. Sie klang beunruhigt.

»Das ist Henri Dupont, der sexbesessene Professor aus Hongkong, der für die Spielcasinos in Macau Software produziert. Ich hab dir doch von ihm erzählt. Ich denke, er verdient auch in der *Pacific Avenue* einen Auftritt. Im Gegensatz zu Onkel Arthur. Aber ich weiß noch nicht, wie ich den Professor in die Geschichte reinbringe. Wir sind auf dem offenen Meer. Wie soll das gehen?«

»Nein!«, rief Maricel schockiert und nahm mir die Maus aus der Hand. Sie klickte auf den E-Mail-Messenger am oberen rechten Rand des Bildschirms. Die Mail wurde bildschirmfüllend angezeigt. Es war die Nachricht einer gewissen Jocelyne.

»Das ist schon wieder die Mutter von diesem taubstummen Buben, ich habe dir doch in Hongkong von ihr …«

»Diese *crazy lady?«,* rief Maricel ungewöhnlich laut und ließ sich gleich auf meinen Schoß plumpsen. »Ich schreibe ihr zurück! Was fällt diesem Miststück eigentlich ein?! Sie hat dich nach Strich und Faden ausgenommen und wagt es …«

»Maricel«, versuchte ich sie zu beschwichtigen, »wir blockieren sie, melden sie als Spam und werden nie mehr etwas von ihr hören. Glaub mir, ich verstehe etwas von Viktimologie und Deeskalation.«

Maricel stampfte wütend auf den Boden. »Ich werde ihr die Haare ausreißen!«

»Maricel«, versuchte ich sie zu beruhigen, »das läuft bei uns anders. Wir schicken die Leute zum Friseur.«

Ein Schiffbrüchiger

»Sirena! Sirena!«, schrie der Grieche oben im Mastkorb und zeigte aufgeregt aufs Meer hinaus. Die Überreste von irgendetwas trieben auf uns zu. Ein Hinterhalt der Portugiesen? Nach einer Weile glaubten wir die losen Teile eines Schiffdecks zu erkennen, zusammengeknotete Balken und eine aufgerichtete Stange in der Mitte. An deren Ende flatterte ein zerschlissenes Stück Segeltuch im Wind. *Kohle an Bord* – ich dachte instinktiv an den Heftumschlag mit Tim und Struppi als Schiffbrüchigen.

»Ito ay isang tao!«, schrie Enrique gegen den Wind und gestikulierte wild mit den Armen.

Magellan und Jack traten an die Reling. Offenbar hatten sie das Floß auch bemerkt. Dann eilten auch noch Faleiro und Christopher de Haro herbei. Uns allen ging der gleiche Gedanke durch den Kopf: Die Portugiesen sind bereits da! Sie haben eines unserer Schiffe versenkt.

»Das ist Ketos, das Meeresungeheuer, ich habe es geahnt ...«, rief Faleiro verzweifelt, »hier draußen herrschen noch Geschöpfe aus der Zeit, als wir noch nicht waren, was wir sind ...« Faleiro hielt sich mit zitternden Händen an der Reling fest, »nur wenn wir Ketos das Haupt der Medusa zeigen, wird er in den Fluten versteinern und für immer auf den Meeresboden sinken ...«

»Halt den Mund!«, befahl ihm Magellan mit schneidender Stimme, »das ist ein Schiffbrüchiger.«

»Der Generalkapitän hat recht, Faleiro, nimm einen Schluck aus meinem Weinschlauch und entspann dich ein bisschen, nicht dass dir der Capitán noch die Zunge rausreißt«, sagte Jack.

Faleiro nahm einen Schluck aus dem Schlauch und verkroch sich unter Deck. Bald erkannten wir auf dem Floß die Konturen eines Mannes. Er versuchte, sich auf den zusammengeknoteten Balken aufzurichten, verlor aber immer wieder das Gleichgewicht. Das Meer war zu unruhig. Er winkte verzweifelt und schrie unverständliches Zeug. Zuerst dachte ich, das sei möglicherweise Tim, der mich darauf hinweisen wollte, dass die Geschichte allmählich zu wirr werde. Aber ich hatte ihm doch in einer langen Mail erklärt, dass ich nicht mehr der Autor der *Pacific Avenue* sei. Cellaris habe das Kommando übernommen.

Die Matrosen warfen dem Mann ein Seil zu und zogen ihn näher ans Schiff. Sie warfen Strickleitern über die Reling. Der Gerettete konnte nicht Tim sein, denn er war fett wie ein Wal, und das schüttere graue Haar klebte in seinem Gesicht. Trotzdem fand er noch die Kraft, die Strickleiter emporzuklettern. Es schien, als wolle er sich mit dem Kinn an der Reling festhalten. Die Matrosen zogen den Mann an Bord und ließen ihn auf die Planken fallen. Wir knieten uns neben dem armen Kerl nieder und warteten auf eine Erklärung. Er zappelte wie ein Fisch, schnappte nach Luft, und als er plötzlich meinen Arm ergriff, kotzte er mir einen Schwall salziges Meerwasser ins Gesicht. Sein Brustkorb wölbte und senkte sich; der menschliche Wal stieß mit jedem Atemzug eine Fontäne aus. Er musste um die fünfzig sein. Wäre er nicht völlig durchnässt gewesen, hätte man behaupten können, dass er einen hellbeigen Tropenanzug trug und eine wertvolle Uhr von Patek Philippe am geschwollenen Handgelenk.

»Henri?«, fragte ich ungläubig. »Professor Henri Dupont?«

»Na kung saan ay isang espiritu!«, schrie der Sklave und wollte davonrennen, glitt auf den nassen, eisigen Planken aus und blieb benommen zwischen ein paar Kisten liegen. Er hielt Henri offenbar für einen Mambabarang, einen Geist, der Menschen mit einem Fluch belegen kann.

»Ich bin kein Geist«, keuchte Henri und gab ein kraftloses Handzeichen. »Mumantei.«

»Wir sprechen Spanisch an Bord, Henri, nicht Chinesisch. Was ist bloß mit dir passiert?«

»Sind Chinesen an Bord?«, fragte er mit weit aufgerissenen Augen. »Oder sind wir gar in russischen Gewässern?«

»Nein, Henri, dieses Schiff fährt unter spanischer Flagge.« Ich fasste ihn freundlich an der Schulter und gab ihm ein Zeichen, aufzustehen.

Er wollte aber noch eine Weile liegen bleiben und drehte sich keuchend zur Seite. »Wo liegt der nächste Hafen? Sevilla?«

Nun kniete sich auch Magellan neben Henri nieder. »Von dort kommen wir her. Wir haben Sevilla im letzten August verlassen.«

»Am 10. August 1519«, präzisierte ich, weil ich den Verdacht hatte, dass Henri die Situation nicht ganz durchschaute.

»Wo wollt ihr hin? Sagt bloß nicht, zu den Gewürzinseln!«

»Doch, Henri, genau dorthin wollen wir, aber nicht der afrikanischen Küste entlang, sondern westwärts …«

»Ihr wollt doch nicht etwa beweisen, dass die Erde eine Kugel ist?« Henri drehte sich stöhnend auf den Bauch und richtete sich mit meiner Hilfe halbwegs auf.

»Das ist keine wissenschaftliche Expedition, mein Herr«, schaltete sich der Banker der Fugger ein, »das ist ein Investment von achteinhalb Millionen Maravedís.«

»Ach so, Scheißkapitalisten, dann bin ich ja beruhigt, ich dachte schon, ihr macht so eine christliche Studienreise. Gibts hier Frauen an Bord?«

»Henri, bitte, dein kleiner Mann würde so weit südlich des

Äquators erfrieren, Frauen hatten wir im warmen Norden, an der Küste Brasiliens ...«

»Ich hatte mal eine brasilianische Freundin, Sammy, habe ich dir das schon erzählt?«

»Henri! Bitte! In der *Script Avenue* habe ich dich alle Frauentypen der verschiedenen asiatischen Kulturen charakterisieren lassen. Das hat man mir als Sexismus ausgelegt!«

»Aber es geht doch um Sex, und ich wette, du hast dank mir wesentlich mehr Bücher verkauft. Weißt du, Frauen lesen solche Sexszenen besonders gern, gerade Frauen! Und ich habe dir schon mehrmals gesagt: Nur über den Sex lernst du eine Kultur kennen, und ich kenne alle Kulturen auf diesem Planeten. Also lass mich berichten: Meine brasilianische Freundin ...«

»Henri«, insistierte ich, ich will jetzt keine Typologie südamerikanischer Frauen ...«

»Aber das wäre doch eine kluge Ergänzung. In der *Script Avenue* hatten wir Asien, jetzt Südamerika ...«

Ich verwarf die Hände und schüttelte den Kopf. »Versteh mich doch bitte, es geht um meinen guten Ruf!«

»Ist der Ruf erst ruiniert, lebt es sich ganz ungeniert ...«

»Henri! Ich werde permanent auf die Sexszenen in der *Script Avenue* angesprochen. Nicht direkt, aber es ist die Art und Weise, wie die Leute jeweils schmunzeln. Als ich nach der Magenspiegelung aus meiner Dormicum-Kurznarkose aufwachte, fragte die Ärztin als Erstes, ob ich in Japan Sushi gegessen habe. Da sei so ein Keim ...«

»Verstehe, auch sie hatte das Buch gelesen«, sagte Henri mit ernstem Gesicht.

»Der Augenarzt, der mir den GvHD-Grad maß, fragte mich tatsächlich, ob ich die Indonesierin geheiratet habe. »Wie hieß sie schon wieder«, sagte er, »Sariani oder Lourgien?«

»Erinnere mich nicht an diese Schlampe«, stöhnte Henri, »ich habe dich weiß Gott oft genug vor ihr gewarnt, und trotzdem bist du auf sie hereingefallen.«

»Ja, und als ich die jährliche Kontrolle beim Dermatologen machte, schaute er sich einen Leberfleck auf meiner Vorhaut an und sagte mit gerunzelter Stirn: »Sie waren in Südkorea?« Er sagte es auf eine sehr merkwürdige Art und Weise, als wolle er sagen: *Und mit so einem schäbigen Ding wollen Sie das Nachtleben in Seoul durcheinandergewirbelt haben?*

»Tja«, murmelte Henri, »lass uns jetzt trotzdem etwas essen und einen Opus One entkorken, aber das mit der Brasilianerin muss ich dir trotzdem noch erzählen, die sind so spitz, das liegt an den Temperaturen. Ich hatte auch mal eine aus Venezuela, Caracas, ich habe ein paar Bilder von ihr auf meinem iPhone ...«

Jetzt war Henri wieder ganz der Alte, der verrückte Professor Henri Dupont, wie ich ihn vor fünf Jahren in Hongkong kennen gelernt und in der *Script Avenue* verewigt hatte. Damals war ich noch topfit *and only the sky was the limit.*

Gar nichts erlebt; auch schön

Jemand klingelte. Zur Zeit Magellans hatte man noch Türklopfer. Die Klingel war ein klares Indiz, dass ich zurück im 21. Jahrhundert war. Noch ganz benommen von diesen gottverdammten Pillen, torkelte ich zur Wohnungstür und öffnete sie. Etwas unüberlegt, gebe ich zu. Und die Pillen sind natürlich auch nicht gottverdammt, immerhin halten sie mich am Leben. Aber Sie wollen jetzt wissen, wer in der Tür stand – ein Mann mit einer Axt? Der Fremdenlegionär mit der Holzprothese von

Capitaine Danjou? Lourgien? Ha, das wäre ein Twist gewesen, aber es war ein Mann in blauem Overall, der mir eine große Kiste vor die Füße stellte und sagte: »Ich soll das hier abgeben.«

»Was ist da drin?«, fragte ich.

Er zuckte mit den Schultern und kehrte zum Fahrstuhl zurück. Ich zog die schwere Kiste in den Flur und schloss die Tür hinter mir. Ich öffnete den Metallverschluss und hob den Deckel hoch. In der Kiste waren 81 schwarze Büchlein gestapelt (ja, ich habe sie nachträglich gezählt), es waren die Tagebücher meines Vaters. Sollte ich sie lesen? Ich dachte, vielleicht wäre das eine Möglichkeit, mehr über diesen seltsamen hageren Blonden im hellblauen Hemd zu erfahren. Ich griff wahllos in die Kiste und nahm das erste Büchlein heraus, schlug es auf und las: *14. April 1958. Rösti mit Blutwurst. 20.00 Pfarrei.*

Nun gut, es wäre unfair gewesen, schon jetzt ein Urteil zu fällen. Ich mag es ja auch nicht, wenn ein Verlagslektor mein Manuskript aufgrund einer einzigen Zeile auf Seite 432 beurteilt. Also wollte ich meinem Vater noch eine Chance geben, damit er mir möglicherweise aufzeigen konnte, dass auch sein Leben in einem gewissen historischen Kontext gestanden hatte. Nächster Griff in die Kiste: *Tagebuch 1963*. Hm, haben Sie da irgendeine Erinnerung? *Die Vögel* von Hitchcock und die erste Lebertransplantation. Dass der Patient nicht überlebte, gehört ins nächste Jahr. Ich schlug eine der letzten Seiten des Jahres 1963 auf: *Weihnachten in Vilaincourt. Durchfall. Jurassische Küche. Alte Hexe.*

Ich vermute, er sprach über die Kochkünste meiner über alles geliebten Großmutter Germaine. Ich muss sie hier in Schutz nehmen, denn die Magen-Darm-Probleme hatte mein Vater, weil er ständig ins *Goldene Fass* flüchtete und dort eiskaltes Bier trank und die Serviertöchter anhimmelte. Ich kann das bezeugen, denn ich musste ihn jeweils begleiten. *Ein Bier, ein Sirup.* Erinnern Sie sich?

Ich muss an dieser Stelle erwähnen, dass nicht jeder Tag im Leben eines Menschen der absolute Hammer ist. Mozart schrieb zum Beispiel am 17. Juli 1770 in sein Tagebuch: *»Gar nichts erlebt. Auch schön.«*

Aber immerhin tiefgründiger als: *Bohnensuppe.*

Sind wir jetzt fertig?, hat Tim am Rand notiert. Noch nicht ganz. Ich wollte damit nur zum Ausdruck bringen, dass jedes Leben repetitiv wird, weil das erste Mal nur einmal das erste Mal ist, also einmalig, und was nachher folgt, ist vielleicht eine Variante, aber immer auch eine Wiederholung. Oder können Sie sich an Ihren 475. Orgasmus erinnern? Aber der erste Kuss ist Ihnen bestimmt noch allgegenwärtig.

Es gibt Leute, die in ihren Tagebüchern sehr intime Gedanken niederschreiben. Kafka notierte zum Beispiel: *»Ein erstes Zeichen beginnender Erkenntnis ist der Wunsch, zu sterben.«* Flaubert schrieb in sein Reisetagebuch Dinge wie: *»Donnerstag, den 17. Januar, Nil, Sonne, Bäder, Lustknaben. Spital Kasr-el'-Aini. Hübsche Fälle von Syphilis. Negerinnen poussieren.«* Das gibt doch was her, oder?

Aber ich will dennoch versuchen, meinem Vater einigermaßen gerecht zu werden, denn Mozart hat uns allen bewiesen, dass nicht an jedem Tag etwas Außerordentliches passieren kann. Um in Erfahrung zu bringen, ob jemand siebzig Jahre lang nur Trash in seine Tagebücher notiert hat, muss man ein Datum wählen, das historisch bedeutsam ist.

Also versuchte ich es mit dem 22. November 1963. Ich weiß nicht, ob Sie sich erinnern, was damals geschah. Wirklich nicht? Ich erinnere mich, dass ich damals die *Basler Nachrichten* und die *National Zeitung* im Kleinhüninger Quartier verteilte. Beide Blätter haben das historische Ereignis mit einer seitenfüllenden Fotografie auf die Frontseite gesetzt. Ich hatte Gänsehaut! Es gibt Ereignisse, wie später 9/11, bei welchen jeder noch ganz genau weiß, was er in dieser Stunde getan hat. Also musste doch auch mein Vater diesen historischen Augenblick in seinem Tagebuch erwähnt haben. Ich schlug es auf und las: *Kennedy erschossen. Nüdeli mit Hackbraten. 20.00 Pfarrei.*

Sie erinnern sich: *20.00 Pfarrei* bedeutete ein Bierchen in der *Engelsbar.*

Das reicht, hat Tim an den Rand geschrieben, *die Leser wollen jetzt wissen, ob du endlich auf die Philippinen gehst und dort an einem Infekt zugrunde gehst.*

Lucky Punch

Achmed sandte bereits die dritte SMS. Er stehe jetzt mit dem Taxi unten vor der Haustür. Maricel wollte noch ganz kurz im Badezimmer etwas erledigen. Ich hatte ihr mehrmals gesagt, dass wir pünktlich um 21 Uhr das Haus verlassen müssen. Und ich hatte noch betont: »21 Uhr *exact western time.*« Aber man sollte vor der eigenen Haustür kehren: Frauen sagen, ich bin in zehn Minuten so weit, Männer sagen, ich bin in zehn Minuten zu Hause.

Nach einer halben Stunde kam die vierte SMS von Achmed. *Hier Problem.* Ich dachte, ein Hausbewohner versuche, ihn zu verscheuchen. Es gibt ja Leute, die den Ruhestand als halbamtliche Sheriffs auf ihren Balkonen verbringen und, versteckt hinter Asbestblumentrögen, ihre Mitmenschen überwachen wie der einsame Jäger im Hochstand das scheue Wild in der Abenddämmerung.

»Hast du deine Taxikundenkarte wiedergefunden?«, rief Maricel aus dem Badezimmer.

Aus mir unbekannten Gründen öffnete ich in der Küche die Schublade mit all den Medikamenten, wühlte darin herum und fand tatsächlich unter einem Dutzend Verpackungen: meine Taximonatskarte. Nächste SMS von Achmed. Als wir endlich mit dem Fahrstuhl ins Parterre fuhren, begriff ich seine brenzlige Situation. Er hatte sich offenbar mit einem bulligen Passanten auf einen Streit eingelassen …

»Komm mir nicht blöd, du Kamelficker, solche Typen wie dich haben wir in Algier fünf Meter hoch gestapelt und als Sandsäcke benutzt!«

Tut mir leid, wenn Sie jetzt den Eindruck haben, ich hätte diese Dialogzeile bei der *Script Avenue* abgeschrieben, aber so war nun mal mein Onkel Arthur. Das war sein Standardsatz, obwohl ich mich gerade gefragt habe, ob es denn in Algerien nicht schon genug Sand gab.

Ich blieb im verglasten Vorraum stehen und klopfte gegen die Scheibe, die vom Boden bis zur Decke reichte. »Bitte, Onkel Arthur, nicht schon wieder!«

Onkel Arthur drehte sich um, Zornesröte illuminierte sein Gesicht. Wahrscheinlich hatte er mittlerweile die *Script Avenue* gelesen. Doch zu meiner Verwunderung schwenkte er nicht meinen Roman in der Luft, sondern die neue Ausgabe des französischen Magazins *Le Point.* Er klatschte eine Doppelseite gegen die Scheibe, damit ich den Beitrag sehen konnte.

»Paul Aussaresses ist gestorben. Mit 95 Jahren!«, brüllte er im üblichen Kasernenhofstil.

»Schrei nicht so rum, wir sind hier nicht in der algerischen Wüste!«

Ich schaute mir den Zeitungsbericht, den er immer noch gegen das Glas presste, genauer an. Ich dachte, vielleicht sei das eine Rezension meines Buches, die *Google Alert* übersehen hatte, aber es war tatsächlich ein Nachruf auf diesen Paul Aussaresses.

»Was habe ich damit zu tun?«, rief ich durch die Scheibe und zog fragend die Augenbrauen hoch.

»Dieser General hat vor zehn Jahren seine Memoiren geschrieben: *Spezialdienste – Algerien 1955/57*. Er ging als Foltergeneral in die algerisch-französische Geschichte ein!«

»Ich fragte, was das mit mir zu tun hat«, wiederholte ich.

Achmed berührte die Schulter meines Onkels. »Meine Kunden müssen zum Flughafen«, versuchte er die Sachzwänge eines pflichtbewussten und halbwegs assimilierten türkischen Taxifahrers zu erklären, »der Swiss-Flug startet um 23 Uhr …«

Onkel Arthur drehte sich um. Wir wussten alle, dass gleich etwas Schreckliches passieren würde. Er verpasste Achmed einen *lucky punch*. Achmed taumelte, fasste sich mit ungläubigem Staunen ans Kinn und verlor, als er das viele Blut sah, sogleich das Bewusstsein. Er fiel gegen den offenen Kofferraum und rutschte langsam zu Boden. Onkel Arthur setzte sich auf Achmeds Brustkasten.

Now or never. Maricel und ich hatten einmal mehr zur gleichen Zeit den gleichen Gedanken. Wir stießen die Haustür auf und stürmten wie Paul Newman und Robert Redford in *Butch Cassidy & The Sundance Kid* hinaus, warfen unser Reisegepäck in den offenen Kofferraum und trafen dabei, beabsichtigt oder unbeabsichtigt, Onkel Arthurs Hinterkopf. Wir setzten uns blitzschnell auf die hinteren Sitze und verriegelten die Türen.

Onkel Arthur rappelte sich am Heck des Taxis hoch. Er keuchte: »Aussaresses beschrieb die Folterpraktiken im Algerienkrieg. Er wurde verurteilt wegen Verherrlichung der Folter, aber sein Buch wurde ein Bestseller! Da hat es bei mir klick gemacht!«

Inzwischen war Achmed wieder zu sich gekommen. Er stand etwas benommen hinter Onkel Arthur, nahm ihn in den Würgegriff und wollte ihn zu Boden drücken, doch Onkel Arthur fuhr den Ellbogen aus, einmal, zweimal. Achmed krümmte sich vor Schmerz. In diesem Augenblick drehte sich Onkel Arthur um und verpasste ihm einen Hammer. Achmeds Gesicht klatschte gegen das Wagenfenster, die blutige Nase erinnerte mich an eine zerplatzte Tomate.

»Du gehörst lebenslänglich verwahrt«, schrie ich durch das geschlossene Autofenster.

Onkel Arthur beugte sich zu Achmed hinunter und kam mit dem sichtlich benommenen Fahrer wieder hoch. Er hielt ihn am Kragen fest und schrie: »Allahu Akbar, wach auf, Kamelficker!«

»Onkel Arthur«, schrie ich, »wir sind hier in der zivilisierten Welt! Du darfst Mitmenschen aus bildungsfernen Schichten nicht einfach Kamelficker nennen.«

»Halt die Klappe und hör mir zu! Wenn dieser Foltergeneral seine Memoiren veröffentlichen kann, darf ich das auch. Der Kerl wurde zwar von Chirac aus der Ehrenlegion ausgeschlossen, aber das Buch machte ihn zum Millionär! Hörst du? Zum Millionär! Ich diktiere dir meine Memoiren, Sammy, lass uns Millionäre werden!«

»Onkel Arthur, das war doch dieser bekloppte Typ, der sich öffentlich brüstete, eigenhändig 24 algerische Gefangene getötet zu haben.«

»Ja«, schrie mein Onkel begeistert, »er hat überall gefoltert und gemordet – in Vietnam, Laos, Kambodscha! Und er hat trotzdem seine Memoiren verkauft, weil er wegen der Amnestie von 1968 nicht mehr belangt werden konnte. *Ich war ein Schweinehund.* Können wir uns auf diesen Titel einigen?«

»Das entscheidet der Verlag, Onkel Arthur, aber kein Ghostwriter will aus einem Schweinehund einen Dalmatiner machen!«

Achmed schlich sich zu uns ins Taxi, verriegelte die Tür und begann Onkel Arthur lautstark zu beschimpfen: »I kill you!«, brüllte er ununterbrochen. Als sich seine Stimme überschlug, klang er wie Achmed the Dead Terrorist aus der *Jeff Dunham Show.*

»Allah ist nicht immer gerecht, Achmed«, sagte ich, »gib Gas, Airport Zürich.«

»Nein«, widersprach Achmed überraschend und schlug seine Stirn ein ums andere Mal auf das Lenkrad, »so geht das nicht, Sammy. Du kannst mir die Revanche nicht verweigern! Bei uns gilt die Blutrache!«

»Gleich explodiert dein Airbag, Achmed!« Ich versuchte, ihn daran zu hindern, sich auch noch die Stirn aufzuschlagen, »und im Übrigen gilt bei uns die Schweizerische Bundesverfassung.«

»Ich bringe ihn um!«, schrie Achmed.

»Aber zuerst fährst du uns zum Flughafen«, bat Maricel

»Ich bin ein Mann! Und erst noch Türke! Willst du Schande über mein Dorf bringen? Willst du, dass alle unsere Verwandten aus den iranischen, syrischen und irakischen Grenzgebieten in unser Dorf stampfen und die Hütten meiner Sippe abfackeln?«

»Achmed, gib endlich Gas«, bat Maricel.

Doch Achmed stieg wieder aus und schrie: »Allahu Akbar!« Dann verschwand er aus unserem Gesichtsfeld. Maricel und ich tauschten besorgte Blicke. Ein dumpfer Knall ließ uns hochschrecken. Wir dachten spontan an einen Meteoriteneinschlag, aber es war Onkel Arthurs Hinterkopf, der mit dem Kofferraumdeckel Bekanntschaft machte. Wir sahen es im Rückspiegel. Achmed riss Onkel Arthur am Kragen hoch, rammte ihm das Knie in den Unterleib, riss ihm den einen Arm nach hinten und drückte den *pied-noir* erneut gegen das Blech.

»Der macht seinen Wagen kaputt«, sorgte sich Maricel.

»Bezahlt die Versicherung, ich glaube, Parkschäden sind inbegriffen.«

»Du hältst das für einen Parkschaden?«

Boarding

»Ihr Gepäck ist 39 Kilo zu schwer«, sagte die Dame am Check-in-Schalter der Swiss und zeigte auf die elektronische Anzeige.

»Dafür ist meine Frau mit ihren 43 Kilo eher untergewichtig, das gleicht sich aus«, versuchte ich es mit einem Scherz.

Keine Reaktion, eingefrorene Lippen, drohender Blick. Ich habe großen Respekt vor Stand-up-Comedians. Keiner lacht, und sie ackern ihr Programm trotzdem bis zum Ende durch.

»Sie müssen 39 Kilo loswerden«, sagte die Dame und begann zu hyperventilieren.

»Das ist ausgeschlossen«, entsetzte sich Maricel, »das muss alles mit!«

»Dann müssen sie einen Gewichtszuschlag bezahlen.«

Maricel nickte, ich nickte auch.

»Das macht 450 Franken«, sagte die Dame. Ich war etwas erstaunt, dass sie nicht gleich losprustete.

»Wir schenken der Dame die Schokolade, was meinst du, Maricel? Besonders die dunkle würde ihr helfen, ihre Laune aufzuhellen.«

»Nein!«, flehte Maricel, »das ist völlig ausgeschlossen, ich habe alles fotografiert und auf Facebook gepostet. Die erwarten alle, dass wir das mitbringen! Genau das! Es geht nicht um die Schokolade, es geht um die Reputation meiner ganzen Familie. Die haben schon allen im Dorf erzählt, dass wir Ragusa, Toblerone und Duschgels mitbringen, Papa und seine Freunde warten auf den Jack Daniels, meine Nichten auf die Nachthemden aus Saint-Louis …«

»Du hast absolut recht, Maricel«, sagte ich mit ernstem Gesicht, »wir müssen entschlossen handeln.« Ich nickte der Dame zu und zupfte ein paar Scheine aus meiner Brusttasche. Dann wollte Maricel noch, dass ich sie vor dem Check-in-Schalter fotografierte, dann noch ein Foto auf der Rolltreppe mit der Gate-Nummer über ihrem Kopf. Wenn Filipinas reisen, wollen sie jeden Schritt auf Facebook dokumentieren.

Vor dem Boarding riefen wir noch einmal unsere Mails ab. Viel Spam, einige Rezensionen. Ein schwarzes Wesen in einer Burka setzte sich neben mich, vom Gesicht war kaum etwas zu sehen. Ich schloss die Augen und versuchte, mich zu entspannen, um die Spasmen, die in Sekundenabständen meine Rückenmuskulatur stimulierten, mit stoischer Gelassenheit zu erdulden.

»Wieso willst du diese Reise antreten, Sammy?«, hörte ich eine Stimme.

Schläfrig öffnete ich die Augen und schaute zu Maricel hinüber. Sie war mit ihrem iPhone beschäftigt und postete gedankenversunken Fotos auf Facebook. Ich schaute auf die andere Seite, die schwarz verhüllte Frau schwieg.

»Du weißt doch genau, dass aus dieser Reise nichts wird«, sagte die Stimme. »Du machst einen bemitleidenswerten Eindruck, du wartest auf einen Flug, den du nicht antreten kannst.

Dir bleibt nichts anderes übrig, als in Gedanken zu reisen, vielleicht hilft dir Cellaris dabei. Irgendwie bist du eine tragische Figur geworden. Ich stelle mir vor, wie du allein in deinem kleinen Büro sitzt und die Meeresküste auf der Insel Negros beschreibst, die du nie sehen wirst.«

Ich schaute erneut zu Maricel und dann wieder zu der vermummten Frau. Sie schienen beide mit sich selbst beschäftigt. Ich fuhr mir über den kahlen Schädel, ich schwitzte und fühlte mich hundeelend.

»Hast du die Termine der nächsten Wochen abgesagt?«, fragte mich Maricel.

Ich griff zu meinem iPhone und erledigte alles per SMS: Podologie, Ergotherapie, Physiotherapie, Lymphdrainage, pulmonale Rehabilitation, Lungenfunktionslabor, Monatskontrolle ZEA.

Kurz vor Mitternacht bestiegen wir die Maschine. Maricel legte den Kortisonspray, eine Schachtel Sirdalud und die Pillendose in das Zeitungsnetz an der Rücklehne des Vordersitzes. Sie hatte auf beiden iPhones den Timer gestellt, so würde ich keine Pille zu spät nehmen. Ich riss Hemd und T-Shirt hoch, drückte ein Stück Bauchfett zusammen und spritzte das blutverdünnende Heparin. Falls Sie die *Script Avenue* gelesen haben, erwarten Sie jetzt vielleicht die Schilderung einer kleinen Panikattacke, irgendwelche abstrusen Crashfantasien, aber nichts davon werden Sie lesen, denn nichts davon wäre wahr. Es wäre mir mittlerweile egal gewesen, wenn ich auf diesem Flug abgestürzt wäre, weil es zu einer der besseren Todesarten gehört hätte, die ich in Aussicht hatte. Ich war nicht lebensmüde, aber irgendwie war das Maß allmählich voll.

Eine kleine Sorge hatte ich dennoch: Konstruktionsbedingt

dringen auf jedem Flug erhitzte Rückstände aus den synthetischen Triebwerksölen in die Atemluft des Passagierraums ein. Diese Organophosphate schädigen das Nervensystem. Deshalb verwendet man diese Chemikalien auch für die Herstellung des Nervengifts Sarin. Falls Sie Chemiker sind, wissen Sie, was ich meine: Methylfluorphosphonsäureisopropylester. Sehr verwandt mit einigen Pflanzenschutzmitteln, aber vor allem als Biowaffe in Gebrauch. Saddam Hussein setzte sie im ersten Golfkrieg gegen den Iran ein und später auch gegen die Kurden in Halabdscha.

Ich erinnere mich noch ziemlich genau daran, weil Tim (damals sechs Jahre alt) mich fragte, wieso wir eigentlich alle gegen Saddam Hussein seien. Die grün-alternativ-marxistisch-leninistische Runde an unserem Küchentisch hatte gerade basisdemokratisch beschlossen, in einer Protestnote an den Gemeinderat der Besorgnis über den Borkenkäfer Ausdruck zu verleihen, als alle urplötzlich verstummten und Tim böse anstarrten. »Wieso wir gegen Saddam Hussein sind?«, entrüstete man sich im Chor. »Er benützt doch Biowaffen!«, sagte Tim treuherzig.

Ich musste ihm dann auf Druck des Kollektivs erklären, dass Hussein keine Biotomaten abwarf, sondern das Nervengift Sarin, das Krämpfe, Erbrechen und Durchfall auslöst. Die Symptome von Bewusstlosigkeit bis zu zentraler Atemlähmung verschwieg ich ihm, weshalb er mich ein paar Tage später fragte, ob seine Pizza mit Sarin verseucht gewesen sei, weil er sie soeben aus allen Körperöffnungen wieder ausgeschieden hatte. *Konzentriere dich auf den Plot,* hat Tim an den Rand geschrieben. Schade, jetzt wärs erst richtig lustig geworden.

Okay, während Maricel das Entertainmentsystem des Fliegers erkundete, vertiefte ich mich ins Logbuch Pigafettas. Gut, dass wir noch nicht wussten, dass ein paar Stunden zuvor russische Separatisten über der Ostukraine eine Boeing der Malaysia Airline mit 298 Menschen an Bord abgeschossen hatten – darunter achtzig Kinder. Die Terroristen posierten später mit Puppen, die aus 10 000 Metern Höhe zu Boden gefallen waren. *Die Zivilisation ist eine ganz dünne Schicht.*

Als wir über Kasachstan flogen, reichte mir Maricel die verhasste Cellaris-Pille. Ich spülte sie mit einem Schluck aus meiner Magnesium-Kortison-Flasche hinunter und spürte, wie die Dunkelheit allmählich die Schiffe des Magellan in sich aufsog, bis man nur noch die Signalfeuer sah.

Es war eine rabenschwarze Nacht. Ich stand an der Reling und blickte in die Finsternis hinaus.

»Liebst du sie denn?«, fragte eine Stimme.

Ich roch das nasse Hundefell und wusste gleich, dass sie in der Nähe war. »Andrea? Nicht schon wieder! Du gehörst nicht hierher.«

»Das entscheide immer noch ich, wo ich hingehöre. Das letzte Mal hast du mir vorgeworfen, ich sei zu spät, jetzt bin ich zu früh …«

»Das war kein Vorwurf, ich habe nur darauf hingewiesen, dass das Timing im Leben entscheidend ist. Wie beim Sex.«

»Ihr Männer denkt auch immer nur an Sex.«

»Woran sollen wir sonst denken?«

»Müll runtertragen, Rasen mähen, Dichtungen von Wasserhähnen reparieren …«

»Andrea, du hast jetzt kein Haus mehr. Du hast nur noch deinen dreiköpfigen Höllenhund.«

»Ja«, sagte sie traurig, »der versaut schon mal den Teppich. Aber ein Mann versaut dir das ganze Leben. Ich habe dich gefragt, ob du sie liebst.«

»Ja, ich liebe sie. Als wir uns zum ersten Mal in Hongkong begegneten, hatten wir beide den Eindruck, wir hätten aufeinander gewartet. Wir haben später nie über unsere Beziehung gesprochen, aber es war beiden von Anfang an klar, dass wir zusammenbleiben.«

Sie schwieg eine Weile und sagte dann: »Es gibt wohl nichts Lächerliches als einen alten, kranken Mann mit einer jungen Frau. Schleppst du sie jeweils in deine historischen Museen? Fällt dir an der Kasse nicht auf, dass sie den Kindertarif bezahlt?«

»Filipinas sehen immer zehn bis fünfzehn Jahre jünger aus, Maricel ist 36.«

»Ich frag mich wirklich, was sie an dir so toll findet.«

»Vielleicht die Lebenserfahrung, die Gelassenheit dem Leben gegenüber, vielleicht das Gleiche wie du damals. Wir waren doch ein Dream-Team.«

»Ich dachte, du würdest dich weiterentwickeln, aber du bist immer noch ein Kind, das mit glänzenden Augen vor Glasvitrinen steht und kleine Plastikfiguren anstarrt. Wer in einer Buchhandlung nach einem Buch mit dem Titel *Der Mann, das starke Geschlecht* fragt, wird in die Science-Fiction-Abteilung verwiesen. Weißt du, Sammy, es kommt nicht von ungefähr, dass der liebe Gott den Mann vor der Frau erschaffen hat. Jeder Künstler macht zuerst einen Rohentwurf, bevor ihm sein Meisterwerk gelingt.«

»Es freut mich, dass du ein bisschen Humor entwickelst, auch wenn es eher Sarkasmus ist, aber das ist genau das, was Maricel an mir schätzt: Humor, mein friedfertiger und umgänglicher Charakter und dass ich mich nicht zu ernst nehme. Ich bringe sie zum Lachen, Andrea, vielleicht ist es das. Dich habe ich selten lachen sehen.«

»Weil deine Witze nicht gut genug waren.«

»Nein, Andrea, du hast generell selten gelacht. Wenn Gäste lachten, hast du ihnen umgehend einen Vortrag über das Wesen des Lachens gehalten: dass jedem Lachen niedrige Motive zugrunde liegen. Dann ist allen das Lachen vergangen.«

»Weißt du, Sammy, ich frage mich wirklich, worüber ihr redet.«

»Vielleicht fehlt es dir an Fantasie. Wir haben es gut miteinander. Ich schätze immer mehr, wie friedlich mein Alltag geworden ist. Mehrmals am Tag denke ich: Ja, hier wäre Andrea wieder ausgeflippt, hier hätte sie einen Wutanfall erlitten, hier hätte sie zu einer Strafpredigt ausgeholt. Bei uns flippt niemand mehr aus. Manchmal verbringen wir den ganzen Abend vor der Karaoke-Anlage und singen im Duett.«

»Du singst?«

»Ja, *What Ever You Want* von Status Quo ist zurzeit unser Favorit. Wir haben es einfach gut zusammen.«

»Bist du naiv! Du bist doch bloß ihr Mister American Express.«

»Cornercard, Andrea. Aber ich verstehe dich, zum spießbürgerlichen Ideal wahrer Romantik gehört der geringe Altersunterschied. Aber ich liebe ihre Art, ihre jugendliche Unbekümmertheit, ihre Lebensfreude, ihren morgendlichen Gesang. Sie ist meine philippinische Nachtigall. Die philippinische Sprache ist sehr poetisch, sie ist eine malayo-polynesische Sprache und ähnelt den Sprachen auf Samoa, Fidschi, Maori, Tahiti. Das ist Poesie. Es ist eine fröhliche und heitere Poesie.«

Andrea schwieg. Nach einer Weile fragte sie leise: »Aber mich hast du doch auch geliebt?«

»Ja«, sagte ich, »ich habe dich sogar sehr geliebt, sonst hätte ich dich nicht 24 Stunden am Tag zu Hause gepflegt.«

»Ich hätte das auch für dich getan.«

»Ich weiß, wir waren ein starkes Team. Ich habe dich so geliebt.«

»Ich dich auch, Sammy. Gib nicht auf, das Leben ist einmalig.«

Eine heftige Windbö blies über das Deck. Ein grauer Schleier legte sich über das Schiff, es wurde finster.

»Andrea?«, fragte ich. Erst jetzt fiel mir auf, dass es nicht mehr nach nassem Hundehaar roch.

Hongkong

Nach elf Stunden Flug landeten wir um halb sechs Uhr abends, Hongkonger Zeit, auf dem Flughafen Chek Lap Kok, dem größten Frachtflughafen der Welt, und betraten die Gehbänder, die uns zum nächsten Gate bringen sollten. Ich bereute längst, die Reise angetreten zu haben, denn ich hatte seit Stunden großflächige Krämpfe im Rücken, giftige Nervenschmerzen in den Extremitäten und unkontrollierbare Spasmen im Gesicht. Ich musste mir eingestehen, dass ich nicht mehr in der Lage war, wie ein gesunder Mensch zu reisen.

»Bald haben wir es geschafft, Hunnybunny, halte dich einfach am Gepäckwagen fest.«

Ich stellte mich rechts vor Maricel auf das Rollband, damit die Internationale der Gehetzten und Gejagten mich überholen konnte, und sehnte mich nach einem Bett, nach Schlaf und auch danach, bald wieder im nächsten Flugzeug zu sitzen, zu träumen und Magellans Kajüte aufzusuchen. Irgendwann mussten wir die Südspitze erreichen, die Passage zwischen Patagonien und Feuerland, den *Paso.*

Ein ruppiger Kerl rammte mir seinen Koffer in die Kniekehle, ich fuhr die Arme aus, um das Gleichgewicht zu halten, und schlug ihm dabei die Nickelbrille von der Nase. Er bückte sich danach und wollte mich anschnauzen, doch da verrutschte ihm das Gesicht. Er starrte mich mit offenem Mund an: »Sammy?«

Der Mann war in den Fünfzigern und trug einen leichten, hellen Tropenanzug, das ergraute Haar halblang, Schnauzer wie ein Chinese und einen Louis-Vuitton-Herrenkoffer auf Rädern, dessen Griff er fest umklammert hielt. »Sammy?«, fragte er noch einmal ungläubig und schob eilig die Frage nach, ob er mich verletzt habe.

»Du hast es versucht, Henri.«

Er überholte mich und blieb vor mir stehen, damit die anderen Passagiere an uns vorbeikamen. Maricel warf mir einen fragenden Blick zu und hob mehrmals die Augenbrauen.

»Hast du die Frau hinter dir gesehen?«, flüsterte Henri. »Ganz schön heiß, ich würde gern ihre Füße sehen, du weißt doch, dass ich auf kleine Füße stehe.«

»Das ist meine Frau, Maricel.«

»Oh! Sorry. Wusste ich nicht. Aber ich würde trotzdem gern ihre nackten Füße küssen. Sie hat bestimmt ganz kleine Füße. Was meinst du, lässt sich das einrichten?«

»Nein, Henri.« Ich glaube, er hatte meine Antwort gar nicht wahrgenommen. Nervös schaute er wieder nach hinten, aber nicht nur zu Maricel, sondern auch zu den Passagieren hinter ihr. Er wirkte gestresst, nein, eher gehetzt, wie ein Mann auf der Flucht.

»Ich träume in letzter Zeit öfter von dir. Wir sind an Bord der *Trinidad.*«

»Gibt es dort Frauen?«

»Nein, Henri, aber es ist schon merkwürdig, wie du damals in Hongkong so plötzlich spurlos verschwunden bist …«

Der Professor schaute wieder unruhig um sich. »Sorry, Sammy, bin unter Druck, muss den Flieger noch erwischen. Hab ein großes Ding am Laufen. Wir bleiben in Kontakt.«

»Deine E-Mail funktioniert nicht mehr!«, rief ich ihm nach.

Und weg war er.

Maricel schloss zu mir auf und begann zuerst leise und dann herzhaft zu lachen. »Was war denn das für ein Auftritt? Wird er von chinesischen Triaden gejagt?«

»Das war der Professor aus Hongkong.«

»Der Mann mit den tausend Freundinnen?«

Merda d'artista

Die Cathay Pacific wickelt ihre Flüge über das Terminal T1 ab. An unserem Gate gab es noch freie Sitzplätze, aber zuerst brauchte ich dringend einen ganz besonderen Stehplatz. Ich suchte die Toiletten auf. Wenn man so viele Pillen schluckt, muss man viel Wasser trinken, und wenn man viel Wasser trinkt ... Die Toiletten waren erstaunlich sauber. Während ich Wasser ließ, sah ich im Spiegel, dass sich ein Mann in meinem Alter die Hände wusch, er nahm es sehr genau damit. Als ich zu den Lavabos hinging, war er immer noch damit beschäftigt.

»Ich habe Sterilium im Reisegepäck«, sagte ich. Henri drehte sich abrupt um und starrte mich an.

»Verfolgst du mich etwa?« Er schien gereizt. »Wenn du Zucker hast, musst du ständig pissen.«

»Niemand verfolgt dich, Henri. Wir fliegen nach Manila.«

»Sag bloß nicht, mit der nächsten Cathay Pacific?«

»Genau mit der.«

Zusammen verließen wir die Toilettenanlagen. Er hatte sich beruhigt und schien sich über das Wiedersehen doch noch zu freuen.

»Ich war in Hongkong«, sagte er, »an der Herbstauktion von Sotheby's im Admiralty-Zentrum.«

»Du kaufst Kunst?«, fragte ich, während wir zu Maricel zurückgingen.

Er begrüßte sie und rief dann seine E-Mails auf dem iPad ab. »Fast zehn Millionen Dollar hat Andy Warhols Dollarzeichen erzielt«, murmelte er vor sich hin, »eine gelbe Leinwand mit einem schwarzen Dollarzeichen, zehn Millionen Dollar!«

»Und du kaufst jetzt Kunst?« Wir setzten uns.

»Was soll man denn machen? Ich habe dir damals gesagt, Zypern war erst der Anfang, jetzt hat Spanien mit einer Teilenteignung der Sparer begonnen. Draghi flutet Europa mit Euro, um die Staatsschulden über die Inflation abzubauen. Inflation ist eine versteckte Steuer, eine weitere Form der Enteignung. Und dann? Dann sind wir alle etwas ärmer und wieder auf dem Stand wie vor der Finanzkrise, und alle wursteln weiter wie bis anhin, und in fünf Jahren ist es wieder so weit. Sei froh, dass ihr nicht in der EU seid. Investiere in Sachwerte!«

»Das ist schon lange meine Meinung, Henri, aber ich habe kein Geld, um das *Yellow*-Bild von Andy Warhol zu kaufen.«

Henri öffnete seine Reisetasche und kramte eine Konservendose heraus. »Es gibt auch günstigere Objekte. Für das hier habe ich nur 154 000 Dollar bezahlt.«

Er reichte mir die kleine Dose. Die bräunliche Etikette erinnerte ein bisschen an Kolonialwarenprodukte aus dem späten 19. Jahrhundert.

»Was ist das? Kaviar?«

»Scheiße. Lies doch! Das ist Scheiße!«

»Wie meinst du das?«, fragte ich Henri, während mir Maricel blitzschnell die Dose aus der Hand nahm, um die Etikette zu lesen. Das gehörte zu unseren Ritualen, dass wir uns manchmal etwas aus der Hand nahmen, um uns zu foppen.

»Wieso hast du es dann gekauft, wenn es Scheiße ist?«, fragte Maricel und gab mir die Büchse zurück.

Ich drehte die Dose in der Hand und las die Aufschrift: *Merda d'artista.*

»Künstlerscheiße. 75 Prozent Wasser, der Rest Stärke, Fett, Ballaststoffe, Gewebe- und Muskelzellen«, sagte Henri.

»Und wer hat da reingeschissen?«, fragte ich leise und reichte ihm die *Merda d'artista* zurück.

»Piero Manzoni, ein italienischer Konzeptkünstler, 1961, er hat neunzig nummerierte Konservendosen mit seinen Fäkalien gefüllt, dreißig Gramm Scheiße in jeder Dose. Kunstsammler und Museen aus aller Welt rissen sich darum. Er verkaufte die Dosen zum Preis von dreißig Gramm Gold, sie waren im Nu weg. Ich bin Besitzer der Nummer 43!«

»Und was wollte uns der Künstler damit sagen?«, fragte Maricel mit gerunzelter Stirn.

»Vielleicht liegt die Antwort in der Büchse«, antwortete ich.

Henri grinste. »Die *Merda d'artista* lehrt uns zwei Dinge: Erstens, dass Angebot und Nachfrage den Preis bestimmen, und zweitens, dass nicht alle Menschen gleich viel wert sind. Während sieben Milliarden Menschen tagein, tagaus ihre Notdurft sinnlos verrichten, versteht es ein einziger, aus knapp drei Kilo Scheiße fast vierzehn Millionen Euro zu machen. Begreifst du nun, wie wertvoll diese Dose ist?«

»Nein«, sagte Maricel, »ich denke, Scheiße bleibt Scheiße.«

»Ein Westeuropäer«, dozierte Henri, »hat in meinem Alter durchschnittlich rund 184 Tage auf dem Klo verbracht, 3600 Kilo geschissen und über 2000 Rollen Klopapier verbraucht. Während Männer bei diesem Geschäft am liebsten lesen, verschicken Frauen dabei mit Vorliebe SMS und hören Musik.«

»Was hast du da in der Büchse?«, fragte ein kleiner Junge in englischer Sprache. Hinter ihm standen seine beiden Schwestern. Henri machte eine unwirsche Handbewegung. Den aufmerksamen Eltern auf der anderen Sitzreihe war es offenbar nicht entgangen, und sie riefen ihre Kinder zurück.

»Ich mag Kinder nicht besonders«, sagte Henri leise, »und manchmal hasse ich sie sogar, Kinder nerven.«

»Ich hätte gern fünf oder sechs Kinder gehabt«, sagte ich.

Henri schüttelte ungläubig den Kopf. Mein iPhone klingelte. Maricel nahm das Steriliumfläschchen aus ihrer Tasche, rieb sich die Hände ein und reichte mir eine Cellaris.

»Ihr müsst das von der psychologischen Seite her betrachten«, sagte Henri. »Sigmund Freud schrieb, dass das erste Häufchen des Kleinkindes ein Geschenk an die Eltern ist. Das Kind erhält Nahrung und Zuneigung, kann sich aber nur mit diesem kleinen Haufen revanchieren. Später lernt es, sein Geschäft auf der Toilette zu erledigen, weil es seinen Eltern eine weitere Freude bereiten will.«

»Scheiße bleibt trotzdem Scheiße, Henri«, sagte Maricel und wandte sich wieder ihrem iPhone zu.

Winter

Auch die Mannschaft der *Trinidad* bereute längst, die Reise angetreten zu haben. Sie erflehte die Hilfe der Heiligen Mutter Gottes, während Tag und Nacht heftige Stürme das Schiff wie ein Spielzeug auf den meterhohen Wellen tanzen ließen. An den Spitzen der Masten leuchtete das Eliasfeuer. Einige Matrosen schrien verzweifelt, das Ende der Welt sei nah, und Gott würde nun alle bestrafen, weil wir daran gezweifelt hatten, dass die Erde eine Scheibe war. Teuflische Seeungeheuer würden aus dem Ozean emporschießen und unsere Schiffe über den Rand der Welt stoßen, in die endlose Finsternis.

»Ave Maria, gratia plena, Dominus tecum«, schallte es aus dem unteren Deck, »benedicta tu in mulieribus, et benedictus fructus ventris tui«, flehte der völlig aufgelöste Priester Sánchez de la Reina im Mastkorb. Hemmungslos weinend umklammerte er den griechischen Matrosen, während beide im zerzausten Krähennest durchgeschüttelt wurden. »Sancta Maria, Mater Dei, ora pro nobis peccatoribus, nunc et in hora mortis nostrae«, flehten Magellan und Antonio Pigafetta. Sie knieten in der Kapitänskajüte und beteten.

Nur Jack, der sich mit mir in einem Turm aus zusammengerollten Tauen verkrochen hatte, hob kurz seinen Weinschlauch und grummelte: »Ich sage dir was, Sammy, die meisten Leute sind auch heute, 500 Jahre später, kaum weniger abergläubisch. Habe ich recht?«

Ich gab Jack recht.

Er warf mir etwas zu, es sah aus wie ein Brocken Fleisch.

»Was zum Teufel ist das?«, fragte ich. »Hast du etwa jemandem ein Stück vom Gesäß weggeschnitten?«

»Nein«, beruhigte mich Jack, »das ist ein Stück Bündnerfleisch, erinnerst du dich, Andreas Pferd? Das gab ziemlich viel Bündnerfleisch, reicht für zwei Generationen, ein Pferd wiegt 600 Kilo!«

»Sie hat dich dafür gehasst, Jack, sie hat dir nie verziehen, dass du ihr Pferd in die Metzgerei gebracht hast.«

Jack verwarf die Hände und heulte wie ein Wolf: »Ahhh, dieses Kind … die war genauso verrückt wie ihre Mutter. Das Pferd war todkrank, hätte ich zusehen sollen, wie es langsam krepiert? Andrea hat den Tod nie akzeptiert, weder den eigenen noch den ihres Pferdes, aber Sterben ist die natürlichste Sache der Welt. Man wird krank und stirbt. Habe ich recht?«

»Ja, schon, aber die natürlichste Sache kann auch die schwierigste sein. Der Tod der andern ist etwas ganz anderes als der eigene, der persönliche Tod.«

»Da muss ich dir recht geben, Sammy, aber ich bin froh, dass Andrea nicht an Bord ist.« Er nahm erneut einen Schluck aus seinem Weinschlauch.

»Sie war an Bord, Jack...«

Jack spuckte den Wein in hohem Bogen aus und starrte mich fassungslos an.

»Ja, Jack, ich habe sie gesehen, sie hatte einen Kerberos bei sich...«

»Kerberos? Wir hatten nie so was zu Hause.«

»Das ist ein Hund.«

»Nein, Sammy, als Jäger kenne ich alle Hunderassen, Kerberos – den müsste ich kennen. Ich habe damals die Jagdprüfung mit null Fehlern bestanden. Ist das nicht großartig?«

»Einen Kerberos erkennst du daran, dass er drei Köpfe hat.«

»Und einen Irren erkennst du daran, dass er solche Geschichten erzählt.«

2

Manila und Cebu

Am Manila Ninoy Aquino International Airport bestand Maricel darauf, unsere Ankunft mit ihrem iPhone zu dokumentieren.

»Ich hasse es, fotografiert zu werden«, sagte Henri und hob die Hände schützend vor das Gesicht.

Also posierte ich allein mit einem Riesenkartonbecher Six-Peace-Chickenjoy-Bucket-Meal vor der Jollibee-Fastfood-Kantine.

Wir kauften ein paar gekühlte Hidden-Spring-Mineralwasser und fuhren dann mit einem Taxi bei gefühlten 45 Grad durch einen außer Kontrolle geratenen Verkehrsmoloch, der täglich Hunderttausende von schrottreifen Gefährten, frisierten Mopeds, überfüllten Filipino-Jeepneys und Tricycles durcheinanderwirbelt und den sechzehn Millionen Menschen in seinen Gedärmen kaum Luft zum Atmen lässt.

»Wie weit ist es noch?«, fragte Henri, der sich laufend den Schweiß von der Stirn wischte.

»Es sind lediglich noch zwei, drei Kilometer; ich schätze also rund drei Stunden«, sagte Maricel sarkastisch.

Wie Ameisen wuselten Tausende von Fußgängern durch die Blechlawine, rempelten sich an, fluchten, schrien. Dutzende von Straßenkindern stürmten unser Taxi, wann immer wir im Stau festsaßen.

»Ich denke, wir sehen hier gerade das Hauptproblem der Philippinen«, sagte ich.

Henri war ausnahmsweise gleicher Meinung und sagte zu Maricel: »Jeder vernünftige Präsident müsste mit Helikoptern rund um die Uhr Kondome über euren Inseln abwerfen.«

»Das ist nicht so einfach, Henri«, sagte Maricel, »jeder Politiker, der sich für Sexualaufklärung im Schulunterricht einsetzt, wird vom Bischof exkommuniziert.«

Stockend bewegten wir uns entlang armseliger Bretterbehausungen durch endlose Elendsviertel, ehe wir Makati City erreichten, wo sich ein Wolkenkratzer neben dem andern in den Himmel reckt. Fünfzigstöckige Tempel aus Glas, Eisen und Marmor, in denen eine hauchdünne Finanz- und Politoligarchie herrscht, die sich gegenseitig alimentiert.

»Hier wird sich nie etwas ändern«, sagte Maricel, »ein paar wenige Familien regieren unser Land seit Generationen wie ihren Privatbesitz. Und während hier in Makati der Puls des 21. Jahrhunderts schlägt, jagen in den Bergwäldern noch nackte Insulaner mit Pfeil und Bogen und beten Naturgeister an. Wir würden nicht nur Kondome brauchen, Henri, sondern auch mehr Bildung, weniger Korruption und weniger katholische Kirche.«

Wir quartierten uns für eine Nacht im *Pan Pacific Manila Hotel* ein, das schon bessere Zeiten erlebt hatte, aber davon zeugten nur noch die fünf Sterne neben dem Eingang. Als Erstes deponierten wir die Schokoladenvorräte, die für Maricels Verwandtschaft bestimmt waren, in einem Kühlschrank. Henri hatte schlechte Laune. Er wollte Musik, Neonlichter und hübsche Mädchen sehen.

Wir flanierten zu dritt von einer Bar zur anderen. Überall gab es Live-Musik. Zierliche Filipinas sangen voller Inbrunst mit voluminösen Reibeisenstimmen Evergreens; sie röhrten die Refrains wie Janis Joplin und ließen einem das Blut in den Adern gefrieren wie einst Joe Cocker, wenn er bei *With a Little Help from My Friends* den Urschrei probte.

Maricel genoss es, Arm in Arm mit einem weißen Mann gesehen zu werden. Nur aus diesem Grund führen Asiatinnen ihre westlichen Ehemänner gern in Musikbars und Striplokale. Ich war ziemlich erstaunt, dass ich mir noch keinen Infekt geholt hatte, verspürte aber ziehende Schmerzen, die langsam die Waden hochkrochen. Es ist ein sehr eigenartiger Schmerz, wenn die Haut mit dem Gewebe verklebt, bis es schließlich nur noch brennt wie ein Sonnenbrand dritten Grades.

Henri wollte unbedingt noch in der *Ringside Bar* vorbeischauen, einem ziemlich durchgeknallten Schuppen inmitten von grellbunten Leuchtreklamen und mit amerikanischem Kitsch an den Wänden. Hier catchten und boxten Prostituierte, Kleinwüchsige und Ladyboys, wie in Thailand das dritte Geschlecht genannt wird, unter den ausgelassenen Rufen der Gäste, überwiegend bleichen männlichen Expats und dubiosen Einheimischen. Verschwitzte Priester, die sich in Europa der weltlichen Strafverfolgung entzogen hatten, suchten und fanden hier ihre kleinen Opfer für ihre perversen Verbrechen, die kein Bischof auf der Insel je beanstandet hat. Angetrunkene Polizisten verkauften für ein paar Drinks die Visitenkarte ihres Polizeipräsidenten, eine nützliche »Greencard« für alle Fälle. Prostituierte beobachteten die weißen Ausländer, klassifizierten sie und setzten sich zu ihnen. Ein Wochenende mit einem Weißen brachte mehr Geld ein als ein Monat harte Arbeit in einer stickigen Fabrikhalle. Oft waren es die Eltern selbst, die ihre Töchter in die Bars schickten. Es war keine Schande, arm zu sein, aber es war auch keine Schande, in Bars der Armut entfliehen zu wollen.

»Ich habe neuerdings Zucker«, sagte Henri unverhofft, »muss Pillen schlucken, das ist echt Scheiße.« Er schaute einer Filipina nach, die Getränke servierte.

Ich sagte: »Ich habe irgendwo gelesen, dass man mit Diabetes …«

Henri schaute mich an, als hätte ich ihn schwer beleidigt. »Meiner steht noch wie eine Eins. Deutsche Eiche. Ich kann immer noch dreimal am Tag.«

Ich hob lediglich die Augenbrauen.

»Mein Arzt ist auch erstaunt, normalerweise läuft da nix mehr. Aber bei mir: wie eine deutsche Eiche. Aber ich denke, ich bin da unten besonders gut bestückt. Weißt du, wenn ich mir diese Miniaturpenisse von antiken Statuen anschaue …«

»Henri, die waren nur so klein, weil die Künstler Mühe hatten mit großen Exemplaren. Die brachen bei der Arbeit oft ab, und wenn nicht, wurden sie im öffentlichen Raum von Souvenirjägern geklaut. Nur deshalb haben antike Statuen immer so kleine Penisse. Mit Ausnahme von Priapos. Als Gott der Fruchtbarkeit war sein Monsterpenis fast so groß wie ein drittes Bein.«

»Also wie bei mir«, grinste Henri.

Leicht bekleidete Filipinas sangen mit herzzerreißender Inbrunst *Ave Maria, You and I, This Is My Life, Listen, Because of You.* Jede von ihnen hätte locker das Finale von *Deutschland sucht den Superstar* erreicht. Die Hitze, der Alkohol, die viele nackte Haut, die Musik – wer hätte nach Einbruch der Dunkelheit diese Bühne mit all ihren schrägen Originalen nicht einer Theateraufführung in Berlin oder Zürich vorgezogen? In solch pulsierenden Schuppen begegnet man mehr schillernden Biografien als in Flauberts Romanen. Man erfährt mehr über das wahre Leben als in all den überflüssigen Reiseratgebern und Kulturführern. Maricel freute sich, dass es mir hier gefiel, überwachte aber mit Argusaugen, dass mich kein Mädchen ansprach. Sie genoss die bewundernden Blicke ihrer Landsleute. Dann tanzte sie ausgelassen im Takt der Musik.

»Und bei dir?«, fragte Henri. »Du nimmst ja die Pillen gleich mit dem Suppenlöffel. Steht deiner noch?«

Ja, Männer reden so untereinander.

»Bis fünf Uhr morgens liegt noch alles drin«, gab ich ihm zur Antwort, »dann starte ich mit der ersten Pille des Tages, Cellaris, und der kleine Mann verfällt in Depressionen; kurz vor Mittag erholt er sich wieder, bis ihm die zweite Cellaris um fünf Uhr abends das Genick bricht.«

»Immerhin noch ein paar Stunden pro Tag«, sagte Henri mitfühlend, »immerhin fünf Stunden.«

Ich nickte. »Während der Wirkungszeit von Cellaris ist die Libido reduziert, aber ich kann mich nicht beklagen. Bei mir dauert ein Orgasmus selten länger als fünf Stunden. Bei dir ist es sicher anders.«

Maricel setzte sich wieder zu uns.

»Wir sprachen gerade über unsere Potenz«, grinste ich, »weißt du, es gibt wohl kein Thema, bei dem Männer mehr lügen, als wenn es um diese eine Sache geht.«

Maricel tat so, als sei ihr das Thema peinlich, aber sie spielte nur.

»Kennst du noch andere Orte, wo die Post abgeht?«, wollte Henri von ihr wissen.

»Ich kenne Manila kaum, ich habe meine ganze Jugend in unserem Dorf in den Visayas verbracht, auf der Insel Negros. Ich war nur wenige Male in Bacolod bei einer Tante und einmal in Cebu bei einer Cousine. Selbst in Singapur und Hongkong habe ich nichts von der Stadt gesehen. Als Pflegerin bist du immer in der Wohnung eingesperrt und kümmerst dich um Katheter, Kanülen, Spritzen. Wir waren praktisch Leibeigene.«

Gegen zehn Uhr erhielt Maricel eine SMS von ihrer Schwester Jocelyn. Offenbar wussten nun alle ihre 5496 Verwandten und Bekannten, dass sie gelandet war. Einige von ihnen wollte sie später am Abend noch treffen. Wir fuhren nach Quezon City, einer Gegend im Nordosten Manilas. Auch hier reihten sich Klubs und Bars aneinander, irre Menschenmassen bewegten sich zwischen bunten Jeepneys und all den durchgeknallten motorisierten Verkehrsteilnehmern, die mit gesenktem Haupt und Tunnelblick das ultimative Nadelöhr durch die absurdchaotischen Blechströme suchten. Es schienen weder Regeln noch Gesetze zu gelten, von irgendwelchen Autoritäten, welche die Einhaltung derselben überwachten oder gar ihre Missachtung ahndeten, keine Spur.

Stunden später trafen wir Jocelyn in einem McDonald's. Sie war etwas älter als Maricel und wirkte stark übermüdet. Auf den Fotos, die mir Maricel gezeigt hatte, war sie ein hübsches, schlankes Mädchen gewesen, jetzt wirkte sie vom Fastfood aufgedunsen und von der Nachtarbeit erschöpft. Sie arbeitete – wie eine Million anderer Filipinas auch – in einem Callcenter des indischen Branchengiganten Aegis People Support, der einen Teil seiner Geschäfte auf die Philippinen ausgelagert hatte. Im Zeitalter der Globalisierung gibt es immer ein Land, das noch billiger ist.

Es ist populär, die gnadenlose Ausbeutung der Mädchen in solchen Callcentern anzuprangern, aber viele, die das tun, machen selber *Geiz ist geil* zu ihrem Lebensmotto und kaufen Billigorangen, die in Italien von illegalen Einwanderern aus Nordafrika zum Tageslohn von einem Euro gepflückt wurden. *»Der Nutzen ist der Nerv und das Mark aller menschlichen Handlungen«* – diese Einsicht des Philosophen Spinoza gilt für Konzernchefs, Politiker und Konsumenten gleichermaßen. Die einen haben einfach mehr Möglichkeiten, dieses Credo auszuleben.

»Wir Filipinas sind nicht nur billiger«, sagte Jocelyn, »wir sprechen im Gegensatz zu den Inderinnen ein verständliches US-Englisch. Das kommt daher, dass wir die Amerikaner lieben, sie besuchen uns jeden Tag in unseren Wohnstuben, wir lieben ihre TV-Serien, ihren Fastfood, ihre Songs …«

»Das ist schon erstaunlich«, sagte ich zu Jocelyn, »während des Philippinisch-Amerikanischen Krieges haben die Amerikaner rund eine Million Zivilisten niedergemetzelt. Und ihr bewundert sie trotzdem?«

Sie zuckte die Schultern. »Das war vor hundert Jahren, Sammy, daran kann sich heute niemand mehr erinnern.«

»Die Amerikaner stationierten damals zwei Dutzend US-Generäle auf den Philippinen, die noch an den blutigen Indianerkriegen teilgenommen hatten. Über ihre Gräueltaten empörte sich selbst die amerikanische Presse.«

»Wir schauen nicht zurück, Hunnybunny«, versuchte Maricel das Thema zu beenden, »dafür haben uns die Amerikaner während des Zweiten Weltkriegs vor den grausamen Truppen des japanischen Kaisers beschützt. Danach übernahmen wir die Sprache unserer Befreier und bauten die US-Jeeps in bunte Jeepneys um.«

Your chance to become famous!, lief auf dem Bewerbungsvideo im McDonald's-Lokal.

»Du musst ins Ausland gehen, Jocelyn, hier hast du keine Chance«, sagte Maricel, »wir sind der Regierung egal.«

»Aber wohin? Ich habe etliche Freundinnen, die in Katar waren. Die ließen sich in Manila von Agenturen verpflichten und nach Doha vermitteln. Fast eine Viertelmillion Filipinos und Filipinas arbeiten dort. Die Agentur in Doha vermittelt dich dann an einen Sponsor, das ist dein zukünftiger Chef und Hausherr. Von da an bist du seiner Willkür ausgeliefert. Oft wirst du von den Männern des Clans vergewaltigt, bei Schwangerschaften wird in der Villa des Sponsors geboren, das Neugeborene auf einer Müllhalde entsorgt; und gehst du zur Polizei, klagen sie dich an wegen außerehelichem Sex … Die Katarer sind Barbaren in goldenen Badezimmern. Ich würde so gern in die Schweiz kommen.« Sie schaute kurz zu mir rüber.

»Bei uns gibts keine hundert Peitschenhiebe, wenn du einen Blog unterhältst, aber in der Schweiz dürftest du die Katarer nicht als ›Barbaren‹ bezeichnen, wir haben da so ein Antirassismusgesetz. Deshalb begrüßen wir auch religiöse Fanatiker mit einem alkoholfreien Getränk und übergeben jedem eine Broschüre in seiner Landessprache, damit er unentgeltlich Rechtshilfe in Anspruch nehmen kann, falls ihm das Sozialamt Kost und Logis verweigert.«

»Ich käme so gern nach Europa«, wiederholte Jocelyn, »hier wird man von den Filipinos nur geschwängert und dann sitzen gelassen.«

Während sich Jocelyn wieder Maricel zuwandte und in Cebuano weitersprach, warf mir Henri einen ratlosen Blick zu. »Wenn man diese Massen hier gesehen hat, versteht man, was das größte Problem der Menschheit ist. Auch Europas. In der

Dritten Welt kommen auf tausend Einwohner fünfundzwanzig Geburten, in Deutschland sind es nur gerade achteinhalb. Millionen von jungen Wirtschaftsflüchtlingen aus Angola, Tschad, Niger, Mali, Eritrea, aber auch aus Osteuropa und dem Nahen Osten haben nur ein Ziel: Europa. Wir Europäer sind eine aussterbende Spezies, Sammy.«

»Europäer wird es immer geben, Henri, nur werden sie eines Tages mehrheitlich schwarz und muslimisch sein. Wäre ich jung, gesund und in der Dritten Welt geboren, glaub mir, ich hätte auch nur ein einziges Ziel: Europa. Und dort am liebsten die Schweiz.«

»Das ist verständlich«, erwiderte Henri, »aber es wird den Wohlstand Europas ruinieren, du solltest rechtzeitig nach Hongkong oder Singapur umziehen. Oder nach Japan.«

»Dort gibt es mir zu viele Erdbeben.«

Henri winkte lachend ab. »Bei all den Katastrophen, die du schon erlebt hast, wirst du wohl kaum bei einem Erdbeben ums Leben kommen.«

Maricel und Jocelyn unterhielten sich nach wie vor angeregt, lachten, kuschelten sich aneinander. Als wir uns verabschiedeten, schaute mich Maricel mit einem Blick an, der zu fragen schien: Hast du noch Peso-Scheine? Ich hatte in den letzten fünf Jahren die nonverbale Kommunikation der Filipinas allmählich begriffen. Ich gab Jocelyn Geld, sie kämpfte erneut gegen die Tränen und nannte mich beim Abschied respektvoll *Sir.* Ihr Traum war, irgendwo außerhalb der Philippinen als Sekretärin zu arbeiten und ihrer Familie jeden Monat Geld zu schicken. Und wovon träumen Gleichaltrige in der Schweiz?

Zurück im Hotel, nahm ich eine Dusche und zappte mich durch die philippinischen TV-Sender. Jeder zweite war ein

Bibel-Kanal auf dem Niveau von Winnie the Pooh, die andern brachten Live-Übertragungen von Baseballspielen und Hahnenkämpfen, amerikanische TV-Serien oder hirnverbrannte Shows, in denen sich betrogene Ehefrauen unter dem Gejohle der Studiogäste mit ihren Nebenbuhlerinnen prügelten, bis die Moderatorin, der Studiopsychologe, der Notarzt und die Bodyguards einschritten.

»Magst du Jocelyn?«, fragte mich Maricel, während sie die Fotos der langen Nacht auf Facebook postete.

»Ja, sie ist nett. Es tut mir leid, dass sie ein derart schweres Leben hat. Trotzdem scheint sie die Lebensfreude nicht verloren zu haben.«

Maricel sagte: »Lebensfreude muss nicht unbedingt an Reichtum geknüpft sein. Es ist alles eine Frage der Sicht und der Gewichtung. Solange wir unsere Familie haben, kümmert uns das tägliche Desaster wenig. Ihr habt Geld, aber keine Familien mehr.«

Dann nahm sie mir die Fernbedienung aus der Hand. »In drei Stunden musst du schon wieder Cellaris schlucken. Wir haben also genau drei Stunden Zeit.«

Sie steckte ihr iPhone in die Dockingstation. Lionel Richie und Michael Jackson sangen:

We are the world, we are the children
We are the ones who make a brighter day

Das Kruzifix an der Wand des Hotelzimmers störte Maricel nicht. Nicht mehr. Sie hatte nach fünf Jahren in Europa Glauben durch Wissen ersetzt. Es berührte sie peinlich, als sie im Fernsehen gesehen hatte, wie Filipinas im November 2013 ihre vom Taifun *Haiyan* getöteten Kinder in die Kirchen brachten.

Sie sahen es als Gnade Gottes, dass es ihnen wenigstens noch gelungen war, für die kleinen Leichen den Segen zu erlangen. Sie glaubten, *Haiyan* sei eine göttliche Prüfung gewesen. Mehrere tausend Menschen hatten sie offenbar nicht bestanden und waren bei der Naturkatastrophe ums Leben gekommen. Es gibt offensichtlich einen Zusammenhang zwischen Religiosität, Armut und mangelnder Bildung.

Nachdem ich kurz vor Mitternacht die letzte Cellaris geschluckt hatte, unterhielten wir uns noch eine Weile. Ich hörte Maricel gern zu. Ich speicherte jedes Wort, jeden Satz, als sei es ein Puzzleteil, das ich irgendwann einmal in die *Pacific Avenue* einfügen würde. Manchmal verlor ich die Aufmerksamkeit und dachte über einen Dialog an Bord der *Trinidad* nach. Ich erinnere mich noch, dass wir uns einen Gutenachtkuss gaben und Maricel zum Einschlafen meine Hand unter ihr Kinn zog.

Der Kuss

Ich weiß nicht, warum, aber ich hatte den Eindruck, dass der Kuss mehrere Stunden dauerte. Es musste ein Traum sein. Cellaris hatte erneut die Herrschaft über meine Gedanken übernommen. Allmählich realisierte ich, dass ich nicht Maricels Lippen küsste, sondern die einer andern Frau. Ihr Mund schmeckte nach frischen Erdbeeren, was eher ungewöhnlich war. Schweigend begannen wir, uns zu lieben.

»Hi, Joe«, flüsterte die Frau, »ich wusste, dass du zu mir zurückkommst.«

Ich versuchte, ihr Gesicht zu erkennen, sah aber nur einen großen Mund mit vollen Lippen. »Lourgien?«, fragte ich.

Das Blut wich aus den Lippen, sie wurden dünn und trocken, spröde, dann lösten sie sich in der Dunkelheit auf. Ich realisierte, dass es ein Traum war – und ich darin gefangen.

»Sammy?«, flüsterte jemand. Ich schwebte zum Fenstersims, doch der Sims war ein Lavabo, ich war in einem Isolationszimmer des Unispitals und wusste, dass ich sechs Monate hier ausharren musste, dass ich jeden Tag schwächer werden würde. Aber noch war ich erregt. Das musste Maricel sein.

»Nimm den Mundschutz ab«, sagte ich leise, als ahnte ich etwas.

»Genieße es, solange du noch kannst«, sagte Andrea und nahm ihren Mundschutz ab. Sie riss sich das blaue Spitalhemd vom Leib. Ihr Körper war von zahlreichen Operationen entstellt. Zwei riesige Narben zogen sich von den Achselhöhlen schräg zum Bauchnabel. Dort, wo einst ihre Brüste gewesen waren, stachen zwei Knochen hervor, selbst der Unterleib war voller Narben. Dicke Schneeflocken fielen ins Badezimmer. Plötzlich saßen wir beide auf einem Schlitten und rasten mitten in der Nacht einen Schneehang hinunter. War das der Weg zurück nach Vilaincourt?

»Du musst das Leben *jetzt* genießen«, sagte Andrea freundlich, »die meisten Menschen wollen es erst nach der Pensionierung tun, und dann kriegen sie eine vernichtende Diagnose und wollen nur noch eins: noch nicht sterben.«

Andrea saß hinter mir auf dem Schlitten und umklammerte mich mit beiden Armen. Ich wusste nicht, wohin wir fuhren, aber ich wusste, dass wir uns von etwas Wichtigem entfernten. Der Schlitten schoss über einen Hügel hinaus und flog über das verschneite Tal.

»Doch damit du genießen kannst, müssen dir die Ärzte reinen Wein einschenken. Wenn sie dich belügen, nehmen sie dir die Handlungsfreiheit. Das Wissen um den baldigen Tod kann auch eine gewisse Leichtigkeit verleihen. Du hast nicht mehr viel Zeit, aber das muss man dir sagen. In dieser begrenzten Zeit musst du am Steuer sitzen und die Fäden fest in der Hand halten.»

Ich stürzte mich vom Schlitten und ruderte im Fallen mit den Armen, ich wollte das alles nicht mehr hören.

Aber Andrea verfolgte mich und rief: »Hör nicht auf all die Leute, die dir im Spitalzimmer Mut machen, um dann draußen im Flur deine Beerdigung zu planen. Beende es, Sammy, deinem Umfeld zuliebe. Du stiehlst ihre Zeit, du stiehlst ihre Energie, du lässt sie unnötig leiden, du frisst das ganze Erbe auf. Und wozu?«

»Hunnybunny«, flüsterte Maricel und legte mir die Hand auf die Brust, »es ist ein Traum, nichts als ein böser Traum. Cellaris. Es geht vorbei.«

Am nächsten Morgen wollte Maricel einige Verwandte in der Stadt besuchen, ich wollte noch ein wenig schlafen. Die Nacht war wie üblich sehr kurz gewesen, oft hatte ich Wasser trinken müssen, um meine ausgetrockneten Mundschleimhäute zu befeuchten. Ich brauchte nachts meistens einen Liter und musste entsprechend oft auf die Toilette. Dann lag ich wach, spürte die Nervenschmerzen in den Händen und Füßen und dachte darüber nach, wie ich eines Tages sterben würde.

Später frühstückte ich mit Henri im 21. Stock unseres Hotels. Wir genossen den Blick über den Hafen. Ich hatte wie immer am Morgen eine unzerstörbar gute Laune. Weil Leute wie Henri das an schlechten Tagen als Provokation empfinden können, biss ich mit ernstem Gesicht in mein Toastbrot, während wir auf dem iPad unsere Mails herunterluden.

»Hm«, machte Henri manchmal.

»Oh!«, entfuhr es mir plötzlich.

Henri schaute hoch: »Ich wette, es ist deine *street-smart lady.*«

»Ja«, sagte ich nur.

»Ich hab das kommen sehen, als Maricel all die Fotos machte und sagte, sie wolle sie auf Facebook posten. Deine *street-smart lady* verfolgt doch jeden deiner Schritte auf Maricels Facebook-Seite. Nimm dich in Acht.«

»Vor ihr oder vor Maricel?«

»Vor beiden«, sagte Henri ohne jeden Anflug von Ironie.

Die Rose von Tacloban

Die *Rose von Tacloban* blüht im 43. Stockwerk eines Hochhauses – in der teuersten Attikawohnung der Philippinen. Nach einer umständlichen Leibesvisitation in der Portiersloge hatten wir einen edlen Fahrstuhl von Schindler bestiegen. Die Marke schafft Vertrauen. Ich habe ein paar Aktien der Firma, die zurzeit für das Pingan International Finance Center im chinesischen Shenzhen 33 Aufzüge baut, die mit einer Fahrt 2000 Personen 115 Meter hochtransportieren können.

Henri richtete seinen Hemdkragen. Er trug nie Krawatte, ich habe diesen Strick am Hals auch nie gemocht.

»Auf der höchsten gesellschaftlichen Stufe kennen sich alle, egal, ob Demokraten, Republikaner, Kommunisten, Faschisten oder Diktatoren«, sagte Henri mit gedämpfter Stimme, »das ist eine einzige große Geldoligarchie. Die Casinobetreiber in Macau haben mir den Kontakt zur *Rose von Tacloban* hergestellt. Wenn du hier ein Casino errichten willst, musst du zu ihr in den 43. Stock.«

Ein Diener, gekleidet wie zur spanischen Kolonialzeit, öffnete uns die Tür und bat uns herein.

»Versailles auf den Philippinen?«, flüsterte ich Henri zu. Vor uns breitete sich ein hallenartiger Salon aus; an den Wänden hingen Bilder von alten Meistern, orientalische Teppiche bedeckten den Boden, überall standen exquisite Möbel aus der Zeit von Louis XIV., ein goldener Lüster hing an der Decke.

»Wen darf ich melden?«, fragte der Diener.

Henri gab ihm seine Visitenkarte. »Professor Henri Dupont und Begleitung, zehn Uhr.«

Der Diener nahm die Karte und nickte unterwürfig. »Sie sind noch etwas früh, Sir.«

»Wir sind auf zehn Uhr verabredet«, lächelte Henri. Ich sah ihm an, dass er sich nicht von einem Angestellten belehren lassen wollte.

»Ja, Sir, deshalb sind Sie zu früh.«

»Aber es ist doch jetzt zehn Uhr.«

»*Western time,* Sir«, lächelte der Bedienstete verlegen, »Madame wird Sie in etwa einer Stunde empfangen.«

Wenigstens konnten wir uns setzen.

»Ich hasse diese ewige Warterei«, seufzte Henri und wischte sich einige Schweißperlen von der Stirn, »aber es ist nun mal so in diesen langsamen Kulturen, da musst du einen Gang zurückschalten. Aber es muss sein, ich verspreche mir sehr viel von diesem Casinoprojekt. Weißt du, Macau, das Las Vegas von Asien, hat seine besten Zeiten hinter sich, man sieht es an der Börse. Galaxy Entertainment: minus 13,5 Prozent; MGM Resorts International, SJM Holdings Limited: alle im zweistelligen Prozentbereich gefallen. Im Moment sind Korea und die Philippinen im Kommen. Der Bloomberry-Konzern und die Belle Corporation rentieren mit sieben bis neun Prozent und sind stark unterbewertet. Ich sage dir, die Philippinen sind das nächste Las Vegas, sie sind das größte katholische Land der Welt und somit auch das abergläubischste. Die ideale Voraussetzung für die Spielsucht.«

Wir warteten eine geschlagene Stunde, ehe uns der Diener erlöste und in einen zweiten, ebenso prächtig ausgestatteten Salon führte. Die 86-Jährige saß hinter einem massigen Tisch, das pechschwarze Haar hochtoupiert, der Lippenstift ein bisschen zu dick aufgetragen, das Make-up großzügig gespachtelt, die Gesichtszüge von Botox-Exzessen gelähmt. Sie trug einen hellblauen Hosenanzug, dazu eine weiße Bluse mit Blumenmustern. Sie schien uns nicht wahrzunehmen.

Der Diener lächelte uns freundlich zu, als wolle er uns mitteilen, dass wir uns noch ein wenig gedulden müssten.

»Ich wusste gar nicht, dass es auch auf den Philippinen ein Wachsfigurenkabinett gibt«, flüsterte ich Henri zu.

Da hob Imelda Marcos kurz den Kopf, als verstünde sie Deutsch. Sie lächelte freundlich, erhob sich majestätisch, zeigte mit theatralischer Geste auf eine bronzene Büste, die auf einer Jugendstil-Kommode stand, und sagte: »Hier sehen Sie den größten Filipino unserer Geschichte, und doch wird mir bis heute verwehrt, seine Gebeine würdig zur letzten Ruhe zu betten.« Sie fuchtelte zornig mit den Armen. »Alle unsere Präsidenten liegen auf dem Nordfriedhof, alle unsere Stars und Dichter, aber meinem geliebten Ehemann verwehrt man dort die letzte Ruhe. Tausende von Verlumpten haben sich an diesem sakralen Ort niedergelassen. Sie sagen, sie fürchten die Toten nicht, sie fürchten die Lebenden, doch sie haben keine Ahnung von der Trauer in meinem Herzen.«

Imelda Marcos erhob sich, führte uns durch den Salon und sagte mehr zu sich selber: »Sie haben uns verjagt wie Hunde.

Wir mussten mit unserer ganzen Familie nach Hawaii flüchten. Uns ist nichts geblieben außer schönen Erinnerungen.« Dann zeigte sie auf eine eingerahmte Fotografie, auf der eine junge Filipina mit einer Krone auf dem Kopf zu sehen war. »Hätten Sie mich erkannt? Ich war achtzehn und wurde in einem Schönheitswettbewerb zur *Rose von Tacloban* erkoren.« Sie neigte den Kopf kapriziös zur Seite und lächelte verträumt. »Fidel Castro sagte mir auf seiner Jacht in der Bucht von Havanna einmal, ich sei noch genauso schön wie damals.« Sie hielt einen Augenblick inne, schaute uns zum ersten Mal an und lächelte gütig, sichtlich bewegt. »Mao Tse-tung, Muammar al-Gaddafi, Saddam Hussein, ich habe sie alle gekannt, sie waren unsere treuen Freunde. Mein Mann hat sich für sein Volk zu Tode gearbeitet«, fuhr sie fort. »Disziplin war für ihn die Voraussetzung für das Funktionieren einer großen Nation. Glauben Sie mir, es fiel ihm schwer, das Kriegsrecht auszurufen und Tausende von Oppositionellen zu eliminieren, aber am Ende musste er sogar das Verbreiten falscher Gerüchte unter Strafe stellen, ausgerechnet er, Ferdinand Marcos, ein überzeugter Demokrat! Ein philippinisches Sprichwort lautet: *Es ist leichter, einen Fluss zu stauen, als die Verbreitung eines Gerüchts.«*

Sie zeigte auf eine weitere Fotografie: »Hier bin ich bereits neunzehn. Ich nahm an einem weiteren Schönheitswettbewerb teil, doch die anderen Familien missgönnten uns den Sieg. Weil ich nur Zweite geworden war, ging ich zum Bürgermeister, um mich zu beschweren. Er entschuldigte sich und sagte, er habe noch nie eine schönere Frau als mich gesehen.« Imelda Marcos kostete den Moment aus und fuhr dann fort: »Da er die Preisverleihung nicht rückgängig machen konnte, verlieh er mir den weitaus wertvolleren Titel einer *Muse von Manila.* Nach mir hat keine Frau mehr diese Auszeichnung erhalten.«

Henri und ich warfen uns einen gequälten Blick zu und versuchten, freundlich zu lächeln.

»Bereits vor 500 Jahren vertrauten uns die Spanier die Herrschaft über die Inselgruppe der Visayas an«, fuhr die alte Dame fort. »Auf unsere Familie, die Romualdez, war stets Verlass. Wir haben uns bis heute gehalten. Alle unsere Vorfahren und Nachkommen waren oder sind Bürgermeister, Kongressabgeordnete, Richter, Minister geworden. Das Schicksal der Philippinen liegt in den Händen von achtzehn Großfamilien; die Romualdez und die Marcos sind zwei der wichtigsten.«

Mit weit ausladender Geste zeigte sie auf eine Reihe von Gemälden an der Wand: »Pablo Picasso, Michelangelo, Botticelli, Paul Gauguin, Canaletto – die kleinen Leute da unten erwarten von der Mutter der Nation, dass sie Liebe und Schönheit zelebriert. Die kleinen Leute wollen jemanden, den sie bewundern, zu dem sie aufschauen können. Ein Vorbild. Wir haben noch ein weiteres Sprichwort auf den Philippinen: *Jemand, der kein Geld hat, ist wie ein Vogel ohne Federn.*«

Imelda Marcos machte ein Gesicht, als laste die gesamte Verantwortung für die Philippinen auf ihren Schultern. »Mag sein, dass ich der größte Star der Gegenwart bin, aber ich bin vor allem die Sklavin der kleinen Leute. Ihr macht euch keine Vorstellung davon, wie viel Arbeit und Zeit es kostet, sich für einen Besuch in den Elendsvierteln schön zu machen. Das ist mehr Aufwand als bei einem Staatsbesuch, denn die kleinen Leute wollen eine Königin sehen, die *Rose von Tacloban!*«

Nun wurde es Henri zu bunt, und er kam zur Sache. »Exzellenz«, begann er vorsichtig, »wir bedanken uns sehr herzlich, dass Sie uns empfangen. Es ist uns eine große Ehre. Der Grund unseres Besuchs ist das Casinoprojekt.« Er schilderte ihr seine Pläne.

Sie zeigte Interesse unter der Voraussetzung, dass sie mit fünfzig Prozent am Nettogewinn beteiligt würde, so habe es die Familie bei ihren Geschäften immer gehalten.

»Dann werden Sie uns eine schriftliche Bewilligung zukommen lassen?«, fragte Henri hoffnungsvoll.

»Gern, aber zuvor müssen Sie auch noch das Einverständnis des Bischofs von Cebu einholen. Die katholische Kirche ist mächtiger als wir kleinen Leute. Ohne sie läuft nichts. Gehen Sie nach Makati, dort erhalten Sie eine Genehmigung für eine Audienz.«

»Eine Genehmigung?« Henri machte ein langes Gesicht.

»Ja«, lächelte sie, »bei uns muss alles seine Ordnung haben. Das ist doch auch in Deutschland so. Sie sind doch aus Deutschland?«

Zwei hübsche Filipinas in Livreen betraten schüchtern den Salon, verneigten sich demütig vor ihrer Herrin und sagten etwas in Tagalog. Die *Rose von Tacloban* gab ihrem Diener, der wie eine Wachsfigur in der Gemäldegalerie stand, ein Zeichen, uns hinauszubegleiten. An der Tür übergab er uns einen Zettel mit den Adressen und Namen der Ansprechpartner in Makati City und Cebu. Und dazu ein hübsches Empfehlungsschreiben der *Rose von Tacloban*.

»War das jetzt die versteckte Kamera, oder ist sie tatsächlich so entrückt?«, fragte ich Henri, als wir wieder auf der Straße standen. »Die sah ja aus wie Uriella.«

»Irgendwie haben alle einen Sprung in der Schüssel in diesem Land. Ich weiß gar nicht, ob diese Irre bemerkt hat, dass sie Besuch hatte. Wieso, zum Teufel, haben die Filipinos diese korrupte Zynikerin nach ihrer Rückkehr aus Hawaii wieder ins Parlament gewählt? Sind die Leute eigentlich blöd? Diese verwelkte Rose hatte über 400 Klagen am Hals, wurde zu langjährigen Gefängnisstrafen verurteilt, aber vom Obersten Gericht immer wieder freigesprochen. Und sie wählen dieses Miststück erneut ins Parlament?«

»Das ist ihre Kultur, Henri.«

Stempel für den Bischof

Anderntags machten wir uns zu dritt auf den Weg zu den Verwaltungsbüros in Makati City, um die erforderlichen Genehmigungen für die Audienz beim Bischof einzuholen.

»Dafür brauchen Sie ein Empfehlungsschreiben«, teilte uns ein Beamter mit und wandte sich wieder seinem Bürokollegen zu, mit dem er im Fernsehen gerade einen Hahnenkampf verfolgte. Zwischen den beiden Fenstern hing ein Bild der *Rose von Tacloban.*

Henri stapfte wütend davon, doch Maricel rief ihn zurück und riet ihm, einige Peso-Scheine auf den Tisch zu legen. Der Beamte reagierte erfreut, ließ das Geld routiniert in der Brusttasche verschwinden und wies uns in den oberen Stock.

Dort stellte uns ein weiterer Beamter, den wir beim Pokern störten, das gewünschte Empfehlungsschreiben aus, teilte uns aber mit, dass es noch abgestempelt werden müsse. Henri zückte weitere Scheine, worauf der Beamte auf die Treppe deutete und sich wieder seiner Pokerrunde zuwandte. Über dem Tisch hing ein Bild der *Rose von Tacloban.*

Im obersten Stock erfuhren wir, dass das inzwischen doppelt unterzeichnete Empfehlungsschreiben noch zusätzlich beglaubigt werden müsse. Nachdem Henri weitere Scheine verteilt hatte, lag endlich das dreifach abgestempelte Dokument vor, das ihm eine Audienz beim Bischof von Cebu ermöglichen würde. Wissen Sie, welches Foto das Zimmer dieses Beamten zierte?

»Das ist ja noch schlimmer als in Griechenland«, schimpfte Henri, als wir das Gebäude verließen.

»Bürokratie gibts überall«, lächelte Maricel.

»Bürokratie hat in den verschiedenen Kulturen eine unterschiedliche Bedeutung«, dozierte Henri. »In Westeuropa ist sie auf das Bestreben zurückzuführen, eine hundertprozentige Gerechtigkeit zu erzielen, doch dafür braucht es nicht nur eine ellenlange Steuererklärung, die wiederum Berater und Beamte notwendig macht, sondern auch neu zu schaffende Ämter, die alles überprüfen. Bei euch auf den Philippinen ist Bürokratie Teil der Wertschöpfungskette Korruption.«

»Ich weiß«, sagte Maricel, »unser Finanzminister hat letztes Jahr erklärt, dass fünfzig Prozent des Staatshaushaltes für Korruption draufgehen.«

Henri sagte unvermittelt: »Du hast sehr kleine Füße, Maricel.«

Maricel dachte wohl, er mache einen mittelmäßigen Scherz, doch mir war schon klar, was dahintersteckte.

»Fliegt ihr morgen früh nach Cebu?«, fragte Henri, um die allgemeine Initiation zu beenden.

Maricel nickte.

»Dann sehen wir uns am Flughafen, jetzt muss ich mir noch das Vergnügungsviertel in Angeles City anschauen – auch wenn ich fürwahr kein Engel bin.«

Zurück im Hotel, nahm ich eine Dusche und legte mich hin. Meine Gelenke waren stark entzündet, die Muskulatur hatte sich wie eine eiserne Rüstung über Nacken, Schultern und Rücken gelegt. Ich ermunterte Maricel, Bekannte zu besuchen, hier könne sie nichts für mich tun, ich würde am Abend meine letzte Cellaris schlucken und dann einschlafen.

Nach einigem Zögern entschloss sie sich, an den Baywalk zu gehen, um dort ein paar Fotos zu machen. Vielleicht würde sie in einem der vielen Souvenirshops eine kleine Lapu-Lapu-Statue für mich finden. Ich war froh, dass ich sie auf diesem kilometerlangen Spaziergang nicht begleiten musste. Maricel reinigte ihre Hände mit Sterilium, drückte eine Cellaris aus der Packung und gab mir meine Wasserflasche.

Nachdem sie gegangen war, legte ich mich auf die Seite und dachte erneut darüber nach, wie meine Krankheit eines Tages enden würde. Mit einem Hirnschlag, mit zunehmender Atemnot oder … Die Gedanken drehten sich im Kreis, ich sah Bilder, Gesichter, Sauerstoffflaschen, ich wurde in eine CT-Röhre geschoben, doch da war schon jemand drin, ein Matrose, der zu mir sagte: »52 Grad südlicher Breite, das ist das Kap der 11 000 Jungfrauen.«

Meuterei

Ende März 1520, der südliche Winter nahte, fällte Magellan eine Entscheidung. Er hatte die Besatzungen der fünf Schiffe am Strand versammelt und rief so laut, dass ihn alle hören konnten: »Männer, wir müssen uns ein geeignetes Quartier suchen, um zu überwintern. Anschließend setzen wir unsere Reise wie geplant fort. Wir werden das Wort, das ich dem König gegeben habe, unter allen Umständen halten. Was auch immer geschieht: Wir werden uns nicht von unserem Ziel abbringen lassen!«

Weil die Vorräte allmählich zu Ende gingen, ließ er die Essensrationen kürzen. Er verbot seinen Leuten unter Androhung der Todesstrafe, von einem Mangel an Lebensmitteln oder gar von einer Umkehr zu sprechen. Die Männer murrten; in den Bäuchen einiger Karacken wurden fortan Pläne zur Meuterei geschmiedet.

Als wir eines Morgens die *Trinidad* verließen und an Land gingen, um mit unserem Priester Sánchez de la Reina die heilige Messe zu feiern, stellten sich uns bewaffnete Soldaten der *Concepción,* der *Victoria* und der *San Antonio* in den Weg, an ihrer Spitze Capitán Gaspar de Quesada, Capitán Luis de Mendoza und der vermeintlich unter Arrest stehende Capitán Juan de Cartagena. Sie hatten mit ihren Leuten die *San Antonio* in ihre Gewalt gebracht.

Magellan stellte sich vor das Kreuz, das im Sand steckte, als wolle er mit dieser Geste unterstreichen, dass er nicht nur von Königs Gnaden ausgesandt war, um neue Länder zu erobern, sondern auch von Gottes Gnaden, um das Christentum in aller Welt zu verbreiten. Die drei meuternden Kapitäne blieben zwei Schritte vor ihm stehen und zeigten keinerlei Furcht. Ihre Männer bildeten einen Halbkreis um uns. Wir zählten kaum 50 Köpfe und standen einer Übermacht von fast 150 wild entschlossenen Männern gegenüber, mehrheitlich Spaniern.

»Señor Magellan«, verkündete Gaspar de Quesada mit kräftiger Stimme, »wir haben beschlossen, Ihnen nicht mehr zu folgen, sondern nach Spanien zurückzukehren. Wir glauben, dass Sie sich verrechnet haben. Es gibt keinen *Paso* nach Westen.«

Da richtete sich Magellan zu voller Größe auf und donnerte: »Männer! Ich bin von der spanischen Krone zum Generalkapitän ernannt worden und ordne hiermit Kraft meines Amtes die Festsetzung von Kapitän Gaspar de Quesada an.«

Als seine Soldaten de Quesada mit gezogenen Waffen einkreisten, wichen dessen Getreue ängstlich zurück. Magellan hatte sie überrumpelt. Niemand hatte mit einer derart entschlossenen Reaktion gerechnet. Magellans Männer drückten de Quesada in den Sand und fesselten ihn an Händen und Füßen.

»Mein portugiesischer Landsmann Esteban Gómez übernimmt ab sofort das Kommando auf der *San Antonio«,* fuhr Magellan fort und blieb nur wenige Zentimeter vor de Quesada stehen. Mit dem Fuß stäubte er dem Gefangenen Sand ins Gesicht und zischte: »Ich gewähre dir Gnade – die Gnade der Beichte.« Magellan rief den Priester zu sich. Sánchez de la Reina kniete vor de Quesada nieder, nahm das Kreuz von seinem Hals und berührte damit dessen Lippen. Niemand durfte den Platz verlassen.

Man knotete Stricke an de Quesadas Hand- und Fußgelenke. Dann gab Magellan das Zeichen, das alle befürchtet hatten. Je zehn Männer zogen mit aller Kraft an den Seilen. De Quesada brüllte wie von Sinnen, während die Besatzungen dem Spektakel kreidebleich zusahen. Nach unendlich langen Sekunden kugelten die Gelenke des Gepeinigten aus, dann rissen die Sehnen, die Muskeln, die Haut, und de Quesada starb einen qualvollen Tod.

Entsetzt versuchte Luis de Mendoza, Kapitän der *Victoria,* zu fliehen. Er wollte die Soldaten überrennen, die sich ihm in den Weg stellten, doch einer stach ihm das Messer tief in die Leber und anschließend ins Herz.

Die Bestrafung des dritten Rädelsführers, Juan de Cartagena, schob Magellan auf. Als wir auf unser Schiff zurückkehren wollten, drängte sich plötzlich Sánchez de la Reina vor und versuchte, Magellan ein Messer zwischen die Rippen zu stoßen. Der Generalkapitän wich geistesgegenwärtig aus, worauf der Priester Messer und Gleichgewicht verlor. Zwei Soldaten stürzten sich auf ihn, knieten auf seinen Rücken und hielten ihn fest.

»Bringt ihn auf die *San Antonio«,* befahl Magellan, »Esteban Gómez wird ihn dem peinlichen Verhör unterziehen.«

Jack machte eine unwirsche Handbewegung und nahm einen Schluck aus seinem Weinschlauch.

»Sie werden ihn foltern«, erklärte ich Jack, »die peinliche Befragung ist wie alle diabolischen Bestrafungen eine Erfindung der katholischen Kirche. Man will ein Geständnis erzwingen. Dass die Welt flach ist, dass Gott Unterwäsche von Dolce & Gabbana trägt und dass die Jungfrau Maria einen Hello-Kitty-Vibrator benutzte und davon schwanger wurde.«

Unter der Folter gestand Sánchez de la Reina, dass Juan de Cartagena der wahre Urheber der Rebellion gewesen sei. »Ausgerechnet de Cartagena, dieser ewige Querulant!«, tobte Magellan.

»Lass ihn ebenfalls vierteilen«, ermunterte ihn Christopher de Haro, »sonst verlierst du vollends die Kontrolle.«

»Dazu reicht meine Befugnis nicht«, ärgerte sich Magellan, »auch de Cartagena hat einen königlichen Auftrag.«

»Was machen wir mit ihm?«, fragte Pigafetta, er konnte es kaum erwarten, sein Logbuch nachzuführen.

»Robinson«, schlug ich vor.

»Was meinst du mit *Robinson?«,* fragte Magellan.

»Robinson wurde auf einer einsamen Insel ausgesetzt, vielleicht war er auch ein Schiffbrüchiger, der sich als Einziger auf diese einsame Insel retten konnte. Auf jeden Fall war er der einzige Mensch auf dieser Insel und verbrachte die nächsten 25 Jahre in Einsamkeit und Verzweiflung.«

»Dann lassen wir de Cartagena und den Priester an dieser öden Küste allein zurück«, beschloss Magellan, »und setzen unsere Suche nach einem Winterquartier ohne sie fort.«

Es war ein himmeltrauriger Anblick, als wir die Anker lichteten. Juan de Cartagena und Sánchez de la Reina schauten hilflos zu, wie sich unsere Schiffe langsam entfernten. Der Priester fiel auf die Knie und flehte um Gottes Hilfe. Aber Gott hatte an diesem Tag anderes zu tun, er musste uns helfen, den *Paso* zu finden. Noch nie in meinem Leben hatte ich derart hoffnungslose Gestalten gesehen. Wir ließen sie in der Einöde und in bitterer Kälte zurück.

Nach einigen Tagen fanden wir eine geeignete Stelle, um unser Winterquartier einzurichten. Zuvor befahl Magellan Kapitän Juan Rodríguez Serrano aber noch, mit der *Santiago* eine nahe Bucht zu erkunden, weil er den *Paso* in unmittelbarer Nähe vermutete. Serrano sollte drei Kanonenschüsse abfeuern, wenn er den Durchgang zum unbekannten Ozean gefunden hatte. Die leichte Karavelle war wesentlich geeigneter für solche Erkundungsfahrten als die schwerfälligen Karacken.

Tage später, am 22. Mai 1520, ertönte von Ferne ein einziger Kanonenschuss. Das bedeutete Schlimmes: Die *Santiago* war am Sinken! Sie war zu nahe ans Ufer geraten und hatte Schiffbruch erlitten. Bald wurden Rauchzeichen sichtbar, mit denen uns die Besatzung ihren Standort anzeigte.

»Bringt ihnen auf dem Landweg Proviant, damit sie ausharren können, bis das Meer das zurückgibt, was es uns genommen hat«, befahl Magellan. »Es wird Wochen dauern, bis das Wrack mit all den Fässern und Kisten an den Strand gespült wird.«

»Das wird den Fuggern gar nicht gefallen«, sagte Jack, »jetzt haben sie nur noch vier Schiffe und entsprechend weniger Ladefläche für wertvolle Gewürze.«

Als sich der Frühling ankündigte, konnten wir unsere Fahrt nach monatelangem Unterbruch endlich fortsetzen. Wochenlang segelten wir südwärts, stets auf der Suche nach dem ersehnten *Paso*. Alle Buchten abzusuchen, kostete enorm viel Zeit, aber immerhin hatten wir wieder genügend Proviant. Am 21. Oktober 1520 schrieb Pigafetta in sein Logbuch: *»Auf unserer Weiterfahrt in südlicher Richtung sichteten wir unter 52 Grad südlicher Breite ein Vorgebirge, das wir Kap der 11 000 Jungfrauen nannten, weil dieser Tag ihnen gewidmet war. Die ganze Schiffsmannschaft war überzeugt, dass die hinter diesem Vorgebirge liegende Bucht keinen Ausweg nach Westen besitze, sodass es niemandem außer dem Generalkapitän eingefallen wäre, einen solchen zu suchen.«*

Beim abendlichen Rapport ergriff Esteban Gómez, der neue Kapitän der *San Antonio,* das Wort. Unheil lag in der Luft, ich sah es in den Augen unseres Astronomen Rui Faleiro, er wirkte sichtlich aufgelöst. Die Besatzungen umringten die Kapitäne, die sich vor ihnen in den Sand gesetzt hatten.

»Generalkapitän«, wandte sich Gómez an Magellan, »unser Proviantmeister hat alles durchgerechnet. Es reicht nicht. Wer weiß, wann wir die Meerenge endlich finden? Wer weiß, ob es den *Paso* überhaupt gibt? Wer weiß, was uns nach der Meerenge erwartet und wie groß dieser Ozean sein wird? Unsere Fahrt könnte noch Monate dauern. Selbst wenn wir die Bäuche unserer Schiffe bis an die Decke mit Proviant vollstopfen, wird es nicht …«

»Sie gehen von hypothetischen Annahmen aus, Gómez«, schnitt ihm Magellan das Wort ab, doch Gómez hatte die Wut zu lange in sich hineingefressen, er kannte keine Zurückhaltung mehr und rief: »Ich will Sicherheit für meine Männer! Lassen

Sie uns nach Spanien zurückkehren, wir werden eine größere, besser ausgerüstete Flotte zusammenstellen können.«

Ich stand etwas abseits mit Jack, Christopher de Haro und Faleiro. Jack stieß mich an und grinste: »Ich würde ihm kein Wort glauben. Wenn ich früher von einem Kunden etwas haben wollte, machte ich ihm den Mund wässrig mit einem frei erfundenen Folgegeschäft.«

»Der Kerl will einfach nach Hause«, pflichtete ihm Christopher de Haro bei, »aber niemand wird Magellan eine zweite Expedition finanzieren. Schon gar nicht die Fugger!«

»Das endet bös«, orakelte Faleiro, »Gómez genießt bei den anderen Kapitänen und ihren Mannschaften hohes Ansehen. Und er ist Spanier, wie die meisten!«

»Glaubst du noch daran, dass wir die Meerenge nach Westen finden?«, fragte mich Pigafetta ein paar Tage später. Er kniete vor seinem improvisierten Tisch und schrieb in sein Logbuch.

»Natürlich«, sagte ich und setzte mich auf eine Kiste, die mit Scheren und Kämmen gefüllt war, »den *Paso* gibt es mit Sicherheit.«

Pigafetta schaute mich an. »Der Generalkapitän will die Schiffe erneut ausschwärmen lassen. Jetzt sind die *San Antonio* und die *Concepción* zusammen in eine Bucht gefahren. Rui meint, kein einziges der Schiffe werde nach Spanien zurückkehren. Er habe es in den Sternen gelesen.«

In diesem Augenblick krachte und donnerte es, als stünden wir unter dem Beschuss portugiesischer Kanonen. Draußen hatte sich der Himmel verfinstert und seine Schleusen geöffnet. Es war, als würde sich ein Ozean über unsere Schiffe ergießen.

»Kappt die Ankertaue!«, schrie Magellan vom Achterdeck herunter.

»Es ist das einzig Richtige, was er in dieser Situation tun kann«, sagte Jack und erhob sich von Pigafettas Strohlager, »er muss die Schiffe dem Sturm überlassen.«

Cebu Pacific Air

Am nächsten Tag fuhren wir zum Ninoy Aquino International Airport in Manila und nahmen die Maschine nach Cebu. Die Cebu Pacific Air brachte Filipinas nach Hause, die für umgerechnet 200 Euro pro Monat in chinesischen Haushalten in Hongkong täglich zwölf Stunden schufteten, um ihre Großfamilien in den philippinischen Provinzen zu ernähren. Jahr für Jahr schicken rund acht Millionen Filipinas und Filipinos, die in aller Welt als sogenannte Caregiver oder auf See arbeiten, über zwanzig Milliarden Dollar nach Hause.

Vorn in der Business-Class saßen ein paar besser situierte Filipinas, die eine unglaubliche Arroganz ausstrahlten und ihre mittellosen Landsleute mit einer demonstrativ zur Schau gestellten Verachtung straften.

Maricel tippte mit ihrem Zeigefinger ein paarmal an ihre Nasenspitze. »Die sind alle so, wenn sie mal Geld haben. Geld ist das Wichtigste auf den Philippinen. Ohne Geld bist du weniger wert als eine Küchenschabe, ohne Geld bist du wie ein Vogel ohne Federn.«

»Aber es sind doch auch Filipinas«, wunderte ich mich.

»Die würden nie im Leben mit uns reden, es ist sogar unter ihrer Würde, uns anzusehen. Für die sind wir Müll.«

Bei uns in der Economy-Klasse schien jede Filipina mit der andern verwandt zu sein, auch wenn sie sich noch nie im Leben gesehen hatten. Sie schäkerten, lachten, scherzten, kuschelten sich aneinander, lagerten die Beine auf dem Schoß der Sitznachbarin, die ihrerseits an der Schulter ihrer Nachbarin einschlief, während diese nach der Chipstüte griff, die jemand auf einem vorderen Sitz in die Höhe hob. Maricel war sofort von zahlreichen jungen Frauen umlagert, denn sie hatte zwei weiße Männer dabei; vielleicht war einer noch zu haben. Sie unterhielten sich in Tagalog und schnatterten dabei wie Gänse, was schon Pigafetta aufgefallen war.

»Wir brauchen keinen Grund zum Lachen«, sagte Maricel jeweils, »wir freuen uns am nackten Leben.«

Henri saß neben mir und begann zu erzählen: »Ich hatte mal eine philippinische Freundin, Sammy …«

»Ich weiß, Henri«, unterbrach ich ihn, »du hast mir damals in Hongkong dein gesammeltes Wissen über asiatische Frauen ausgiebig vermittelt.«

Henri grinste. »Ja, aber Pussys, Popos, Titten, das ist vorbei, ich steh jetzt auf etwas reifere Frauen mit kleinen Füßen, verstehst du?«

»Wirklich?«, fragte ich mit gespieltem Bedauern.

»Ja, Quentin Tarantino steht übrigens auch auf kleine Füße, du musst dir seine Filme genauer anschauen, ein klassischer Fußfetischist! Ich habe gelesen, kleine Füße seien genetisch bedingt. Solche Frauen hätten einen höheren Östrogenspiegel und seien besonders fruchtbar.«

»Ich dachte, du stehst eher auf Sex, One-Night-Stands und so.«

»Kleine Füße, *das* ist Sex, Sammy! Und vom Alter her mag ich die etwas reiferen Frauen, Frauen im Alter von Maricel.« Henri zog seine Wildlederschuhe aus. »Ich darf doch, oder?«

»Du bist ja schon dabei«, grinste ich.

»Ich krieg von neuen Schuhen Blasen. Und meine Freundinnen kriegen vom Blasen neue Schuhe«, kicherte er.

Maricel warf mir einen kurzen Blick zu. Ihre Deutschkenntnisse waren tatsächlich besser geworden. Auch sie zog ihre Schuhe aus.

»Sie hat so geile Füße«, flüsterte Henri heiser, »ich werde wohl bis zur Landung auf ihre Füße starren. Sammy, du hast ja keine Ahnung, was für ein Glückspilz du bist, eigentlich ist das pure Verschwendung, dass Maricel mit einem wie dir lebt, der sich aus kleinen Füßen nichts macht.« Er sprach jetzt noch leiser und keuchte wie auf einem Laufband. »Sag mal, trägt sie manchmal schwarze oder weiße Sneaker-Söckchen? Ich mag auch die Sonnenbräune, die geilen Waden, und die Leggings verstärken die Erotik. Und das Fußkettchen, hast *du* es ihr geschenkt?«

»Henri«, unterbrach ich ihn, »was hat eigentlich deine Armbanduhr gekostet?«

»Was hat das mit Maricels Füßen zu tun?«

»Nichts, Henri, das ist es eben. Es hat rein gar nichts damit zu tun. Also: Wie viel hat die Uhr gekostet?«

Henri schüttelte heftig den Kopf, machte eine unwirsche Handbewegung und schaute zum Fenster hinaus. »Kann ich dir nicht sagen. Sonst hältst du mich für verrückt.«

»Das tue ich auch so, Henri.«

»Du hast ja keine Ahnung von Uhren, Sammy. Hast du schon einmal eine Breguet aus dem Jahr 1936 gesehen?«

Ich ergriff Henris Handgelenk. »Ist das eine Breguet?«

Henri riss sich los. »Natürlich nicht. Die habe ich zu Hause im Tresor.«

»Und jedes Mal, wenn du die Uhrzeit wissen willst, öffnest du den Tresor?«

»Eine Breguet 1936 ist der heilige Gral der Sammler, nicht mal die Firma selber wusste, dass diese Uhr existiert.«

»Wahrscheinlich, weil es sich um eine Fälschung handelt«, sagte ich scheinheilig.

»Was redest du da für einen Blödsinn! Du bist ein Neandertaler, Sammy! Ich habe das gleich bemerkt, damals in Hongkong. Es fängt schon beim Essen an, ich habe dich in die besten Lokale ausgeführt …«

»… ja, die waren wirklich gut …«

»… und nach einem halben Jahr habe ich dich gefragt: Was schmeckt dir denn nun am besten? Und du sagtest …«

»… Pad Thai.«

Henri vergrub seinen Kopf theatralisch in den Händen. »Man könnte meinen, du hättest nicht die geringste Bildung genossen: Du magst keine abstrakte Kunst, du magst keine Nouvelle Cuisine …«

»Ich habe eben gern etwas Handfestes auf dem Teller. Ich mag auch diese Schickimicki-Lokale nicht, weil man bei der Bedienung nie so richtig weiß, wo die Schnittstelle zwischen Aufmerksamkeit und Bevormundung liegt.«

»Für dich wäre ein Schweinetrog angemessen.«

»Wenigstens reden wir nicht mehr über Maricels Füße.«

»Aber *one more thing,* Sammy: Du solltest in Kunst investieren. Seit Mario Draghi mit seiner Euro-Bazooka um sich schießt, erzielen Kunstauktionen Milliardenumsätze. Es gibt laufend neue Rekordpreise für Werke von Alexander Calder, Joseph Cornell oder Frank Stella. 84 Millionen Dollar erzielte Christie's kürzlich für das Bild *Black Fire 1* von Barnett Newman. Als Tintinologe solltest du außerdem wissen, dass das *Tim-und-Struppi*-Originalcover von *Der geheimnisvolle Stern* kürzlich einen Verkaufspreis von 2,5 Millionen Euro erzielt hat.«

»Henri, ich stehe eher auf Gold, Bluechips, Nestlé, Unilever, Danone oder Mondelez …«

»Das ist was für Methusalems unter dem, eh … unter dem …«

»… unter dem Sauerstoffzelt, ja, ich weiß, ich schwöre nun mal drauf, auch wenn ich noch nicht unter dem Sauerstoffzelt liege.«

»Entschuldige, ich hab das nicht so gemeint, Sammy, Nestlé ist sicher ein solides Unternehmen, die Nummer eins der Branche, weltweit diversifiziert, und Saufen und Fressen muss man immer. Aber die Aktie ist so was von langweilig …«

»Ich brauche Sicherheit, Henri, keine Action.«

»So wirst du nie richtig reich, Sammy.«

»Mehr als *eine* Scaloppina in purgatorio del padrone aufs Mal kann ich nicht essen, Henri. Ich weiß nicht, ob du das verstehen kannst.«

»Offen gestanden: Nein.«

Vor dem Start bemühten sich die Stewardessen, die Passagiere auf den Sitzen zu halten, aber die Freiheitsliebe der Filipinas lässt sich nicht angurten. Die Maschine hob ab und flog über das Südostasiatische Meer, derweil die Sonne unterging. Henri reckte den Hals, um die Stewardess besser sehen zu können, die gerade den Gang hinunterging. »Oh, Sammy, hast du ihre kleinen Füße gesehen? Kleine Füße und Riesentitten, das törnt mich an.«

»Henri, ist das nicht etwas krankhaft?«

»Schau mal meine Hose an«, flüsterte er, »diese Stewardess bringt meinen kleinen Mann um den Verstand, das ist mir echt peinlich.«

Ich legte ihm das Bordmagazin über die Hose. Doch die leicht bekleidete Chinesin auf dem Cover schien ihn noch mehr zu erregen.

»Du denkst, das ist pathologisch?« Er machte ein gequältes

Gesicht, obwohl ich sicher war, dass ihn die Erektion mit Stolz erfüllte.

»Du bist ein Medecophobiker, Henri, einer von denen, die krankhafte Angst davor haben, dass man die Erektion an der Ausbeulung der Hose erkennt.

»Du hast recht«, gab Henri zu, »ich geniere mich, dass mir das in der Öffentlichkeit ständig passiert. Wie wird man Medecophobiker, Sammy? Hat es möglicherweise damit zu tun, dass ich mir das Rauchen abgewöhnt habe? Die Summe aller Laster bleibt ja in etwa immer gleich, oder ist es eher genetisch bedingt?

»Ich denke schon, aber bei dir beschränken sich die Süchte wenigstens aufs Fressen, Saufen, die Arbeit und den Sex.«

Nach einer Weile sagte er: »Ich muss dir gestehen, ich hatte schon mit über tausend Frauen Sex.«

»Fällt dir bestimmt schwer, dieses Geständnis.«

»Vielleicht waren es auch 1500, eher, ja eher 1500.«

»Das wäre etwa dreißig Jahre lang jede Woche eine andere Frau gewesen«, sagte ich anerkennend.

»Es waren wohl eher 2000 Frauen.«

»Hast du eigentlich einen Zähler auf deinem Pimmel?«, fragte ich und gähnte.

»Hätte ich über jede Frau eine Seite geschrieben, wäre das ein dickes Buch geworden«, gab er zurück.

»Vielleicht ein bisschen repetitiv.«

»Ich kann nichts dafür, Sammy, meiner kann immer, und bei mir dauert der Sex nicht sieben Sekunden wie bei Schimpansen, sondern volle drei Stunden ...« Er nickte gewichtig mit dem Kopf, als habe er soeben zwei Wochen bei den Navy Seals verbracht.

»Bei Präriewühlmäusen dauert der Sex vierzig Stunden.«

»Ist das wahr?«, fragte Henri sichtlich verblüfft.

»Ja, ich hoffe, das hat dich jetzt nicht deprimiert.« Ich gab Henri mit den Augenbrauen ein paar Morsezeichen, um anzudeuten, dass bereits das halbe Flugzeug gebannt unserer Konversation lauschte.

»Die sprechen doch kein Deutsch«, grinste er und schaute vergnügt zum Fenster hinaus. Nach einer Weile sagte er: »Du könntest dich einfrieren lassen, Sammy. Bis die was gefunden haben gegen Organabstoßungen. Hast du schon mal darüber nachgedacht?«

»Du meinst, ich wäre dann so eine Art Eis am Stiel, und wenn ich in hundert Jahren wieder aufgetaut werde und meine Freunde anrufe …«

»… nimmt kein Schwein ab, da hast du recht, und im Briefkasten hast du jede Menge Mahnungen, aber es gibt dann mit Bestimmtheit noch Mädels, die mit dem Mann schlafen wollen, der hundert Jahre lang Eis am Stiel war.«

Ich gähnte erneut, zugegeben etwas demonstrativ, um Henri deutlich zu machen, dass ich todmüde war und dem Gespräch nicht mehr richtig folgen konnte. Das ist ein Problem seit der Knochenmarktransplantation, die Batterien lassen sich nicht mehr richtig aufladen. Für mehr als zwei Stunden reicht die Konzentration nicht mehr aus. Nur in der *Pacific Avenue* zählten die Stunden nicht, dort konnte ich ewig verweilen. Ich schloss die Augen.

»Hast du dir schon Gedanken über deine Todesanzeige gemacht?«, begann Henri von Neuem.

»Henri! Kannst du nicht mal was Positives sagen? Ich bin gerade am Einschlafen. Diese Scheiße kurz vor dem Einschlafen, du hast ja keine Ahnung, wie grässlich dadurch der Albtraum wird, den mir Cellaris mischen wird.«

»Ich meinte ja nur«, sagte Henri versöhnlich, fuhr aber dennoch fort: »Es gibt Leute, die alles ganz genau planen. Sogar die eigene Todesanzeige. Die festlegen, ob die Leute einmal Grünzeug auf dein Grab werfen sollen oder der Krebsforschung Geld spenden.«

»Was mich angeht, können sie sich ein Lotterielos kaufen. Vielleicht haben sie mehr Glück als ich. Und jetzt will ich schlafen, Henri.«

Eine Weile blieb es ruhig, dann sagte er: »Aber dass du gesagt hast, meine Uhr sei eine Fälschung, war echt Scheiße. Das war respektlos, eine üble Beleidigung!«

»Tut mir leid, Henri, aber ich dachte, unter Freunden kann man doch mal …«

»Ach«, stieß Henri verärgert hervor und schaute aus dem Fenster, »wir können unsere Freundschaft auch gleich hier an Bord beenden!«

»Bist du jetzt in den Wechseljahren, oder was?«

»Leck mich doch …«

Als das Essen serviert wurde, bestellte sich Henri zwei kleine Flaschen Bordeaux und langte tüchtig zu. Danach schielte er immer wieder auf mein Tablett; ich hatte meinen Lunch unberührt stehen lassen. Er schien sehr hungrig zu sein und fragte: »Isst du nichts?«

War das jetzt ein Versöhnungsversuch? Oder war er einfach nur hungrig?

»Ich darf nichts Frisches essen«, sagte ich.

»Was darfst du denn essen?«, fragte er teilnahmsvoll.

»Muss alles gekocht sein oder im Ofen gegart, Milchprodukte nur pasteurisiert und so weiter.«

»Schieb dein Tablett doch bitte zu mir rüber«, grinste Henri,

»dann hast du mehr Platz.« Seine miese Stimmung schien verflogen.

Ich reichte ihm das Tablett und nahm meine nächsten Pillen. Henri aß hektisch und machte anschließend ein Nickerchen, während ich auf dem iPad Philipp Bloms *Der taumelnde Kontinent* las.

Zu meiner linken Seite schaute sich Maricel gerade den neuen Science-Fiction-Film *Elysium* mit Matt Damon und Jodie Foster an, die sich durch das Jahr 2154 schlagen. Die Superreichen leben dannzumal in einer Raumstation, während der Rest der Weltbevölkerung auf der total kaputten, verarmten, kriminellen und hoffnungslosen Erde dahinvegetiert.

Henri hatte einen Atemaussetzer, wachte abrupt auf und fragte: »Wo sind wir?«

»Wir befinden uns an Bord der Cathay Pacific, Flug Nummer 288, unterwegs nach Cebu.«

Ein Lächeln huschte über sein Gesicht. Er wirkte wie verwandelt, freundlich, umgänglich, er schien unsere Diskussion von vorhin vergessen zu haben.

»Sag mal«, fragte ich ihn, »was ist eigentlich damals in Hongkong passiert? Du warst plötzlich weg, dein Büro war leer.«

»Weißt du, als Unternehmer musst du manchmal rasch und entschlossen handeln. Bevor etwas passiert.«

»Und was ist passiert?«

»Schau mal, Maricel will dir was geben«, wich er aus.

Sie reichte mir meine Cellaris. Mir graute davor, weil mein Magen bereits brannte. Es waren einfach viel zu viele Pillen.

»Müssen wir diesen Bischof unbedingt besuchen?«, fragte ich mürrisch.

»Ohne den kirchlichen Segen fallen bei uns keine politischen Entscheidungen«, klinkte sich Maricel in unser Gespräch ein,

»wer nicht nach seiner Pfeife tanzt, wird gleich exkommuniziert. Das hat schon manchem Politiker den sicheren Wahlsieg gekostet. Wisst ihr, wie wir unsere Kongressabgeordneten nennen?«, fragte sie.

Henri zuckte die Schulter.

»Tongressmen«, sagte sie, *»tongress* bedeutet Schmiergeld. Also tust du gut daran, vor deinem Termin mit dem Bischof ein bisschen Bargeld abzuheben.« Sie reichte mir noch eine Pille für den Magen und die Wasserflasche. »Um das Feuer zu löschen.« Sie schien immer zu wissen, wie ich mich fühlte und welche Pille ich gerade zusätzlich brauchte.

»Los fuegos«, murmelte ich und strich mir über den aufgeblähten, steinharten Bauch.

Océano Pacífico

Der gigantische Sturm wollte nicht nachlassen, die rauen Kerle an Bord flehten die heilige Jungfrau Maria an, sie nicht im Stich zu lassen. In der Nacht flackerten merkwürdige Feuer am Himmel, einige meinten, es handle sich um das Fegefeuer, das sie alle erwarte. *Tierra de los fuegos,* diktierte Magellan Pigafetta ins Logbuch, »Feuerland«.

»Das Schiff lässt sich nicht mehr steuern!«, schrie der Bootsmann vom Achterdeck herauf. »Was sollen wir tun?«

»Beten!«, schrie Magellan zurück. »Unser Schicksal liegt jetzt in den Händen der heiligen Mutter Maria.«

Die Signalfackeln waren allesamt erloschen, die Schiffe trieben auseinander, jeder Kapitän war auf sich allein gestellt.

»Hättest du dir nicht was anderes ausdenken können?«, grinste Jack.

»Das ist Historie, Jack, nichts als Historie. ›Schreiben, was ist‹, sagte Rudolf Augstein einmal, *Schreiben, was war,* gilt in der *Pacific Avenue.«*

»Ihr habt doch längst die Kontrolle verloren.« Andrea stand mit ihrem durchnässten Kerberos an Deck, sie war sichtlich missgelaunt. »Du bist doch gar nicht mehr imstande, eine anständige Geschichte zu entwickeln. Andauernd fährt dir eine Figur in die Parade.«

»Andrea, was hältst du davon, wenn du dich zusammen mit deinem dreiköpfigen Ungeheuer ins Meer stürzt?«

»Wieso ist deine Filipina nicht an Bord? Wieso bin ich hier? Hast du dir das schon mal überlegt? Weil du mich immer noch liebst? Nein, weil du mich immer noch brauchst. Ohne mich wirst du diesen Sturm nicht überstehen. Ihr werdet alle untergehen, und das geschieht euch recht.«

»Sie ist verrückt geworden, und das ist meine Tochter«, seufzte Jack.

»Andrea, ich werde alle deine Dialoge streichen«, drohte ich ihr. »Vielleicht mache ich aus dir eine verruchte Nutte mit einem blutrünstigen Bullterrier.«

»Das ist eine gute Idee, Sammy, Tabledance um den Mast herum«, sagte Henri, der sich zu uns gesellt hatte, »Jack, haben wir noch was zu trinken?«

Als sich der Sturm endlich legte, gab Magellan den Befehl, die Fackel am Heck zu entzünden, damit sich die andern Kapitäne dem Flaggschiff wieder anschließen und rapportieren konnten. Sie kamen alle, bis auf die *San Antonio* mit Esteban Gómez. Er hatte die Nacht nach dem Sturm genutzt, um mit seiner sechzigköpfigen Besatzung zu desertieren und zurück in die Heimat zu segeln.

Christopher de Haro tigerte auf dem Deck der *Trinidad* umher und begutachtete die Schäden. Jack stieg mit steifen Gliedern aus seinem zusammengerollten Tau. »Jetzt habt ihr nur noch drei Schiffe, die *Trinidad,* die *Concepción* und die *Victoria.* Ich hoffe, ihr habt diese Verluste einkalkuliert, obwohl die Versicherungsmathematik erst in 200 Jahren zur Reife gelangen wird.«

»Nur ein Schiff muss durchkommen, Jack«, sagte ich, »ein einziges Schiff, voll beladen mit Gewürzen. Dann fahren wir einen gigantischen Gewinn ein. Weißt du, wie viele Pfefferkörner im Bauch eines Schiffes Platz haben?«

Plötzlich ertönte eine neckische Frauenstimme: »Er wollte mich dazu bewegen, mit ihm nach Spanien zurückzukehren.«

Zu unserer Verblüffung stieg Lourgien aus dem zusammengerollten Tau, wo sie sich den Platz offenbar mit Jack geteilt hatte. Ihr durchnässtes T-Shirt klebte an ihren festen Brüsten und ließ sie nackt erscheinen. Sie genoss die Aufmerksamkeit und lehnte sich in aufreizender Pose gegen die Reling.

»Wieso bist du nicht mit ihm gesegelt?«, fragte ich. »Ihn hättest du bestimmt auch ausrauben können.«

»Ich habe dich nicht ausgeraubt, Joe«, erwiderte Lourgien und streckte ihren Po neckisch nach hinten, »ich klaue kein Geld, ich raube den Verstand. Ich erkenne sofort, ob ein Mann erregt ist. Und weißt du woran? Er atmet.« Lourgien lachte vergnügt. »Mein Ziel ist Cebu. Wenn Magellan die Insel erreicht, werden wir alle am Ziel sein, alle!«

»Die wirst du nie mehr los«, seufzte Henri, der nun ebenfalls an Deck gekommen war, »ich habe dich damals in Hongkong gewarnt. Frauen wie sie haben nichts zu verlieren. Dieses Schiff ist ihre einzige Hoffnung.«

Inzwischen hatte Magellan die *Concepción* und die *Victoria* erneut auf Erkundungsfahrt geschickt, zum Unwillen von Faleiro, der ins Nichts starrte und jammerte: »Die Sterne stehen schlecht, ich sehe keine Konstellation, die Hoffnung verspricht.«

»Sind wir jetzt fertig, Faleiro?«, fragte Christopher de Haro und zeigte aufs Meer hinaus. »Wenn du es nicht mehr aushältst, stürze dich in die Fluten, dann müssen wir dein Geschwätz …« Mit offenem Mund hielt er inne, dann schrie er: »Da, die Schiffe kehren zurück!«

Die *Concepción* und die *Victoria* kamen mit vollen Segeln auf uns zu und feuerten ihre Kanonen ab. Das vereinbarte Zeichen! Es war ein unglaublicher Moment. Sie hatten den Durchgang endlich gefunden! Den *Paso!*

»Kniet nieder«, rief Maggy entzückt, »lasst uns Gott danken und der heiligen Maria.«

Die Männer falteten die Hände zum Gebet und senkten demütig die Köpfe.

»Nehmt die Mützen ab!«, befahl Maggy – und begann mit ihrem Staubwedel die Köpfe der Männer zu polieren.

Eine gespenstische Stimmung lag in der Luft, als die drei Schiffe am 28. November 1520 den *Paso* hinter sich ließen. Das neue Meer, das sich auftat, war so ruhig, als gehörte es zu einer andern Welt. Magellan faltete die Hände zum Gebet. Tränen rannen über sein Gesicht.

»Er ist so ruhig, dieser Ozean«, flüsterte er ehrfürchtig, »ich werde ihn *Océano Pacífico* nennen, den friedlichen Ozean.«

Mactan Cebu International Airport

Wir landeten auf dem Mactan Cebu International Airport in Lapu-Lapu City, der Hauptstadt der kleinen Insel Mactan, die zu den Visayas gehört. Hier würde ich zum letzten Mal Fernando de Magallanes begegnen. Henri stieß mir den Ellbogen in die Rippen und flüsterte: »Schau dir mal diese Mädchen an, so viel nackte Haut und so katholisch.«

Die Flughafenhallen waren klimatisiert, oder sagen wir mal: einige davon. Überall standen Bewaffnete herum, als finde hier demnächst eine Gipfelkonferenz der Asean-Staaten statt. Draußen warteten Taxis und Limousinen.

»Wir müssen eine Plattform höher«, sagte Maricel, »hier bezahlst du das Zwanzigfache und erst noch in Dollar.«

Wir schleppten unsere Koffer einige Dutzend Stufen hoch, da die Rolltreppe außer Betrieb war. Als wir die gläsernen Schiebetüren zu den oberen Taxiständen öffneten, prallten wir gegen eine Hitzewand von gefühlten vierzig Grad. Mir schien, als würde ich wie Raclettekäse dahinschmelzen. Wir gingen zu einem weißen Taxi, das mit *Air Con* beschriftet war. Offenbar hatte das Geld des Fahrers nur gerade für den Kleber gereicht, aber nicht für den Einbau einer Klimaanlage.

»Die klauen sich hier gegenseitig ihre Klimaanlagen. Hat gar keinen Sinn, eine einzubauen«, erklärte Maricel.

Am Rückspiegel baumelten einige der 653 katholischen Schutzheiligen, die wir auf der Fahrt dringend brauchen würden. Allmählich machte ich mir ernsthafte Sorgen, ob ich die nächsten Wochen in dieser schwülen Tropenhitze überleben würde.

Ich hatte Mühe mit der Atmung und begann mich zu verkrampfen, was nicht sehr hilfreich war. Ich brauchte dringend kühle Luft, eine Dusche und ein Lager, auf dem ich flach liegen konnte. Wenn man flach liegt, kann die Muskulatur ruhen, und die Krämpfe schwächen sich ab.

»Ready, Sir?«, grinste der Fahrer, der sich Nick nannte.

»Ho«, machte Maricel und hob das Kinn an.

Nick klatschte die Schutzheiligen ab und drückte aufs Gas, als wolle er sich für die nächste Folge von *The Fast and the Furious* bewerben. Er fädelte sich auf dem zweispurigen Highway ein, der bald zu einer dreispurigen und wenig später zur fünfspurigen Rennstrecke wurde. Die Filipinos fuhren mit quietschenden Reifen Slalom, überholten links und rechts, als wären wir im Wilden Westen und müssten als Erste unseren Claim abstecken. Henri hielt sich mit verzerrtem Gesicht an seinem Sitz fest. Ich griff zum Sicherheitsgurt und stellte fest, dass von ihm nicht viel übrig geblieben war. Also hielt auch ich mich mit beiden Händen am Polster fest.

»Filipinos lieben die Freiheit, Henri, no rules …«, lachte Maricel.

Offenbar ging es darum, welches Taxi zuerst die Osmeña-Brücke erreichte, die die Insel Mactan mit Cebu City verbindet. Schwer zu sagen, ob diese Taxis über ein Bremspedal verfügten, denn gebremst wurde fast ausschließlich mit der Hupe, was ein infernalisch-fröhliches Open-Air-Konzert ergab. Ich bat Nick, es ruhiger angehen zu lassen, doch offenbar kam eine andere Botschaft an, denn er schaltete auf *Indy 500* um und ließ mit seiner Fahrweise Passanten und streunenden Hunden das Blut in den Adern gefrieren. Er reduzierte den Abstand zu den vorderen Wagen auf ein paar Zentimeter. All die Bicycles, Tricycles und seltsamen motorisierten Objekte um uns herum erinnerten eher an Eisenplastiken von Tinguely und Luginbühl als an herkömmliche Fortbewegungsmittel.

»Muss man hier eigentlich keinen Führerschein haben?«, fragte ich.

»Doch, man kriegt sie in Karaoke-Bars für acht Dollar«, sagte Henri. »Die Straßenverkehrsordnung ist eh simpel: Gib Gas, du schaffst es, der Stärkere hat Vortritt, und leuchtende Ampeln signalisieren eine Girlie-Bar.«

Als Nick mit quietschenden Reifen in eine Parklücke rutschte und die Rosenkränze und Heiligenbildchen erneut abklatschte, wussten wir, dass wir *The Henry Hotel* in der Ma Luisa Entrance Road unverletzt erreicht hatten. Er verlangte ein paar tausend Pesos. Ich wollte das Portemonnaie zücken, doch Maricel hielt mich davon ab. Sie schrie den Fahrer an, wie ich das von ihr noch nie erlebt hatte.

»Ganz ruhig bleiben«, flüsterte Henri, »die haben alle eine Machete im Handschuhfach.«

Nick nutzte eines seiner drei Mobiles für einen kurzen Anruf, gab Gas, raste trotz unserer lauten Proteste die Straße hinunter und bremste wenig später vor einem Amtshaus. Ein Polizist in Uniform kam wie bestellt auf unser Auto zu und unterhielt sich mit Nick auf Cebuano.

»Der Polizist sagt, die Taxibewilligung sei abgelaufen«, übersetzte Maricel, »Nick müsse eine Strafe zahlen, habe aber kein Geld, und auch wir bekämen eine Buße, weil wir mit einem illegalen Taxi unterwegs seien.«

»Sag Nick, dass wir ihn anzeigen und ihm den Arsch aufreißen«, ereiferte sich Henri.

Der Polizist richtete seinen Zeigefinger drohend auf ihn.

»Das bedeutet: *Shut up!«,* belehrte ihn Maricel. »Lass uns bezahlen, es ist zwecklos. Der Beamte, der die Anzeige entgegennimmt, ist auch der Beamte, der die Anzeige zerknüllt und damit ein kleines Baseballspiel veranstaltet. In jedem Polizeirevier hängt der Papierkorb über der Tür.«

Wir stiegen aus, bezahlten eine stattliche Summe und marschierten zum *The Henry* zurück, wo wir verschwitzt, entnervt und geschlaucht ankamen. Das Interieur des bunten Boutique-Hotels erinnerte an Pop-Art, wie man sie in London oder Barcelona antrifft.

»Es ist nicht das beste, sondern das einzig vernünftige Hotel in dieser Stadt«, erklärte Henri, der zunehmend grantig wurde, weil ihm sein Rücken wehtat. Er hatte ja keinen blassen Schimmer, was bei mir alles schmerzte!

Wir zogen uns in unsere Zimmer zurück, große Räume mit wandfüllenden Gemälden im spanisch-mexikanischen Pulp-Fiction-Stil. Unser Badezimmer war schwarz-weiß geplättelt. Ich stellte mich mit Maricel unter die Dusche und genoss den kalten Strahl, bis mein Körper abgekühlt war. Maricel steckte ihr iPhone in die Dockingstation, wir legten uns aufs Bett und waren froh, dass wir endlich Ruhe hatten. Sie kuschelte sich an mich und ... Da klopfte es. Maricel sprang auf und öffnete die Tür.

Es war Henri. »Kann ich bei euch duschen? Bei mir funktioniert nichts, da kommt nur so eine gelbe Currysauce raus.«

»Hattest du etwa roten Curry bestellt?«, fragte ich mürrisch.

»Ich habe euch doch nicht etwa gestört?«, fragte Henri scheinheilig.

Während er duschte, machte Maricel Fotos von mir und vom Zimmer und postete sie auf Facebook. Ich kontrollierte meine Mails und ärgerte mich, dass ich mit Spam aus Frankreich zugemüllt wurde, seit ich einige Bücher auf amazon.fr bestellt hatte. Und seit ich auf medizinischen Seiten die Nebenwirkungen von Medikamenten gegoogelt hatte, war ich offenbar fest gefangen in den Verteilern der weltweiten Online-Apotheken.

Hi Joe, how are you?

Mehr stand nicht in der nächsten Mail, die ich öffnete. Es genügte auch so, um mir den Abend zu verderben. Ich versuchte trotzdem, ein freundliches Gesicht zu machen, da mich Maricel erneut fotografierte. Sie bestand darauf, auch draußen im Flur ein paar Bilder zu schießen, damit man im Hintergrund das Türschild mit der Aufschrift *Junior Suite* sehen konnte. Als wir ins Zimmer zurückkamen, saß Henri im Bademantel vor meinem Computer und checkte seine Mails über den Account seines Providers.

»Ich darf doch, oder? Wir sind ja nicht verklemmt.«

Maricel dokumentierte, wie ich Henri angrinste und wie er mit heruntergezogenen Mundwinkeln auf die Mail von Lourgien zeigte.

»Ich weiß«, kam ich ihm zuvor, *»street-smart.«*

Mit einem Sprung landete Maricel hinter Henri und beugte sich über den Bildschirm. »Was? Schon wieder die?«

Henri verabschiedete sich mit einer Grimasse.

»Ich habe sie blockiert, Maricel, aber sie findet immer wieder einen Weg.«

»Aber du wirst sie nicht etwa treffen, oder?«

»Wieso sollte ich, Maricel? *Sie* schreibt, nicht ich. Und ich antworte nie. Sie wohnt übrigens in Manila.«

»Du musst ihr sagen, dass sie eine kriminelle Schlampe ist!«

»Das hat ihr bestimmt schon jemand gesagt.«

Am nächsten Morgen klopfte Henri an unsere Zimmertür und bat Maricel um Hilfe. Nachdem wir das amtlich beglaubigte

Empfehlungsschreiben in Manila organisiert hatten, brauchte er nun also einen Termin beim Bischof. Er meinte, dass eine telefonische Anfrage in Tagalog oder Cebuano erfolgversprechender wäre als eine in Englisch. In diesem Moment erlitt ich eine meiner täglichen Krampfattacken, was Henri offenbar so sehr schockierte, dass er unser Zimmer fluchtartig verließ.

Er frühstückte allein mit Maricel. Ich wollte den ganzen Tag im Hotel bleiben, meine geschundenen Füße pflegen und dafür beten, dass die Klimaanlage nicht wieder ausstieg.

Ich googelte das Museo Sugbo; die Seite war vorübergehend *under construction.* Also googelte ich die offizielle Tourismusseite der Stadtverwaltung, der Server war *down.* Ich las Online-Zeitungen aus aller Welt, tauschte Mails mit Tim, der mit seiner Frau im *Mandarin Hotel* in Hongkong weilte und von einer Hot-Stone-Massage erzählte – und freute mich, als eine Mail von Dr. Pedro Hacban vom Museo Sugbo eintraf. Er schrieb, er sei noch in Sevilla wegen der Vorbereitung der Magellan-Ausstellung im Herbst. Aber er würde in zwei Wochen wieder in Cebu sein, wir könnten uns dann im Museum treffen. Er wolle mir ein paar interessante Artefakte aus dem 16. Jahrhundert zeigen, die noch nie ausgestellt worden seien. Nun gut, das könnte ohne Zweifel interessant werden, dachte ich und sah schon das Promo-Foto von mir und ein paar Zähnen, die die Männer auf den Schiffen Magellans wegen Skorbut verloren hatten.

Maricel schickte mir ab und zu Bilder per SMS aus der Ayala Mall, die sie mit Bekannten besuchte, darunter auch Fotos von den bewaffneten Guards in ihren blauen Uniformen. Henri wiederum schickte SMS aus verschiedenen Bars. War ja alles nett gemeint, verstärkte aber bei mir den Eindruck, dass das pulsierende Leben da draußen an mir vorbeiging und ich nur noch

Statist war. Dann kam noch die SMS von Beyoncé. Ich schluckte die Pille.

Später kümmerte ich mich um meine druckempfindlichen Zehennägel. Die Nagelbette eiterten, ich musste eine Blutvergiftung verhindern. Das hatte man mir im Zellersatzambulatorium oft genug gesagt, notfalls sollte ich in die nächste Klinik und mir die Zehennägel entfernen lassen. Mir graute davor, dass man sie mir bis zum Knochen hinunter herausfräste.

Ich starrte auf meine große Zehe, als erwarte ich einen Ratschlag von ihr. Sie schien schnell anzuschwellen, und plötzlich war die Zehe größer als ich – ich konnte sie mit beiden Armen umschließen und war mir sicher, dass es sich um eine Zehe von Bartholdis Freiheitsstatue in New York handelte. Doch je länger ich sie anstarrte, desto mehr schrumpfte sie wieder, bis schließlich der ganze Fuß in meiner Hand Platz hatte. Jetzt war es Tims Fuß, ohne Zweifel, er steckte in einem Gewirr aus Kabeln und Drähten fest, ich musste den Fuß befreien, ich musste Tim retten und brauchte dringend einen Termin bei diesem Orthopädieprofessor im Kinderspital. »Wir haben jetzt einen Termin«, hörte ich jemanden sagen. Ich hörte es deutlich, obwohl es eine SMS war. Eine SMS von Henri.

Smokey Mountain

Als die Menschen am nächsten Morgen in der Juan Luna Street ihren wohlbeleibten Bischof in weißer Sutane aus seiner schwarzen BMW-7er-Limousine aussteigen sahen, falteten sie die Hände, senkten die Köpfe und begannen leise zu beten. Einige versuchten, ihn zu berühren. Wie ein Heilsbringer, der soeben vom Himmel heruntergestiegen war, verteilte er gönnerhaft seinen Segen und nahm dabei eine gebückte und demütige Haltung an.

Henri und ich folgten dem Gottesmann über den belebten Vorplatz der Basilica minore del Santo Niño. Einige Filipinos verkauften bunte Luftballons, andere saßen im Schneidersitz vor ausgebreiteten Decken und boten allerlei religiösen Kitsch an, dritte genossen das Nichtstun. Der Bischof zelebrierte Großmut und Empathie und erinnerte mich an die Missionare in Hergés Comic *Tim im Kongo,* die dort den Eingeborenen gönnerhaft über die Köpfe streichen. Hier draußen, am Ende der Welt, mochte er sich wohl wie der Papst in Rom fühlen. Er blieb vor der heruntergekommenen Fassade der Basilika stehen und zeigte auf die Stelle, wo vor kurzem noch der Turm gestanden hatte.

»Das Erdbeben im letzten Jahr hat den Turm vollständig zerstört und die gusseiserne Glocke auf den Platz hinuntergeschleudert«, sagte er. »Wir hatten viele Tote, am Flughafen, in Warenhäusern, alles wurde wieder aufgebaut, aber unsere Basilika …« Er machte eine Kunstpause, prüfte unsere Reaktion und fuhr dann fort: »Die Basilika ist die älteste Kirche der Philippinen. Sie ist die Wiege des Christentums in Südostasien. Wenn Sie den Segen der philippinischen Kirche beanspruchen, Professor, dann geben Sie den Menschen ihre Basilika zurück.«

»Wie hoch soll die Spende denn ausfallen?«, fragte Henri ohne Umschweife.

»Folgen Sie mir, meine Herren. Ich werde Ihnen noch etwas zeigen«, sagte der Bischof, »etwas, das mehr erzählt als tausend Worte.«

»Hier ist übrigens unser Empfehlungsschreiben aus Manila«, bemerkte Henri und reichte ihm das dreifach abgestempelte Dokument.

Der Bischof überflog es, lächelte amüsiert und gab das Papier zurück. »Die lassen sich auch immer wieder etwas Lustiges einfallen; sie sind wie kleine Kinder. Aber irgendwie müssen wir uns alle durchwursteln. *Diskarte* nennen wir das hier.«

Wir stiegen in die voll klimatisierte Limousine des Bischofs und genossen bei der Fahrt durch die City den Komfort der opalweißen Ledersitze im Fonds. Wohin die Reise ging, verriet er uns nicht.

Als wir fast lautlos über eine große Brücke schwebten, erkannte ich die Route; sie führte direkt zum Flughafen. Ich starrte wie ein kleiner Junge auf den elegant gestylten, hochauflösenden 9,2-Zoll-Touchscreen in der Rücklehne. Henri fand die Massagefunktion für die Sitze. Zwölf Luftkammern begannen unsere Rückenmuskulatur durch wellenartige Bewegungen von unten nach oben zu massieren, sechs weitere rotierten vom Schulter- bis zum Lendenbereich. Es war ein ganz besonderes und unvergessliches Erlebnis, im Firmenwagen der Kirche der Armen herumchauffiert zu werden.

»Dort vorn, wo die dunklen Rauchschwaden aufsteigen, befindet sich das Dorf der Scavenger«, sagte der Bischof.

»Scavenger? Aasfresser?«, fragte ich und warf Henri, der seine Massage sichtlich genoss, einen fragenden Blick zu.

»So nennen wir die Menschen, die auf den Müllhalden leben«, bestätigte der Bischof, »sie ernähren sich von Müll. Seit sich der Reispreis verdreifacht hat, verlassen immer mehr Menschen ihre Dörfer. Es sind Tausende, die von überall herbeiströmen, vor allem aus Mindanao, unserer südlichsten Inselgruppe. Sie hoffen auf ein besseres Leben, sie wollen arbeiten, aber der Traum endet meist in den Slums und auf dieser Müllkippe. Sie leben vom Abfall der Reichen.«

Als wir ankamen, stieg der Bischof aus und glättete seine

weiße Soutane. Sein Fahrer justierte ihm die Mozzetta über den Schultern. Ein fürchterlicher Gestank von, Fäulnis, Moder und Verwesung schlug uns entgegen. Beißender Rauch lag in der Luft. Vor uns türmte sich ein dreißig Meter hoher Berg aus Müll auf einer Fläche von zwanzig Fußballfeldern. Es verschlug uns schlicht die Sprache.

Wie benommen folgten wir dem Bischof, vorbei an Dutzenden von Verschlägen aus Wellblech, Holz, Pappe, Lumpen und Schutt. Frauen und Kinder durchwühlten mit bloßen Händen Abfallreste und fischten zwischen vergammeltem Gemüse und verschmierten Lumpen leere Konservendosen heraus. Drei kleine Mädchen stocherten barfuß in einem verkohlten Haufen. Sie trugen nichts als schmutzige Unterhosen, in der Hand ihnen *kahegi,* den unentbehrlichen Metallhaken. An einer Barackenwand stand: *Proud to be a Filipino.*

»Die wachsen hier auf«, erklärte uns der Bischof, »sie kennen nichts anderes. Meistens sind die Eltern schon gestorben, viele leiden an Tuberkulose. Kommt ihnen nicht zu nahe, die haben alle ansteckende Krankheiten. Wer hier krank wird, stirbt.«

Ich wich instinktiv zurück, nahm meinen Mundschutz aus der Hosentasche und befestigte den Gummi hinter den Ohren. Zwei riesige Bulldozer schoben Müll an uns vorbei.

»Sie schieben alles in den Kalksteinbruch, und wenn er voll ist, in die umliegenden Mangrovenwälder, bis zum Fluss hinunter. Aus den Augen, aus dem Sinn. Hier plant man nur bis zum Einbruch der Nacht.«

Als einige Scavenger den Bischof in seinem weißen Gewand erkannten, warteten sie mit gesenktem Kopf, bis er an ihnen vorbeischritt. Einige knieten nieder, andere wagten es zaghaft, die Soutane zu berühren, und rannten dann kichernd davon. Immer mehr geschundene, ausgezehrte Müllsammler eilten herbei, als gelte es, einer Prozession beizuwohnen. Die Müllmenschen schienen nicht feindselig, sondern gerührt, keine Spur von Missgunst oder Aggression. Im Gegenteil, sie legten ihrem Schicksal gegenüber eine Gleichgültigkeit an den Tag, die nur ein Volk entwickeln kann, das seit einem halben Jahrtausend abwechselnd von Spaniern, Amerikanern, Japanern und Chinesen gemeuchelt, geknechtet und vergewaltigt worden ist. Gönnerhaft streckte der Bischof immer wieder seine Hand aus, damit sie seinen goldenen Bischofsring küssen konnten. Wie ein Grandseigneur stolzierte er nun umher und genoss die Huldigungen. Er war ein echter Verwandlungskünstler.

»Wie heißt du?«, fragte der Bischof eine junge Frau, die sich darauf spezialisiert hatte, Kronkorken zu sammeln. Ihr fehlten, wie allen Menschen hier, die meisten Zähne.

»Angel«, gab sie zurück.

»Wie viel verdienst du an einem Tag?«

»Neunzig Pesos, Ihre Exzellenz.«

Der Bischof schaute uns an: »Das sind nicht einmal zwei Dollar.« Dann wandte er sich wieder der Frau zu: »Und wie viele Leute in deiner Familie musst du damit ernähren?«

»Sechs Kinder, eine Tante und zwei Großeltern. Vier Kinder sind bereits an Tuberkulose gestorben. Wir sind um jeden Peso froh, deshalb kann mein Ehemann abends nicht in die Bars.«

Alle andern lachten vergnügt.

Der Bischof gab seinem Fahrer ein Zeichen, worauf dieser ein Bündel Banknoten hervornahm und Hundert-Peso-Scheine verteilte.

Als sich zwei Müllaster näherten, rannten die Sammler ihnen entgegen und kletterten blitzschnell auf die Ladebrücken, um die besten Stücke zu ergattern.

»Am wertvollsten sind Drähte aus Bronze und Aluminium«,

erklärte uns der Bischof, »Kinder sammeln meistens Getränkedosen.«

»Gibt es denn hier keine Schulpflicht?«, fragte Henri.

»Hier kann sich niemand Studiengebühren, Schulbus und -uniform leisten.«

»Ihr tut aber auch alles, damit keiner der Armut entkommt«, sagte ich gereizt, »wieso zum Teufel brauchen Menschen, die sich vom Müll ernähren, teure Schuluniformen?«

Der Bischof zuckte nur die Achseln.

Als wir zum BMW zurückgingen, kam uns ein Fotograf mit einer verschwitzten Priesterbinde um den Hals entgegen. Er verteilte ausgewählten Kindern und einigen verkrüppelten Müllsammlern Peso-Scheine. Auf seine Anweisung hin posierten sie mit traurigen Gesichtern vor der Abfallhalde, einige begannen zu weinen.

»Das ist Bruder Diego de Escalante«, sagte der Bischof, »er erfüllt hier im Dienste der Kirche eine wichtige Aufgabe.« Mehr sagte er nicht dazu.

Nach der Rückfahrt drückte er uns Visitenkarten von Bruder Diego in die Hand und meinte, wenn wir Fotomaterial wollten, könne Diego de Escalante alles liefern, was wir wünschten. Möglicherweise war auch der Bischof im Kommissionsgeschäft tätig.

»Eigentlich wollten wir noch über das Casinogeschäft reden«, sagte Henri, als wir bei der Basilika ausstiegen.

»Kommen Sie nächste Woche vorbei, ich brauche jetzt eine kalte Dusche und ein bisschen Entspannung. Diese Müllmenschen nehmen einen doch ganz schön mit, aber ein Bischof muss das ertragen können.«

Room 27

Die folgenden Abende verbrachte Henri wie üblich in einschlägigen Musikbars. Im Hotel zeigte ich Maricel die Website von Diego de Escalante. Offenbar betrieb er ein florierendes Geschäft mit den Bildrechten an seinen Armutsreportagen.

»Vielleicht könnte er mir bei meinen Recherchen weiterhelfen«, sagte ich zu Maricel.

Sie reagierte verhalten: »Er stellt nur das Elend in den Slums dar. Wieso fotografiert er nicht auch die modernen Philippinen, die Gebäude der IT-Industrie in Cebu und Bacolod, die Callcenter, das Internationale Institut für Reisforschung in Manila, unsere Pflanzen- und Artenvielfalt, unsere Strände …«

»Er richtet sich nach den Kundenwünschen, Maricel. Und seine besten Kunden sind nun mal die wohltätigen Organisationen in den Industrieländern.«

Maricel lächelte. Ich schaute sie fragend an.

»Bist du müde?«, fragte sie.

»Nein«, sagte ich und erwiderte ihr Lächeln, »ich bin noch nicht müde, zumal ich meine Fünfuhrpille vergessen habe.«

»Ich bin auch noch nicht müde«, sagte sie, »ich ziehe die Vorhänge zu, man ist hier sehr prüde.«

Gegen Mitternacht schluckte ich meine Cellaris und legte mich aufs Bett. Es war drückend heiß, doch die Klimaanlage war so laut, dass Maricel aufstand und sie ausschaltete.

Von meinem Bett aus sah ich den Nachthimmel; es war Vollmond. Ich kam mir vor wie der Schauspieler Hugh Jackman, wenn er sich in *Wolverine* dem Schicksal fügt und es geschehen lässt, dass er sich in einen Werwolf verwandelt. Durch die geschlossenen Augen sah ich gräuliche Muster, gelbe Ringe, Henris *Merda-d'artista*-Dose, fliegende Stewardessen. Ich warf einen Blick zum Nachttisch, auf dem Merkur und Aesculapius standen, meine beiden kleinen Götterfiguren, die ich mit auf die Reise genommen hatte. Noch war ich nicht ins Land der Träume übergetreten, aber ich war nahe dran.

Plötzlich spürte ich einen Luftstoß und hörte Flügelschläge. Eine weiße Flugzeugmaus mit einem Propeller auf dem Rücken schwirrte durchs Zimmer. Etwas hatte sich auf meine Brust gesetzt. Ich bekam Mühe mit dem Atmen. Ich wollte das Ding berühren, konnte mich aber nicht mehr bewegen. Dennoch wusste ich, dass das Ding auf meiner Brust ein seidenes Fell haben musste. Oder war es ein Käfer? Ich spürte den Puls, dann fühlte ich Ekel, ich wollte es verscheuchen. Es flog davon, blieb aber über meinem Kopf in der Luft stehen. Nun sah ich: Es hatte den Kopf einer Maus und trug einen langen schwarzen Mantel. Es öffnete das Maul und zeigte sein riesiges Gebiss, ich zählte die Zähne, weil ich dachte, dass das nun meine Aufgabe sei, ich zählte und zählte. Es gab mehr Zähne als Bäume im philippinischen Dschungel. Das Tier starrte mich an. Die Augen waren ungewöhnlich klein, und aus dem Mund tropfte ein öliges Sekret. Ich hätte kotzen können. Plötzlich flog es davon, irgendetwas hatte es aufgescheucht. Doch gleich kam das Ding wieder zurück, war jetzt aber nicht mehr allein. Vier seltsame Mischwesen fielen mit brennenden Fackeln durch die Decke. Ihr Anführer trug einen geflügelten Helm, aber es war nicht der Götterbote Hermes, denn das Wesen hatte die Flügel eines Schmetterlings, und es war auch keine männliche Fortuna, obwohl das Wesen ein Füllhorn bei sich trug. Seine drei Begleiter schienen etwas jünger; respektvoll hielten sie Distanz.

»Deine Fackel ist erloschen«, sagte ich zum ersten Wesen, »du erinnerst mich an etwas. Wird dein Bildnis nicht in Bronze gegossen und auf Sarkophage genagelt? Bist du etwa der Tod?« Ich war sehr überrascht. Konnte es sein, dass der Tod so plötzlich zu mir kam? Ganz ohne Vorwarnung?

»Nein, Thanatos ist der Gott des Todes, Thanatos ist mein Bruder. Ich bin Hypnos, der Sohn der Nyx, der Mutter der Nacht, geboren aus dem Chaos zu Beginn der Zeit, als der Kosmos noch aus Staub und Gas bestand. Wenn du mir in die Augen schaust, fällst du in einen tiefen Schlaf und wirst meinen drei Söhnen begegnen.«

Er zeigte auf seine Begleiter.

»Das sind meine Söhne Morpheus, Phobetor und Phantasos, die Götter des Traumes. In der Höhle, in der wir wohnen, entspringt der Fluss der Vergesslichkeit, dort gedeihen die Kräuter, die dich vom Wachsein erlösen. Morpheus erscheint dir jede Nacht in einer anderen Menschengestalt, Phobetor ist manchmal ein Wolf im Schafspelz, aber er ist stets die Bestie, die dich in Angst und Schrecken versetzt, die Bestie, die dich jagt. Und Phantasos ist manchmal der Fels, auf dem du ruhst, der Ozean, in dem du ertrinkst, der Sturm, der dich erschlägt, das Feuer, das dich verzehrt, er ist der Gott der Fantasie. Zusammen sind sie Oneiroi, die Dämonen der Nacht, ihre Häupter sind mit Schlafmohnblüten bekränzt. Aber es gibt einen anderen Gott, der uns die Insel der Träume streitig macht. Zuerst dachten wir, es sei Aesculapius, den wir Asklepios nennen, aber es ist ein junger Gott, von Menschenhand erschaffen, um die alten Götter zu ersetzen. Er nennt sich Cellaris. Weise ihn zurück, sonst schicken wir dich zu meinem Bruder Thanatos in die Unterwelt. Von dort gibt es kein Zurück mehr!«

»Lasst mich endlich frei!«, rief ich. »Ich muss zurück auf die

Trinidad! Ohne mich hat Magellan keine Chance, dem endlosen Pazifik zu entkommen.«

»Geh und friss eine Ratte«, sagten die Götter des Schlafes und der Träume im Chor, »geh, bevor der Fährmann kommt.«

Ratten fressen

Die *Trinidad* trieb in der brütenden Hitze seit Wochen lautlos über den Stillen Ozean. Mit Ausnahme des Steuermanns war kaum noch einer in der Lage, seiner Arbeit nachzugehen. Die Nahrungs- und Wasservorräte waren aufgebraucht. Der Mann im Krähennest zog sich an der Korbumrandung hoch, weit und breit kein Land in Sicht. Erschöpft ließ er sich zurückfallen.

Auf dem Hauptdeck lagen einige Matrosen bewegungslos herum, wie hingeschmissen. Einige stöhnten, hatten die Augen weit aufgerissen, andere delirierten bereits. Rui Faleiro stolperte über die Sterbenden und hielt sich erschöpft an der Strickleiter fest, die am Hauptmast befestigt war. »Ich habe grässliche Dinge gesehen«, stöhnte er, »ich werde eines gewaltsamen Todes sterben … Ich werde sterben und nie mehr in mein geliebtes Portugal zurückkehren.«

»Halt den Mund, oder ich lass dich über Bord werfen«, rief Magellan vom oberen Deck herunter, »hier wird nicht gestorben!«

»Du wirst auch sterben, Capitán, es steht bereits in den Sternen. Ich habe das nachgerechnet, immer und immer wieder. Wir werden beide einen grausamen Tod erleiden.« Die letzten Worte heulte er wie ein Wolf heraus und begann dann zu wimmern: »Man wird uns Gewalt antun. Ich habe Angst, Capitán, ich habe solche Angst vor Schmerzen!« Rui Faleiro brach zusammen und stürzte über einen Matrosen, der sich im Oberarm eines toten Kameraden festgebissen hatte. Sein Gesicht war von geplatzten Geschwüren überwuchert.

Am Abend suchte ich Magellan in der Kapitänskajüte auf. Er war über seinem Tisch zusammengesunken und starrte die Sanduhr an. Die Sandkörner waren feucht und verklumpt wie ein Häufchen Mäusekot.

»Die Zeit ist zerronnen«, sagte der Generalkapitän. »Wir segeln auf einem Ozean, der nirgends endet. Sind wir noch in dieser Welt?«

»Señor Capitán, ich sah einen Mann, der einen anderen auffrisst …«

»Es dürfen keine Leichen an Bord sein, hörst du? Geh rauf und tu, was du tun musst. Tu es für die Fürsten von Kastilien«, stieß Magellan hervor und schloss die Augen, »bloß keine Leichen an Deck.«

Ich holte Jack aus seiner Tau-Burg, in der er weiterhin lebte. Gemeinsam sammelten wir die Leichen ein, richteten sie vor der Reling auf, packten sie an Armen und Füßen und warfen sie über Bord. Im leeren Laderaum fanden wir einen weiteren Toten, den Mund weit aufgerissen, der Rachen voller fauliger Geschwüre. Der Mann hatte keine Zähne mehr, Skorbut. Zwei Matrosen kauerten neben ihm. Der eine biss einer völlig abgemagerten Ratte den Kopf ab.

»Ich biete dir für einen Bissen einen Golddukaten«, hechelte sein Kumpan mit irrem Blick.

»Vergiss es!«, antwortete der andere. »Nimm ein Stück Segeltuch, weiche es in Wasser auf, dann kannst du es runterwürgen.«

Gemeinsam zerrten wir die abgemagerte Leiche an Deck. Sie war nicht besonders schwer.

»Magellan hat die Orientierung verloren«, sagte Jack, als wir die Leiche über Bord geworfen hatten, »wir segeln im Kreis, immerzu im Kreis, bis wir wieder Feuerland erreichen. Wir werden an den Gewürzinseln vorbeisegeln, ohne es je zu erfahren.«

Bestimmt gab es auch in der Schiffsküche Leichen. Wir stiegen hinunter, Lourgien musste Jack stützen. Der indische Koch lag tot auf dem Boden. In seiner rechten Gesichtshälfte steckte das Hackbeil. Ich wollte nach einem Zwieback greifen, ließ es aber bleiben: Das Braune, das aussah wie Fleischaufstrich, war Rattenkot, durchsetzt mit Würmern.

»Gibts hier was zu trinken?«, rief Jack. Ich kniete vor dem Proviantschrank nieder, öffnete beide Flügel – und erschrak dermaßen, dass ich rückwärts unter den Tisch flog.

»Keiner nimmt mir meinen Hund weg!«, fauchte Andrea und krabbelte mühsam aus dem Schrank, ihren Kerberos an der kurzen Leine.

»Wir sollten den Hund essen, solange er noch Fleisch auf den Rippen hat«, drängte Jack.

»Das wirst du nicht tun! Genügt es nicht, dass du damals mein Pferd geschlachtet hast?«

»Dein Pferd war todkrank, Andrea, ich habe dir das schon hundertmal erklärt, aber du willst es einfach nicht begreifen.« Er schaute mich an. »Die ist völlig krank im Kopf!«

Der Hund wollte mich beschnuppern, doch Andrea hinderte ihn mit einem heftigen Ruck an der Leine daran.

»Du wirst ihn noch erdrosseln«, sagte ich.

»Keinen Schritt näher!«, drohte Andrea. »Reicht es nicht, dass ich an diesem verfluchten Krebs gestorben bin? Wollt ihr mir jetzt auch noch den Hund wegnehmen?«

Ich wich von ihr zurück. »Andrea, es war nicht schön, wie

du von uns gegangen bist. Aber ich kann dich heute verstehen. Es ist okay.«

»Hast du *Reader's Digest* abonniert oder ein bisschen gegoogelt?«, spottete sie, als die Kabinentür aufflog. Ein Metallbolzen durchschlug Andreas Brust. Blut spritzte heraus und lief wie Dispersionsfarbe an ihrem Oberkörper herunter. Drei Männer torkelten in die Küche, ausgehungert, ausgezehrt, ausgetrocknet. Einer von ihnen warf seine Armbrust zu Boden, zog sein Messer und stürzte sich auf Andrea. Sie lag im Sterben, schon wieder im Sterben. Die anderen beiden nahmen Kerberos und drückten ihm die Kehlen zu. Flockiger Schaum bildete sich in den aufgerissenen Schnauzen. Dann machten sie sich zu dritt wie Hyänen über Andreas Körper her, schnitten blutige Streifen aus ihren Oberarmen und würgten sie unzerkaut hinunter, denn auch sie hatten keine Zähne mehr.

Fast alle an Bord waren mittlerweile an Skorbut erkrankt, neunzehn Männer waren bereits den Fischen übergeben worden. Der griechische Bootsmann stach einen Franzosen nieder, um an die Ratte zu kommen, die dieser in seiner Hose versteckt hatte.

»Er soll gevierteilt werden!«, befahl Magellan, doch die Männer hörten nicht hin. Keiner hatte mehr die Kraft, einen Kameraden zu bestrafen.

Im Namen des Herrn

Das Taxi hielt vor der Cebu Metropolitan Cathedral an der Mabini Street. Unser Ziel war ein uraltes Gebäude, erbaut im spanischen Kolonialstil, mehrmals zerstört von Erdbeben, Taifunen und blindwütigen japanischen Soldaten während des Zweiten Weltkriegs, aber immer wieder aufgebaut. Wir waren pünktlich, standen etwas verloren in der pompösen Säulenhalle und warfen einen Blick auf unsere Uhren.

»Uhrenvergleich«, scherzte Henri.

»Ten forty-five a. m., Sir«, sagte ich.

Nach einer Viertelstunde kam ein junger Filipino in die Halle und schaute uns verwundert an.

»Wir haben einen Termin beim Bischof.«

»Der Bischof ist nicht da«, sagte er freundlich.

»Aber wir haben einen Termin um elf Uhr.«

»Oh«, lachte der Junge, »dann sind Sie ja viel zu früh. Es ist ja erst elf.«

Henri warf mir einen irritierten Blick zu und murmelte: »Bitte nicht schon wieder.«

»Wann kommt denn der Herr Bischof?«, fragte ich.

»Gegen zwölf, aber dann ist Lunchtime. Sie können gern hier warten. Er wird Sie bestimmt empfangen, wenn Sie einen Termin haben.« Der Junge lächelte freundlich, verneigte sich und kehrte uns den Rücken zu.

Henri wollte ihm etwas hinterherrufen, aber ich zupfte ihn am Ärmel. »Hat keinen Sinn, Henri. Filipinos entscheiden selber, wie spät es ist.«

Wir verließen das Gebäude und setzten uns im Garten auf eine Bank.

»Ist dir auch aufgefallen, dass hier in Cebu keine einzige Uhr die genaue Zeit angibt?«, sagte ich zu Henri.

»Du meinst, die tragen ihre Uhren nur zur Dekoration?«, gab er zurück.

»Maricel hat mir einst erklärt, dass hier alles Verspätung hat, das Schiff, der Bus, einfach alles. Es wird deshalb auch nicht erwartet, dass irgendjemand pünktlich zu einem Termin erscheint. Im Gegenteil, die empfinden das als Stress.«

»Dann ist es hier wie in Mexiko, Sammy, da brauchst du einen Tag, um eine Meile zu gehen, da steht die Zeit einfach still. Da heißt es stets *mas o menos,* mehr oder weniger, und wenn du dich nervst, heißt es *calma, Bobby.* Es gilt sogar als höchst unhöflich, *a la hora* zu erscheinen, also pünktlich. *Llegaste a barrer?,* fragen sie dann, ob man zum Putzen gekommen sei. Es gibt dort die *hora mexicana* und die *hora inglesa.*«

»Wieso regst du dich dann so auf? Früher gab es auf der ganzen Welt nur langsame Gesellschaften, man richtete sich ausschließlich nach der Tages- und Nachtzeit. Dann hat die Industrialisierung den 24-Stunden-Tag und die Kontrolluhr geboren. Die Uhr wurde zum Herzschlag des Kapitalismus, Pünktlichkeit wurde erstmals in der Menschheitsgeschichte zu einer Tugend.«

Henri nickte zustimmend und warf erneut einen Blick auf seine Uhr. »Das unterscheidet die Erste Welt von der Dritten, Sammy. In Berlin schaffe ich sechs Termine an einem Tag, in Hongkong gerade noch vier und in Athen oder Rio de Janeiro höchstens einen. Ich hatte in Rio übrigens eine Freundin …«

»Henri, ich bitte dich!«

»Es kommt nicht von ungefähr, dass ausgerechnet die Länder mit den genauesten öffentlichen Uhren die zuverlässigsten sind und die wirtschaftlich erfolgreichsten«, fuhr er fort. »Deutschland, die Schweiz, Österreich. In Nairobi zum Beispiel, wo ich ebenfalls eine Freundin hatte …«

Nicht schon wieder!, hat Tim an den Rand geschrieben.

Nach einer geschlagenen Stunde erschien der junge Filipino im Garten und teilte uns mit, dass der Bischof nun bereit sei, uns zu empfangen. Er führte uns bis ans Ende der Säulenhalle, blieb vor einem zweiflügeligen Portal stehen und klopfte mehrmals. Jemand rief etwas in Cebuano. Der Junge öffnete die beiden

Flügel, und wir betraten eine mit dunklem Holz verkleidete Bibliothek.

An der hohen Decke hingen sechs gusseiserne Kronleuchter. Der Raum hatte die Dimension eines Ballsaales. Am hinteren Ende thronte auf einem reich verzierten Sessel lächelnd unser Gastgeber in seiner weißen Soutane, zufrieden mit sich und dem lieben Gott, selbstbewusst und relaxed, als sei er der philippinische Präsident höchstpersönlich. Mit einer ausladenden Geste bot er uns Platz an. »Gott meint es gut mit uns Menschen«, strahlte er, »wir haben für alles Bedienstete. Nur den Kaffee muss ich am Morgen selber machen, wenn ich zu früh aufstehe.«

»Wir bedanken uns für die Einladung, Exzellenz«, sagte Henri und kam gleich zur Sache: »Konnten Sie sich in der Zwischenzeit Gedanken über unser Casinoprojekt am Flughafen machen?«

Der Bischof schwieg und winkte den Jüngling herbei. Er deutete mit einem Handzeichen an, dass wir alle drei einen Drink vertragen könnten. »Herr Professor«, sagte er dann lächelte, »Casinos sind bei uns ein Politikum. Wir haben politische Parteien mit unterschiedlichen Ansichten.«

»Ich bitte Sie! Anfang Jahr hat die Melco Crown Philippines am Roxas Boulevard in Manila die *City of Dreams* eröffnet. War das ein Politikum?«

»Das ist etwas anderes …«

»Was soll daran anders sein?«

»Das ist ein ganzer Komplex mit Hotels, Restaurants …«

»Können wir auch machen, Hotels, Restaurants …«

»Aber die Aktionäre von Melco Crown Philippines sind Filipinos, falls Sie verstehen, was ich meine.« Er lächelte uns freundlich an und schien darauf zu warten, dass wir begriffen, was er nicht aussprechen mochte.

»Was verlangen Sie für Ihre Zustimmung zur Erteilung einer Casinolizenz? Sollen wir am Flughafen die Müllberge abtragen und für die Scavenger anständige Barracken aufstellen?«, fragte Henri.

»Um Gottes willen, nein! Wir brauchen diese Müllberge! Die Scavenger sammeln nicht nur Müll, sie sammeln auch Spenden für die katholische Kirche, damit wir das Wort Gottes auf allen 7107 Inseln der Philippinen verbreiten können. Jedes Mal, wenn ein Müllberg vom Regen unterspült wird und Dutzende von Müllmenschen unter sich begräbt, verzeichnen wir einen signifikanten Spendenanstieg. Diese Menschen opfern sich, wie sich auch Jesus Christus für uns geopfert hat. Sie leiden auf den Müllbergen, wie auch Jesus am Kreuz gelitten hat.«

Henri lief rot an. Gleich würde er explodieren.

»Meine Herren«, belehrte uns der Bischof mit lauter Stimme, »erinnern Sie sich an Jassir Arafat? Was glauben Sie eigentlich, warum er die Palästinenserlager nie aufgehoben hat? Er hat auf der ganzen Welt Milliarden von Spenden eingesammelt, doch die Palästinenserlager bestehen heute noch. Die EU überweist den Palästinensern jedes Jahr eine Viertelmilliarde Euro. Arafat war bei seinem Tod annähernd Milliardär. Woher hatte er das viele Geld? Hat er als Scavenger gearbeitet? Die Milliarden sind da, und die Palästinenser in den Lagern sind auch noch da. Sie sind, nebst unseren Müllmenschen, die erfolgreichsten Spendensammler der Welt.«

Der Diener servierte gekühlte Getränke und stellte eine Früchteschale auf den Tisch.

»Diego de Escalante hat sein Handwerk bei der Hamas gelernt. Im Gazastreifen können Sie für eine Handvoll Dollar ein Fotoshooting mit Trauernden inszenieren, und gegen einen Zuschlag kriegen Sie auch noch einen Flüchtlingskonvoi mit Matratzen auf den Autodächern. Ob Hamas oder Greenpeace, wir tun alle dasselbe, weil wir alle das gleiche Ziel haben: Spenden sammeln. Bilder sind stärker als Worte.«

Der Bischof faltete die Hände auf der polierten Tischplatte: »Sie verstehen das Verwaltungssystem der Philippinen nicht. Sie müssen sich das vorstellen wie ein gigantisches Netz von Wasserleitungen. Jeder Verwaltungsbeamte und jeder Kongressabgeordnete ist eine Wasserleitung, und jede hat ein Loch.«

»Und die des Bischofs hat das größte«, polterte Henri und schlug mit der flachen Hand auf den Tisch, »geben Sie uns eine Kontonummer an und nennen Sie endlich Ihren Preis! Und drohen Sie dann allen politischen Gegnern unseres Projekts mit der Exkommunikation!«

Der Bischof ignorierte Henris Ausbruch und fuhr mit ruhiger Stimme fort: »Die Europäer können Milliarden in die Dritte Welt schicken, um ihr Gewissen zu beruhigen, aber diese Müllmenschen werden weiterhin im und vom Müll leben. Der Staat kann den Großgrundbesitzern Land abkaufen und es an arme Bauern verschenken. Aber was tun die Bauern? Sie verkaufen es umgehend wieder den Großgrundbesitzern und veranstalten mit dem Geld eine Fiesta. Am nächsten Morgen sind sie genauso arm wie vorher. Ich habe es Ihnen doch gestern erklärt: Planung ist nicht Bestandteil der philippinischen Kultur. Bei uns gilt *diskarte*, Durchwursteln bis zum nächsten Tag. Ihr Europäer werdet das nie verstehen!«

»Es geht um 214 neue Arbeitsplätze!«, versuchte es Henri erneut. »Das bedeutet auch weniger Armut, mehr Bildung. Mehr Bildung bedeutet Aufklärung. Mehr Bildung bedeutet, dass eine Frau selber entscheiden kann, ob sie vier, fünf oder zwölf Kinder haben will. Mehr Bildung bedeutet weniger Straßenkinder …«

»Glauben Sie im Ernst, mehr Bildung wäre ein Segen für die armen Menschen hier?«, fragte der Bischof. »Bildung irritiert, verunsichert, bringt die Menschen vom Glauben ab. Je mehr Bildung Sie den Menschen bieten, desto leerer werden unsere Kirchen. Der Westen ist uns eine Warnung! Alle blitzgescheit, aber ohne Glauben, ohne Hoffnung. Gott bedeutet Hoffnung, ohne Gott gibt es keine Hoffnung, und ohne Hoffnung führen die Menschen ein tristes Leben. Deshalb ist unsere Arbeit so wichtig.«

Henri erhob sich und legte ein Couvert auf den Tisch. »Vielleicht können Sie das bei Gelegenheit studieren und uns einen neuen Termin geben.«

»Ihr Casinoprojekt? Ist der Beschrieb in englischer Sprache?«

»In amerikanischen Dollar.«

Lechon, Highway 77

Als ich am nächsten Morgen aus der Dusche kam, saß Maricel im Schneidersitz auf dem Bett. Sie war gerade dabei, neue Bilder auf Facebook zu posten. »Ich habe bereits 64 Likes für unser Bild am Flughafen erhalten. Immer wenn du mit auf dem Bild bist, kriege ich mehr Likes. Sie beneiden mich um meine weiße Langnase.«

Maricel sah, dass sich meine Begeisterung in Grenzen hielt. Ich trocknete mich ab und legte mich aufs Bett.

»Ich weiß«, lachte sie, »Europäer finden das peinlich, wenn wir alles auf Facebook posten. Aber so kommunizieren alle Filipinas untereinander. Wir teilen unseren Alltag.«

»Ihr zeigt aber nur die schönen Seiten eures Alltags.«

»Das ist unsere Kultur.«

Sie setzte sich rittlings auf mich und hielt mir das iPad hin. »Weißt du, europäische Frauen haben alles, was sie sich wünschen und sind insgeheim trotzdem unzufrieden.«

»Vielleicht gerade deshalb«, sagte ich und versuchte, Maricel von meinem Bauch zu schubsen. Doch sie hielt wie üblich dagegen und presste ihre Schenkel noch enger zusammen.

»Bei euch kann man nichts mehr toppen. Für uns ist schon ein Essen in einem Restaurant etwas Besonderes! Deshalb posten wir aus purer Freude unsere Fotos auf Facebook. Selbst wenn es bloß ein Plastik-Rosenkranz für einen Dollar ist.«

»Maricel in Paris, Maricel in Rom, Maricel in Barcelona, o mein Gott, denken deine Facebook-Freunde in der Provinz, ist mein Leben beschissen, die kann sich Urlaub leisten.«

Maricel lachte. »Genau, alle sollen sehen, was aus mir geworden ist! Ich wurde in unserem Dorf während meiner ganzen Kindheit gedemütigt und verspottet.«

»Ich bin auch nicht gerade in Downton Abbey aufgewachsen …«

Etwas flog mir an den Kopf, Maricel hatte unsere morgendliche Kissenschlacht eröffnet. Zum Glück traf ich schon bald die Nachttischlampe, worauf wir eine Feuerpause einlegten. Bei meinem Lungenvolumen sind Kissenschlachten über dreißig Minuten anspruchsvoll.

»Ich brauche heute eine Massage«, sagte ich zu Maricel und stand auf, »ich hatte in der Nacht viele Krämpfe.«

Sie runzelte die Stirn und folgte mir mit einem Kissen ins Badezimmer. »Kommt Henri auch mit in den Salon?«

»Nein«, lachte ich, »ohne Henri und ohne Happy Ending. Und am Nachmittag habe ich noch einen Termin im Museo Sugbo.«

Maricel hob drohend das Kissen hoch. »Mit Henri?«

»Nein«, sagte ich, »ohne Henri und ohne Happy Ending.«

Sie warf das Kissen aufs Bett zurück. »Dann werde ich meine Cousinen im Studentenheim der University of San José-Recoletos besuchen.«

Zuerst wollten wir aber noch in *Rico's Lechon* an der Cabahug Street das angeblich beste Spanferkel der Visayas probieren. Die Kellnerin meinte, es würde höchstens zwanzig Minuten dauern, bis es auf dem Tisch stehe.

»Filipino time?«, grinste Henri und verfolgte sie mit lüsternem Blick, bis sie in der Küche verschwunden war. »Hast du das gesehen? Die hat ganz kleine Füße. Wie eine Japanerin.«

»Du solltest eine Filipina heiraten«, scherzte Maricel.

»Etwa dich?«, schmunzelte Henri. »Du könntest bei mir *caregiver* sein.«

Für einen Augenblick hatte ich den Eindruck, Henri habe das durchaus ernst gemeint. Aber selbst wenn es als Scherz gedacht war, in jedem Witz steckt ein Körnchen Wahrheit. Hatte er Maricels Reaktion testen wollen? Sie lachte, gab mir einen Kuss und erhob sich.

»Maricel«, hob Henri wieder an, »ich denke die ganze Zeit über deine Füße nach. Ich mache dir ...«

Sein Mobile klingelte. Für einen Augenblick war er höchst irritiert, unschlüssig, schließlich nahm er ab und flüsterte in konspirativem Ton: »Ja?« Seinen Namen nannte er nicht. Das Gespräch schien länger zu dauern. Maricel verabschiedete sich mit einem Handzeichen und eilte hinaus, sie war spät dran.

Während Henri telefonierte, vertrieb ich mir die Zeit mit dem iPhone und lud Mails herunter. Als er sein Flüstergespräch beendet hatte und sah, dass ich beschäftigt war, rief auch er seine Mails ab. Ich hatte wieder eine unerwünschte Nachricht der besonderen Art, Lourgien … Sie mailte mir tatsächlich ein Bild, das mich grinsend vor dem Jollibee am Osmeña Boulevard zeigte. Ich spürte, wie sich das Blut in meinen Schläfen staute und sich der Nacken verspannte. Sie schrieb, sie müsse mich dringend sprechen.

Zum Glück kam das Spanferkel. Das arme Tier sah etwas unglücklich aus, man hatte ihm eine Limette ins offene Maul gesteckt. Die Kellnerin schnitt ein Viereck in die knusprige Hautschicht und klappte den Ausschnitt nach außen. Sah ein bisschen aus wie die Klappe zum Frachtraum eines Flugzeugs.

Henri schob mir sein iPhone über den Tisch. «Eine Wohnung am Kensington Garden Square«, sagte er und beobachtete, wie die Serviererin das *lechón* tranchierte und jedem von uns ein Stück auf den Teller legte, »142 Quadratmeter für 3,4 Millionen Pfund.«

»Willst du nach London umziehen?«, fragte ich und schöpfte uns Reis.

»In London spielt die Musik. Ansässige Ausländer bezahlen eine pauschale *remittance basis charge* von 30 000 Pfund und müssen dann keine Steuererklärung mehr ausfüllen, egal, wie hoch ihre Einkünfte sind. Denk mal darüber nach, Sammy, im Königreich klaut dir keiner dein Vermögen unter dem Arsch weg.«

Henris Mobile machte sich erneut bemerkbar. Er warf einen kurzen Blick auf das Display und drückte den Anrufer weg. »Ich werde meine Zelte in Hongkong definitiv abbrechen», sagte er, »ist mir zu unsicher mit den politischen Entwicklungen auf dem chinesischen Festland. Die haben inzwischen jeden Tag ein Dutzend gewalttätige Demonstrationen in ihrem Riesenreich, aber China kann sich keine Demokratie leisten, das Land würde zerbrechen. Und Berlin kommt leider auch nicht mehr infrage, obwohl die Wohnungen dort vergleichsweise billig sind. Die EU wird einen Oststaat nach dem andern aus dem russischen Einflussgebiet herausbrechen wollen, bis es knallt. Obwohl sie versprochen hatte, dies nicht zu tun, falls die Russen der deutschen Wiedervereinigung zustimmen. Und die Amerikaner werden diesmal keine Soldaten opfern, die lassen Europa vor sich hin faulen. Europa hat seine Zukunft längst verspielt.«

Ich schob meinen halb leeren Teller beiseite. Meine Leber schlug bereits Alarm, *lechóns* liegen verdammt schwer im Magen. »Ich habe einige jüdische Freunde in der Schweiz, die kaufen sich Häuser in den USA. Sie fürchten antisemitische Ausschreitungen, wenn Europa langsam in Armut und Chaos versinkt. Imperien kommen und gehen wie die vier Jahreszeiten, aber die Erde wird sich weiterdrehen.«

Henri zerdrückte eine Chilischote in der Sojaschale und goss uns die salzige Sauce über den Reis. »Und was machen wir jetzt?«

»Uns bleibt nur eine Option, Henri, so schnell wie möglich zum Islam übertreten.«

Henri prostete mir zu: »Ich denke, mit der Vielweiberei dürften wir keine Probleme haben.«

Museo Sugbo

Ich hatte mich mit Dr. Pedro Hacban um zwei Uhr vor dem Museo Sugbo verabredet. Das Museum ist in einem alten Gebäude untergebracht, das ursprünglich ein Regionalgefängnis war. Ich wartete vor dem Eingang zwischen den beiden verrosteten Kanonengeschützen. Als ich nach einer halben Stunde fürchtete, dass mich ein Sonnenstich dahinraffen könnte, betrat ich die kühle Eingangshalle, kaufte mir ein kaltes Wasser und schluckte meine Halbvieruhrpillen. Ich sagte den Filipinos, die sich hinter dem Tresen vom Nichtstun erholten, dass ich mit dem Direktor verabredet sei und schon mal reinginge. Ich wollte ein Ticket für dreißig Pesos lösen.

»Nein«, sagten sie, »Ausländer zahlen fünfundsiebzig.«

»Könnten Sie den Professor informieren, dass ich hier bin? Oder kostet das extra?«

»Fünfundzwanzig Pesos. Aber Sie sind noch zu früh.«

Nach einer Stunde schleppte ich mich immer noch allein durch die im spanischen Kolonialstil eingerichteten Räume. Nach anderthalb Stunden kaufte ich mir erneut ein gekühltes Wasser, schluckte die nächste Pille, die meist Koliken auslöst, und setzte mich auf die Veranda im ersten Stock. Ich streckte die Beine und versuchte, wie ein echter Filipino das Nichtstun zu genießen. Ein bisschen wenigstens. Nennen wir es chillen, klingt weniger negativ.

»Hi Joe«, hörte ich eine leise Stimme. Es klang wie aus dem Mund eines schüchternen Kindes. Ich drehte mich um und fiel vor Schreck beinahe von der Bank. Vor mir stand tatsächlich Lourgien und strahlte übers ganze Gesicht. Sie trug das pechschwarze Haar wieder so kurz wie die Varieté-Tänzerinnen im *Pigalle.* Ihre Brüste hatte ich etwas kleiner in Erinnerung, auch ihren Po, den sie mit engen Shorts betonte. Von der Sonne gebräunt, entsprach sie ziemlich genau dem Bild, das sich Westler machen, wenn sie von exotischen Schönheiten auf polynesischen Inseln träumen. Sie fiel mir sofort um den Hals, küsste mich und brach mir beinahe das Genick. Sie hatte sich mit Green Apple parfümiert.

»Lourgien!«, sagte ich streng. »Ich bin wieder verheiratet, glücklich verheiratet. Also lass das! Ich habe dich schon Dutzende Male von Facebook, Twitter und Google+ gelöscht, begreifst du immer noch nicht, dass ich nichts mehr mit dir zu tun haben will?«

»Das glaube ich nicht, Joe, wir sind füreinander bestimmt, ich fühle es, und du willst es auch …« Sie neigte den Kopf keck zur Seite.

»Lourgien! Ich sagte eben, ich sei glücklich verheiratet, ich liebe meine Frau, ich …«

»… sie wird darüber hinwegkommen, Joe. Hauptsache, wir sind jetzt wieder zusammen!« Sie setzte sich neben mich und legte ihre Hand zwischen meine Beine.

»Wo ist der Direktor?«, fragte ich vorwurfsvoll.

Lourgien schloss die Augen und lächelte: »Der Direktor hat unwiderstehliche Brüste und den *sexiest ass on earth.«* Sie öffnete die Augen und lachte frech.

Ich sah sie fragend an.

»Die Cousine von Mama, die nicht meine Mama ist, du weißt, wen ich meine, die ist mit einem Mann verheiratet, der am Wochenende im Museo Sugbo Aufseher ist. Als ich sah, dass du auf deiner Homepage einen neuen Roman ankündigst, der auf den Philippinen spielt, kam mir die Idee, dich auf diese Weise nach Cebu zu locken. Direkt in meine Arme! Ich bin *smart,* hm? Oder dachtest du, ich sei ein dummes Mädchen aus der Provinz?« Sie rieb ihre Hand kräftig an meinem Schenkel und schielte zu mir hoch. »Hast du mich auch ein bisschen vermisst?«

»Lourgien, dann hat also der Cousin deiner Schwiegermutter …«

»Nein, nein, Joe, das war …«

»Ist jetzt egal, Lourgien, dann hat mich also ein Verwandter von dir mit gefälschten Mails nach Cebu gelockt?«

»Ihr Langnasen seht immer alles so negativ. Ich kann mir ja

keinen Flug in die Schweiz leisten, ich habe kein Visum, und du hast mich damals in Hongkong sogar noch bei der Polizei angezeigt wegen Diebstahls und Betrug. Mir wurde schlecht, als ich das damals hörte, das war gar nicht nett, Joe. Schäm dich! Dafür sollte ich dir in die Eier treten. Oder soll ich dir einen blasen?«

Ich erhob mich von der Bank, lief die Treppe hinunter und rief ihr zu: »Ich heiße übrigens nicht Joe!«

Sie setzte sich rittlings auf den Handlauf und rutschte an mir vorbei ins Erdgeschoß.

»Ich bin nicht dein Mann«, rief ich, »ich bin nicht mal dein Freund!«

Als ich die letzte Stufe genommen hatte, wollte sie mich erneut umarmen, aber ich stieß sie beiseite und flüchtete in den spanischen Salon, der mit dunklem Holz getäfert war. Ich war bereits wieder außer Atem, mein Hemd klebte am Rücken, obwohl die Klimaanlage auf *Chicken-Wings schockgefrieren* eingestellt war. Ich setzte mich auf einen der geschnitzten Stühle. Lourgien blieb vor mir stehen und versuchte sich im Bauchtanz.

»Lourgien, ich habe dir eine Menge Geld gegeben, damit dein Sohn ein besseres Leben hat. Hat er sein Hörgerät noch? Nimmt er noch Taubstummen-Unterricht?«

»Willst du dein Geld zurück?«, fragte sie kokett. »Hier ist es …« Sie schob ihr T-Shirt hoch und zeigte stolz ihre unnatürlich großen Brüste.

Nachdem ich mir nochmals in Erinnerung gerufen hatte, dass ich wieder verheiratet war, sagte ich nach einem letzten Blick auf die pralle Pracht: »Das hatten wir doch schon, aber es wird wohl noch ein bisschen Geld übrig geblieben sein für Kens Unterricht, du hast ja nur zwei Brüste.«

Lourgien setzte sich auf meinen Schoß, legte den Arm

um mich und konstatierte: »Du interessierst dich also für das Schicksal meines kleinen Jungen.«

»Was hast du mit dem Geld gemacht?«

Sie drückte ihren Busen an mein Gesicht und flüsterte: »Willst du sie nochmals sehen?«

Ich schubste sie weg, flüchtete wieder in den oberen Stock und rief: »Ich habe dir eine Straßenkantine finanziert, damit du selber für deinen Unterhalt sorgen kannst. Drei Monate lang hast du mir Bilder geschickt, obwohl es sie offenbar gar nicht gab.«

Lourgien war mir gefolgt. »Das waren Bilder der Kantine der Stiefschwester meines Cousins zweiten Grades. Ich dachte, es macht dir ein bisschen Freude, wenn ich dir Fotos schicke. Du hast ja so gehofft, dass ich ein besseres Leben haben werde. Weil du mich ein bisschen liebst?«

Ich drehte mich abrupt um. »Lourgien! Du bist ein kriminelles Weibsstück, du hast mir gefälschte Spitalquittungen gemailt, wochenlang, obwohl dein Sohn nie einen Unfall hatte. Und als ich mit Leukämie im Spital lag und mit dem Tod rang, hast du seine Entführung vorgetäuscht ...«

Lourgien fiel mir wieder um den Hals. »Joe, das war ein Missverständnis, ich war auf dem Markt, um für die Kantine ...«

»Lourgien! Du hattest nie eine Kantine!«

»Ja und? Mach doch kein Drama draus! Auf dem Markt war ich tatsächlich in Panik. Plötzlich war Ken verschwunden, ich dachte, er sei entführt worden. Bei uns werden ja ständig Leute entführt.«

»Ja, ja, ja«, unterbrach ich sie, »seid ihr denn alle irre hier? Ihr entführt Kinder von bettelarmen *single moms?*«

Ich lief in den nächsten Raum, in dem allerlei Dokumente über den philippinisch-spanischen Seehandel an den Wänden hingen.

Sie folgte mir und kesselte mich zwischen zwei Vitrinen ein. »Du bist so süß, wenn du wütend wirst, Joe.«

»Du hast mich 20 000 Dollar gekostet …« Ich schob sie beiseite.

Sie folgte mir in den nächsten Ausstellungsraum mit prähistorischen Funden und schnitt mir den Weg ab. »Was seid ihr bloß für Menschen, ihr Langnasen, ihr zählt immer euer Geld! Geld! Geld!«

»Klar, es war ja nicht *dein* Geld! Mit dem Geld der andern geht man immer großzügig um. Nicht nur in der Politik.«

»Das war das Geld deiner toten Frau. Du hast damals selber gesagt, du wolltest es spenden.«

Ich riss mich los und flüchtete zu den Agrarwerkzeugen aus der Kolonialzeit. »Ja! Ich wollte es spenden, ja! Aber nicht für eine Brustvergrößerung. Ich wollte Ken ein besseres Leben ermöglichen, aber seine Mutter hat sich alles in ihre Titten gespritzt! Diese Schlampe!«

»Hättest du mich geheiratet, wären es jetzt auch deine Titten«, sagte sie anzüglich.

»Lourgien! Ich wollte dich nie heiraten, ich hätte dich auch nie geheiratet. Ich wollte deinem Sohn helfen!«

»Ach, Joe, das Beste, was du jetzt tun kannst, ist: vergessen. Lass uns einfach den heutigen Nachmittag genießen. Wir nehmen ein Hotelzimmer und haben ein bisschen Sex, okay? Du kannst mich dann weiter beschimpfen, du weißt ja: Ich stehe auf *dirty talking.*«

»Lourgien! Du hast mir von Anfang an Lügengeschichten aufgetischt. Ich war nach dem Tod von Andrea am Boden zerstört und ein leichtes Opfer. Aber weißt du, was mich am meisten gekränkt hat?»

Sie verzog das Gesicht.

»Dass du von Anfang an den Plan hattest, mich wie eine Weihnachtsgans auszunehmen. Ich saß in der Schweiz, und du hast dir jeden Monat eine neue Story ausgedacht. Es hat mich schockiert, dass jemand derart verkommen und verdorben sein kann und mein Vertrauen derart missbraucht.«

Sie löste sich von mir. »Gehts dir jetzt besser? Du brauchst jetzt Sex, das wird dich entspannen.«

Ich flüchtete ins nachgebaute Schlafzimmer eines spanischen Kapitäns und setzte mich unter den Baldachin des Bettes. Lourgien setzte sich blitzschnell rittlings auf meine Knie und hielt meinen Nacken so fest umklammert, dass ich sie nicht abwerfen konnte.

»Bist du jetzt schwul? Du kannst es mir ruhig sagen. Auf den Philippinen ist das kein Makel. Wir mögen unsere Gays und Ladyboys.«

»Lourgien, ich wünsche dir alles Gute, aber von nun an schreibst du mir keine Mails mehr, du verlässt mein Leben auf der Stelle!«

»Gut«, antwortete Lourgien kleinlaut, »ich habe verstanden. Aber um dein Leben zu verlassen, brauche ich 40 000 Pesos, denn ich verliere einen meiner wichtigsten Sponsoren. Ich habe mal gehört, bei euch in Europa gibts Millionenabfindungen, wenn man gefeuert wird.«

»Du bist nicht gefeuert, Lourgien, du warst nie angestellt, wir hatten nie eine Beziehung.«

»40 000, und ich bin weg.«

»Du bist auch sonst weg, Lourgien. Und wenn du in meinem Hotel auftauchen solltest, rufe ich die Polizei und zeige dich erneut an! Die Schweizer Botschaft in Manila hat noch alle Dokumente! Über dich gibt es dort eine Akte.«

»Mag sein«, sagte Lourgien und trottete mit hängenden Schultern zur Treppe, »aber wir sind hier nicht in Manila, Joe. In Cebu City wird scharf geschossen. Hier kriegst du einen Killer für fünfzig Dollar!«

»Willst du mir Angst machen?«

»Du hast bereits Angst.«

Sie stapfte wie eine verzogene Göre die Treppe hinunter.

»Einen Killer für fünfzig Dollar?«

»Ja, für fünfzig Dollar. Die könntest du mir wenigstens leihen.«

»Lourgien, ich werde mir gleich zehn Killer kaufen, du Miststück! Und einer davon wird dich garantiert nicht verfehlen!«

Silver Dollar Bar

Ich saß mit Henri in der *Silver Dollar Bar* in der Jones Avenue. Die barbusigen Mädchen auf der Bühne trugen Lendenschurze aus geflochtenen Papageienfedern, aber Henri war nur an ihren Füßen interessiert.

»Wusstest du eigentlich, dass auch der Bayernkönig Ludwig I. ein Fußfetischist war?«, fragte er mich. »Er ließ sich vom Bildhauer Johannes Leeb eine Skulptur eines weiblichen Fußes in Marmor anfertigen. Ich bin eigens nach Bayern gefahren, um mir diesen Fuß anzusehen. Er gehörte der irischen Tänzerin Lola Montez, die Ludwig zu seiner Geliebten machte und zur Gräfin von Landsfeld ernannte. Als ich allein im Ausstellungszimmer war, habe ich mir einen runtergeholt.«

Ich hob kurz die linke Augenbraue und verdrehte die Augen.

Henri rempelte mich an. »Prinz Andrew, kennst du doch, oder? Der Bruder von Prinz Charles. Der soll einer Dame 15 000 bezahlt haben, damit er ihre Zehen lecken darf. 15 000 Pfund wohlverstanden! Er ließ sie eigens dafür von New York nach London einfliegen. Die Dame erzählte der *Daily Mail,* dass er dabei gesabbert habe wie ein Kleinkind. Komischerweise hat ihn dann seine Exfrau in der *Sun* verteidigt, die Sarah Ferguson, und weißt du, warum? Als sie noch mit Andrew verheiratet war, fotografierte ein Paparazzo, wie sie sich nackt am Pool von John Bryan räkelte, während dieser hoch angesehene Finanzmanager an ihren Zehen saugte! Das ist beliebter, als du denkst.« Die letzten Worte hatte Henri geflüstert. »Du machst dir wohl überhaupt nichts aus kleinen Füßen von reiferen Frauen?«

Ich nippte an meinem Mineralwasser und schaute weiterhin gebannt auf die Bühne. »Ich mag die ganze Frau«, sagte ich nach einer Weile, »nicht nur den Körper, ich mag die Stimme, den Humor, das Lächeln, die Körpersprache, das Schweigen …«

»Du befindest dich in sexueller Hinsicht noch auf einer sehr niedrigen Stufe, Sammy, denk an mich, wenn du das nächste Mal die Füße von Maricel siehst.« Er bestellte noch ein Bier. »Den Wein hier kannst du nicht saufen; was das Bier angeht, ist San Miguel okay, aber Red Horse kannst du vergessen, da bist du nach einer Flasche stockbesoffen, da macht Saufen keinen Spaß. Aber sag mal, diese Indonesierin, was gefällt dir eigentlich so an ihr?«

Ich schlug mit der flachen Hand entnervt auf den Tisch. »Nichts! Ich will sie überhaupt nicht mehr sehen! Aber sie verfolgt mich!«

»Ich habe dich damals in Hongkong vor dieser Lady gewarnt: Beende es sofort. Die haben nichts zu verlieren, die haben keinen Funken Unrechtsempfinden, denen ist es völlig egal, ob sie im Knast landen, es geht ihnen nur darum, den nächsten Tag zu überstehen.«

»Das war sehr hilfreich, danke.«

»Ich kann sie sogar verstehen, Sammy.«

»Ich eben auch, Henri, das ist ja das Problem.«

»Sammy, ich gebe dir einen Tipp: Reise bereits morgen mit Maricel auf die Insel Negros. Ich bleibe hier und kümmere mich um den nächsten Termin beim Bischof.«

Ich zögerte, entschied mich aber auf dem Heimweg, Henris Rat zu befolgen.

»Dann übernehme ich euer Zimmer«, sagte er, »bei mir ist die Klimaanlage implodiert, und die Minibar ist inkontinent, sie verliert Kühlflüssigkeit, soll giftig sein, schädlich für die Potenz.«

Wake Up Little Susie

»Maricel«, sagte ich, als sie spätabends ins Hotel zurückkehrte, »ich habs mir anders überlegt.«

Sie machte große Augen. »Du kommst nicht mit zu meiner Familie? Hast du Schmerzen? Oder ist es wegen Henri?«

»Nein«, lachte ich, »selbstverständlich komme ich mit, aber wir fahren bereits morgen früh!«

Maricel stieß einen Freudenschrei aus, sprang aufs Bett und sang *Sugar* von den Maroon 5. Sie konnte es kaum mehr erwarten, ihre Familie zu sehen und mich allen vorzustellen. Ich war so etwas wie eine Trophäe, die sie aus dem fernen Ausland mitbrachte. Nur war ich im Gegensatz zu einer ausgestopften Antilope noch am Leben.

Anderntags stand ich wie üblich um drei Uhr auf. Es gibt Leute, die brauchen dafür einen Wecker, der kikeriki kräht, andere den diskreten Summton des iPhone oder *Wake Up Little Susie* von den Everly Brothers, aber bei mir genügt jeweils der erste Krampf in der Morgendämmerung. Man könnte meinen, ich hätte ein Abo gelöst. Mit einem Schrei klappte ich wie ein Schweizer Sackmesser zusammen, Maricel hechtete routiniert um das Bett herum und half mir auf die Beine, die steif wie die Eisenträger des Eiffelturms waren. Wir gingen im Zimmer auf und ab.

Als der Krampf kapitulierte und die Muskulatur endlich erschlaffte, schluckte ich Magnesium und begann mit meinen Reha-Übungen. Ich stand dabei vor meinem Notebook, das Mailprogramm war offen. Nachrichten trudelten auf meine Festplatte. Ich war offen gestanden nicht völlig überrascht, als ich die Mail von Lourgien sah. Sie wollte sich mit mir in der Banco De Oro treffen, doch in der nächsten Mail, die wenig später kam, schlug sie das Büro von Western Union in der Fortuna Street vor. *Soriz, my priend,* schrieb sie in 24-Punkt-Schrift, sie habe Rücksicht auf meine Gesundheit nehmen wollen, die Western Union liege gleich um die Ecke meines Hotels. Mir schoss ein heftiger Nervenschmerz vom Nacken bis in die Zehenspitzen. Ich legte mich aufs Bett und verlor für einen Augenblick jegliche Zuversicht. Hörte dieses Martyrium denn nie mehr auf? SMS von Beyoncé. *Leck mich am Arsch, Beyoncé.*

Pazifik

Auf den drei Schiffen ging das Sterben weiter. Jede Woche warfen wir eine Leiche über Bord. Es war nur eine Frage der Zeit, bis sich alle gegenseitig niederstechen und verschlingen würden. Magellan zeigte sich an Deck nur noch bewaffnet; er wusste genau, welches Gesindel er angeheuert hatte. Ich schlich mich in die Bordküche. Irgendwie war ich vom Zwang besessen, erneut alles zu durchsuchen, vielleicht gab es irgendwo noch ein vergessenes Stück von irgendwas. Jemand hantierte in der Schiffsküche mit einer Pfanne, unter dem Tisch hechelte etwas – Andrea und ihr Kerberos! Schon wieder!

»Was tust du hier?«, fragte ich. »Das letzte Mal, als wir uns trafen, hattest du ein eisernes Geschoss in der Brust, und drei wilde Kerle haben dir das Fleisch von den Knochen gerissen. Wieso willst du nicht begreifen, dass du nicht mehr existierst?« Ich setzte mich an den Tisch. »Der Tod ist immer unfair, Andrea, es war einfach Pech. Ich bin gleich nach deinem Tod an Leukämie erkrankt. Zuerst kein Glück, dann auch noch Pech.« Ich erhob mich vom Tisch. »Ich wollte nur kurz reinschauen, ob es für Jack noch etwas Hochprozentiges gibt.«

»Nein, sag ihm, es gibt nichts. Und schau den Hund nicht so an! Wenn ihn einer anrührt, fackle ich das ganze Schiff ab.«

Ich verließ die Küche, der Hund gab ein paar klägliche Laute von sich.

»Sammy«, rief sie mir nach, »hattest du tatsächlich Leukämie? Dort, wo ich jetzt bin, gibt es viele Leute, die an Leukämie gestorben sind.«

»Danke, Andrea«, sagte ich, »ich kann jede Aufmunterung gebrauchen.«

Ich kehrte an Deck zurück und gesellte mich zu Jack. Er war sichtlich erschöpft.

»Sammy«, sagte er, du kannst die Leute nicht länger auf diesem Ozean herumsegeln lassen. Hast du nicht gegoogelt, wie lange die Weltumsegelung dauert?«

Pigafetta warf mir einen ratlosen Blick zu: »Was soll ich denn jetzt in mein Bordbuch schreiben?«

Ich winkte entnervt ab. »Langsam habe ich die Nase voll.«

»Du meinst, ich soll schreiben: *Langsam habe ich die Nase voll?*«

»Ich muss mich jetzt um meine neuen Verwandten kümmern. In meiner Skizze habe ich dafür zwanzig Seiten budgetiert, aber inzwischen habe ich das Gefühl, dass es leicht hundert werden könnten. Ihr habt ja keine Ahnung, wie sich die Figuren eines Romans im Laufe des Niederschreibens emanzipieren. Jede strebt nach einem Upgrade, alle wollen im Mittelpunkt stehen, fast wie im richtigen Leben, also bleibt schön an Bord, fresst eure abgemagerten Ratten, ihr werdet es überleben, ich melde mich wieder.«

3

Negros

Nachdem wir mit der Fähre von Cebu nach Negros übergesetzt hatten, warteten wir in San Carlos auf den gelben Ceres Liner, einen klimatisierten Bus, der alle größeren Orte miteinander verbindet. Er würde uns entlang der Küste nach Escalante City im Nordosten der Insel bringen.

Der Bus hatte kaum Verspätung. Es wäre sicher eine angenehme Fahrt geworden, wenn nicht plötzlich der zerfetzte Reifen des Vorderrades an unserem Fenster vorbeigeflogen wäre. Als der Fahrer voll auf die Bremse trat, fingen die meisten Passagiere laut zu lachen an. Ich lachte nicht. Ich stieg aus und trat in die erbarmungslose Hitze hinaus. Tropische Temperaturen. Inoffizielle Endstation. Ich rang nach Luft und versuchte, die Krämpfe stillschweigend zu erdulden.

Zum Glück ratterte kurze Zeit später ein bunter Jeepney auf uns zu. Obwohl er bereits bis auf den letzten Platz besetzt war, hielt der Fahrer an und hieß uns, einzusteigen. Aber wo? Auf dem Dach waren bereits ein Dutzend Männer und Frauen ineinander verknotet und gaben acht, dass sie beim nächsten Schlagloch nicht vom Dach fielen und von einem entgegenkommenden Truck überfahren wurden. Nachdem Maricel unser Gepäck verstaut hatte, zogen mich gefühlte 24 Paar Hände in den Jeepney. Das Team, das an den Beinen zog, war stärker, und so lag ich bald einmal auf dem Schoß einer wohlgenährten Filipina, die offenbar die dreizehnstündige Filibuster-Rede des US-Senators Rand Paul toppen wollte. Ich hatte nur den Wunsch nach Sterilium, Mundschutz, Schleudersitz.

Was zum Teufel hatte ich mir eigentlich dabei gedacht, diese Reise anzutreten? Der Jeepney war weder klimatisiert, noch hielt er einen Fahrplan ein. Er las jeden auf, der zu Fuß unterwegs war und ein paar Pesos übrig hatte.

In Escalante wechselten wir ins nächste Gefährt, das – entsprechend dem bedeutungslosen Fahrziel – ein bunt bespraytes Tricycle war, ein Motorrad mit angeschweißtem Seitenwagen, das bis zu acht Menschen transportieren kann. Da es einen Platz zu wenig gab, überließ der Fahrer seinen Sitz dem neunten Fahrgast und steuerte das Tricycle stehend, über den Lenker gebeugt, mit den Oberschenkeln.

Mit jedem Kilometer drangen wir tiefer in einen zunehmend menschenleeren tropischen Urwald ein. Eine Viertelstunde nachdem wir die letzten Steinhütten passiert hatten, sahen wir vereinzelte Holzbaracken, vor denen Männer saßen, deren Hauptbeschäftigung im Nichtstun bestand. Ich meine: im Chillen. Sie wirkten gleichgültig, als hätte ihnen die Sonne jegliche Energie aus dem Leib gebrannt. Die herumtollenden Kinder hingegen waren fröhlich und unbeschwert.

An einer Kreuzung hielt der Fahrer an und bat uns auszusteigen. Statt den kleinen Umweg über Maricels Dorf zu machen, wollte er direkt nach Hause. Wir buckelten unser Gepäck und folgten einem staubigen Trampelpfad Richtung Meer, entlang von Palmenhainen und Bananenstauden mit gigantisch großen

Blättern. Meine Füße schmerzten, die Nagelbette waren wohl wieder entzündet. Dann sahen wir Wellblechdächer. Endlich!

»Das ist unser *barangay«,* sagte Maricel, »unser Dorf«. Sie musterte mich besorgt. »Alles okay?«

Was für eine Frage. Ich nickte mürrisch und sagte: »In der Reha haben Sie mich auf 25 Minuten konditioniert. Bei längeren Aktivitäten brauche ich einen Boxenstopp oder noch besser: eine Ersatzlunge und einen Ölwechsel für die Gelenkflüssigkeit.«

Die Hütten waren aus Brettern, Bambus und Wellblech gebaut. Entlang den Wänden stapelten sich Sandsäcke, die man nach der letzten Flut nicht weggeräumt hatte. Es schien, als hätten sich die Dorfbewohner bereits auf das nächste Desaster eingestellt und ihre Lebensbedingungen als gottgegeben akzeptiert. Einige Filipinos saßen herum, während die Frauen ständig in Bewegung waren. Man hätte meinen können, die Männer hätten hier Berufsverbot. Ein paar Burschen erhoben sich und folgten uns in sicherem Abstand. Kinder tauchten auf, eskortierten uns mit neugierigen Blicken, die Frauen wichen schüchtern zurück. Sie beobachteten uns, als hätte Maricel einen weißen Tiger ins Dorf gebracht.

»Wir haben selten einen Weißen hier«, sagte sie.

Als ich den Männern zunickte und »Kumusta ka« rief, brachen sie in Gelächter aus und sagten: »Mabuti salamat.«

Noch mehr Kinder purzelten zwischen den Bretterverschlägen hervor und folgten uns kichernd. Sie verzogen ihre Gesichter zu lustigen Grimassen, vollführten Kung-Fu-Sprünge, hielten aber gebührenden Abstand zum weißen Tiger.

»Arbeiten die Männer nicht?«, fragte ich Maricel.

»Hier gibts keine Arbeit«, sagte sie, »in der Saison kann man auf den Zuckerrohrplantagen arbeiten, aber sonst ...«

Wir erreichten das einzige Steinhaus im Dorf. Die Wände waren orange gestrichen. Maricel und ich hatten es vor Jahren für Mama und Papa bauen lassen. Das hübsche Haus stand inmitten von Bananenstauden, hochstämmigen Palmen, Kokos- und Ananasbäumen. Dahinter fiel das Gelände flach zum Strand ab. Ein Haus am Meer.

Maricels Brüder saßen mit ein paar Kollegen zusammen. Alle um die dreißig, spindeldürr, schulterlanges, pechschwarzes Haar; muskulöser, nackter, olivbrauner Oberkörper. Sie trugen bunte Shorts in den Farben Blau, Weiß und Rot. Zuerst dachte ich, es handle sich um die Nationalfarben der Philippinen, doch dann entdeckte ich das Logo der NBA, der amerikanischen National Basketball Association.

Die Brüder reagierten verlegen, fast schüchtern, als sie uns erkannten. Sie erhoben sich und kamen zögernd auf uns zu. Honesto konnte ein bisschen Englisch, ich hatte mich in den letzten Jahren oft über die Webcam mit ihm unterhalten; wir begrüßten uns wie alte Bekannte. Joseph war zurückhaltend, aber nicht unfreundlich, er arbeitete in Manila und sprach gutes Englisch. Jay war der Schüchternste der drei, er konnte kein Wort Englisch, hatte die Frisur eines Salafisten und trug einen PLO-Schal als Turban.

»Kumusta ka«, sagte ich mehrmals und blickte in die Runde. Maricels Brüder nickten mit dem Kopf, während die herumtollenden Kinder sich vor Lachen kugelten.

»Die lachen dich nicht aus, Hunnybunny, die finden es einfach lustig, dass ein Weißer mit ihnen spricht, und erst noch in Tagalog.«

»Sir Dodong«, sagte Joseph und nickte freundlich.

»Little bit English only«, sagte Honesto verlegen.

Maricel und ihre Brüder begrüßten sich mit einem strahlenden Lächeln, sagten »Oo« und hoben dabei das Kinn. Aber sie berührten sich nicht.

Dann trat Mama aus dem Haus. Sie trug weiß-grau gestreifte Shorts und ein langes rotes T-Shirt. Sie war ebenfalls mager und wirkte gezeichnet von einem arbeitsamen und mühseligen Leben. Mama erschrak, als ich sie umarmte, offenbar umarmte man hier keine Schwiegermütter. Ich überreichte ihr mit beiden Händen ein rotes Couvert, wie ein Chinese. Sie nickte. In diesem Moment rief mich Beyoncé an, Maricel reichte mir meine präparierte Valser-Magnesium-Kortison-Flasche, um die Pillen runterzuschlucken. Im warmen Wasser schmeckten sie noch widerlicher. Mama zählte das Geld, das sie aus dem Couvert genommen hatte, schaute zu Maricel und nickte sichtlich bewegt.

»Sie dankt dir«, sagte Maricel, »aber sie ist zu schüchtern, dich anzusprechen, sie schämt sich, weil sie keine Zähne mehr hat.«

Ich nickte Mama zu. »Du hast ja weiß Gott genügend Kerzen für meine Genesung gesponsert – ohne dabei die Kirche abzufackeln.«

Maricel übersetzte den ersten Teil, Mama lächelte und ging ins Haus. Eine Schar Kinder folgte ihr.

»Wie gehts mit deiner Ausbildung voran?«, fragte ich Jay, als wir die Veranda vor dem Haus betraten. Maricel übersetzte. Jay sagte, er habe die Ausbildung zum Seemann abgebrochen, sie sei zu hart gewesen, und wahrscheinlich hätte er eh keinen Job gefunden.

»Aber wir schicken immer noch jeden Monat dein Schulgeld«, sagte ich und schaute Maricel fragend an. Sie übersetzte nicht und gab mir zu verstehen, dass ich das Thema nicht weiter vertiefen solle. Das war mir recht. Ich wollte einfach irgendwo flach liegen, damit sich meine Muskulatur erholen konnte. Jeder Muskel schmerzte, als hätte ich acht Stunden Tennis gespielt. Gleich würde meine Wirbelsäule wie morsches Holz in sich zusammenfallen.

Wir betraten das Steinhaus, das ich bisher nur von Facebook-Fotos kannte. Die Wohnküche war riesig, weiße Steinplatten bedeckten den Fußboden. Mit einigem Staunen nahm ich den neuen Fernseher, eine Menge elektrischer Geräte und den amerikanischen Kühlschrank zur Kenntnis, in dem Maricel die mitgebrachte Schokolade verstaute, damit sie nicht endgültig dahinschmolz. Ich hatte längst den Überblick darüber verloren, wie viel Geld wir all die Jahre geschickt hatten. Die Polstergruppe war noch in Plastikfolie eingepackt.

»Jays Schulgeld?«, fragte ich und zeigte auf die Polstergruppe.

»Nein, nein«, sagte Maricel, »die haben wir vor drei Jahren gekauft, aber wir lassen Polstergruppen immer in der Plastikfolie, das machen hier alle so, das ist ...«

»... unsere Kultur.«

Ich wollte ein Fenster öffnen. Alle fuchtelten erschrocken mit den Armen, doch es war zu spät. Ich hielt bereits den losen Fenstergriff in der Hand. Die Wasserhähne tropften, sie waren mit Vulcaseal, dem wichtigsten Hilfsmittel für Handwerker auf den Philippinen, nur notdürftig abgedichtet. Die Paste war längst eingetrocknet und bröckelte.

»Vulcaseal«, grinste Jay und hob eine ausgedrückte Tube in die Höhe. Er zeigte in die Küchenecke, wo sich leere gelbe Aluminiumdosen mit derselben Aufschrift stapelten.

Das Nebenzimmer war mit allerlei Nippes aus Plastik dekoriert. Ich wurde belehrt, dass es sich um Auszeichnungen handelte, Medaillen, Trophäen und Pokale.

»Hast du auch welche?«, fragte mich Jay. Maricel übersetzte.

»Nein«, gab ich offen zu, »ich habe in meinem ganzen Leben noch nie etwas gewonnen.«

Das machte die drei Brüder offenbar stolz. Natürlich war es sehr höflich von mir, nicht zu erwähnen, dass man in Europa ein bisschen mehr leisten muss, um einen Pokal zu gewinnen. Beim Fenster hing ein Schild mit der Aufschrift *Proud to be a Filipino.* Zwei kleine Kinder krabbelten auf dem Boden herum und spielten mit Bauklötzen von Playmobil.

»Deine Nichte und dein Neffe«, lächelte Maricel und küsste die beiden drolligen Kinder ab.

Ich zeigte auf Jay. »Yours?«

Er nickte stolz.

»Wie kann er zwei Kinder ernähren, wenn er nicht arbeitet?«, fragte ich Maricel. Ich war von der Reise echt kaputt und vielleicht etwas gereizt.

Sie schaute mich verlegen an. »Er wohnt jetzt mit seiner ganzen Familie bei Mama, und Mama kocht für alle.«

»Das ist natürlich praktisch«, grinste ich.

»Wo sollen sie sonst wohnen?«, fragte Maricel vorwurfsvoll. »Er macht sich auch nützlich im Haus. Schau mal die Wasserleitung, die hat Jay geflickt.«

Ich sah eine Wasserleitung, die mit Lappen umwickelt war. Überall quoll eingetrocknete Vulcaseal-Paste hervor.

»Wieso flickt ihr das nicht richtig?«, fragte ich Maricel.

»*Mamaya,* morgen, später. Wir sind hier nicht in der Schweiz, Hunnybunny.«

Sherwin, Jays Ehefrau, und Maricels Schwester Cherry begrüßten uns. Auffallend war, dass sie, wie alle Frauen, die ich bisher gesehen hatte, sehr müde und abgekämpft wirkten, von der Arbeit geschlaucht, während ihre Ehemänner entspannt mit Kollegen chillten. Eigentlich erstaunlich, denn es sind ja die Mütter, die ihre Buben zu den Machos erziehen, die ihre Frauen so schamlos ausnützen.

Als wir wieder ins Freie traten, hatte ich begriffen, dass dieses Land auf den Schultern der Frauen ruht und dass man fehlende Schrauben durch Schnüre und Drähte ersetzt, abgebrochene Holzstiele mit Verbandsmaterial befestigt und generell nicht ohne eine große Tube Vulcaseal durchs Leben geht. Denn eigentlich ist das ganze Land ein großes, unübersichtliches Flickwerk.

Ich setzte mich unter eine schattige Palme und zog meine Schuhe aus. Ich hatte mir tatsächlich Laufschuhe gekauft. Die Hoffnung stirbt zuletzt. Entlang der Zehennägel quoll blutiger Eiter hervor. GvHD eben. Etliche Nägel waren wegen der chronischen Austrocknung abgebrochen. Ich desinfizierte die Wunden und nahm das kühle San-Miguel-Bier dankend entgegen, das Jay mir reichte. Maricels Verwandte, es wurden immer mehr, bedrängten sie, die Geschenke zu verteilen.

Sie kniete vor ihrem Koffer nieder, rief alle einzeln beim Namen auf und überreichte ihnen Schokolade, Kaffee, Seifen, Duschgels, Spirituosen und T-Shirts. Ältere Frauen erhielten Rosenkränze und leichte Nachthemden, die Kinder kleine Disneyfiguren. Sie strahlten alle vor Freude und zeigten sich gegenseitig, was sie bekommen hatten.

Maricel wurde wie eine Königin bewundert, einige Nachbarn nannten sie sogar Madame, eine Respektsbezeugung, die man nur reichen Frauen erweist. Sie war glücklich, wieder bei ihrer Familie in ihrem Dorf zu sein. Was im Parlament im fernen Manila passierte, interessierte hier niemanden, wichtig war nur, ob die Kinder und der Reis gut gediehen.

Wenn Filipinas nach Jahren im Ausland in die Provinz zurückkehren, mit Papa, Mama, den Brüdern, Schwestern und allen Verwandten über dem offenen Feuer gegarten Fisch essen, den Reis mit den Fingern zu kleinen Klumpen zusammendrücken und in den Mund stecken, dann erst fühlen sie ihr höchstes Glück auf Erden: die Geborgenheit der Familie. Man muss diese Menschen einfach mögen. Ich meine jetzt die Filipinas – mit den chillenden Filipinos hatte ich noch meine liebe Mühe.

Papa trat hinter dem Haus hervor. Er trug einen mit oranger Dispersionsfarbe verschmierten Plastikeimer voller Meeresfrüchte, die er am Morgen gesammelt hatte. Die Sonne hatte seinen nackten Oberkörper beinahe schwarz gebräunt, der zahnlose Mund war eingefallen, die Knochen zeichneten sich unter der Haut ab. Er wirkte ausgezehrt, verbraucht. Die Jahre auf den Zuckerrohrplantagen der Großgrundbesitzer hatten tiefe Furchen in seine lederne Gesichtshaut gegraben. Er trug knielange, rot-weiß karierte Shorts und blaue Badeschlappen. Ein aufgeweckter Junge von vielleicht sieben Jahren begleitete ihn.

»Das ist Papa«, sagte Maricel.

Wir gaben uns die Hand und nickten uns lächelnd zu. Auf dem letzten Bild, das ich auf Facebook von ihm gesehen hatte, war er noch deutlich jünger gewesen. Er war in kurzer Zeit sehr gealtert, so, als würde allmählich das Leben aus ihm weichen. Maricel hatte Tränen in den Augen. Wahrscheinlich schmerzte es sie, ihren Vater in diesem Zustand anzutreffen. Papa war es unangenehm, er ging mit dem Plastikeimer ins Haus. Maricel kniete vor einem Jungen nieder. Sie sprach etwas in Tagalog, ich verstand nur *Uncle Sam.*

»Das ist Pacman«, wandte sie sich an mich. »Ich habe ihm gesagt, dass du Onkel Sam bist, der Mann, der sein Schuldgeld bezahlt und seine Kleider und der ihm sein Sideboard geschenkt hat.«

»Hallo Pacman, *kumusta ka?* Hast du das Sideboard noch, oder kann man auf diesen Straßen gar nicht …«

»Er hats in den Pawnshop gebracht, zum Pfandleiher, und Papa mit dem Geld Whisky gekauft. Pacman wohnt jetzt bei uns und schaut zu Papa.«

»Wieso muss er zu Papa schauen?«

Maricel lächelte verlegen. Mama kam mit einem Plastikbecken aus dem Haus und kniete vor mir nieder. Sie forderte mich mit Handzeichen auf, meine Füße darin zu baden. Ich tat es, obwohl die schwarze Brühe nicht sehr vertrauenerweckend aussah. Aber da es brannte, vermutete ich eine desinfizierende Wirkung.

»Sind seine Eltern gestorben?«, fragte ich Maricel leise.

»Nein, die leben am anderen Ende des Dorfes. Seine Mutter hat kürzlich ihr elftes Kind geboren. Der Vater hat seit Jahren keine Arbeit, also müssen die Kinder selber schauen, wie sie über die Runden kommen.«

Mama ging ins Haus zurück, Pacman kam zu uns herüber und reichte mir ein weiteres San Miguel.

»Er saß letztes Jahr tagelang mit den streunenden Hunden auf unserer Veranda. Mama gab ihm manchmal Reis. Eines Tages kam er ins Haus und setzte sich vor den Fernseher. Er schlief auf dem Fußboden ein. Am nächsten Morgen gab ihm Mama zu essen und schickte ihn in die Schule. Seither gehört er zur Familie. Dank dir, Hunnybunny. Wir bezahlen sein Schuldgeld und alles, was er braucht.«

»Wieso machen die so viele Kinder, wenn sie nicht einmal die Hälfte davon ernähren können? Funktioniert so die Altersvorsorge der Dritten Welt?«

Maricel wurden meine Fragen langsam unangenehm. »Nein, Hunnybunny«, sagte sie ein wenig gereizt, »die Mutter von Pacman ist verzweifelt, sie wäre glücklich gewesen mit nur vier oder fünf Kindern. Aber sie haben kein Geld für Kondome und wissen nichts über Schwangerschaftsverhütung. Jedem Politiker, der das ändern will, droht die Exkommunikation. Wir brauchen nicht nur Kondome, wir brauchen auch Bildung. Und weniger katholische Kirche.«

Sie eilte ins Haus zurück. Nun saß ich allein hier draußen im philippinischen Duschgel, nein, im philippinischen Dschungel – mit Papa und Pacman, die sich zu mir gesetzt hatten. Wir lächelten uns ab und zu an, unterhalten konnten wir uns nicht.

Nach einer Weile erschien Honesto auf der Veranda und hieß Pacman, etwas zu holen. Gleich darauf kam der Junge mit einer Flasche Whisky zurück. Er nahm den Metallverschluss ab und reichte Papa die Flasche, der mir flüchtig zunickte und gleich mehrere Schlucke nahm. Jetzt fühlte er sich sichtlich besser, und ich ahnte, warum Pacman auf Papa aufpassen musste und Maricel immer so entsetzt reagierte, wenn ich nach der Monatskontrolle ein Glas Pommery trank.

Papa wirkte nun in sich gekehrt, er schien kaum mehr Notiz von seiner Umgebung zu nehmen. Nach einer Weile kamen einige Filipinos in seinem Alter und setzten sich zu ihm. Sie tranken abwechselnd aus der Flasche, bis sie leer war. Dann begannen sie zu singen. Es gab aber noch etwas anderes, das Papa interessierte. Es war hinter dem Haus.

Pacman forderte mich auf, ihm zu folgen. Ich trocknete meine Füße ab, desinfizierte sie und schlüpfte in meine Schuhe. Es tut mir leid, aber ich bin jetzt nicht in der Stimmung, das zu beschreiben, was ich hinter dem Haus sah. Ich bitte um Geduld. Es folgt später.

Beyoncé rief mich an, Zeit für Cellaris. Ich schluckte die Pille und legte mich im Wohnzimmer auf die Couch. Obwohl es ziemlich laut zu- und herging, driftete ich allmählich ab; ich fühlte mich sterbenselend.

Das Ende aller Hoffnungen

Nach fast drei Monaten auf dem endlosen Pazifik hatten alle die Hoffnung aufgegeben, jemals wieder Land zu sehen. Keiner wusste wirklich, welchem Breitengrad wir folgten, denn die Instrumente spielten verrückt. Es war, als hätten wir uns in einer unwirklichen Leere verloren. Die Taue waren steif vom Salz und die roten Kreuze auf den Segeln von der Sonne bis zur Unkenntlichkeit gebleicht, als hätten auch unsere Symbole in dieser Wasserwüste jegliche Bedeutung verloren. Der Himmel blickte voller Verachtung auf die *Trinidad,* die *Concepción* und die *Victoria* hinunter. Wir segelten zwar, schienen aber trotzdem an Ort und Stelle zu verharren; der Horizont veränderte sich nicht.

Nachts starrten uns die Sterne an, stumm, teilnahmslos, als wüssten sie bereits von unserem nahenden Untergang. Die Gesichter der Männer waren ausgemergelt, die Augen lagen tief und starr in den Höhlen. Auf den Planken lagen ausgestreckte Leiber, niemand wusste, wer noch atmete und wer schon erlöst worden war. Die Proviantmeister warfen den Herumliegenden Zwieback zu, grau und schmutzig, von Würmern zersetzt. Die Männer konnten kaum noch das aufgekochte Wasser trinken, denn ihre Mundschleimhäute waren geschwollen, blutig und voller Abszesse.

»Bald sind auch wir an der Reihe«, flüsterte Faleiro, der Astronom.

»Du bist der Nächste, Faleiro«, brummte Jack, »du sprichst schon wie im Delir, aber ich, ich bin schon lange tot, und Sammy ist der Gott der *Pacific Avenue.*«

Aswang

Ich lag in der Hängematte draußen im Schatten der Kokospalmen und genoss den Dschungel um mich herum. Mein Kindheitstraum schien in Erfüllung gegangen zu sein. Ich hatte das gelobte Land gefunden, das Paradies meiner *Script Avenue* in jungen Jahren. Aber ich hatte nicht damit gerechnet, dass ich es in einer derart desolaten körperlichen Verfassung betreten würde.

Honesto und Jay brachten mir ein kühles Bier – und gaben mir dabei zu verstehen, dass der Vorrat zu Ende gehe und noch viele Verwandte zu Besuch kommen würden. Ich gab ihnen Geld, damit sie zwei Kisten besorgen konnten.

»Okay, Dodong«, sagten sie, steckten die Noten ein und machten gleich nochmals die hohle Hand: »Drei Kisten und noch Whisky für Papa. Und eine Karaoke-Anlage gehört natürlich auch zu einer Fiesta.«

Fiesta? Meine Ankunft sollte gefeiert werden. Das sei ihre Pflicht. »Wir sind jetzt Brüder, Dodong«, lächelten sie freundlich.

Ich habe nie einen Bruder gehabt, leider, aber wenn ich einen gehabt hätte, hätte ich ihm bestimmt nie einen Wunsch abgeschlagen. Also gab ich meinen »Schwiegerbrüdern«, was sie brauchten.

Bereits am Nachmittag begannen die Frauen mit der Zubereitung des Essens, während die Männer im Schatten chillten und sich gegenseitig mit Schilderungen heroischer Taten zu übertrumpfen schienen.

Ich betrat das Haus, um mich in der Küche ein bisschen umzusehen. Als leidenschaftlicher Koch konnte ich nur dazulernen. Die Frauen hatten bereits eine Menge Zwiebeln, Knoblauch, Ingwer, Zitronengras, Chilipfefferschoten und Karikari, gehackt und gemahlen. Nun zerlegten sie ein Huhn nach dem andern. Draußen kochte das Wasser in einem Riesentopf über dem offenen Feuer.

»Adobo«, sagte Mama mit beinahe geschlossenem Mund und zeigte auf das Fleisch. Dann zeigte sie auf die beiden Flaschen, die offenbar Sojasauce und Kokosmilch enthielten, und wiederholte: »Gusto ko adobo.«

»Sie getraut sich nicht, den Mund zu öffnen«, erklärte mir Maricel draußen, weil sie keine Zähne mehr hat.«

»Ich weiß, das hast du mir schon einmal gesagt, möchtest du, dass wir ihr neue Zähne kaufen?«

»Joseph wird heute Abend auch nicht viel sprechen …«

»Ihr seid insgesamt zwölf in der Familie?«

»Neue Zähne sind hier ganz billig«, sagte Maricel, »die kriegst du in jedem Dorf innerhalb einer Stunde, ist wie deine Antiknirsch-Nachtschiene, sieht aber aus wie eine gesunde Zahnreihe. 5000 Pesos nur. Hundert Dollar. Komm, lass uns noch schnell zu meinen Nichten im Dorf gehen, bevor das Fest beginnt.«

»Brauchen die auch neue Zähne?«, fragte ich sie.

Bei Anbruch der Dunkelheit tönte Bob Marleys *Buffalo Soldier* aus der Karaoke-Anlage, an einem langen Spieß brutzelte ein *lechón*. Ein unwiderstehlicher Duft hing in der Luft, als hätte Mama den ganzen Tropenwald ins Spanferkel gestopft. Das Bier floss bereits in Strömen. Es standen klapprige Tische und Plastikstühle herum, jeder Nachbar hatte etwas mitgebracht.

Gegen Mitternacht tanzte ich mit Papa zu *No Woman, No Cry.* Er war sichtlich stolz, einen weißen Schwiegersohn zu haben. Leider machten meine versteiften Gelenke bei *Sex on Fire* von den Kings of Leon fast nicht mehr mit. Es war kein richtiger Tanz, den ich da hinlegte, höchstens das Wippen eines verhaltensgestörten ADHS-Freaks.

Dann sangen Maricel und Cherry Celine Dions *When I Need You.* Einige weinten leise vor Glück, andere verloren sich in melancholischen Erinnerungen. Jemand brachte eine Kiste Red-Horse-Bier, und Shirley Bassey sang *This Is My Life.*

Joseph legte mir den Arm um die Schulter und sagte: »Die Familie ist alles für uns.«

Erst jetzt fiel mir auf, dass Papa auf Maricels Schoß eingeschlafen war. Joseph sang *My Way,* Mama schaukelte gedankenversunken eine ihrer Enkelinnen, *Stand by Me, You Are Not Alone ...*

Plötzlich schauten alle zu Mama, die aufgeregt mit dem Kinn zum Palmenwald hinter dem Haus zeigte. Es war schon weit nach Mitternacht. Gestalten huschten umher.

»Aswang«, flüsterte Mama, sie hielt sie offenbar für Vampirwesen, während Papa, der aufgewacht war, von *duwende* – Zwergen oder Elfen – ausging, weil sie so klein waren. Das seien *engkanto,* flüsterte mir Honesto ins Ohr, Naturgeister. Als die Anlage *My Heart Will Go On* spielte, lösten sich die seltsamen schwarzen Kobolde aus dem Blätterwald und wagten sich näher heran. Alle verstummten, nur die Musik spielte weiter.

Maricel, die keine Angst hatte, winkte die unheimlichen Besucher herbei. Kleine Menschen mit gekräuseltem Haar traten geduckt aus der Dunkelheit hervor, blieben vorsichtig stehen, gingen in die Hocke und lauschten der Musik. Es waren Negritos, die schwarzen, kleinwüchsigen Ureinwohner von Negros, der größten Insel der Visayas, Nachfahren malaysischer Einwanderer vom Stamme der Aeta, die die philippinischen Inseln vor 30 000 Jahren über eine damals noch existierende Landbrücke erreicht hatten. Sie waren nur mit Lendenschurzen bekleidet und trugen Pfeil und Bogen. Sie lebten noch wie zu Zeiten von Magellan, aber die Spanier und die katholische Kirche hatten sie in die Bergwälder vertrieben, die sie nur verließen, wenn sie Hunger litten.

Nach mehrmaliger Aufforderung setzten sie sich mit einem gewissen Abstand zu uns, tranken Bier, aßen Reis und teilten mit uns das Chicken Adobo, das die Frauen aufgewärmt hatten. Aufgewärmt schmeckt es noch viel besser. Die Waldmenschen verstanden die Dialekte der Visayas nicht, aber sie fühlten unsere Verbundenheit, *balato* eben, die Freude, mit anderen zu teilen. Mama brachte ihnen Kokossaft und servierte Halohalo, ein philippinisches Dessert aus süßen Adzukibohnen, Kochbananen, Kokosnuss und Eisschnee. Sam Cooke sang dazu *Wonderful World.*

Die Aetas aßen schweigend, ohne uns aus den Augen zu lassen. Danach verschwanden sie genauso geräuschlos, wie sie gekommen waren. Wir tranken weiter, bis uns die heilige Mutter Maria in den Schlaf wiegte und die fiesen Moskitos ihre Arbeit aufnahmen.

Stunden später rissen mich ein Dutzend krähender Hähne, Motorengeräusche und spielende Kinder aus dem Schlaf. Ich lag unter einem Moskitonetz in meiner Hängematte – um mich herum Maricels Brüder, die mich offenbar die Nacht über vor Papageien, Riesenaffen und der Naja philippinensis geschützt hatten, einer Kobra, die – wie der lateinische Name vermuten lässt – ausschließlich auf den Philippinen vorkommt und deren Biss zu einem tödlichen Atemstillstand führt.

Irgendetwas drückte auf meinen Bauch. Ich tippte auf eine Reisschüssel, die hier jemand deponiert hatte, aber das Ding stank bestialisch, und ich konnte aus dem abscheulichen Geruch weder Knoblauch noch Chili noch Lemongrass herausfiltern.

Als ich Kinder lachen hörte, zweifelte ich keinen Augenblick, dass sie sich einen Scherz mit mir erlaubten, und eines von ihnen wedelte wohl mit einem stinkenden Gewächs über mein Gesicht. Ich packte es blitzschnell, doch das Ding war warm und pelzig. Ich riss die Augen auf und sah, dass ich den ellenlangen Schwanz eines kleinen Tieres in der Hand hielt. Offenbar hatte sich in den frühen Morgenstunden ein Koboldmaki mit riesengroßen Augen auf meinem Bauch schlafen gelegt. Nun krallte er sich mit seinen grotesk langen Fingern und Zehen in meinem kortisongeschwängerten Bauchfett fest und sonderte unnachgiebig ein Drüsensekret ab, um sein Revier zu markieren. Mein plötzliches Aufwachen hatte ihn erschreckt. Als ich ihn losließ, sprang er von meinem Bauch und eilte aufrecht in den Wald, ohne jemals auf allen vieren zu landen.

Honesto zeigte mir, wo ich hinter dem Haus duschen konnte, Jay lieh mir eins seiner T-Shirts, ein blaues mit der Aufschrift *Proud to be a Filipino.* Da sah ich es dann wieder, was Papa so sehr interessierte, dass er immer wieder hinters Haus ging: Es war ein schwarz-rot gefiederter Hahn, kleiner und drahtiger als unsere Hähne, und er war aus gutem Grund mit einer Fußkette an einem Baum festgebunden. Er machte einen ziemlich aggressiven Eindruck. Jedenfalls achtete ich beim Duschen darauf, ihn nicht vollzuspritzen. Dann zog ich mir das frische, viel zu enge T-Shirt über.

Als ich auf den Vorplatz zurückging, ertönte aus dem Haus das klägliche Weinen eines Babys. Ich ging hinein und sah

Babysam, wie er mit hochrotem Kopf auf der in Plastik verpackten Couch lag und vor sich hin röchelte.

Jay, sein leiblicher Vater, kam ins Wohnzimmer und rief: »Wir fahren in die City zu Cherry, du wirst staunen, wie schön ihre Kantine jetzt aussieht.«

»Der Kleine hat vielleicht Fieber«, sagte ich besorgt und zeigte auf das Baby, das sich mit der Atmung schwertat, »vielleicht sollten wir mit ihm zum Arzt.«

»Nein, nein«, lachte Jay und gab mir zu verstehen, dass man hier nicht so schnell zum Arzt gehe. Zuerst werde man den Kleinen einem alten Weib unten am Meer zeigen. Sie würde heilige Worte flüstern und Babysam heilen. Aber erst später, *mamaya.*

Also ratterten wir auf Honestos Tricycle über die staubige Landstraße in die nächstgelegene Kleinstadt. Maricels Nichten hatten ebenfalls mitkommen wollen, und auch für Pacman hatte es noch Platz. Wir schluckten unterwegs schätzungsweise zwei Säcke Sand, und ich bekam zunehmend Mühe mit der Atmung. Als wir die Dorfkirche passierten, zeigten die Brüder lachend auf das Gotteshaus.

»Hier hat Jay jeweils die Kerzen geklaut, die Mama für dich angezündet hat. Wir haben Bier gekauft und für dich gebetet. Es hat funktioniert!«

Jay versuchte, mit der Hilfe von Maricel etwas klarzustellen. Offenbar litt er unter der Vorstellung, ich könnte ihn für einen faulen Sack halten, der sich mit seiner Ehefrau und den Kindern bei Mama eingenistet hatte und nur noch chillte und Kinder produzierte. Maricel erklärte mir, dass Jay auf einer Reisplantage gearbeitet habe, aber seit die EU und die USA die eigene Reisproduktion mit Milliarden-Subventionen förderten, sei der Markt auf den Philippinen zusammengebrochen. Die Reisproduktion in der Dritten Welt sei nicht mehr rentabel. Deshalb habe er auf See gehen wollen, aber die Schule sei halt wie gesagt …«

»… zu anstrengend gewesen«, ergänzte ich, »und wenn die jüngste Schwester jeden Monat Geld schickt, gibts auch keine Motivation mehr, einen Job zu suchen.«

Maricel hörte das nicht gern. Filipinas schweigen in solchen Situationen, wenden sich ab oder gehen zu einem andern Thema über. Das hatte ich längst begriffen. Mich hätte aber schon interessiert, warum Jay nicht einfach einen anderen Job suchte. Aber ich befolgte die Ratschläge des Eidgenössischen Departements für auswärtige Angelegenheiten und vermied jede Bemerkung, die man als Unhöflichkeit, Beleidigung oder Provokation hätte auslegen können. Ich nickte nur mit dem Kopf und dachte an die zwölf Schweizer Victorinox-Sackmesser, die wir mit der ersten Geschenkbox vor fünf Jahren geschickt hatten.

Unsere Straße führte direkt zum Kreisel im Zentrum der kleinen Stadt. Die Häuser und Baracken waren höchstens zweistöckig, Steinbauten wechselten sich ab mit billigen Holzverschlägen, in denen Waren feilgeboten wurden.

Wir hielten bei Cherry, die mit ihrem Ehemann, den vier Töchtern und drei Gehilfen gegenüber der Banco De Oro eine Straßenkantine führte. Ich setzte mich auf einen der neuen Plastikstühle, die wir ihr zum Geburtstag geschenkt hatten, und nahm die kalte Wasserflasche, die mir Maricel aus dem verglasten Kühlschrank holte. Es wurde viel gelacht, laut, explosionsartig, niemand wusste so genau, worüber. Aber alle fühlten sich gut dabei.

Vor der Kantine flanierten Menschen und zelebrierten die Langsamkeit, ein karibisch anmutendes *easy going.* Hier nahm man sich jede Stunde eine Auszeit, Chillen in höchster Vollendung. Den hektisch herumwuselnden chinesischen Händlern schauten die Einheimischen mit sichtlichem Vergnügen zu, fast ein wenig mitleidig. Ich begriff allmählich, warum *Filipino time* nicht synchron war mit *exact western time.*

Jay brachte mir ein San Miguel, das ich eigentlich hätte ablehnen müssen, weil ich bereits Beyoncé in den Blutbahnen hatte, aber ich nahm das Bier trotzdem, prostete allen zu und trank einen Schluck. Einige Leute gesellten sich zu uns, warfen einen Blick in Cherrys Kochtöpfe und setzten sich im Schneidersitz auf die bunten Plastikstühle. Mit Daumen und Zeigefinger pressten sie den Reis zu kleinen Bällchen, schoben sie in den Mund und nagten an den Hühnerknochen, bis sie restlos sauber waren.

Dann erschien Jennifer, die vierzehnjährige Tochter von Cherry. Mit ihr hatte ich mich im letzten Jahr oft über die Webcam unterhalten. Jennifer lernte tatsächlich Englisch und machte gute Fortschritte. Sie war ein lustiges, freundliches und aufgewecktes Mädchen. Zuerst beobachtete sie mich aus einer gewissen Distanz und lächelte ein paarmal verlegen, ehe sie sich zu mir setzte.

»Danke, dass du mein Schulgeld bezahlst«, sagte sie in Englisch und legte ihre rote Plastiktasche mit dem weißen Kreuz auf den Tisch, sodass alle sehen konnten, dass sie ein Produkt aus dem Ausland besaß.

»Das mache ich gern«, sagte ich, »aber es ist sehr wichtig, dass du alle Schulen machst und perfekt Englisch lernst. Damit du einmal ein besseres Leben hast.«

»Wie Wauau«, nickte sie. Sie nannte ihre Tante Maricel Wauau. Hier hatten alle Kosenamen.

Maricels Brüder sagten irgendetwas in Tagalog zu ihr. Offenbar übersetzte Jennifer, was ich gesagt hatte. Die Brüder schauten betreten weg. Es beschämte sie, dass sich ihre kleine Nichte mit mir auf Englisch unterhalten konnte. Ich glaube, sie fühlten sich in diesem Augenblick ziemlich schlecht und waren deshalb froh, als drei ihrer Kumpels auf einem stotternden Motorcycle vorfuhren und große Reden schwangen. Sie begrüßten sich wie die Soldaten in *The Expendables III* und standen breitbeinig herum und gaben »männliche Geräusche« von sich.

»Was hast du denn heute in der Schule gelernt?«, fragte ich Jennifer.

»Geschichte«, lächelte sie.

»Lapu-Lapu und so?«

»Nein, früher, am Anfang …«

»Aha, die ersten Menschen … Affen und so …«

Sie schien irritiert und meinte, Biologie sei ein anderes Fach, sie hätten heute gelernt, dass Jesus der erste Mensch auf Erden gewesen sei.

»Oh«, sagte ich ungläubig, »war Jesus wirklich der erste Mensch?«

Sie nickte und lächelte. Einige Jugendliche standen nun draußen auf der Straße und staunten Bauklötze, dass eine Kameradin von ihnen sich ohne Scheu mit einem Weißen unterhielt.

»Aber Jesus hatte bestimmt Eltern, und ich vermute, dass die Eltern älter waren als der Sohn. Also wären seine Eltern die ersten Menschen gewesen.«

Jennifer legte die Stirn in Falten. Ihr Lächeln war verflogen. Für einen Augenblick schien ihre ganze Welt in sich zusammenzustürzen. »Das haben uns die Patres so erzählt«, sagte sie verlegen.

»Dann war das eher im Religionsunterricht?«, fragte ich.

»Nein, nein, die Patres geben uns auch Geschichtsunterricht.«

Als Cherry ihre Kantine schloss, machten wir uns auf den Weg ins Dorf zurück.

Jennifer fragte mich beim Abschied leise: »Wer war denn der erste Mensch?«

»Wir stammen von den Affen ab«, sagte ich ebenso leise.

Sie zuckte zusammen, hielt beide Hände vor den Mund – und prustete los.

Als wir im Dorf ankamen, konnte ich mich kaum noch auf den Beinen halten. Mir war speiübel, aber ich durfte die Pillen nicht rauskotzen. Jay und Honesto eskortierten mich zur Hängematte, suchten den Baum nach Koboldmakis ab und setzten sich dann auf den Boden.

Maricels Gesicht sah ich schon etwas verschwommen. Sie köpfte ein weich gekochtes Entenei und schlürfte die Flüssigkeit. Dann zog sie mit einem Pinzettengriff ein Vogelembryo heraus, das bereits Ansätze von Schnabel und Federn hatte, und … ja, sie schluckte es. »Balut!«, lachte sie.

Balut. Beyoncé. Cellaris. Ich werde mich gleich übergeben.

Was ist Gott?

Eine weitere Leiche wurde über Bord geworfen. Sie klatschte ins Wasser, versank in den Fluten und war weg, als hätte sie nie existiert. Wir lagen an Deck der *Trinidad.* Rui Faleiro prophezeite, dass uns die Sonne das Gehirn wegbrennen würde. Wir würden verdursten und sang- und klanglos aus dieser Welt verschwinden. »Der Tod ist dein ständiger Begleiter«, flüsterte er, »und doch wird er nie dein Freund.« Dann verlor er inmitten der entkräfteten Matrosen, die alle mehr und mehr in Agonie verfielen, das Bewusstsein.

Magellan betrat schwerfällig das Oberdeck und setzte sich

auf eine aufgequollene Leiche. »Die Hoffnung stirbt zuletzt«, sprach er mit schleppender Stimme, »was wäre ein Leben ohne Hoffnung?«

»Es wäre ein trostloses Leben«, sagte Jack, »kein Mensch erträgt die Realität des Daseins ohne Hoffnung auf ein Leben nach dem Tod. Deshalb haben die Menschen einen Gott und ein Leben nach dem Tod erfunden.«

Henri schleppte sich an Deck. Magellan warf ihm einen abschätzigen Blick zu und beachtete ihn dann nicht weiter. Er mochte ihn nicht.

»Die Menschen brauchen auch einen Gott, damit sie zivilisiert miteinander umgehen; die Schicht der Zivilisation ist sehr dünn«, fuhr Jack weiter.

»Wie war das im Dritten Reich, Jack?«, wandte ich ein. »Da waren 95 Prozent Christen. Und die Tatsache, dass die Menschen einen Gott brauchen, beweist noch nicht, dass es tatsächlich da oben einen unsichtbaren Mann gibt, der rund um die Uhr acht Milliarden Menschen googelt.«

»Ich habe Gott mit eigenen Augen gesehen«, mischte sich Henri ein.

Alle schauten ihn erwartungsvoll an.

»Du hast Gott gesehen?«, fragte Magellan ungläubig.

»Ich war in Florida«, begann Henri, »und …«

»… bitte, Henri, erzähl uns jetzt nicht die Geschichte mit der Kubanerin«, sagte ich, »du hast uns schon letzte Woche vier Mal erzählt, dass sie ejakulierte wie der *Manneken Pis* in Brüssel.«

Henri lächelte müde. »In Florida hatte ich einen Leistenbruch, da habe ich nicht rumgebumst. Ich habe das Kennedy Space Center besucht und über einen Großbildschirm einen Blick durch das Hubble-Weltraumteleskop geworfen. Das schwirrt irgendwo da oben im All herum.«

»Und da hast du Gott gesehen?«, fragte Jack skeptisch.

»Gott ist ein Gewirr aus Staub und Gasen, Unendlichkeit, Ewigkeit, Gott ist von unbeschreiblicher Ruhe, Schönheit und Erhabenheit, einfach göttlich. Aber dieses Etwas hat keinen Schwanz, keine Titten, keinen Plan, kein Gewissen, keine Ambitionen, kein Mitleid, keinen Einfluss, keine Botschaft, es ist einfach da, seit Anbeginn der Zeiten, teilnahmslos. Es kann nicht einschreiten, wenn Taifune über unsere Städte fegen, Tsunamis Dörfer wegschwemmen, Vulkane Küstenstreifen in Flammen setzen, Erdbeben alles dem Erdboden gleichmachen, Kriege und Seuchen uns in Angst und Schrecken versetzen. Gott ist nichts anderes als ein staubiges Gasgemisch, ein kosmischer Furz.«

Bombay Five-Six

»Bombay five-six!«, hörte ich rufen und fiel vor Schreck beinahe aus der Hängematte. Ich rechnete mindestens mit einer Kommandoaktion der Abu Sajaf, des philippinischen Arms der al-Qaida. Die enthaupten christliche Holzfäller, entführen deutsche Biologielehrer und jagen Shoppingcenter in die Luft. Neuerdings hatten sie sich dem Islamischen Staat angeschlossen.

»Bombay five-six!«, tönte es nochmals. Schlaftrunken hangelte ich mich aus der Hängematte. Jay und Honesto standen in ihren roten Shorts mit Schweizerkreuz vor dem Eingang der Wohnküche und wollten offenbar einem Inder mittleren Alters den Eintritt verwehren. Der Fremde hatte keinerlei Ähnlichkeit mit Mahatma Gandhi, schon eher mit Ben Kingsley, aber nicht in der Rolle des Pazifisten, sondern in der Rolle des cholerischen Typs, den er in *Sexy Beast* so virtuos darstellt. Vielleicht etwas jünger und dunkelhäutiger.

Meine beiden Schwager diskutierten heftig mit dem Inder, der nicht Gandhi war, während sich dieser Zentimeter um Zentimeter in Richtung Fernseher vordrängte.

»Er gehört zu den indischen Geldverleihern, die kommen jeden Morgen ins Dorf, um ihre Zinsen einzutreiben«, erklärte mir Joseph, ohne den Mann aus den Augen zu lassen.

Ich verstand, dass Jay den Tageszins nicht bezahlen konnte und dass Bombay five-six offenbar den Fernseher beschlagnahmen wollte. Ich stellte mich sofort vor das Gerät und erklärte dem Inder, dass so etwas gar nicht möglich sei. »Also bei uns«, sagte ich zu Maricel, die den Lärm gehört hatte und herbeigeeilt war, »muss ein Gläubiger zuerst ein Betreibungsbegehren stellen, dann kann der Schuldner Rechtsvorschlag erheben, dann kommt der Friedensrichter, meist irgendeine pensionierte Schwimmlehrerin, und erst dann kann man vor Gericht. Innert weiterer drei Jahre kriegt man dann einen Verlustschein.«

»Wir sind hier nicht in der Schweiz, Hunnybunny.«

»Sorry«, sagte ich, »ich habe mich offenbar von den Schweizer Shorts verleiten lassen. Wie viel hat sich dein Bruder denn ausgeliehen?«

Der Inder hörte aufmerksam zu, schüttelte enerviert den Kopf und erklärte, was Sache war.

»Er hat sich 10 000 Pesos ausgeliehen, also rund 200 Dollar«, übersetzte Maricel. »Und in zwei Monaten müssen wir 240 Dollar zurückzahlen.«

»Das wären ja 20 Prozent Zins«, rief ich entsetzt, »120 Prozent aufs Jahr gerechnet! Dafür kriegst du in der Schweiz eine Gefängniszelle mit Schwarz-Weiß-Fernseher.«

Um den Ball flach zu halten, nahm ich 10 000 Pesos aus meiner Brusttasche und wollte sie dem Inder geben. Doch der Mann, der nicht Gandhi war, wehrte ab und wich einen Schritt zurück.

Er wollte 12 000. Die vorzeitige Begleichung der Schuld habe überhaupt keinen Einfluss auf den geschuldeten Zins. Er lebe von den Tageszinsen und nicht von solchen Rückzahlungen.

Da Jay bereits mit seinem Schweizer Sackmesser spielte und mit seiner Islamistenfrisur ziemlich gefährlich aussah, zupfte ich weitere 2000 Pesos heraus und reichte dem Inder den ganzen Packen.

Er nahm die Scheine ungerührt und zog die Schultern hoch, als täte ihm alles sehr leid. »*Chinese business,* ich bin nur ein kleiner Läufer. Wenn ich am Abend nicht liefere …« Er machte eine schnelle Bewegung, als wolle er sich mit der flachen Hand die Kehle durchschneiden. Dann verließ er das Haus.

Jay verfolgte ihn, enge Manndeckung. Ich bereute erneut, dass ich Messer von Victorinox verschickt hatte. Der Inder stieg auf sein gelb-schwarzes Motorrad. Als er wegfuhr, brüllte Jay irgendetwas, das nicht sehr freundlich klang: »Turkos, Turkos!«

Türken? Offenbar hat sich selbst auf den Philippinen diese rassistische Redewendung – *etwas türken* – in der Alltagssprache festgesetzt. Ich will mich nicht erneut auf das Minenfeld der Political Correctness begeben, aber doch etwas über den Ursprung des Wortes *getürkt* erzählen: 1769 konstruierte der österreichisch-ungarische Hofbeamte und Mechaniker Wolfgang von Kempelen einen Schachroboter, mit dem er in europäischen Salons und amerikanischen Varietés Furore machte. In der Kiste, auf welcher der »Roboter« in einem türkischen Kostüm saß, versteckte sich ein begnadeter Schachspieler. Als das Geheimnis enthüllt wurde, berichtete die gesamte Weltpresse darüber. Zurück blieb der Begriff *getürkt,* der im Zuge der Globalisierung wohl auch die Philippinen erreichte.

Jemand hat die ganze Passage über das Türken gestrichen, und ich habe wie üblich die Annahme verweigert. Wer zum Teufel fährt eigentlich dauernd mit dem Mähdrescher durch mein Manuskript? Tim? Oder war es eine alte Korrektur von mir? Ist ja bereits die vierte Fassung.

Ich versprach Jay weitere 10 000 Pesos, wenn er Bombay five-six die Kunden abspenstig mache, selber Geld verleihe und ihm so das Geschäft versaue. Dass ich zum Investor einer mobilen Straßen-Wucher-Bank geworden wäre, hätte ich in Kauf genommen. Außerdem wollte ich Maricel beeindrucken. Für ein bisschen Anerkennung und das Lob einer schönen Frau machen sich selbst gestandene Männer zu Dorftrotteln. Maricel küsste mich herzhaft. In einem Cartoon wären kleine Herzchen aufgestiegen. Falbala küsst Obelix. Zum Glück schien Jay die Aussicht auf diesen neuen Job nicht besonders zu motivieren.

Als Papa aus dem Haus trat, war er sichtlich verkatert, aber guter Laune. Kaum hatte er den Vorplatz betreten, rannte Pacman zwischen den Büschen hervor und stellte sich wie ein kleiner Bodyguard an seine Seite. Sie wechselten ein paar Worte. Irgendetwas schien sie sehr zu freuen. Pacman eilte daraufhin hinters Haus und holte den Hahn. Hmmm.

An dieser Stelle ist eine Warnung angebracht. *This book has adult situations and languages,* müsste man in den USA schreiben. Tierschützer mögen bitte die nächsten Seiten überspringen. Ich würde das auch gern tun, da ich Tiere aufrichtig liebe. Je älter ich werde, desto stärker wird meine Liebe zu Tieren.

Aber ich bin, ähnlich wie Antonio Pigafetta, Chronist. Ich muss die Welt so beschreiben, wie sie ist, und nicht so, wie ich sie gern hätte. Political Correctness ist eine Form der Realitätsverweigerung. Also werde ich jetzt über die Sabong schreiben.

Papa gab mir zu verstehen, dass ich sie begleiten solle. Pacman reichte ihm den Hahn und rannte in die Küche, um Chilipaste zu holen. Gemeinsam schritten wir in der brütenden Hitze die staubige Dorfstraße hinunter, die eher ein Trampelpfad war. Ich hatte die Kappen meiner Schuhe weggeschnitten, um meinen entzündeten Zehen Reibungsflächen zu ersparen; Maricel war entsetzt über meinen praktischen Verstand.

Zum Glück kam uns bald Honesto mit seinem bunten Tricycle entgegen. Er hatte gerade Kunden in einem anderen Dorf abgeladen. Wir stiegen in den überdachten Seitenwagen. Mit Papa, Jay, Joseph, Maricel, Pacman und dem Hahn auf meinem Schoß war es schon ziemlich eng. Aber so, wie die Filipinos ein anderes Zeitgefühl haben als wir, haben sie auch eine andere Vorstellung davon, wann eine Straßenkreuzung verstopft, ein Koffer voll oder ein Tricycle überladen ist.

Unterwegs lud Honesto noch drei weitere Leute auf. Wir waren zusammengepfercht wie chinesische Straßenhunde auf dem Weg in die Garküchen Hongkongs. Da die Arme nirgends mehr Platz hatten, streckte man sie einfach in die Höhe und ließ sie dann auf die Schultern der Nachbarn sinken. Wenigstens erleichterte sich der gestresste Hahn nicht mehr auf meine Oberschenkel, denn inzwischen saß Pacman auf meinen Knien und hielt nun seinerseits das an Diarrhö leidende Federvieh fest. Vielleicht hatte ein Kreuzfahrtschiff auch den Norovirus in die Visayas gebracht.

Ganz abgesehen von meiner Angst vor den Keimen hätte ich Maricel gern einen Wink gegeben, dass ich gleich ersticken würde, doch sie war irgendwo in der vielköpfigen Fahrgemeinschaft untergegangen, die ununterbrochen schwatzte und aus nichtigen Gründen orkanartig loslachte.

Sabong

Jetzt wirds gleich hässlich. Wir hielten beim kleinen Dorfplatz, der mit Bambusstäben, Pappkartons und Netzen eingezäunt war. Kampfrichter streuten in der improvisierten Arena Sägespäne. Einige Zuschauer reagierten verlegen, als ein Weißer die Sabong betrat, konzentrierten sich dann aber gleich wieder auf die Wetten, die sie dem Veranstalter lauthals zuriefen.

»In den Dörfern der Visayas gibt es nur die Kirche, das Rathaus und die Sabong, die Hahnenkampfarena«, erklärte mir Maricel. »Du hast deinen FC Barcelona, Arsenal und Borussia Dortmund, wir haben die Sabong. Wenn Papas Hahn heute gewinnt, wird er bewundert wie Bernie Ecclestone in der Formel 1.«

Während Papa, Jay und Pacman den Umstehenden den Hahn präsentierten, überlegte ich mir, wie ich mir das Schauspiel ersparen konnte, ohne Papa zu kränken. Ich wollte es echt nicht sehen.

»Fußball ist ein Milliardengeschäft«, begann ich, doch Maricel unterbrach mich gleich: »Hunnybunny, vergiss mal deine europäische Herkunft. Auch die Sabong sind ein Milliardengeschäft, wir haben zwei Dutzend Magazine, Radiostationen und Fernsehsender, die täglich nur über dieses Thema berichten. Täglich, Hunnybunny: Dutzende von Fernsehsendern! Und ausschließlich Hahnenkämpfe!«

»Wir spielen auf den Philippinen auch Basketball«, sagte Joseph mit ernstem Gesicht. Ihm fiel auf, dass mir das Ganze nun wirklich nicht passte. Er fürchtete möglicherweise, dass ich die Familie in schlechter Erinnerung behalten könnte.

»Du musst bei uns bleiben, Dodong«, sagte Pacman und

zupfte mich am Ärmel, »nicht abhauen.« Der Junge hatte mich durchschaut.

»Papa ist so stolz, dass man ihn mit seinem weißen Schwiegersohn sieht«, sagte Honesto und legte mir den Arm um die Schultern.

Maricel nickte eifrig. »Schau mal, Hunnybunny, die Spanier töten Stiere in der Arena, die Russen lassen Bären gegen Hunde antreten, und selbst in den USA gibt es eine Sabong-Kultur. Dort werden übrigens die besten Kampfhähne gezüchtet. Alle großen Nahrungsmittelhersteller produzieren Aufbaunahrung speziell für Kampfhähne. Du hattest doch früher Nestlé-Aktien, oder? Siehst du, auch du warst am Sabong-Business beteiligt. Papa hat leider kein Geld. Er kann seinen Hahn nur mit Reis füttern. Andere spritzen ihren Tieren vor dem Kampf teure Hormone.«

Inzwischen war auch der Kontrahent mit seinem Kampfhahn eingetroffen, einem weiß gefiederten Old English Bantam mit langen Beinen. Der Besitzer begrüßte Papa kameradschaftlich. Die Zuschauer begannen aufgeregt zu debattieren und hielten Peso-Scheine in die Luft. Ein motorisierter Wettanbieter sammelte sie ein. Schließlich erschien der Dorfpriester und segnete beide Hähne, nachdem man auch ihm ein paar Peso-Scheine zugesteckt hatte. Papa stieg mit seinem schwarz-roten Hahn über die Absperrung und kniete nieder. Sein Gegner Maximiano tat es ihm gleich. Jemand reichte ihm eine Spritze. Ein anderer hielt den Old English Bantam mit beiden Händen fest, während Maximiano seinem mittlerweile hysterischen Hahn zunächst eine stimulierende Dosis und dann eine weitere zur Schmerzlinderung injizierte. Diese würde er bald nötig haben.

Maricel und Honesto blickten etwas traurig, denn Papa hatte keine ebenbürtigen Mittel. Pacman stieg über die Absperrung und kniete vor Papas Hahn nieder. Er nahm die Chilipaste, die er mitgebracht hatte, und strich sie dem armen Gockel in den After, so, wie es bereits die Gallier vor 2000 Jahren getan hatten. Behauptet jedenfalls Julius Cäsar in *De Bello Gallico.* Derweil klemmte Maximiano seinem Gockel messerscharfe Sporen an die Beine und zog die Plastikhüllen über den Rasierklingen ab. Ein Raunen ging durch die Reihen der Schaulustigen.

Papa und Maximiano gingen mit ihren Hähnen aufeinander zu, hoben das Kinn zum Gruß – zweimal »Ho!« – und begannen, ihre Hähne wie wild durchzuschütteln. Die Zuschauer gerieten in Ekstase und brüllten »Ayo! Ayo!«. Papa und Maximiano machten beschwörende Handzeichen, die Zuschauer taten es ihnen gleich; gemeinsam wurden die Geister der Vorfahren und der vereinigten Waldkobolde beschworen. »Ayo! Ayo!«

Dann warfen Papa und Maximiano ihre Hähne in die Arena, und zwar so, dass sie sogleich zusammenstießen, wodurch das aggressive Revierverhalten aktiviert wurde. Sie attackierten mit ihren Schnäbeln den Hals des Gegners, Federn flogen, die Menge erstarrte in spannungsgeladenem Schweigen. Wenn sie sich verhedderten, rissen die Kampfrichter die Tiere auseinander und warfen sie von neuem in die Arena. Sie stürzten sich wie Furien aufeinander, inzwischen waren beide verletzt.

»Muss ich mir das wirklich anschauen?«, fragte ich Maricel genervt.

»Hahnenkämpfe sind uns wichtig«, sagte sie, »bei uns sagt man, wenn ein Haus brennt, rette der Mann als Erstes seinen Kampfhahn und erst dann seine Frau und die Kinder …«

»Ach so …«

»Ihr in Europa tragt goldene Uhren am Handgelenk und leistet euch Ferraris und Maseratis«, fuhr sie fort, »wir halten uns einen Kampfhahn und hoffen, dass er unseren gesellschaftlichen Status steigert. Es macht uns stolz, wenn die Zuschauer viel Geld auf unseren Hahn setzen.«

Die Zaungäste schnatterten unentwegt, erhöhten ihre Wettangebote, machten wilde Handzeichen und benahmen sich wie Händler auf dem Börsenparkett der New York Stock Exchange. Die Codes für die Wettgebote waren extrem vielfältig, und ich wäre zufrieden gewesen, wenn man es bei dieser Darbietung belassen hätte.

Die verwundeten Hähne bekämpften sich weiter erbarmungslos, hackten aufeinander herum, kreischten, krähten und tobten durch die Sägespäne. Papas Hahn gelang mit dem Schnabel ein Lucky Punch beziehungsweise ein Lucky Cut direkt in den Hals des weißen Hahns. Das heraussickernde Blut sprenkelte dessen Gefieder und versetzte die Menge in Verzückung.

Doch dann erschütterte ein orkanartiger Schrei aus hundert Kehlen die Arena: Der weiße Hahn hatte Papas Gockel mit der Rasierklinge das linke Bein abgetrennt. Er zappelte wild, versuchte verzweifelt, auf einem Bein zu stehen, und zuckte jämmerlich, während der Old English Bantam nun wie eine Nähmaschine in den Kopf des Unterlegenen hackte. Noch einmal gelang Papas Hahn ein Cut, doch dann strömte immer mehr Blut unter dem schwarz-roten Gefieder hervor. Der Hahn keuchte, röchelte – und starb dennoch nicht. Er blieb schwer verletzt liegen, während Maximiano den Sieger am Rückengefieder aufhob, aus der Arena nahm und triumphierend herumzeigte.

Die Wettanbieter zahlten die Gewinne aus. Sie führten nicht Buch, sie hatten jede Wette memoriert. Ich staunte, wie zahlreich die Kinder waren, die den sterbenden Hahn begafften und auslachten. Mit Ausnahme von Maricel waren keine Frauen anwesend. Wie üblich schufteten sie, während sich ihre Männer die Zeit vertrieben.

»Empfindet ihr denn gar nichts beim Anblick dieser qualvoll sterbenden Tiere?«, fragte ich Maricel. »Das sind doch Lebewesen wie du und ich, die haben ein Herz, die haben Hunger und Durst, einen Blutkreislauf, Haut und Knochen, die sehen einfach etwas anders aus als wir und benützen keine elektrischen Zahnbürsten.«

»Mir tun sie schon leid«, sagte Maricel etwas verlegen, »aber es ist unsere Kultur. Die Krokodile in den Sümpfen von Negros meinen es auch nicht gut mit uns. Wenn man nicht aufpasst und sie aufschreckt, greifen sie an und fressen dir ein Bein weg. So wachsen wir auf.«

Maximiano packte Papas sterbenden Hahn am Hals und verließ mit seinem Gefolge den Sabong.

»Was macht er jetzt mit dem Hahn?«

»Er isst ihn.«

Auf der Rückfahrt war Papa ziemlich niedergeschlagen. Er saß zwischen seinen beiden Söhnen, die beide einen Arm um ihn legten. Pacman hatte den Kopf auf seine Knie gelegt und schien zu dösen. Ich war total erschöpft von der Hitze und von den ewigen Krämpfen.

»Weißt du«, sagte Maricel, »das Leben in den Provinzen ist nicht einfach. Die meisten Menschen haben keine Arbeit und leben von der Hand in den Mund. Wer Arbeit hat, schuftet den ganzen Tag in der brütenden Hitze und kann sich trotzdem nicht jeden Tag drei Mahlzeiten Reis leisten. Das Leben ist hart. Wir akzeptieren es. Aber wir haben kein Mitleid mit den Hähnen. Wir wissen, dass das Leben grausam und ungerecht ist. Wir akzeptieren es.« Maricel wollte noch etwas sagen, ließ es dann aber bleiben. Schließlich versuchte sie es mit einer beiläufigen Bemerkung: »Kennst du Manny Pacquiao?«

»Den philippinischen Boxer?«

»Ja, als Boxweltmeister in sieben Gewichtsklassen war er letztes Jahr einer der bestverdienenden Sportler der Welt. Und was tut er hier in seiner Heimat? Er züchtet Kampfhähne. Er besitzt die größte Zuchtfarm der Philippinen mit vielen Ablegern auf den Inseln. Gleich werden wir ...«

»Du meinst doch nicht etwa ...«

»Das wäre so lieb von dir, Hunnybunny. Schau doch, wie traurig Papa ist.«

Ich versuchte, die vorüberziehende Landschaft ein wenig zu genießen, aber ich sah nur eine Menge Staub und ein paar schwergewichtige, dunkelgraue Carabaos – philippinische Wasserbüffel – mit kräftigen, sichelförmig nach hinten wachsenden Hörnern. Einmal kreuzte uns ein alter Toyota. Auf der offenen Ladefläche transportierte er einen riesigen Käfig, in den er schätzungsweise 200 lebende Hühner gepfercht hatte.

»Die werden doch alle erdrückt und ersticken!«, rief ich entsetzt, doch Honesto sagte, die würden eh gegessen.

Maricel hakte sich bei mir unter und stieß mich an. »Papa ist so traurig, Hunnybunny. Bitte. Das wäre ein ganz besonderes Geschenk. Er würde allen Menschen im Dorf erzählen, dass Dodong ihm diesen Kampfhahn aus der Zucht von Manny Pacquiao geschenkt hat. Das würde seine Reputation immens steigern – und natürlich auch meine.«

Ich weiß nicht, wie viele Moskitos mich auf dieser Fahrt bereits gestochen hatten, aber ich hörte mich sagen: »Okay, lass uns bei der Farm anhalten, wir kaufen Papa einen neuen Hahn. Aber poste das bitte nicht auf Facebook, sonst sterbe ich zu Hause den medialen Tod.«

Als wir in unserem Dorf ankamen, trank ich ein kühles Bier und legte mich erschöpft in die Hängematte. SMS von Beyoncé.

Die Magellan-Chronik

Pigafetta saß erschöpft vor seinen Aufzeichnungen und schien ratlos. »Was soll ich noch schreiben?«, fragte er. »Vielleicht ist es der letzte Eintrag.«

Ich lag auf dem hölzernen Bettrost, Henri saß auf der Kante, während Magellan sich stumm an die Wand der Kajüte lehnte. Wir wussten keine Antwort.

»Schreib doch irgendetwas«, spottete Henri, »dein Logbuch ist eh nicht wasserfest. Kein Mensch wird das jemals lesen.«

Ich richtete mich auf und setzte mich neben Henri: »Schreib, dass die Geschichte der Seefahrt untrennbar mit der Geschichte der Menschheit verbunden ist. Seit Beginn unserer Zeit reizte uns die Endlosigkeit der Meere. Wir bauten Schiffe und fuhren hinaus, um den geheimnisvollen Horizont zu erforschen. Wir fragten uns: Was kommt danach? Stürzen wir in unendliche Tiefen? Das Unbekannte lockte uns wie einst die Sirenen, diese betörenden Meerjungfrauen, die Odysseus mit ihrem Gesang in Versuchung führten. Wir entwickelten die Kartografie und nautische Instrumente, beobachteten den Sternenhimmel, die Winde, die Strömung und trugen alles in unsere Logbücher ein. Die einen zogen aus, um zu erobern, die andern, um Handel zu treiben, einige wollten ihren Gott in die Welt hinaustragen, andere waren einfach neugierig. Die meisten kehrten nie zurück.«

»Sag mal, Sammy«, sagte Henri und schaute mich von der Seite an, »der Gandolfini in *The Sopranos*, schluckte er nicht Prozac in solchen Situationen?«

»Kann ich hier sauber machen, bevor ihr alle ins Delir fällt und eure Hosen nass macht?« Maggy hatte mit ihrem Staubwedel Pigafettas Kajüte betreten. Magellan schaute sie entgeistert an, doch Maggy beachtete ihn nicht. Sie stellte sich hinter Pigafetta und sagte: »Schreiben Sie, dass Magellan an Hirnerweichung litt, eine Spätfolge der Syphilis. Ähnlich wie Hitler, der hatte so viele Störungen und Krankheiten … Deshalb hat er fünf Milliarden Euro veruntreut und in die Schweiz geschafft. Hat nichts davon versteuert!«

»Der Euro kam erst später, Maggy, wenn schon, waren das Reichsmark«, wandte ich ein.

»Aber die Frage ist doch: Wie kam er an diese Milliarden?« Sie machte eine kleine Kunstpause und genoss unsere ratlosen Gesichter. »Hitler war ziemlich clever, er verdiente sogar am Verkauf der Briefmarken, die mit seinem Bild versehen waren. Auch für seine Reden verlangte er Geld. Hitler war ein ganz gerissener Steuerbetrüger. Und wisst ihr, warum man das alles weiß?«

»Nein, Maggy, aber ich fürchte, du wirst es uns gleich sagen«, murmelte Jack.

»Britische Geheimdienste fanden in einem Internierungslager die Jacke von Joseph Goebbels' Pressesprecher. In der linken Innentasche war Hitlers Buchhaltung eingenäht!«

»Maggy, wolltest du nicht noch auf dem Oberdeck sauber machen?«, fragte Jack.

Pigafetta drehte sich nach mir um. »Was zum Teufel soll ich jetzt schreiben?«

Fieberträume

Am nächsten Nachmittag kam Jay in die Küche und übergab Mama kleinlaut ein paar Peso-Scheine. Er hatte am Morgen in einem Früchtemarkt Ananas in Kartons abgepackt. Wahrscheinlich hatte ihm Maricel gedroht, ich würde die Monatszahlungen reduzieren, wenn er nicht mindestens einen Tag pro Woche arbeite. Mama nahm das Geld wortlos entgegen, zählte es und gab Jay einen Schein zurück. Er war glücklich und sichtlich stolz.

Ein Filipino, hatte man mir gesagt, verliere seinen ganzen Besitz mit einem gleichgültigen Lächeln, aber seinen Stolz verliere er nie. Nun war er stolz, dass ihm Mama zehn Prozent des abgelieferten Lohns überlassen hatte. Er freute sich nicht primär über das Geld, sondern über die Anerkennung, die er in Mamas Geste wahrnahm.

Jay eilte vor das Haus, wo ihn bereits seine Brüder erwarteten. Sie inszenierten sich lautstark als Teufelskerle und spielten Kampfhahn. Im Grunde sind sie liebenswürdige kleine Angeber, die sowohl Mama als auch ihrer Schwester Maricel mit kindlichem Eifer gehorchen. Sie brauchen die Liebe ihrer Familie jeden Tag aufs Neue, wie Kinder, die sie in gewissem Sinne ihr Leben lang bleiben. Deshalb, hatte mir Maricel einmal erklärt, schätzen Filipinas weiße Männer. Die würden erwachsen.

Ich lieh mir Josephs Prepaid-Karte aus und checkte auf dem iPhone meine Mails. Zum Glück hatte ich endlich den Spam-Filter richtig eingestellt, sodass ich nur noch erwünschte Nachrichten erhielt. Fast nur. Lourgien hatte unter einem neuen Fantasienamen dreimal gemail: *Wir sehen uns in Cebu, Joe. Ich warte auf dich. Du wirst noch an mich denken.* In der vierten Mail schrieb sie: *Du kannst mir nicht mehr entkommen, du bist jetzt in meinem Land!* Dann rief Beyoncé an. War es schon wieder Zeit für Cellaris? Die Stunden flogen mir nur so um die Ohren.

Ich lag in der Hängematte, als ich plötzlich das Gefühl hatte, das eine Ende löse sich. Ich fiel zu Boden – schlug aber nicht auf. Was läuft denn hier für ein Blödsinn ab?, dachte ich, ich habe doch nicht oben in den Baumkronen übernachtet.

Dämpfe wehten mir entgegen, ich klatschte in einen See, der so groß war, dass ich zuerst den *Pacífico* vermutete, doch das Wasser war nicht blau wie das Meer, sondern rötlich gelb wie eine Currysauce. *Jedem ist sein Tag bestimmt,* fiel mir noch ein, aber verdammt noch mal, war das der Tag, an dem ich in einer Currysauce ersaufen sollte? Ich versuchte, mich aufzurichten, und fand auch tatsächlich Halt, doch die Sauce klebte an meinem Körper, bis es schließlich zu regnen anfing. Kokosmilch floss in Strömen in den Riesenwok, in dem ich mich plötzlich befand. Ich griff nach einer roten Luftmatratze, die an mir vorbeitrieb, doch als ich mich auf sie legte, realisierte ich, dass es eine rote Paprika war. *Cellaris, I hate every inch of you!*

Große Betonplatten fielen auf mich nieder, irgendwo musste eine Fassade zusammengebrochen sein, doch ich erkannte, dass es Knoblauchscheiben waren, die jemand über mir raspelte. Dann kamen Bäume auf mich zu, eine Riesenhand hatte sie offenbar im Dschungel ausgerissen und tunkte sie nun in die Currysauce. »Du bist jetzt in meinem Land«, hörte ich eine fröhliche Stimme. Ich blickte hoch und sah mächtige Brüste, die über dem Pfannenrand hingen. – »Lourgien!«, schrie ich. »Deine Brüste werden immer größer, das kommt nicht gut, zuerst kriegst du Rückenschmerzen, und plötzlich reißen sie …« – »Du bist jetzt in meinem Land«, wiederholte Lourgien. Sie beugte sich über mich und stieß mich mit ihrem riesigen Zeigefinger von der Paprika herunter. »Weißt du, woher der Curry seine Farbe kriegt, Joe?« – »Kurkuma«, stieß ich hervor und versuchte, ihrem Finger auszuweichen. – »Und weißt du, was sonst noch in eine gute Currymischung gehört?« – »Lourgien, sind wir hier in einer Quizshow oder was? Lass mich verdammt noch mal raus!« – »Die Zutaten Joe«, flüsterte Lourgien und begann mit herzzerreißender Stimme *Because of You* zu singen: *Because of you, my life has changed.* – »Koriander«, rief ich, »Pfeffer, Ingwer …« – Lourgien schob mit ihrer Holzkelle Chicken-Wings von einem Teller in den Wok. Die Fleischstücke schlugen wie Felsbrocken neben mir ein, Curryfontänen spritzten in alle Richtungen. »Es wird jetzt ein bisschen heiß«, sagte Lourgien mit einem Anflug von Bedauern.

Ich schreckte aus meiner Hängematte hoch, als mich Hände berührten.

»Hast du Fieber?«, fragte Maricel. »Du solltest im Haus schlafen, hier draußen holst du dir noch einen Hitzschlag. Ich stelle dir den Ventilator ins Zimmer.«

»Was sind die Zutaten von Curry, Maricel?«, fragte ich sie.

Maricel strich mir über die Wange. »Das ist Cellaris, Hunnybunny.«

Jay beugte sich über mich. Ich sah, dass er mein Hemd trug. Auch die silberne Krawatte. Ich dachte, ich müsse daran ziehen, das gehöre sich so. Maricel brachte mich ins Zimmer, ich sank auf das Bett. Der warme Luftstrom des Ventilators hüllte mich wohltuend ein.

Ich stand in einer verwitterten Basilika und zog an einer Kordel. Aber sie fühlte sich eher wie eine Krawatte an, eine silberne Riesenkrawatte. Als ich ein paarmal daran gezogen hatte, hörte ich die Turmuhr. Sie wurde immer lauter, als wolle sie mir das Gehör zerschmettern. Die Wände begannen zu zittern, ich ließ die Kordel los und rannte zum Kirchenportal. Ich wollte es aufreißen, aber es war abgeschlossen.

Plötzlich krachte eine gusseiserne Glocke durch die Decke, gefolgt von einer weiteren. Ich rannte um mein Leben, die beiden Glocken verfolgten mich. Ich suchte Schutz unter der Kanzel und verharrte dort, bis die ganze Decke eingestürzt war. Dann hörte ich ein Geräusch über mir. Ich schaute zur Kanzel hoch. Andrea blickte auf mich hinunter und sagte: »Warum hast du die Armani-Hemden deinen Schwagern geschenkt? Die waren von mir! Zu deinen Geburtstagen!«

»Sie sind mir zu eng, Andrea, das Kortison hat mich aufgeblasen wie das Werbemaskottchen von Michelin.«

»Und die Wildlederschuhe?«, hakte sie nach. »Läuft jetzt dieser Jay in deinen teuren Wildlederschuhen über diese Dreckpfade?«

»Wildlederschuhe passen nicht zu mir, Andrea, auch in Armani-Hemden sehe ich ziemlich doof aus, selbst deine Rolex habe ich zu Geld gemacht und den Erlös verschenkt.«

»Und ich habe mir solche Mühe gegeben, damit alles zusammenpasst …«

»Ich weiß, aber vielleicht hättest du dir besser einen passenderen Ehemann gesucht … Warum lässt du mich nicht endlich in Frieden, Andrea? Warum mischst du dich dauernd in mein Leben ein?«

»Das ist dein Schlaf, Sammy«, antwortete sie, »du lernst im Schlaf, das Gehirn ist nicht untätig, wenn du schläfst. Du lernst, dass du mich vermisst, du lernst, dass du ohne mich nicht leben kannst. Während du schläfst, beseitigt dein Gehirn den ganzen Müll, der sich wieder angesammelt hat, das ist wie ein Festplattencheck auf deinem Computer, dabei ordnet dein Gehirn die gesammelten Informationen neu, stapelt um, verbessert, spart Speicherplatz ein, deshalb verstehst du am nächsten Morgen vieles besser, du hast über Nacht gelernt, du hast gelernt, dass du ohne mich nicht leben kannst. Alle Menschen lernen im Schlaf, aber die meisten können sich am Tag nicht mehr daran erinnern. Erinnerst du dich an *Yesterday?* Paul McCartney wachte eines Morgens auf und summte die Melodie. Er fragte in den nächsten Tagen alle Menschen, denen er begegnete, woher diese Melodie stamme. Er war sicher, dass er sie irgendwo aufgeschnappt hatte. Er mochte sie sehr, aber er wollte nicht als Plagiator dastehen. Nach drei Monaten war klar: Es war seine eigene Melodie, er hatte sie im Schlaf komponiert, so wie du mittlerweile im Schlaf deine Dialoge schreibst, so wie du mittlerweile begriffen hast, dass du ohne mich nie mehr glücklich sein wirst. Du hast in der *Script Avenue* geschrieben, ich hätte alle Bäume gefällt, weil ich den Überlebenden nicht einmal mehr den Schatten gönnte. Und du hast geschrieben, ich hätte vor meinem Tod alle Menschen gehasst. Aber du hast am Ende des Buches auch geschrieben, dass ich vielleicht deshalb alle gehasst habe, weil es mir den Abschied leichter machte. Es stirbt sich tatsächlich leichter, wenn man hasst, wenn man eine verhasste Welt verlässt. Vielleicht hast auch du begonnen, mich zu hassen, Sammy, damit du meinen Tod besser erträgst.«

»Nein, Andrea ich habe dich immer geliebt, aber ich habe beschrieben, wie ich zu deinem Pferd wurde, wie du mich zu deinem Pferd gemacht hast.«

»Du warst doch gern mein Pferd, jeder Mann würde sich wünschen, mein Pferd zu sein. Alle meine Pferde haben mich gemocht.«

»Weil du ihnen draußen auf der Weide Hafer gegeben hast und trockenes Brot. Mich hast du dressiert, als wolltest du mit mir in der Spanischen Reithofschule in Wien auftreten. Aber ich bin kein Pferd, Andrea, ich fresse keinen Hafer, ich mag weder Zügel noch einen Sattel auf meinem Rücken, ich liebe die Freiheit.«

»Du bist ja bald frei, Sammy«, sagte sie mit einem sarkastischen Lächeln.

»Da hast du in gewisser Weise recht«, antwortete ich ihr, »wäre ich eine Firma, müsste ich Insolvenz anmelden, ich müsste den Aktionären sagen: Sorry, aber wir kriegen den Karren nicht mehr aus dem Dreck. Es ist aus.«

»Dann beende es endlich, Sammy, du weißt, dass du bis an dein Lebensende Schmerzen haben wirst, dass du nie mehr länger als drei oder vier Stunden wirst schlafen können, du weißt, dass Cellaris deinen Verstand annektieren wird, du weißt, dass du unheilbar krank bist und dass dich der nächste Infekt erledigen kann. Vielleicht kriegst du auch noch einen Hirnschlag oder einen Herzinfarkt, das wäre für deinen Krankheitsverlauf nicht ungewöhnlich. Wieso beendest du es nicht endlich? Du hast verloren, Sammy, es ist aus.«

Pawnshop

Als ich in den frühen Morgenstunden mit geschlossenen Augen wach lag, dachte ich über diesen Traum nach, kam aber zu keinem Ergebnis. Gesunde legen die Latte zum Suizid manchmal ziemlich tief. Wird man ernsthaft krank, verschiebt man sie etwas nach oben und noch etwas nach oben, denn man begreift, dass das Leben einmalig ist, dass es keine zweite Chance gibt und dass eine Existenz voller Schmerzen und Einschränkungen immer noch besser ist als keine. Tote trinken im Sommer keine eisgekühlte Cola mehr.

»Komm, Sammy, Mama wartet schon.« Maricel hatte sich auf die Bettkante gesetzt. »Wir wollen zum Pawnshop am andern Ende des Dorfes. Mama würde beim Pfandleiher gern ihr Armkettchen zurückholen, das ihr Papa vor vierzig Jahren zur Hochzeit geschenkt hat. Nächste Woche wird der Schmuck eingezogen, wenn wir ihn nicht auslösen.«

»Mamaya«, murmelte ich, »später.«

»Okay, schlaf weiter.«

»Ich bin gleich so weit«, gähnte ich, mir war klar, dass ich Mamas Hochzeitsgeschenk retten musste.

Wir machten uns zusammen mit Maricels Brüdern, Nichten und einigen kichernden Kindern aus der Nachbarschaft auf den Weg. Der Laden war nicht größer als ein Zeitungsstand und gehörte zur Cebuana Lhuillier Pawnshop Company. Hier konnte man Schmuck, Elektronikgeräte und allerlei Kram für Tage oder Wochen gegen Bargeld eintauschen. Man erhielt rund die Hälfte des geschätzten Preises, der wiederum weit unter dem Marktwert lag. Wenn man das Geld nicht vor Ablauf der vereinbarten Leihdauer zurückbrachte, ging der Gegenstand in den Besitz des Pfandleihers über, der ihn mit Gewinn verkaufen konnte. Auch hier zeigt sich die Mentalität der Filipinos. Sie kümmern sich nicht darum, wie hoch die Schuldzinsen sind, sondern nur darum, wie viel Geld sie heute erhalten und bis Mitternacht ausgeben können. *Enjoy now, pay tomorrow.* Daran würden auch zehn Billionen Dollar Entwicklungshilfe nichts ändern. Aber erzählen Sie das mal den …

… *jetzt keine Polemik, bitte!,* hat Tim an den Rand geschrieben. Okay.

»Ist eigentlich vorsorgen, planen und sparen ein Fremdwort auf den Philippinen?«, fragte ich Maricel leicht gereizt.

»Es gibt in unserer Sprache kein Wort für sparen«, antwortete sie.

Mama unterhielt sich mit der korpulenten Frau hinter dem Trenngitter und sagte ihr, was sie heute alles auslösen wolle. Sie zeigte auf Hals, Handgelenk und mehrere Finger. Hinter meinem Rücken meldete sich eine der Nichten, die Maricel mitteilte, dass offenbar auch *ihre* Mutter eine Kette hinterlegt hatte. Ich nickte, ich würde mit allen Mitteln, ich meine, mit allen finanziellen Mitteln verhindern, dass das Tafelsilber meiner neuen Großfamilie verloren ging. Hatte nicht auch Cousine Ola ihre Waschmaschine hinterlegt? Und die Angelrute von Vetter Olo? Er war ja so unglücklich, seit er seinem Hobby nicht mehr frönen konnte.

Dann zeigte Maricel auf ein verlottertes Motorrad, das in einer Ecke stand. Das hatte mal Jay gehört? Und nur noch eine Woche Zeit zum Auslösen? Hier war nicht nur ein Sanierungsplan gefragt, sondern ein neuer Marshallplan, wie ihn US-Präsident Truman 1948 in Kraft gesetzt hatte, um das zerbombte Europa wieder aufzupäppeln.

»Hast du Nervenschmerzen?«, fragte mich Maricel besorgt. »Du wirkst plötzlich so …«

Ich realisierte ganz einfach, dass nun die Kraft des Handelns gefragt war. Ich war bereit, meine Verantwortung wahrzunehmen und in Trumans Fußstapfen zu treten. Ich meine jetzt nicht die Atombombenabwürfe über Hiroshima und Nagasaki, die er anordnete, denn ich bin Pazifist – jedenfalls solange mir keiner blöd kommt. Die Betreiberin des Pawnshops erkannte mich als verantwortungsvollen Staatsmann und holte eine Schachtel mit acht Schweizer Militärsackmessern der Marke Victorinox unter dem

Tresen hervor. Es war meine gottverdammte Pflicht als Schweizer Bürger, sie aus ihrer demütigenden Geiselhaft zu erlösen.

Ich zahlte und nahm die Taschenmesser an mich wie damals Winkelried die habsburgischen Lanzen in der Schlacht von Sempach. Ein schräges Bild? Draußen knallte es. Wir ließen es knallen. Vielleicht feierte ein Schweizer Expat ja gerade den 1. August. Die besten Patrioten leben nämlich im Ausland, weil man nur im Ausland erkennen kann, wie hervorragend die Schweiz funktioniert.

Als die Wünsche aller Anwesenden erfüllt waren, trugen wir die geretteten Familienwertsachen hinaus und entdeckten, dass Honestos Tricycle im Schmutz lag, das Benzin lief aus. Also war es doch kein feiernder Expat gewesen, sondern irgendein Trottel, der die Maschine gerammt und das Gestänge verbogen hatte. Der Motor funktionierte zwar noch, aber als Transportmittel war das Gefährt unbrauchbar.

Honesto schaute so traurig in die Welt, als würde er sich gleich etwas antun. Ich gab ihm Geld, damit er den Schaden beheben und weiterhin als Taxifahrer arbeiten konnte. Ich wollte verhindern, dass die letzte einigermaßen zuverlässige Einnahmequelle der Großfamilie versiegte. Mal abgesehen von meinen Monatszahlungen. Jay gab ich ein paar Peso-Scheine, damit er sein verlottertes Motorrad instand stellen und gegebenenfalls meinen Vorschlag realisieren konnte, ein Bombay-five-six-Business zu starten. Er nahm das Geld dankbar an – und dachte wohl: *mamaya,* später.

Am Abend kamen alle zusammen, um den erfolgreichen Besuch im Pawnhouse zu feiern. Maricels Großeltern Lolo und Lola waren extra aus ihrem Dorf in den Bergen heruntergestiegen. Die Frauen begannen zu kochen, es verbreiteten sich himmlische Düfte von Knoblauch, Ingwer, gerösteten Zwiebeln, Zitronengras und Chili. Wir saßen im Freien und reichten uns Schüsseln mit Inihaw, Bibingka, Biko, Puto und Suman, die Nahrung hätte für eine Massenhochzeit gereicht. Als alle angetrunken waren, stellte Maricel die Karaoke-Anlage an, Papa sang *Midnight Rider* von den Allman Brothers. Wir waren alle gerührt und sangen gemeinsam *Hello Mary Lou, Bad Moon Rising* und *Midnight Special.* Papa verirrte sich tanzend zwischen den Bananenstauden, worauf der kleine Pacman ihn zurückholte, ehe er ins Meer stürzte. Er war wirklich Papas Kindermädchen.

In den frühen Morgenstunden sang Willie Nelson *This Land Is Your Land,* und ich musste dabei verdammt noch mal an Lourgien denken. Dann sang er *On the Road Again* und *Green Green Grass of Home.* Ich lag schläfrig in der Hängematte. Von der einen Seite reichte mir Joseph ein kühles San Miguel, auf der andern schwenkte Cherry Chicken-Wings vor meiner Nase. Von hinten tupfte mir Maricel den Schweiß von der Stirn und flüsterte: »Du solltest Papa morgen einen neuen Kampfhahn kaufen.«

Ich begriff nicht ganz. Hatte ich das nicht bereits getan? Oder war das eine Szene an Deck der *Trinidad* gewesen? Ich hasse Cellaris!

Maricel sagte: »Wir haben Papas Kampfhahn gegessen.«

Ich wollte wütend werden, aber Maricel strahlte so glücklich, dass ich ihr den Abend, beziehungsweise den Morgen danach, nicht verderben wollte.

»Sie haben es doch nur für dich getan, Hunnybunny. Du hast sie glücklich gemacht, und sie haben sich geschämt, dass sie dir nichts Besonderes anbieten konnten. Nur das Beste sollte gut genug sein. Glaub mir, es war nicht einfach für Papa, den Kampfhahn von Manny Pacquiao zu opfern.«

»Dann ist der Hahn wenigstens kampflos gestorben«, tröstete ich mich.

Es dauerte eine Woche, bis Maricel Jay davon überzeugen konnte, in der City Ersatzteile für sein verlottertes Motorrad zu besorgen. Der Cousin ihrer Schwägerin und ein weiterer Bekannter sagten, sie wüssten ein gutes Geschäft. Sie gingen zu dritt und kamen mit je einer Kiste Red Horse und San Miguel zurück. Der Typ sei nicht da gewesen, erklärten sie, sie würden es nächste Woche wieder versuchen. *Mamaya.*

Ich schaute Maricel ungläubig an und zeigte mit dem Kinn auf die Bierkisten.

»Sie haben es doch aufrichtig versucht, Hunnybunny. Schau, sie haben dir eine Matratze in den Schatten gestellt, damit du weniger Krämpfe hast.«

»Ja«, murmelte ich, »das ist wirklich sehr nett. Ich habe mir ja immer Brüder gewünscht.«

Ich legte mich hin, nahm ebenfalls ein kühles Red Horse und schluckte die nächste Pille. Red Horse war eindeutig hochprozentiger als San Miguel. Ich wollte eigentlich ein gepflegtes Gespräch über den Alkoholgehalt der diversen Biersorten führen. Obwohl ich kein Bierliebhaber bin, kenne ich mich auf diesem Gebiet ein bisschen aus, weil ich Aktien von Anheuser-Busch, SabMiller, Heineken und Carlsberg habe. Diese vier beherrschen mit insgesamt rund 400 Biersorten vierzig Prozent des Weltmarktes. Meine Überlegung beim Aktienkauf war folgende: Gesoffen wird immer, egal, ob das Cupspiel mit einem Sieg oder mit einer Niederlage endet. Man säuft aus Freude, man säuft aus Frust, man säuft aus Freude am Saufen. Ich hielt es stets mit Warren Buffett, der zu Recht sagte, man solle nur Aktien von Firmen kaufen, deren Geschäft man verstehe. Bier saufen ist nun mal sehr verständlich. Drei Tage ohne Wasser, und Sie sind tot. Drei Tage ohne Bier, und Sie sind traurig. Ich hatte vor fünf Jahren zum letzten Mal Bier getrunken, und ich vertrug es erstaunlich gut, obwohl ich immer noch siebzehn Pillen pro Tag schlucken musste.

Jay musterte mich nachdenklich und sagte etwas in Tagalog. Maricel übersetzte: »Dodong, mach dir keine Sorgen wegen seines Motorrads. Denk nur darüber nach, ob du jetzt noch ein Bier willst. Red Horse oder San Miguel?«

Nach Einbruch der Dunkelheit fielen Moskitos über mich her. Offenbar mochten sie die Chemie, die durch meine Haut verdunstete. Ich litt dauernd unter Krämpfen.

Jay und Honesto halfen mir ins Haus und geleiteten mich zu Papas Bett. Maricel sagte, Papa würde eh immer auf dem Küchenboden schlafen, er möge keine weichen Unterlagen. Doch in Papas Bett schliefen bereits Maricels Schwester Cherry und Pacman, also legte ich mich an den Rand. Honesto schubste mich sanft gegen die Mitte, worauf Pacman schlafend über Cherry rollte, die von Joseph am Runterfallen gehindert wurde, weil er sich neben sie gelegt hatte. Mitten in der Nacht stellte ich fest, dass etwas Größeres in meinem Gesicht herumfummelte. Ich tippte auf eine mutierte Moskito-Art, aber es waren nur die Füße von Maricel. Henri hätte mich bestimmt beneidet. Als mich Beyoncé am frühen Morgen anrief, brachte mir Honesto die Pille, und Jay reichte mir ein Glas Wasser. Das Wort Sterilium ging mir dabei nur flüchtig durch den Kopf.

Man mag über die Philippinen sagen, was man will, die Politiker sind korrupt, die Polizisten kriminell, die Männer chillen und schwängern, die Frauen schuften, die Kirche ist des Teufels, aber die Menschen sind relaxt, gelassen, freundlich, heiter und ertragen Armut und Elend, Taifune, Tsunamis, Erdbeben, Vulkanausbrüche und Terroranschläge, weil sie eines haben: ihre Familie. Sie genießen es, aufgehoben zu sein. Eigentlich ist ihnen außerhalb ihrer Familie alles egal, scheißegal. Mit diesen Gedanken driftete ich allmählich ab in die Welt von Cellaris.

Im Sternbild der Hydra

In der Kabine des Generalkapitäns stank es nach Moder und Fäulnis. Magellan war konsterniert, deprimiert. Er beugte sich erschöpft über seine Karten und fuhr sich immer wieder über den wuchernden Bart. Dann nahm er Pigafettas Logbuch und las: »*Der südliche Pol zeigt nicht dieselben Gestirne wie der nördliche. Man sieht zwei Haufen kleiner, nebliger Sterne, die kleinen Wolken ähneln und nicht weit voneinander entfernt sind. Zwischen ihnen, etwa in der Mitte, leuchten zwei sehr große, aber nur schwach glänzende Sterne, deren Bewegung kaum bemerkbar ist. Sie zeigen den Südpol an, das Sternbild der Hydra, die Wasserschlange.*« Magellan wandte sich an Pigafetta, der wie ein artiger Schüler neben ihm stand, obwohl er sich kaum noch auf den Beinen halten konnte: »Schreib, dass wir die Hoffnung nie aufgegeben haben. Wenn wir schon sterben, wollen wir als Helden gestorben sein.«

Ich ging aufs Oberdeck, wo ich Andrea mit ihrem Kerberos traf. »Siehst du«, sagte sie schadenfreudig, »ohne mich fällt jedes deiner Projekte ins Wasser. Niemand wird deine *Pacific Avenue* mögen.«

»Du meinst, die Leserinnen und Leser werden bedauern, dass es in meinem Leben nicht weitere Katastrophen gegeben hat?

Sollte Maricel von einer Satellitenschüssel erschlagen werden? Oder sollte ich ein Rezidiv haben, eine Rückkehr der Leukämie? Was ich jetzt noch bieten könnte, sind die möglichen Langzeitfolgen von Bestrahlungen, Immunsuppression und jahrelanger Kortisoneinnahme: Hautkrebs, Geschwüre in der Schilddrüse, Versteifung der Gelenke, Verlust der Sehkraft, kaputte Leber, Herzinsuffizienz …«

»Deine neue Lovestory ist einfach peinlich. Was soll daran interessant sein?«

»Du missgönnst mir immer noch, dass ich wieder geheiratet habe?«

Andrea kniete nieder und begann den Kerberos zu kraulen. »Weißt du, wie sich eine Frau an einer Nebenbuhlerin rächt? Sie überlässt ihr den Ehemann. Eine Frau, die dich mag, hat einfach keinen Ehrgeiz. Du warst nie etwas wert, Sammy. Mit einer Ausnahme: Wenn du im Supermarkt den Einkaufswagen geschoben hast, warst du einen Franken wert. Ich habe mich oft gefragt: Wie viele Männer braucht es, um eine Kaffeemaschine zu entkalken? Niemand weiß es, denn Männer haben so etwas noch nie gemacht.«

»Andrea, es mag sein, dass ich die Kaffeemaschine nur selten entkalkt habe, aber ich habe dich jahrelang allein gepflegt, 24 Stunden am Tag. Dabei habe ich mich von dir aufs Übelste beschimpfen lassen und stets geschwiegen. Aus Liebe zu dir. Ich habe kürzlich einen Mann getroffen, der in der Seelsorge arbeitet und Sterbende begleitet. Er meinte, auch nach dreißig Berufsjahren koste es ihn Überwindung, den Zorn von Sterbenden zu ertragen. Er sagte, immerhin könne er jeweils nach einer Stunde wieder nach Hause, aber was ich getan habe …«

»Er hat bestimmt gesagt, du seist ein Held! Das hat er nur gesagt, weil er sah, welch einen jämmerlichen Eindruck du machst.«

»Du hast wohl recht, Andrea, du hattest immer recht.«

Andrea lächelte versöhnlich. »Ich weiß, dass ich manchmal böse bin. Aber es ist nicht einfach für mich.« Sie stimmte ein Lied an, während sie sich in Luft auflöste: *Goodbye my friend it's hard to die, when all the birds are singing in the sky.*

Ich war nicht unglücklich, als mich ein Krampf aus diesem Traum befreite. Ich checkte meine Mails. Lourgien, mit einem neuen Absender. Sie hatte ein Facebook-Foto von Maricel in die Message kopiert. Das Bild zeigte mich im Gespräch mit Maricels Nichte Jennifer vor Cherrys Kantine. *Ich hab dich gefunden, Joe, du bist jetzt in meinem Land. Ich sagte dir, ein Killer koste 50 Dollar, aber nun habe ich einen für 43 gefunden. Ich erwarte dich in Cebu. Nur in meinen Armen wirst du überleben.*

Ich loggte mich sofort in Facebook ein und schaute mir Maricels Seite an. Sie hatte tatsächlich neue Bilder gepostet, darunter auch solche vor Cherrys Kantine. Auf einem der Fotos konnte man deutlich den Namen der Ortschaft erkennen.

»Ich habe schon zwanzig Likes«, sagte Maricel, als sie erwachte und sich schlaftrunken zu mir drehte. »Hast du schon geliked?«

Mangbobola

Am Mittag fiel im ganzen Dorf der Strom aus. Mama sagte, fließendes Wasser gebe es schon seit dem frühen Morgen nicht mehr.

»Ich muss nach Cebu zurück«, sagte ich zu Maricel, nachdem ich alle Mails sorgfältig gelöscht hatte, »ich brauche wieder einmal ein richtiges Bett in einem klimatisierten Zimmer und gekühltes Wasser mit Kohlensäure …«

Maricel war einverstanden, sie würde mich am nächsten Morgen nach San Carlos zur Fähre nach Cebu begleiten und dann zu ihrer Familie zurückkehren. In einer Woche wollte sie nachkommen.

Gegen Abend erschienen auf dem Vorplatz zwei Typen auf Motorrädern und schrien herum. Wir traten ins Freie, die Nachbarn hatten sich bereits versammelt. Es handelte sich um Wahlhelfer des Barangay-Captain, des Gemeindepräsidenten, der zwischen ihnen stand. Sie hatten ein großes, verwittertes Wahlplakat dabei und riefen: »Wollt ihr hundert Pesos? Wählt Julio Hacban Alo!«

Der jüngere Wahlhelfer stieg flink von seinem Motorrad und wedelte mit Peso-Scheinen in der Luft. Etwas unbeholfener tat es ihm der ältere, wesentlich korpulentere gleich.

»Wieso haben wir kein Wasser?«, fragte Mama den Barangay-Captain.

»Ich arbeite daran. Ich schwöre es vor Gott! Wenn ihr mich wiederwählt, werdet ihr immer Wasser haben!« Er war ein jovialer Danny-DeVito-Typ.

»Wir haben bereits im Voraus bezahlt«, schimpfte Mama weiter, »warum haben wir kein Wasser mehr?«

»Wir werden alles überprüfen und hart durchgreifen», schwor der Captain und schrie über den Platz: »Wir bilden eine Task-Force!« Angesichts der verhaltenen Reaktion legte er nach und versprach: »Wer mir die Stimme gibt, kriegt nach der Wahl eine Phil-Health-Versicherung!«

Gelächter ertönte, denn auf den Philippinen ist das Gesundheitswesen dezentral organisiert. So kann jede Lokalregierung nach eigenem Gutdünken entscheiden, wer Versicherungsbeiträge zahlen muss und wer davon befreit wird.

»Wer mir seine Stimme gibt«, wiederholte Hacban Alo,

»wird von meinem Sekretär von den Beitragszahlungen befreit und …«

»… wir wollen Pesos!«, rief Mama. Die Umstehenden pflichteten ihr bei.

»Hundert Pesos«, rief Julio, »und nächstes Jahr bekommt das ganze Dorf Internet!«

Natürlich wussten alle, dass das nur leere Versprechungen waren. Aber ihn öffentlich der Lüge zu bezichtigen und ihm das gefürchtete Gefühl der *hiya,* des Versagens, zu vermitteln, hätte nicht nur Schande über ihn gebracht, sondern auch über die Kritiker. Das hätte die *amor propio,* die persönliche Würde und Ehre aller Beteiligten, aufs Schwerste geschädigt. Die Wahrung der sozialen Regeln war wichtiger als die Klärung des Problems; alle lächelten diesen korrupten Lügner an.

Nun stellten sich alle in eine Schlange und nahmen nacheinander einen Hundert-Peso-Schein in Empfang, den die beiden Handlanger lässig mit den Daumen von ihren dicken Bündeln strichen. Hacban Alo richtete jeweils mit einer scharfen Bewegung seinen Zeigefinger auf den Kopf des Empfängers und sagte: »Utang na loob.«

Der Empfänger hob kurz das Kinn, stieß ein »Opo!« hervor und senkte ehrfürchtig den Kopf. »Utang na loob.« Damit war die gegenseitige Verpflichtung besiegelt.

Anschließend setzten sich die Wahlhelfer wieder auf ihre Motorräder und knatterten zu den nächsten Häusern. Dort standen die Bewohner bereits Schlange. Hundert Pesos, rund zwei Dollar, entsprechen dem Tageslohn eines Arbeiters auf dem Reisfeld. Den verarmten Menschen in den Dörfern ist es egal, welcher korrupte Mistkerl gewählt wird. Sie haben das Vertrauen in die Regierung, die Verwaltung und die Institutionen längst verloren. Sie wissen, dass sich für sie nie etwas ändern wird. Trotzdem glauben sie an einen gerechten und einflussreichen Gott, der ihr Schicksal verbessern könnte.

Mama schimpfte noch eine Weile über diesen Banditen, der das Geld für Strom und Wasser in die eigene Tasche steckte und den Ahnungslosen spielte, wenn die Provinzverwaltung dem Dorf die Leitungen kappte.

»Was sollen wir dagegen tun?«, sagte Maricel achselzuckend, »ihn verklagen, anzeigen? In der Provinzverwaltung von Bacolod sitzt bestimmt ein entfernter Verwandter von ihm. Für ein paar Pesos bestätigt er, dass in unserem Dorf alles bestens funktioniert.«

Mama winkte wütend ab. »Mangbobola, mangbobola!«, rief sie zornig und ging ins Haus zurück.

Alle stimmten ein. Ich übrigens auch: »Mangbobola«, murmelte ich solidarisch, was so viel heißt wie jemanden mit einem Lächeln um den Finger wickeln. Eigentlich sind auch bei uns die meisten Politiker *mangbobola.* Sie verschweigen uns, dass sie mit ihrer Gelddruckerei zwar die Banken retten, aber dabei die Ersparnisse der Steuerzahler vernichten, unsere Altersvorsorge ruinieren und uns irgendwann übers Wochenende teilenteignen werden, wie das nach Zypern auch in Spanien geschehen ist.

In meinem Alter weiß man, dass die meisten Politiker nur ein Ziel verfolgen: die eigene Wiederwahl. Das bedeutet öffentliches Ansehen, Sitzungsgelder und großzügige Entschädigungen.

Hatten wir das nicht schon in der Script Avenue?, hat Tim an den Rand geschrieben. Tim findet übrigens den historischen Magellan-Plot interessanter, während es meine Verlegerin eher mit der Gegenwart hat.

Honesto und Jay wollten ihre hundert Pesos natürlich gleich verjubeln und fragten mich, ob ich auch ein San Miguel wolle.

Ich zögerte, doch Maricel hob für den Bruchteil einer Sekunde die linke Augenbraue. Ich begriff sofort, dass wir es hier mit einem klassischen Fall von *pakikisama* zu tun hatten, der Demonstration der Fähigkeit, sich sozial und umgänglich zu zeigen, sich in die große Familie zu integrieren. Ich lächelte meine beiden Schwager an. Nun schob Maricel die Stirn etwas vor, als müsse sie ein unsichtbares Etwas anschieben. Ich stellte meine Fortschritte in nonverbaler philippinischer Kommunikation unter Beweis und reichte den beiden tausend Pesos. Und dann gabs *balato* bis in die frühen Morgenstunden. *Balato* bedeutet Fiesta oder die Freude, etwas mit anderen Menschen zu teilen – insbesondere das Geld der andern. Aus der Musikanlage tönte Francis Magalonas Rap *Tayo'y Mga Pinoy:* »Wir sind nicht Amerikaner, du musst nicht schüchtern sein, wenn deine Nase flach ist«. Es klang wie ein Duett mit Beyoncé.

Joseph stieß mich an: »Mobile.« SMS von Beyoncé. Ich hatte es überhört. Joseph zeigte in den Nachthimmel. »Schau, Dodong, im Westen sind fünf stark glänzende Sterne erschienen.«

Cellaris, I hate every inch of you!

Islas de los Ladrones

»Im Westen sind fünf stark glänzende Sterne erschienen«, verkündete Rui Faleiro auf der *Trinidad,* »sie leuchten so hell, so stark, und sie haben die Form eines Kreuzes! Gott hat das Kommando übernommen, knie nieder Fernando de Magallanes, knie nieder!«

Andertags, am 6. März 1521, schrie der griechische Matrose kurz nach Sonnenaufgang vom Krähennest hinunter: »Land in Sicht! Land in Sicht!«

Seit die drei Schiffe am 28. November 1520 den *Paso* durchquert und den Stillen Ozean erreicht hatten, waren genau drei Monate und acht Tage vergangen. Kaum jemand hatte noch die Kraft, sich auf den Beinen zu halten.

Wer noch konnte, schleppte sich zur Reling und starrte ungläubig auf den Nebelschleier am Horizont, der sich langsam lichtete. Zum Vorschein kamen grüne Hügelzüge und ein tropischer Urwald mit weißen Stränden. Gegen Mittag klatschten die Anker ins Wasser und krallten sich im sandigen Meeresboden fest.

»Zuerst eine bewaffnete Einheit an Land!«, befahl Magellan.

Keiner wollte freiwillig auf dem Schiff bleiben, Entkräftung hin oder her. Doch bevor die Boote zu Wasser gelassen waren, tauchten plötzlich Dutzende von nackten Menschen mit Kanus am Strand auf, stießen sie ins Wasser und ruderten auf uns zu. Wir hatten keine Ahnung, was das zu bedeuten hatte.

»Enrique! Geh an die Reling und versuch, mit ihnen zu sprechen«, wandte sich Magellan an seinen Sklaven.

Wir warteten gespannt. Die Inselbewohner schienen keine schlechten Absichten zu haben, außerdem waren sie kaum bewaffnet.

»Basahin ba kayo sa akin?«, rief ihnen Enrique mehrmals zu, »könnt ihr mich verstehen?«

Ihre Kanus glitten so schnell über das Wasser, dass wir in unserem erschöpften Zustand gar nicht mitbekamen, was sich nun abspielte. Blitzschnell umzingelten die Nackten unser Schiff, stiegen wie ein Heuschreckenschwarm über die Reling, sprangen an Deck und irrten wie im Rausch umher. Ihre Haut war von einem merkwürdigen, dunklen Grün. Sie schienen sich weder die Bärte noch die Haare zu schneiden, denn beides reichte ihnen bis zu den Hüften hinunter. Sie inspizierten jeden Gegenstand und nahmen alles an sich, was nicht niet- und nagelfest war. Wir standen da, sprachlos, unfähig zu reagieren, zu erschöpft, um uns zu wehren. Der Spuk endete genauso schnell, wie er begonnen hatte.

»Sie haben uns ein Beiboot gestohlen!«, schrie plötzlich ein Matrose.

»Wir gehen an Land und holen es uns zurück«, befahl Magellan.

Er führte den Trupp selber an, ich folgte ihm mit Jack und Henri. Als wir unser Boot unversehrt am Strand fanden, traten plötzlich einige Eingeborene aus dem Wald. Ihr Anführer trug einen Hut aus Palmblättern und jagte uns mit seinen rot gefärbten Zähnen einen gehörigen Schrecken ein. Offenbar hatten auch sie geglaubt, die einzigen Menschen auf Erden zu sein. Sie stellten sich in einer Reihe auf und versperrten uns den Zugang zum Tropenwald.

»Basahin ba kayo sa akin?«, wiederholte Enrique mehrmals.

Es schien, als würden sie einzelne Wörter der Spur nach verstehen, aber wir waren uns nicht sicher. Diese Ungewissheit stürzte uns in Verzweiflung, denn einerseits war es ein Problem, wenn wir mit den Insulanern nicht sprechen konnten, und andererseits bedeutete es, dass wir noch nicht in Enriques Heimat waren. Noch hatten wir Cebu und die Gewürzinseln nicht erreicht.

Plötzlich begann der Anführer zu lachen, und alle taten es ihm gleich. Sie gaben uns mit Handzeichen zu verstehen, dass wir mit ihnen kommen sollten. Magellan ließ einige Soldaten am Strand zurück. Wir folgten den Insulanern durch den Wald, bis wir eine Ansammlung einfacher Bambushäuser erreichten. Dort wimmelte es nur so von Kindern und Erwachsenen. Die Frauen waren wunderschön und bewegten sich graziös und selbstbewusst. Henri und einige Matrosen vergaßen ihren Hunger und Durst und gingen gleich auf sie zu, lächelten, versuchten zu flirten. Henri winkte mich herbei und schnupperte an der Schulter einer jungen Frau. »Sesamöl, Kokosöl, die Zeit der Entbehrungen ist vorbei, Sammy. Aber zuerst brauche ich etwas für den Magen.«

Während die männlichen Inselbewohner träge herumsaßen, waren die Frauen sehr tüchtig. Sie boten uns seltsame Früchte an. Diese hatten eine gelbe Haut und erinnerten an einen erigierten, leicht gekrümmten Penis. Die Frucht selbst war süßlich und sehr schmackhaft. Tim hat an den Rand geschrieben, ich dürfe ruhig verraten, dass es sich um Bananen handelte.

Also gut: Die Frauen boten uns Bananen an. Wir rissen sie ihnen aus den Händen und stopften uns alles in den Mund, was sie uns sonst noch anboten. Christopher de Haro und Magellan tauschten Glaskugeln gegen Vogelfleisch, Falkenglöckchen gegen Fische und Kämme gegen Bataten.

»Seht ihr irgendwo Götzenbilder?«, fragte Magellan und ließ einige Soldaten ausschwärmen.

Zu unserem Erstaunen fanden wir nichts, was auf einen sakralen Kult hinwies. Die Inselbewohner verehrten keinen Gott. Ihre geistige Kraft schöpften sie offenbar aus den Strahlen der Sonne und der Natur. Es schien sich zwar um ein diebisches Volk zu handeln, aber immerhin um ein friedliches.

Bevor wir in unser Lager am Strand zurückkehrten, verschlechterte sich die Stimmung, niemand wusste genau, weshalb. Am frühen Morgen griffen die Inselbewohner zu ihren hölzernen Lanzen, deren Spitzen aus geschliffenen Fischknochen bestanden, und griffen uns an. Zum Glück hatte ihnen Magellan nicht über den Weg getraut und Wachen aufgestellt, die in voller Rüstung Dienst tun mussten. Gegen die Pfeile der

Armbrüste hatten die Insulaner keine Chance. Als einige blutend am Boden liegen blieben, flohen die übrigen in wilder Panik in den Dschungel.

Magellan gab Befehl, ihnen nachzusetzen und das Dorf niederzubrennen. Henri konnte sich gerade noch nackt aus einer brennenden Hütte retten. Ich folgte ihm an den Strand. Beschämt hielt er ein Bananenblatt vor sein Geschlecht, während Jack auf allen vieren daherkam, immer noch berauscht vom gegorenen Kokossaft. Als der Proviant eingeladen war, den die Männer im Dorf geraubt hatten, versammelte Magellan die Besatzungen der drei Schiffe und befahl fünf Männern, vorzutreten. Darunter war auch Henri, der inzwischen einen Lendenschurz trug.

»Kraft meines Amtes als Generalkapitän hatte ich euch verboten, Insulanerinnen anzurühren. 25 Stockhiebe für jeden, der gegen diese Anweisung verstoßen hat!«

Während die Männer bestraft wurden, winkte Magellan Pigafetta herbei. »Ich werde diese Inselgruppe *Islas de los Ladrones* nennen, Inseln der Diebe. Wir brechen auf und segeln weiter, bald sind wir am Ziel.«

Lolo

Um vier Uhr morgens weckte mich die Vereinigung philippinischer Hähne in der Barangay. Trotz meines schrecklichen Katers sah ich das mittlerweile eher positiv: Ein krähender Hahn war immerhin ein lebender Hahn. Falls Sie die *Script Avenue* gelesen haben, können Sie sich vorstellen, dass mich jeder Hahn an meine geliebte Großmutter Germaine im jurassischen Vilaincourt erinnert.

Wo liegt eigentlich Vilaincourt?, fragten einige Leserinnen und Leser. *Vilain court* kann mit »hässlicher Ort« übersetzt werden. Und die Vorlage heißt »guter Ort«, also *bon court* beziehungsweise Boncourt. In jedem Autor steckt ein kleiner Dan Brown, in jedem Buch ein kleines Geschenk für Rätselfreunde.

Ich wollte in die Küche, aber da war keine freie Fläche mehr, um meinen Fuß hinzusetzen. Über Nacht hatten sich zahlreiche Verwandte eingefunden, um mich zu verabschieden. Es hatte sich herumgesprochen, dass ich zurück nach Cebu wollte. Ich gab mir Mühe, niemandem auf den Hals oder in den Unterleib zu treten, konnte aber nicht vermeiden, dass einige wach wurden. Jemand zog reflexartig das Bein an, worauf ich über den Neffen eines Cousins flog und am Busen von Maricels Schwägerin landete. Sie stieß einen Schrei aus, lauter als alle Hähne der Barangay zusammen.

Nun wollten alle gleichzeitig ins Freie, um der drückenden Schwüle im Haus zu entfliehen. Leider passten nur zwei Personen gleichzeitig durch die Tür, aber auch hier gilt: Wo bei uns zwei Personen möglich sind, sind es auf den Philippinen fünf. Draußen bellten die Straßenhunde und sprangen aufgeregt um eine Kokospalme herum. Jetzt sah ich, was die Tiere so aufregte: Unter den Palmblättern bewegte sich etwas. Ich tippte spontan auf einen frei lebenden Affen. Oder turnte Lourgiens 43-Dollar-Killer dort oben herum?

Meine Verwandten zeigten nun alle auf die Baumkrone.

»Lolo«, schrien sie, »komm da runter!«

»Ist das tatsächlich dein Großvater?«, fragte ich Maricel.

»Ja«, antwortete sie, »er ist gestern früh in seinem Dorf aufgebrochen, um dich heute zu verabschieden. Er will dir frischen Saft besorgen. Sag ihm, dass er runtersteigen soll, bevor er runterfällt. Er ist schon 84.«

»Lolo«, schrie ich hinauf, »steigen Sie runter, bevor Sie runterfallen!«

Er schien mich nicht zu hören.

Wenn er wie eine Kokosnuss vom Baum fiel, würde ich womöglich mein Gesicht verlieren, also nochmals: »Lolo, gopfverdammi, komm runter!«

»Er versteht kein Schweizerdeutsch«, sagte Maricel.

»Mister Lolo, please come down!«

»Er versteht auch kein Englisch, Hunnybunny.«

»Bumaba ka na!«, versuchte ich es erneut.

»Hunnybunny, er versteht auch kein Tagalog, die haben in ihrem Dorf ihren eigenen Dialekt, wir haben auf den Philippinen 171 verschiedene Dialekte.«

Lolos Geschenk verpasste meine linke Schläfe nur knapp. Stattdessen knallte die Kokosnuss auf meinen linken Fuß. Ich dachte schon, mein kleiner Gelenkknochen sei pulverisiert, denn langjährige Kortisonbehandlungen verursachen Osteoporose. Maricel zog mich unter dem Gelächter ihrer Verwandtschaft aus der Gefahrenzone zurück.

Nachdem Lolo ein Dutzend Nüsse geworfen hatte, raspelte er wie ein wendiger Affe den Stamm hinunter. Kaum hatte er den Boden erreicht, näherten sich alle Verwandten ehrfürchtig, verneigten sich vor ihm, ergriffen seine rechte Hand und führten sich diese an die Stirn. Die Anwesenden erwiesen Lolo auf diese Art ihren Respekt.

Auf den Philippinen wird das Alter noch hoch geachtet, deshalb hat auch ein etwas reiferer Mann wie ich, der in Europa am Türsteher jeder Discobar scheitern würde, die Wertschätzung und Liebe einer jungen, hübschen Filipina gewinnen können. Wie alt man wirklich ist, merkt man spätestens bei Online-Umfragen, wenn man bei der Altersangabe das allerletzte

Kästchen – *Über 49* – ankreuzen muss. Bei uns in der Schweiz wird man bereits in diesem Alter medial und marketingmäßig ausgemustert.

Doch zurück zu Lolo. Der Großvater köpfte eine Kokosnuss, reichte sie mir und gab mir zu verstehen, dass ich trinken solle. Ich schaute hilfesuchend zu Maricel. Ich sollte eigentlich nichts trinken, was nicht zuvor sterilisiert worden war.

»Keine Angst, Hunnybunny, Kokoswasser ist isotonisch und steril, wir spritzen es sogar intravenös als Infusionslösung, wenn jemand von Austrocknung bedroht ist.«

Alle Verwandten schauten mich erwartungsvoll an. Mir war sofort klar: Ich musste Lolo die *hiya* ersparen und seine *amor propio* in Ehren halten. Also trank ich. Das Wasser war erstaunlich frisch, etwas süßlich, aber wunderbar. Ich lächelte und nickte mit dem Kopf, die Umstehenden erwiderten das Lächeln, sie waren erleichtert. Leider kam Lolo dann noch auf die Idee, eine Flasche Branntwein zu holen.

»Den hat er aus gegorenem Kokoswasser destilliert.«

Auch dieser Kelch sollte nicht an mir vorüberziehen. Lolo war erfreut, nannte mich Dodong und sprach einige Worte in seinem Dialekt. Maricel übersetzte, dass er sich bedanke für die Nescafé-Dosen, die wir ihm regelmäßig schicken, und dass er diesen Kaffee sehr schätze, weil er jeweils am Morgen die Basler Läckerli darin tunken könne.

Ich versuchte, meine Gehirnzellen zu aktivieren. Filipinos scheuen bekanntlich die direkte Konfrontation und versuchen auf Umwegen, in Nebensätzen versteckt, etwas mitzuteilen.

Maricel half mir: »Lolo will dir damit sagen, dass deine Basler Läckerli und die Willisauer Ringe verdammt hart sind und dass er seit 35 Jahren keine Zähne mehr hat.«

Erst jetzt fiel mir auf, wie eingefallen seine Wangen waren.

Maricel nickte so bedeutsam, dass ich mich fragte, ob er seine Zähne möglicherweise wegen dieser steinharten Willisauer Ringe verloren hatte. Oder waren es eher die Basler Läckerli? Die Eckstücke sind tatsächlich eine Herausforderung für jedes Gebiss. Ich sah schon die Boulevardschlagzeile: *Hundertjähriger Filipino verliert wegen Blocher-Tochter seine Zähne!* So kam es, dass auch Lolo neue Zähne bekam, die er später stolz im Dorf herumzeigte.

Ich war froh, als endlich der Bruder des Onkels von Maricels Cousine mit seinem geräumigen bunten Jeepney vorfuhr. Alle wollten mich zum Anlegeplatz der Aznar Shipping Corporation in San Carlos begleiten. Zuerst wurden aber noch ein paar Wünsche vorgebracht. Eine Nichte, die sich in einer teuren Privatschule in Bacolod eingeschrieben hatte, klagte Maricel ihren Geldnotstand. Eine Cousine, deren Mutter seinerzeit Maricels Schule bezahlt hatte, wollte studieren und bat um Hilfe; arme Familien konnten sich die obligatorische Schuluniform nicht leisten. Auf den Philippinen wird der Zugang zu Bildung systematisch erschwert bis verunmöglicht. Es ist eben einfacher, ein Volk zu regieren, das an die unbefleckte Empfängnis der Jungfrau Maria und an die *Rose von Tacloban* glaubt.

Jay hatte besonderen Gefallen am Schweizer Militär-T-Shirt gefunden, das wir ihm einmal geschenkt hatten. Er wünschte sich die dazu passende Hose, um fortan als ausgemusterter Schweizer Soldat in der Barangay zu chillen und den Frauen beim Arbeiten zuzuschauen. Ich hätte ihm gern gesagt, dass eine Militäruniform aus einem faulen Kerl noch keinen Elitesoldaten macht. Doch ich sah, dass die Blicke aller Brüder und Cousins erwartungsvoll auf mich gerichtet waren. Offenbar wollten alle in Zukunft im Schweizer Militärlook rumlaufen; die roten

Taschenmesser hatten sie ja bereits. Zum Glück unterliegen Schweizer Sturmgewehre einem Ausfuhrverbot, sonst wäre das ganz schön teuer geworden. Auf jeden Fall eroberte ich die Barangay im Alleingang und willigte sofort ein, als Mama mich um eine Schweizerfahne bat, die sie vor dem Haus aufziehen wollte.

»Und Papa?«, fragte Maricel, »er wünscht sich schon lange eine richtige Kapitänsmütze.«

Ich rieb nachdenklich die Nase und kratzte mich am Hinterkopf. »Also, die Schweiz hat noch keine Kriegsmarine. Kommt vielleicht noch, wenn wir uns vor der deutschen Kavallerie auf den Vierwaldstättersee retten müssen.«

Wir einigten uns darauf, dass ich ihnen den Link zum Military Megastore in Pratteln schicken würde, damit sie in Ruhe auswählen konnten. Wobei ich sagen muss, dass ich solche Geschäfte eigentlich nicht mag, obwohl ich während meiner ganzen Kindheit mit kleinen Plastikfiguren historische Schlachten geschlagen habe.

Ich habe übrigens auch nie Militärdienst geleistet. Nein, nein, nicht aus politischen Gründen wie meine Schulkollegen in den wilden Siebzigerjahren. Mir ging es einfach grauenhaft auf den Wecker, wenn mir jemand vorschreiben wollte, was ich zu tun hatte. Ich rede jetzt ausschließlich vom männlichen Geschlecht, beim weiblichen ist es etwas komplizierter.

Vielleicht ist die Tatsache, dass ich keine männlichen Autoritäten ertrage, der Grund, warum ich bereits in jungen Jahren einen selbständigen Beruf ergriffen habe. Dass es ausgerechnet die Schriftstellerei war, ist, wie bereits in der *Script Avenue* dargelegt, rein psycho-neuro-pathologisch bedingt; für eine seriöse Differenzialdiagnose fehlen mir jetzt die Zeit und mein *Pschyrembel.*

Da ich nun auch zur Verwandtschaft gehörte, sollte unsere Reisegruppe für die Fahrt zur Anlegestelle der Fähre lediglich den dreifachen Preis zuzüglich einer Kommission für den Halbbruder des Neffen von Cherrys Schwägerin bezahlen, der den Jeepney organisiert hatte. Auf den Philippinen sind alle irgendwie im Kommissionsgeschäft tätig; auch Verwandte untereinander. *Utang na loob.*

Als ich hörte, dass Babysam im Haus weinte, sagte ich, ich wolle mich noch von ihm verabschieden. Jay kam mit mir. Der Kleine lag auf der Couch, und seine Lippen waren bläulich verfärbt, was mich alarmierte. Ich musste an Tim denken und an jene Nacht, in der ich ihn notfallmäßig ins Spital hatte bringen müssen. Er war damals ungefähr im selben Alter.

»Babysam kommt jetzt auf der Stelle in ein Spital«, sagte ich und schaute Jay, der neben mir stand und mich verblüfft anschaute, mit stechendem Blick an.

»Mamaya«, lächelte Jay verlegen. »Später ...«

»Leck mich am Arsch mit deinem verdammten *mamaya*«, fuhr ich ihn an, »dieses Kind kommt jetzt ins nächste Spital, auf der Stelle, now!«

»No cash«, sagte Jay kleinlaut und zuckte die Schultern.

Maricel, vom Lärm alarmiert, war inzwischen ebenfalls ins Haus gekommen.

»Wenn du kein Geld hast, solltest du arbeiten, Jay! Und zwar mehr als einen Tag pro Jahr. Du solltest arbeiten, wie jeder andere Mensch auch! Aber du hängst hier den ganzen Tag rum und schickst deiner Schwester ab und zu eine SMS in die Schweiz! Ich bin weder deine Bank noch dein Kassenschrank!«

»Nicht so laut, Hunnybunny«, bat Maricel. Es war ihr nicht recht, dass ihr Ehemann ausfallend wurde. Sie würde dadurch ihr Gesicht verlieren.

»Wenn du bumsen kannst, kannst du auch arbeiten!«, schnauzte ich Jay an. »Wieso setzt du eigentlich Kinder in die Welt, wenn du zu faul bist, um sie zu ernähren?«

Draußen sagte ich zum Onkel mit dem Jeepney, dass wir nicht zum Anlegeplatz fahren würden, sondern auf direktem Weg zum nächsten Spital. Nur Babysams Eltern und Maricel sollten mitkommen. Er setzte sich ans Steuer, und wir stiegen ein.

Nach einer halben Stunde erreichten wir eine verlotterte Krankenstation in einem Containergebäude. Der Arzt wollte eine Anzahlung. Ich bezahlte. Erst nachdem er die schmutzigen Geldscheine gezählt hatte, untersuchte er Babysam und verordnete eine Infusion und die Zufuhr von Sauerstoff. Wir begleiteten die Schwester in ein Zimmer, das so schäbig war wie der Rest des Gebäudes. An der Decke ratterte ein Riesenventilator und verteilte stinkige Außenluft im tropisch heißen Innenraum. Dem annähernd ausgetrockneten Babysam wurde eine Infusion gelegt. Man gab ihm Sauerstoff und reichte mir ein Rezept. Ich schaute Maricel fragend an.

»Die haben hier keine Medikamente. Wir müssen sie drüben in der Apotheke kaufen. Das ist so bei uns.«

Ich drückte Jay das Rezept in die Hand.

Er schaute hilfesuchend zu seiner Schwester. »No cash.«

»Weil du nicht arbeitest, verdammt noch mal!«, herrschte ich ihn an. »Kannst du wenigstens die Medikamente holen?«

Er schaute erneut zu Maricel. Sie nickte ihm zu.

»Das schafft er doch, oder?«

»Ich begleite ihn«, sagte sie.

Maricel und Jay verließen das Zimmer. Ich beobachtete, wie Sherwin Babysam auf den Schoß nahm und sanft schaukelte. Offenbar nahm sie das alles als gottgegeben hin.

»Dein Mann ist jung und gesund und hat noch nie länger als zwei Tage am Stück gearbeitet«, sagte ich zu ihr, »was ist mit dem Kerl los?«

»Er mag nicht arbeiten, das ist alles«, erwiderte sie lächelnd.

»Wieso setzt er dann Kinder in die Welt?«

»Wir mögen Kinder«, sagte sie achselzuckend.

Ich verließ den Raum, zornig, aufgebracht, und setzte mich vor die Krankenstation auf ein abbröckelndes Mäuerchen. Es dauerte eine Ewigkeit, bis Jay und Maricel zurückkamen. Maricel betrat die Station, während Jay mir ein San Miguel reichte, er hatte zwei gekauft. Als er zum Trinken ansetzen wollte, riss ich ihm die Dose aus der Hand und knallte sie gegen die Mauer.

»Du willst nicht arbeiten«, schnauzte ich ihn an, »dann sollst du auch nicht saufen! Wer bist du, Jay? Ich habe euch in den letzten fünf Jahren über zwei Millionen Pesos geschickt, das sind 40 000 US-Dollar, mit denen ihr ein Haus bauen konntet. Es ist das einzige Gebäude in eurem Dorf, das den Taifun unbeschadet überstanden hat. Ich habe euch allen Schweißwerkzeuge gekauft, damit ihr einen Job ausüben könnt, und was war das Resultat? Ihr habt alle aufgehört zu arbeiten.«

»Er versteht kein Wort, Hunnybunny«, sagte Maricel, die in der Tür der Station stand und gequält lächelte.

»Dann übersetze es, bitte!«

Ich wandte mich wieder an Jay: »Jay, ich habe verdammt viel für diese Familie getan, ich bin krank und nicht mehr der Jüngste, aber ich habe meine Verantwortung wahrgenommen! Was tust *du* für deine Familie? Kümmerst du dich um deine Mutter? Nein, denn du magst nicht arbeiten. Kümmerst du dich um deine Frau? Nein, denn du magst nicht arbeiten. Sorgst du für deine Kinder? Nein, deine einzige Arbeitsleistung besteht darin, Kinder zu zeugen, für die deine Schwester aufkommen muss. Beziehungsweise ich. SMS verschicken und um Geld betteln – das ist das Einzige, was du kannst! Was wäre geschehen, wenn wir Babysam nicht zur Krankenstation gebracht hätten? Du fauler Hund hättest ihn einfach austrocknen und ersticken lassen? Was ist dein Problem, Jay?«

»Er spürt manchmal das Knie ...«, versuchte Maricel zu vermitteln.

»Das Knie!«, rief ich. »Letzte Woche war es die Lunge, Jay, letzten Monat waren es deine Eier. Ich will dir sagen, was dein Problem ist: Du horchst den ganzen Tag in deinen Körper hinein und suchst einen Grund, um nicht arbeiten zu müssen! Und weil du nichts arbeitest, hast du keine Struktur in deinem Leben, kein Ziel, keine Befriedigung, du fühlst dich überflüssig, nutzlos. Das ist dein Problem! Dein Problem findet in deinem Kopf statt!«

Ich blitzte Maricel an. »Was ist, übersetzt du nicht mehr?«

Ich wandte mich erneut an Jay, der sich klammheimlich zurückziehen wollte: »Du hast ja gar keine Ahnung, was Schmerzen sind, ich habe seit fünf Jahren jeden Tag und jede Nacht Schmerzen, aber ich schicke trotzdem jeden Monat Geld. Auf mich ist Verlass! Wer bist du, Jay? Bist du noch ein Baby, das sich von Mama füttern lässt? Oder bist du der König der Visayas, und alle Familienmitglieder sind deine Untertanen?«

Jay warf Maricel einen hilflosen Blick zu.

»Hunnybunny«, flehte sie mit weinerlicher Stimme, »hör auf, wir verlieren alle unser Gesicht!«

Jay fuhr sich verlegen über den tätowierten Oberarm.

»Mir ist deine bescheuerte Tätowierung nicht entgangen. *Only God can judge me.* Hast du eine Ahnung, Junge! Deine Kinder werden dich eines Tages richten. Sie werden zum Schluss kommen, dass ihr Vater jung und gesund war, aber zu faul, um zu arbeiten, zu faul, um ihnen eine Schulausbildung zu finanzieren, zu faul, um ihnen ein besseres Leben zu ermöglichen. Sie werden sagen: Vielleicht hat uns unser Vater zu wenig geliebt!«

»Übersetz endlich!«, blaffte ich. Aber Maricel war verschwunden. Auch Jay wollte sich aus dem Staub machen, ich folgte ihm auf der Landstraße. »*Only God can judge me:* Mir läuft jedes Mal die Galle über, wenn ich dich mit dieser Tätowierung auf Facebook sehe. Das provoziert mich, besonders wenn du dazu ein US-Army-T-Shirt trägst und ein Eis frisst, während du gleichzeitig eine herzzerreißende SMS schickst, dass Mama kein Geld mehr für Reis hat.«

Jay überquerte die Straße, ein Lastwagen hupte und hüllte uns in eine Staubwolke.

Ich folgte Jay hustend. »Du bist ein Parasit! Ist es möglich, dass du nur dich selber liebst? Hast du noch nicht die Erfahrung gemacht, dass Geben mehr Freude macht als Nehmen? Was würdest du tun, wenn plötzlich alle Leute in deinem Umfeld aufhören würden zu arbeiten?«

»Hunnybunny«, rief Maricel, die es sich offenbar anders überlegt hatte und uns hinterhergerannt war, »er versteht doch kein einziges Wort Englisch!«

»Sag ihm, ich hätte einen vierseitigen Brief an ihn vorbereitet, die ganze Familie soll wissen, wie sehr ich mich ärgere, dass praktisch alle die Arbeit niedergelegt haben.«

Maricel schien zu übersetzen, aber Jay murmelte bloß eine paar Worte.

»Was sagt er?«

»Er sagt, vier Seiten, das sei ein wahnsinnig langer Brief.«

»Ich weiß, Twitter hat nur 140 Zeichen, aber manchmal braucht es ein bisschen mehr, um sich zu verständigen.«

»Hunnybunny, du kannst nicht von allen Menschen erwarten, dass sie 650-seitige Bücher lesen, ich habe Freundinnen, die sagen, Twitter sei ihnen zu textlastig …«

Ich echauffierte mich noch mehr, und meine Bronchien verkrampften sich. Der Schweiß tropfte mir von der Stirn, während wir nun nebeneinander hergingen. »Übersetze bitte«, sagte ich und wandte mich wieder an Jay: »Als ich vorhin Babysam sah, dachte ich an all das, was ich damals für meinen Sohn getan habe, und als ich dich mit deinem Bier sah, dachte ich an meinen Vater.«

Jay blieb vor einem kleinen Shop stehen und kaufte zwei San Miguel, die ihm die Verkäuferin über den improvisierten Tresen reichte. Maricel hielt meinen Arm fest.

»Sag deinem Bruder: Wenn er bis Ende Jahr nicht arbeitet, stellen wir sämtliche Zahlungen an die Familie ein. Meine Geduld ist zu Ende. Und sag ihm auch, ich sei weder Obama noch die EU noch der Schweizer Bundesrat. Wenn *ich* von roten Linien spreche, ist das in Granit gemeißelt!«

»Wie willst du jetzt in mein Dorf zurück?«, flüsterte Maricel, »du hast unsere Ehre verletzt!«

Ich ließ die beiden ohne ein weiteres Wort stehen, ging zurück zum Jeepney, setzte mich auf den Beifahrersitz, zückte ein paar Scheine und sagte zum Onkel: »Fahr los, auf direktem Weg zum Anlegeplatz. Und nicht *mamaya,* jetzt!«

Er klemmte die Noten unter eine magnetische Marienbüste und gab Gas. Ich bin sicher, dass Maricel ihren Bruder lautstark zusammenstauchte. In meiner Gegenwart hätte sie das nicht tun können. Vielleicht hatte dieser Jay soeben unsere Beziehung gesprengt. Ich war wütend und enttäuscht. Am meisten ärgerte mich die Erkenntnis, dass ich ein solides Haus finanziert hatte, das nun Jahr für Jahr mehr verlottern würde.

Als jugendlicher Sozialist hatte ich jeweils voller Enthusiasmus für mehr Entwicklungshilfe plädiert. Das tun die meisten in diesem Alter. Das hat nicht nur damit zu tun, dass man als mittelloser Jugendlicher gern das Geld der andern verschenkt, sondern auch damit, dass man unbedingt an die gute Tat und ihren Nutzen glauben will.

Aber leider ist die Realität oft eine andere, weil alle Ideologien die Natur des Menschen ignorieren. Es gibt zweifellos Einzelprojekte, die funktionieren, meistens dann, wenn die Financiers an Ort und Stelle involviert sind, aber grundsätzlich lässt sich die Mentalität der Menschen in den meisten Drittweltländern auch mit Billionen Entwicklungshilfe nicht verändern. Oft bleiben Drittweltländer trotz oder gerade wegen der Entwicklungshilfe Drittweltländer. Sie fordern ununterbrochen Geld, pflegen unverdrossen Korruption und Vetternwirtschaft, empfinden Ratschläge und Kontrollen als Ehrverletzung, und am Ende ist der Financier der Feind.

»Dodong«, lachte der Onkel, um mich etwas aufzuheitern. Er hatte wohl bemerkt, dass meine Mundwinkel bis auf die Knie hinunterhingen. Jedes Mal, wenn wir einen Lastwagen kreuzten und dabei heil blieben, klatschte er die Madonnen, Schutzheiligen und Rosenkränze ab, die unter dem zerbrochenen Rückspiegel herumzappelten, als hingen sie allesamt am Strick.

Während wir Schweizer auf unsere Uhren und unsere Schokolade stolz sind, sind Filipinos eigentlich auf alles stolz, vor allem aber auf ihre Jeepneys. Und das zu Recht.

Nach dem Zweiten Weltkrieg hatten ihnen die Amerikaner Hunderte von Army-Jeeps hinterlassen. Sie konnten an diesen Überbleibseln alles ausleben, was einen Filipino ausmacht: Praktisch veranlagt, montierten sie alle überflüssigen Teile ab und bauten die Jeeps mit langen Eisenträgern und Ersatzteilen, die man anderswo als überflüssig erachtet hatte, zu Bussen mit mehr als einem Dutzend Sitzplätzen aus. Die künstlerische Ader und Lebensfreude zeigt sich an den fantasievollen und bunten Bemalungen, die Liebe zum Kitsch an den zahlreichen Plastikfigürchen, die überall baumeln.

An den Jeepneys zeigt sich die Fähigkeit der Filipinos, zu improvisieren und aus allem das Beste zu machen. Der Jeepney ist, wie die gesamte philippinische Gesellschaft, ein Flickwerk. Er ist aber auch Ausdruck einer ungestümen Freiheitsliebe, denn kein Jeepney würde irgendwo sonst auf der Welt eine Verkehrszulassung erhalten. Nichts visualisiert die philippinische Kultur besser als diese bunten, fröhlich klappernden Gefährte, deren Ladevolumen locker auf siebzehn Personen plus Gepäck erweitert werden kann.

Vielleicht eher streichen, schreibt Tim an den Rand, *eher ein Stoff für eine kleine Jeepney-Kolumne?*

In San Carlos lag die Autofähre zum Glück noch an der Anlegestelle. Die Abfahrt hatte sich verzögert, weil ein Engländer mit seinem Mietauto über das dicke Tauwerk gefahren war, was erhebliche Schäden am Fahrwerk verursacht hatte. Matrosen schoben den Wagen in den Schiffsbauch, damit der nächste nachrücken konnte. Das war ein alter, bunt bemalter VW-Kastenwagen. Ja, Typ 2, das fahrbare Hippie-Heim der Woodstock-Generation. Ich glaube, Pete Townshend von The Who sang 1971 sein *Going Mobile,* eine fröhliche Hommage an dieses Original:

I'm goin' home
And when I wanna go home
I'm goin' mobile

VW fürchtete damals einen Imageverlust. Aber das Ding rollt auch vierzig Jahre später noch auf unseren Straßen und weigert sich, im Luzerner Verkehrsmuseum in Pension zu gehen. Doch hier stieß der betagte Kastenwagen an seine Grenzen. Als er ebenfalls über die dicken Taue rumpelte, brach eine Achse. Der Kerl am Steuer verwarf die Hände, aber der VW konnte nicht mehr.

Als wir endlich ablegten, war das Meer noch stürmischer geworden. Der hohe Wellengang drückte ein paar Autos gegen die Decke und zerstörte alles, was auf den Dächern verstaut war, inklusive eines Käfigs mit zusammengepferchten Hühnern. Kein schöner Anblick. Die Fähre beziehungsweise dieser schwimmende Rosthaufen war wie immer total überladen. Aus europäischer Sicht natürlich.

Ich blieb mit einer alten Ausgabe des *Philippine Daily Inquirer* im Unterdeck, wo Besserverdienende in ihren Mittelklassewagen ausharrten, damit ihnen bei der Ankunft keine Räder fehlten. Auch hier fiel mir auf, wie hochnäsig, selbstgefällig und voller Verachtung die erfolgreichen Filipinos und Filipinas auf ihre armen Landsleute herabblickten. Beim Lesen der News begriff ich, warum die Philippinen der Wilde Westen Asiens genannt werden. *Crimes and real life stories* füllten hier gleich mehrere Seiten. Täglich wurde geraubt, gemordet, entführt. Beim Lesen beschlich einen das Gefühl, dass die Grenzen zwischen Toleranz, Freiheitsliebe, Gesetzlosigkeit und Gleichgültigkeit zerflossen.

Die spanischen Konquistadoren hatten nach Magellan die Verwaltung der philippinischen Kolonie lokalen Häuptlingen anvertraut und sie auf diese Weise in die Herrschaft mit einbezogen. So, wie es schon Cäsar in Gallien gemacht hatte. Aus dieser Spezies entstand die Principalía, eine einheimische Führungsschicht, verwöhnt mit allerlei Privilegien und gigantischen

Ländereien, die bis in die heutige Zeit von Generation zu Generation weitervererbt werden.

Als Geldeintreiber boten sich spanische Missionare und Geistliche an: Sie sprachen die einheimischen Dialekte und teilten Kaiser Hadrians Einschätzung, dass Geld nicht stinkt. Gemeinsam mit den spanischen Kolonialherren tyrannisierten sie die einheimische Bevölkerung und verdonnerten sie zu Frondiensten und Steuerzahlungen.

Heute regieren achtzehn große Familienclans mit spanischen Wurzeln die zehn Millionen Filipinos im fünftgrößten Inselstaat der Welt. Die Einheimischen begegnen diesem Umstand mit Gleichgültigkeit und wählen Schauspieler, Schlagersternchen, Sportler und sogar die verwelkte *Rose von Tacloban* ins Parlament, gemeinsam mit all ihren Verwandten und Nachkommen – mit dem Segen der katholischen Kirche. Gemeinsam sind sie die alten und neuen Kolonisatoren.

Tim hat diese ganze Passage farbig markiert und mit einem Fragezeichen versehen. Ich bin etwas unschlüssig, nachdem zahlreiche Leser bedauert hatten, dass ich die *Script Avenue* von 890 auf 640 Seiten gekürzt hatte. Ich schlage vor, wenn Sie eher streichen würden, dann streichen Sie den Abschnitt in Ihrem Exemplar.

Beyoncé rief wieder mal an. Ich hätte sie auch gern gefragt, ob sie die Passage streichen würde, aber sie simste lediglich: *Take your pill, Darling.*

Humunu

Nach weiteren 2000 Seemeilen unter flottem Wind erreichten wir die Insel Humunu. Von den ursprünglich 234 Besatzungsmitgliedern waren nur noch 150 übrig geblieben. Sechzig waren mit der *San Antonio* desertiert, Capitán Juan de Cartagena und den Priester Sánchez de la Reina hatten wir unterwegs ausgesetzt, 22 Männer hatten die Strapazen nicht überlebt.

Ein perlweißer Sandstrand trennte das Meer vom üppig wuchernden Tropenwald. Wir wurden bereits erwartet. Dutzende von Insulanern standen mit Speeren bewaffnet am Strand. Sie hatten sich in einer Linie aufgestellt und warteten misstrauisch auf die Ankunft der drei schwimmenden Häuser. Wir standen alle an der Reling.

»Haltet euch gefechtsbereit«, befahl Magellan, »und holt Enrique.«

»Seht ihr irgendwo eine portugiesische Flagge?«, fragte Christopher de Haro.

»Nein«, murmelte Rui Faleiro, »aber mir scheint, es gebe hier Hunderte von Inseln. Die ersten sechs gehören der Krone, die übrigen uns. So steht es in den Verträgen mit dem spanischen König.«

»Wer weiß«, sinnierte der Banker der Fugger, »vielleicht sind einige Inseln sogar größer als Spanien, das wäre das erste Imperium, das von einem Handelshaus erschaffen wird ...«

»Ich sehe nirgends eine Flagge«, mischte sich Henri ein, »ich sehe nur nackte Frauen mit kleinen Füßen.«

»Halten Sie sich bloß zurück, Henri«, mahnte Magellan, »wer die Expedition mit Weibergeschichten gefährdet, kriegt diesmal hundert Peitschenhiebe. Und diesmal sind meine Männer bei Kräften!«

»Ich stehe auf solche Dinge«, flüsterte mir Henri zu.

Die Beiboote wurden zu Wasser gelassen, Magellan ging mit bewaffneten Männern an Land. Ich nahm mit Jack, Henri, Enrique und Pigafetta im dritten Boot Platz.

Magellan wartete, bis alle an Land waren.

»Bleibt beisammen, und macht euch gefechtsbereit!«

Nach und nach traten weitere Insulaner aus dem tropischen Küstenwald. Zuerst waren es nur einige Dutzend, dann wurden es wohl über zweihundert nackte Männer, Frauen und Kinder. Ihre Haut war olivbraun, die Männer trugen Ohrschmuck. Aus purem Gold.

Eine ganze Weile standen sich die beiden Welten gegenüber. Magellan gab Enrique ein Zeichen. Der Sklave trat einige Schritte vor. Magellan folgte ihm und forderte Christopher de Haro auf, es ihm gleichzutun. Der Banker der Fugger führte eine große, prall gefüllte Segeltuchtasche mit sich. Er kniete nieder und öffnete sie. Hunderte von wertlosen Glasperlen kullerten in den Sand. Er erhob sich und machte einige Schritte zurück. Nun trat ein stolzer Insulaner, der einen mächtigen Kopfschmuck aus bunten Papageienfedern trug, aus den Reihen der Einheimischen hervor und näherte sich. Er kniete nieder und berührte die Perlen. Dann erhob er sich, zeigte mit einem Finger auf seine Brust und sagte: »Radscha Calambus.«

»Kumusta ka!«, rief ihm Enrique zu.

»Mabuti ko, salamat«, antwortete der Häuptling, ohne zu zögern.

Die Matrosen stießen Freudenschreie aus. Unglaublich, der Sklave war endlich zu Hause angekommen! Indem wir nach Westen gesegelt waren, hatten wir die Inselgruppe im Osten erreicht, zu der Cebu gehörte! Wir waren die ersten Menschen, die den praktischen Beweis erbracht hatten, dass die Erde tatsächlich rund war! Die Männer tanzten im Sand, umarmten sich und johlten. Magellan schaute ergriffen zum Himmel und dankte der heiligen Jungfrau Maria. Tränen kullerten über seine Wangen.

Jack trank einen kräftigen Schluck gegorenen Kokossaft und reichte mir dann den Schlauch. »Enrique ist eigentlich der erste Mensch, der die ganze Welt umsegelt hat. Nicht Magellan! Habe ich recht?«

»Du hast verdammt recht, Jack«, sagte ich und setzte den Schlauch an den Mund.

Enrique unterhielt sich nun angeregt mit dem Häuptling. Die anderen Insulaner hatten ihre Zurückhaltung abgelegt. Die Stimmung war fröhlich und ausgelassen. Noch hatten alle Matrosen Mühe, zu realisieren, dass sie das fremde Meer überquert und nach Monaten schlimmer Entbehrungen das andere Ende der Welt erreicht hatten.

Magellan zeigte auf seine Brust: »Ich Fernando de Magallanes.« Dann deutete der Capitán auf den Häuptling: »Du Radscha Calambus.«

Soldaten übergaben Christopher de Haro weitere Leinentuchsäcke. Der Banker kniete erneut in den Sand und öffnete sie. Ein Raunen ging durch die Reihen der Insulaner. Ehrfürchtig knieten sie nieder und bestaunten die Messer, Spiegel, roten Mützen, Kellen, Schellen, Glasperlen und all die kleinen Figuren aus Elfenbein.

Calambus schaute in einen der Spiegel. Er erschrak und ließ ihn fallen. Enrique hob ihn auf, schaute selber in den Spiegel und stellte sich dabei so hin, dass Calambus beide Gesichter erkennen konnte. Der Fürst begann zu lachen, zuerst nur zaghaft, dann immer lauter. Nun wollten alle in die Spiegel schauen.

Die Insulaner legten Scheu und Skepsis ab, umringten die weißen Fremdlinge, befühlten ihre Haare, stupften ihre Finger in ihre Wangen, fuhren mit den Händen über ihre Schultern, zupften an den Bärten, strichen über ihre Kleider, klopften auf ihre Brustharnische, bestaunten ihre Waffen. Schließlich zeigten sie alle gegen den Himmel und lachten.

Mit strahlenden Gesichtern geleiteten sie die weißen Götter in ihr Dorf, wo sie Fisch an großen offenen Feuern brieten und Reis kochten. Junge Frauen mit matt schimmernden Perlen in den Ohrläppchen servierten in glänzenden, schweren Trinkgefäßen gegorenen Saft von süßlichen Trauben.

»Schmeckt nicht schlecht«, sagte Jack, »aber an meinen Whisky kommt er nicht heran. Habe ich recht?« Er warf Christopher de Haro, den er immer besser zu mögen schien, einen fragenden Blick zu.

»Mein Interesse gilt dem Gefäß, nicht dem Wein.« Der Vertreter der Fugger wog den Pokal nachdenklich in der Hand. »Pures Gold«, flüsterte er.

»In diesem Augenblick«, sagte Jack nachdenklich, »hat dieses friedliche Inselvolk seinen Untergang besiegelt.« Jack schien plötzlich sehr niedergeschlagen, was mich offen gestanden doch sehr erstaunte. Ich hatte ihn immer für einen profitorientierten Businessman gehalten, aber jetzt schien er sehr traurig. »Es wäre besser gewesen, wir hätten diese Inseln nie entdeckt«, sagte er.

Derweil schäkerte Henri mit einer fröhlichen Schönheit und spielte mit den echten Perlen an ihren Ohrläppchen. Er bot ihr dafür kitschigen farbigen Schmuck an. Sie willigte sofort in den Tausch ein.

»Enrique«, rief Magellan, »frag den Fürsten, woher er das Gold hat. Und frag ihn, ob er uns an den Ort führen kann, wo man es findet.«

Enrique tat wie ihm geheißen, worauf uns Radscha Calambus mit ausufernden Gesten erklärte, dass er uns zur nahen Insel Cebu bringen werde, wo alles im Überfluss vorhanden sei.

»Geh nicht dorthin, Magellan«, rief Rui Faleiro, »ich habe die Karten gelegt, du wirst dort gewaltsam zu Tode kommen!«

»Nicht schon wieder, Rui«, antwortete der Generalkapitän, »mir scheint, dein Glaube wankt, du bist schwach. Bleib hier und ruhe dich aus. Nach deinen Horoskopen müsste ich schon hundertmal gestorben sein. Aber eines Tages wirst du natürlich recht haben und den Leuten erzählen, du hättest es vorausgesehen.« Magellan grinste und wurde dann plötzlich laut: »Du gottverdammter Schwachkopf!«, schrie er.

»Ich will nach Spanien zurück«, brach Faleiro in Tränen aus, »denn auch ich werde auf diesen unglückseligen Inseln mein Leben verlieren.« Mit einer wilden Bewegung wandte er sich ab, stampfte durch den Sand und lief entschlossen ins Meer, als wolle er schwimmend in die Heimat zurück.

»Enrique«, wandte sich Henri in diesem Moment an den sprachkundigen Sklaven, »sag meiner Insulanerin doch bitte, dass ich mich gern waschen möchte. Und frag sie, ob sie mir dabei behilflich sein kann.«

4

Half Crazy

Der Taxifahrer gab mir in seinem mexikanisch-spanisch-amerikanischen Slang zu verstehen, dass die einstündige Fahrt vom Hafen in Toledo zum *The Henry Hotel* in Cebu so viel kosten sollte wie ein Limousinenservice für die rund tausend Kilometer von Manila nach Mindanao. Ich war zu erschöpft, um mit ihm zu streiten, und gab in gut schweizerischer Tradition nach. Außerdem schmerzten meine Füße. Er wiederum schien erstaunt, dass ich ihm keinen Faustschlag versetzte.

Ich kämpfte mich durch eine Hitzewand ins Hotel, stolperte an der *Red-Man*-Statue in der Empfangshalle vorbei, winkte der Rezeptionistin zu und drückte den Fahrstuhlknopf. Der Lift war außer Betrieb. Ich schleppte mich die Treppe hoch und klopfte mehrmals an die Tür von Nummer 24, meinem Zimmer, das Henri in meiner Abwesenheit bewohnte. Ich hörte etwas, das wie »Yeah« klang, und trat ein. Das Zimmer wirkte unordentlich, aus dem Bad duftete es nach Limettenöl. Ich erkannte die Musik – *Half Crazy* von Johnny Gill, gecovert von der philippinischen Band Freestyle. Die Tür zum Badezimmer stand offen.

»Ich komme herein, Henri«, sagte ich laut, »wir sind ja nicht verklemmt, oder?«

Im nächsten Moment erschrak ich fürchterlich. Für eine Sekunde dachte ich, meine Restlunge werde vollständig abgestoßen.

»Hi Joe«, grinste Lourgien wie eine Meerjungfrau aus einem pinkfarbenen Berg von Badeschaum, »erinnerst du dich, das ist unser Song.«

»Lourgien«, keuchte ich, »wir haben keinen Song. Wir hatten nie einen Song. Wir werden nie einen Song haben. Was tust du hier?«

»Ich nehme ein Bad.« Sie tat so, als müsse sie ihren Busen schamhaft mit Schaum bedecken und beobachtete mich dabei schelmisch.

»Wo ist Henri?«, fragte ich.

»Er ist heute Morgen von der Polizei abgeführt und im CPDRC eingebuchtet worden. Du kennst das Cebu Provincial Detention and Rehabilitation Center bestimmt, es wurde auf Youtube zum Hit, weil die Gefangenen im Hof den Gangnam-Style sangen und tanzten. Steigst du zu mir ins Bad?«

Ich ging zum Lavabo, wusch mir das Gesicht und zog mein T-Shirt mit der Aufschrift *Lost in the Visayas* aus. Dann wischte ich mit dem verschwitzten Leibchen den Spiegel trocken und starrte mich an. Ich sah ziemlich beschissen aus mit meinem hochroten Kopf und den bläulich verfärbten Lippen.

»Warum ist Henri von der Polizei abgeführt worden?«, fragte ich müde.

»Kein schönes Thema, Joe. Pädophilie ist bei uns ein schweres Delikt.«

»Hör auf mit diesem Quatsch!«, ächzte ich. »Ich kenne Henri ziemlich gut, ich war fast ein Jahr lang mit ihm in Hongkong unterwegs. Ich habe noch nie einen Kerl getroffen, der derart sexbesessen ist wie er. Aber er steht ausschließlich auf reifere Frauen, und das mehrmals am Tag. Er ist weder schwul noch pädophil, sondern ein sexkranker Womanizer. Steig aus der Wanne und verschwinde!«

Lourgien ließ sich Zeit. Mit einem kapriziösen Lächeln erhob sie sich und blieb eine Weile aufrecht in der Badewanne stehen. »Reichst du mir das Handtuch?«

Ich warf es ihr zu.

»Kannst du mir den Rücken trocknen? Dann erzähle ich dir die ganze Geschichte.« Sie stieg aus der Wanne und drehte mir den Rücken zu.

Ich tupfte sie ein bisschen ab. »Im Übrigen steht Henri auf kleine Füße«, sagte ich.

»Siehst du?«

Ich warf das Badetuch auf den Boden. »Auf kleine Füße von erwachsenen Frauen!«

»Nein, nein, du sagtest auf kleine Füße. Mir scheint, die Beweiskette zieht sich wie eine Schlinge immer enger um Henris Hals.«

»Henri *hasst* Kinder, okay? Und jetzt raus mit der Sprache, du Miststück, wann ist Henri verhaftet worden?«

»Der Polizist ist mit dem missbrauchten Jungen ins Hotel gekommen. Es war eine erschütternde Szene.« Sie trocknete langsam ihre Brüste ab, mir schien, sie massiere sie eher. »Gefallen sie dir?« Sie zog kokett das Badetuch über ihre Brüste, genau so hoch, dass nun ihre glatt rasierte Scham zu sehen war. Sie zwinkerte mir zu. »Gefällt es dir? Ich habe es für dich getan.«

Ich verließ das Badezimmer, sie hinter mir her. »Also, der Polizist kommt mit dem Jungen rein«, sagte ich, »und dann? Der Junge war wohl Ken, dein Sohn ...«

»Du bist clever, Joe, deshalb kannst du von deinen Romanen leben. Ken konnte sich natürlich nur mit Handzeichen verständigen, aber der Polizist sagte, das reiche aus für eine Verhaftung.«

»Das ist ja die allerübelste Masche!«, rief ich aufgebracht und tigerte durchs Zimmer. »Aber das Internet ist voll von solchen Geschichten.«

»Von dort habe ich ja die Idee«, lachte Lourgien. Sie trug nun einen roten String und schwenkte ihren BH. »Kannst du mir helfen? Wir laufen hier nicht ohne BH rum. Wir sind schließlich keine Schlampen wie die Frauen in Europa.«

Auf dem schmalen Schreibtisch stand noch Henris Notebook und daneben die Dose, die er bei Sotheby's ersteigert hatte. Lourgien schnappte sie mir blitzschnell weg. »Was ist denn da drin?«

»Kaviar«, sagte ich.

Lourgien legte sie in ihre Handtasche. »Ich wusste, dass für Henri nur das Beste gut genug ist.«

»Ich werde jetzt zur Polizei gehen, Lourgien, wie heißt der Polizist?«

»Verlange Pedro Vidal, seine Schwägerin ist die Cousine der Tochter eines Sohnes meines Onkels. So in etwa.« Lourgien zwängte sich in ihre Jeans. Sie ließ sich Zeit, die enge Hose über ihren prallen Po hochzuziehen.

»Was bezahlst du diesem Pedro Vidal für euer Schmierenstück?«

»Er darf mich jeden Freitag bumsen. Bei uns kennt man noch so was wie Dankbarkeit.«

»*Utang na loob,* hör mir auf damit«, sagte ich entnervt.

»Du lernst Tagalog, dann ist es ernst mit deiner neuen Freundin …«, sagte sie betrübt und knöpfte ihre Bluse zu.

»Lass uns jetzt mit diesem Blödsinn aufhören. Maricel ist meine Frau, und du warst nie meine Freundin.«

Sie legte den Zeigefinger auf den Mund. »Hör doch, Michael Jackson, *You Are Not Alone,* auch ein Song von uns.«

»Wir haben keine gemeinsamen Songs, Lourgien, wir haben auch keine gemeinsame Vergangenheit, und wir haben schon gar keine gemeinsame Zukunft.«

Sie wählte auf ihrem Smartphone eine Nummer und sagte ein paar Worte in Tagalog. Dann schlüpfte sie rasch in ihre Sandalen. »Es hätte so schön sein können, Joe, jetzt wird es leider sehr hässlich.«

»Willst du mir schon wieder drohen?«

»Hättest du nicht Lust, deinen Freund Henri im Knast zu besuchen?«

»Wie meinst du das?«

»Ich erwarte dich morgen Mittag beim Magellan-Kreuz. Du weißt ja, wo es ist. Deine Freundin hat ein Bild auf Facebook gepostet. Du wirst bluten für all das, was die Spanier uns angetan haben!« Sie drehte sich um und lachte mir frech ins Gesicht.

»Ach, jetzt willst du dem Ganzen noch einen moralischen Anstrich geben?« Ich begriff instinktiv, dass der Aufenthalt auf Cebu mein Reisebudget sprengen würde und eine Übernachtung in der Presidential Suite des Genfer Nobelhotels *President Wilson* bei weitem günstiger gewesen wäre. »Das wird nicht funktionieren, Lourgien«, sagte ich drohend, »im Übrigen bin ich kein Spanier, ich bin nicht mal Bürger der EU!«

»Bring mir morgen fünf Millionen Pesos in Schweizer Franken«, erwiderte sie lächelnd, »das sind hunderttausend, hat mir Pedro ausgerechnet – Peanuts für dich. Also, um zwölf vor dem Magellan-Kreuz.«

In diesem Moment rief mich Beyoncé an.

»Lass wenigstens Henris Dose hier!«, bat ich.

»Nein«, lachte Lourgien, »den Kaviar genehmige ich mir zum Dinner.« Sie verließ mich amüsiert und wackelte provozierend mit dem Hintern.

Zeit für Cellaris.

König der Inseln

Begleitet von Radscha Calambus, erreichten wir am 7. April 1521 den Hafen von Cebu. Zu unserem Erstaunen ankerten dort mächtige Dschunken. Magellan warnte uns: »Ich bin solchen Schiffen vor zehn Jahren schon einmal begegnet, in malaysischen Gewässern. Wir müssen auf der Hut sein. Man sagt, die hätten bis zu tausend Bogenschützen an Bord. Schon Marco Polo ist bei seiner Rückreise aus China auf einem solchen Schiff gefahren.«

Am Strand hatten sich mittlerweile neugierige Insulaner versammelt.

»Schießt eine Salve ab, damit sie begreifen, mit wem sie es zu tun haben«, befahl Magellan.

Kanonenkugeln schlugen in den Baumkronen ein. Wie ein aufgescheuchter Vogelschwarm stoben die Inselbewohner auseinander und flüchteten in den Wald. Magellan verlangte nach seinem Brustpanzer und gab Anweisung, sich mit Schwertern, Piken und Armbrüsten zu bewaffnen und Fahnen an Land zu bringen.

Einmal am Strand, folgten wir dem Trampelpfad, den die geflohenen Inselbewohner benutzt hatten, und erreichten schon bald den Hauptplatz der kleinen Stadt Cebu. Dort hatten sich Hunderte von Bewaffneten um einen Mann geschart, der ein

Tuch um die Lenden trug und auf einem vergoldeten Thron saß. Die Eingeborenen hatten sich mit dunklem Sesamöl eingerieben, viele waren tätowiert. Die Frauen trugen Baumrindenstücke um die Hüften, goldene Ringe in den Ohren und goldene Armspangen – die vornehmsten hatten sich dicke Goldketten um den Hals gelegt. Die langen schwarzen Haare verliehen den Insulanern etwas Ungezähmtes, Archaisches. Manche kauten ein Kraut, das ihre Zähne blutrot färbte.

»Die sind ziemlich fett hier«, sagte Henri, »das muss der Wohlstand sein.«

Christopher de Haro wandte sich an Magellan: »Pures Gold. Was ich hier mit bloßem Auge sehe, ist Millionen von Maravedís wert.«

Ein alter Insulaner mit einem bunten Tuch um die Schultern kam uns entgegen. Magellan gab Enrique ein Zeichen.

»Kumusta ka«, begann der Sklave und verbeugte sich respektvoll, »der Donner war Ausdruck unserer Freude, dass wir euren König besuchen dürfen. Wir kommen in Frieden. Wir möchten mit eurem Volk Freundschaft schließen und Handel treiben.«

Der Alte richtete dem König aus, was Enrique gesagt hatte. Dieser saß wie in Stein gemeißelt auf seinem Thron. Selbst wenn er sprach, bewegte er sich kaum. Er redete nicht mit uns, sondern lediglich mit dem Alten, der offenbar sein Minister war.

»Radscha Humabon, der König von Cebu, heißt euch willkommen«, sagte der Minister. »Falls ihr in seinem Hafen ankern wollt, müsst ihr ihm Zoll bezahlen.«

Enrique übersetzte. Magellans Gesichtszüge verhärteten sich. Er sprach ein paar harsche Worte, die Enrique sogleich weitergab: »Unser Capitán dient dem mächtigsten König der Welt. Falls der König von Cebu Freundschaft und Frieden will, kann er Freundschaft und Frieden haben, falls er Krieg will, kann er Krieg haben. Aber der mächtigste König der Welt bezahlt keine Zölle.«

Der König von Cebu beriet sich erneut mit seinem Minister. Man rief einen bärtigen Fremden herbei, einen reichen Kaufmann, wie sich herausstellte. Der Minister trat mit ihm vor Magellan und sagte: »Dieser Mann ist der Besitzer der Dschunken im Hafen. Er kommt aus dem Königreich Siam und bezahlt jedes Mal Steuern, wenn er hier Gold und Sklaven kauft.«

Magellan gab seinen Soldaten ein Zeichen. Einer trat in die Mitte, er trug einen Brustpanzer und einen Helm. Drei andere zogen ihre Schwerter und schlugen damit auf den Harnisch ein. Die Insulaner waren konsterniert. Waren diese Weißen unverwundbar?

Der Kaufmann aus Siam sagte zum König: »Diese Männer sind aus Eisen. Sie gehören dem Volk an, das Malakka und ganz Indien unterworfen hat. Portugiesen.«

»Wir sind keine Portugiesen«, entgegnete Magellan, »wir sind weit mächtiger als sie, wir sind Spanier, *wir* beherrschen die Welt.«

»Kommt morgen wieder«, ließ der König von Cebu seinen Minister ausrichten, »lasst uns beraten.«

Wir kehrten auf unsere Schiffe zurück, und Magellan gab Befehl, sich auf einen Kampf vorzubereiten: »Wer Frieden will, muss den Krieg planen.«

Dr. Doom trinkt ein Bier

»Wer Frieden will, muss den Krieg planen«, hatte ich gerade geschrieben. Da war mir wohl Carl von Clausewitz in die Parade gefahren. Aber plante Magellan tatsächlich den Krieg? Cebu war damals ein Handelszentrum, eine Drehscheibe zwischen China, Siam, Java, Indien und den Molukken. Und heute? Sollte ich auch darüber etwas schreiben?

Nein, hat Tim an den Rand gekritzelt, *die Leserinnen und Leser wollen lieber wissen, ob du mit Lourgien ins Bett gehst.* Ist das so?

Ich rief meine Mails ab. Maricel hatte immer noch nicht geantwortet. Hatte ich sie beim Streit mit ihrem Bruder Jay zu sehr gekränkt, ihre Familie entehrt? Aber auch hier galt: Babyschritte führen ans Ziel. Zuerst Lourgien loswerden. Aber wie? In Drehbüchern geht das relativ einfach. Auf den Philippinen gibt es viele plausible Todesarten. Natürliche und weniger natürliche. Und ein paar ganz gemeine noch dazu. Henri! War er noch am Leben? Irgendwie war alles aus dem Ruder gelaufen. Ich vermisste ihn. Auch ihn.

Abends verließ ich das Hotel und nahm mir ein Taxi zur Mango Avenue. Hier befanden sich die Bars, von denen Henri in seiner letzten Mail geschwärmt hatte. Die Go-go-Girls-Area begann gleich gegenüber der Iglesia Ni Cristo. In der *Mango Viking Bar* war noch nicht viel los. Vor dem Eingang tummelten sich exotische Schönheiten in hautengen Shorts. Ich setzte mich an die Bar und bestellte ein Wasser. Ohne Eis. Ohne Zitrone. Nicht im Glas.

Auf der Bühne sang eine zierliche Filipina mit rauchiger Stimme *I Don't Want to Talk About It* von Rod Stewart. Aber das war nicht der Grund, warum ich eine Hitzewallung nach der andern hatte. GvHD war mal wieder aktiv. In den Zehen, Unterschenkeln, Fingern und in der Wirbelsäule spürte ich seit Stunden schmerzhafte Nadelstiche. Ich dachte, leckt mich am Arsch. Ich hatte keinen bestimmten Adressaten im Sinn, aber es half mir, die Schmerzen für eine Weile zu vergessen. Ich versuchte, mich auf die letzte Magellan-Szene zu konzentrieren. Wie sollte ich sie gestalten? Die Historie gab mir nicht viel Spielraum.

Ein älterer Filipino schleppte zwei Kartons mit San-Miguel-Bier hinter den Tresen. Ich sah ihn eingeölt vor mir, nur mit einem Lendenschurz bekleidet. Ich bemalte in Gedanken sein Gesicht, gab ihm eine Lanze in die Hand und versuchte, mir vorzustellen, was er gesehen hatte, als er mit den anderen Kriegern auf der Insel Mactan auf Magellans Boote wartete, die sich dem Strand näherten.

Ein älterer Kerl in einem verwaschenen grünen T-Shirt setzte sich auf den übernächsten Barhocker und riss mich aus meinen Gedanken heraus. Er hatte das spärliche graue Haar zu einem dünnen Pferdeschwanz zusammengebunden. Die Bardame brachte ihm ungeheißen ein San Miguel und stellte den Fernseher auf den CNBC-Kanal um, wo die *Financial News* liefen. Er prostete mir kurz zu. Er hatte etwas von Henri, wirkte aber verlebter, verruchter und *signed off*, wie viele Expats, die irgendwo stranden und sich in der Fremde einen Deut um ihre Reputation kümmern. Sie scheinen meist desillusioniert – und doch ein bisschen weise. Vielleicht beginnt Weisheit mit dem Verlust der Illusionen.

Ich hob kurz das Glas: »*Neptune II Bar* in Wanchai«, sagte

ich. Jetzt schien sich Marc Faber, alias Dr. Doom, an mich zu erinnern.

»Hongkong ist nicht schlecht, aber Chiang Mai toppt alle asiatischen Städte«, murmelte der Börsenguru mit belegter Stimme, »wobei Hongkong immer noch besser ist als die Schweiz. *Die Schweiz reizt mich nicht mehr. Es wimmelt von Salonsozialisten, und die ewige Hohle-Hand-Mentalität ist zum Kotzen. Zu viele Leute wollen alles vom Staat, aber nichts dafür bezahlen.*«

Er nahm ein Bündel Peso-Scheine aus seiner Brusttasche, hielt einen gegen das Licht und grinste: »Es gab mal eine Zeit, da hat man für zwei Pesos einen Dollar gekriegt. Jetzt muss man bereits fünfzig hinblättern. Und was für Pesos!« Er schob den Geldschein zu mir rüber. »Schauen Sie sich mal diesen vergammelten Fetzen Papier an. Der Blaunackenpapagei hat in Wirklichkeit grüne Schwanzfedern und einen orangen Schnabel. Auf der Note hat das Viech gelbe Schwanzfedern und einen roten Schnabel, unglaublich.«

Ich schaute mir den Papagei genauer an.

»Und jetzt umdrehen«, sagte Faber. »Auf der abgebildeten Landkarte der Philippinen fehlen Inseln. Aber erwarten Sie nicht, dass Manila diese Scheine aus dem Verkehr zieht. Das ist denen scheißegal. Hier muss nichts perfekt sein. Das Einzige, was funktioniert, sind Korruption, Vetternwirtschaft, die Pädophilen- und die Girlie-Industrie. Ich würde hier nicht investieren, okay?«

Wir saßen eine Weile zusammen und schauten uns die Wirtschaftsnachrichten an. Die US-Notenbankchefin Janet Yellen kündigte eine mögliche Zinserhöhung für das Jahresende an.

»Diese Idioten haben noch nie in der realen Wirtschaft gearbeitet«, spottete Faber, »sie erzählen einfach, was ihnen das Amt vorschreibt. So war es auch bei Alan Greenspan. Und was sagt der alte Kauz heute? Die US-Wirtschaft sei so schwach wie damals in den Vierzigerjahren nach dem Krieg. Die Federal Reserve könne nicht mehr aus der Nullzinspolitik und dem Gelddrucken aussteigen, ohne dass es ein ›signifikantes Ereignis‹ gebe. Wissen Sie, was das bedeutet?« Er drehte den Kopf zu mir, ohne mich dabei anzuschauen.

»Dass es Zeit ist, ein bisschen Gold zu kaufen?«, sagte ich.

Faber grinste. »Die Unternehmen fahren seit Jahren ihre Investitionen zurück. Das bedeutet tiefere Produktivität. Die Zuversicht fehlt. Man pumpt das billige Geld lieber in die Aktienmärkte, was zur nächsten Spekulationsblase führt. Niemand hat mehr Lust, in die reale Wirtschaft zu investieren, weil alle das Vertrauen in die Politik und die Institutionen verloren haben. Welchem Politiker würden Sie heute noch einen Gebrauchtwagen abkaufen?«

»Ich bevorzuge die öffentlichen Verkehrsmittel«, scherzte ich.

Wir schauten nun gebannt auf eine junge Filipina, die gerade die Bühne betrat. Nach einer kurzen Mikro-Probe begann sie zu singen, *All of Me* von John Legend.

Marc Faber schaute auf seine Uhr. »Wissen Sie, warum ich Bars so liebe? Wenn man genug hat, kann man einfach aufstehen und abhauen. Aber ich nehme noch einen.« Er gab der Serviererin einen Wink und wandte sich dann wieder mir zu: »Die Leute wollen immer Börsentipps von mir, aber ich sehe nur noch Blasen, Blasen, Blasen. Versuchen Sie nicht, Ihr Erspartes zu vermehren, versuchen Sie, es zu erhalten! Die EZB hat den Sündenfall begangen: Gelddrucken aus dem Nichts, Staatsfinanzierung via Notenpresse. Das ist keine Geldpolitik, sondern die totale Kriegserklärung an die Sparer. *Everybody gets fucked!* Wir werden noch erleben, dass man uns über Nacht enteignet.«

»Falls wir es erleben.«

Faber stutzte und schaute mich genauer an. »Was, zum Teufel, haben Sie mit Ihrem Schädel gemacht? Hat da einer nach Öl gebohrt? War mir in Hongkong gar nicht aufgefallen, dass sie zwei Löcher im Kopf haben.«

»Shit happens. Ich glaube, die haben meinen Arbeitsspeicher angebohrt. Ich hatte mir eben die Frage gestellt, wie viel heute ein Maravedí aus dem 16. Jahrhundert wert wäre.«

»Hm, lassen Sie mich nachdenken.« Er bestellte zur Unterstützung ein weiteres San Miguel. »Ein Matrose verdiente damals rund 1000 Maravedís, ein Kapitän das Doppelte. Heute verdient ein Schiffskapitän rund 16 000 Pesos im Monat, also rund 360 Dollar ...«

»... die Magellan-Expedition kostete rund acht Millionen Maravedís und ...«

Mein iPhone beendete unsere Berechnungen. Cellaris, schon wieder.

»Ich muss gehen«, sagte ich und rutschte vom Hocker.

»Sie fangen früh an«, lachte Dr. Doom und zwinkerte mir zu.

»Es ist Zeit für Cellaris.«

»Eine Filipina?«

Ich ging ins Hotel zurück. Der Lift war immer noch außer Betrieb. Als ich die Treppe hochging, spürte ich den zunehmenden Druck auf der Lunge, ich schwitzte und kriegte kaum Luft. Es war, als müsste ich bei jedem Atemzug einen Amboss stemmen. Bloß keine erneute Lungenabstoßung, dachte ich. Ich machte die Tür auf und setzte mich neben dem Nachttisch auf die Bettkante, desinfizierte meine Hände und schluckte die Pille mit sauberem, kohlensäurehaltigem Wasser aus der Minibar.

Dann stellte ich den Fernseher an, zappte durch alle möglichen Filme und blieb kurz vor dem Einschlafen an einer Nachrichtensendung hängen. Die Sprecherin befragte Rodrigo Duterte, den Bürgermeister von Davao City, einer Stadt auf der Insel Mindanao im Süden der Philippinen. Sie konfrontierte ihn mit den Vorwürfen der Justizministerin Leila de Lima, die ihm vorwarf, für Hunderte von Morden der dortigen Todesschwadronen verantwortlich zu sein.

»Wie nahe stehen Sie den *death squads?«*, fragte sie.

»Ich bin Teil von ihnen«, antwortete Duterte gelassen. Die Moderatorin hielt die Antwort für einen Scherz und fragte nach, ob es ihm ernst sei mit dem, was er da soeben gesagt hatte.

»Ja«, sagte Duterte, »wir haben Davao gesäubert. Wenn einer in meine Stadt kommt und ein Kind vergewaltigt, erschieße ich ihn.«

»Haben Sie selber Menschen getötet?«

»Ja«, sagte er emotionslos, »wenn ich an der Reihe bin, dann gehe ich raus.«

»Sie kandidieren für das Amt des Staatspräsidenten. Falls Sie gewählt würden ...«

»Dann werde ich nicht 500 töten, sondern 100 000. Und die korrupten Politiker in Manila werde ich auch töten und ihre Leichen in die Manila Bay werfen, um die Fische zu füttern, sodass die Fische fett werden. Gott wird weinen, falls ich Präsident werde.«

Ich notierte: *I will kill them all and throw them in the Manila Bay to feed the fishes, so that the fishes get fat. God will weep, if I become president.* Ich dachte, vielleicht könnte ich den Satz irgendwann mal gebrauchen. Doch während ich ihn niederschrieb, musste ich wieder an Lourgien denken, ein Killer für 43 Dollar war ganz klar ein Schnäppchen. Duterte doppelte nach und beschuldigte die Justizministerin, nachts Kriminelle aus den Gefängnissen zu lassen, um politische Gegner zu eliminieren.

Dann trat Radscha Humabon aus dem Badezimmer und stellte den Fernseher ab. *Cellaris, I hate every inch of you.*

Magellan-Kreuz 1521

Wir standen erneut Radscha Humabon gegenüber. Der König war umringt von Kriegern, seine Berater standen ihm zur Seite.

»Unser König nimmt gern die Freundschaft des Kapitäns und der spanischen Krone an«, sagte der Minister, »aber nur unter der Bedingung, dass Magellan mit ihm Blutsbrüderschaft schließt.«

Magellan war davon nicht begeistert, aber der Banker der Fugger drängte ihn: »Wir haben Millionen Maravedís investiert, und Sie wollen wegen ein paar Blutstropfen alles aufs Spiel setzen? Ich werde an Ihrer Halsschlagader eigenhändig einen Aderlass vornehmen, wenn Sie nicht ...«

Magellan willigte ein und ritzte sich den Unterarm auf. Der König tat es ihm gleich und stieg vom Thron. Sie legten die Wunden aufeinander und schworen sich ewige Freundschaft. Danach umarmte Humabon Magellan und verkündete fröhlich, es sei nun an der Zeit, Geschenke zu erhalten. Es sei üblich, dass Kapitäne, die in seinem Hafen ankerten, Begrüßungsgaben überbrächten.

Magellan reagierte unwirsch und wandte sich an den Minister: »Sag ihm, wenn er an diesem Brauch festhalten will, soll er selber damit beginnen und zuerst uns ein Geschenk machen.«

Am späten Abend ließ Magellan die Fahne des spanischen Königs in den Sand pflocken. Er stellte sich daneben und sagte feierlich: »Hiermit nehme ich, Fernando de Magallanes, diese Inselgruppe für die spanische Krone in Besitz.«

Pigafetta war vom historischen Augenblick dermaßen ergriffen, dass es mich etwas irritierte. Ich sagte zu ihm: »Was würdest du davon halten, wenn ich eines Morgens in deiner Wohnung auftauchte, meine Fahne in deine Polstergruppe bohre und sage: Hiermit erkläre ich feierlich, dass ich die Wohnung in Besitz nehme?«

Jack schüttelte enerviert den Kopf und machte eine abschätzige Handbewegung. »Die Sieger schreiben die Chroniken.«

Am nächsten Tag ließ König Humabon zahlreiche Nahrungsmittel sowie Goldschmuck an Bord der *Trinidad* bringen. Er wurde von acht Inselhäuptlingen begleitet, die ebenfalls beschlossen hatten, ein Abkommen mit der spanischen Krone zu treffen. Mit diesem Vertrag würde der Häuptling die Herrschaft der spanischen Krone über seine Inselwelt anerkennen. Mit Absicht hatte Magellan einigen seiner Soldaten befohlen, die Harnische anzulegen und bei den Gesprächen anwesend zu sein. Die Eisenmänner beeindruckten die Häuptlinge enorm. Fast ängstlich befühlten sie die Brustpanzer und klopften mit den Fingern auf die Helme.

»Wenn ihr das Abkommen brecht«, drohte Magellan über seinen Dolmetscher Enrique, »werden wir eure Häuser zerstören. Das würde uns nicht mehr Mühe bereiten, als einen Schweißtropfen von unserer Stirn zu wischen.«

Die Häuptlinge erstarrten in Ehrfurcht, sie hätten sogar einen Pakt mit dem Teufel abgeschlossen.

»Es ist bei uns üblich, dass wir Verträge im Angesicht des allmächtigen Gottes und unter dem Zeichen des Kreuzes abschließen«, fuhr Magellan fort. »Damit wir das tun können, müsst ihr eurem Glauben, eurem Aberglauben, abschwören und euch taufen lassen.«

Die Insulaner reagierten eher ratlos, aber als ihnen Magellan aus der Bibel zitierte, schienen sie Gefallen an diesem neuen Gott zu finden. Insgeheim dachten sie wohl, dass Gott eh überall sei. Sie blieben freundlich, nachgiebig und gleichgültig.

Anderntags trugen die Männer ein großes Holzkreuz zum Haus des Königs. Vor Radscha Humabon und seinen Getreuen ergriff Magellan noch einmal das Wort: »Niemand zwingt euch, unseren Gott anzunehmen. Ihr müsst es freiwillig tun, doch wenn ihr es nicht tut, machen wir eure Dörfer dem Erdboden gleich. Wenn ihr es aber aus tiefster Überzeugung tut, werdet ihr die Vorteile des Christentums erfahren. Ihr werdet mit der stärksten Armee der Welt verbündet sein, und Radscha Humabon wird König aller Inseln werden. Wir werden an eurer Seite alle anderen Häuptlinge unterwerfen und zu Tributzahlungen verpflichten.«

Die Vorteile schienen dem König offensichtlich, doch er erwähnte, dass es auf der kleinen Nachbarinsel Mactan einen sehr stolzen und mächtigen Häuptling gebe, der sich dem Diktat vermutlich widersetzen werde.

»Nenn mir seinen Namen!«

»Es ist der Fürst Cilapulapu. Seine Männer nennen ihn Lapu-Lapu. Er ist ein mächtiger Häuptling, denn er beherrscht alle Kampftechniken. Noch nie hat ihn jemand im Zweikampf besiegt, noch nie haben seine Männer eine Schlacht verloren, denn er ist auch ein Meister der Kriegskunst. Er behauptet, der Sieg finde im Geiste statt.«

»Sprich mit ihm und berichte mir, was er gesagt hat. Wenn er sich weigert, sich zu unterwerfen, wird er im Gesandten des spanischen Königs seinen Meister finden«, antwortete Magellan und gab seinen Männern ein Zeichen, das Holzkreuz aufzurichten. Magellan ging auf die Knie, sprach ein Gebet und erhob sich wieder. Er berührte das Kreuz und senkte demütig das Haupt. Alle folgten seinem Beispiel. Die Christianisierung Südostasiens hatte begonnen.

Magellan-Kreuz 2015

Das Magellan-Kreuz steht heute in einem kleinen, ringsum offenen Pavillon in der Magallanes Street ganz in der Nähe der Basilica minore del Santo Niño. An der Decke zeigt ein Gemälde die Landung des Eroberers.

Als ich ankam, standen die Menschen Schlange, um das Kreuz zu berühren. Einige knieten ehrfürchtig nieder und murmelten Gebete, obwohl ihnen das Kreuz Armut und Verelendung bis in die jüngste Gegenwart beschert hatte. Einmal mehr wunderte ich mich über diese merkwürdige Eigenschaft der philippinischen Bevölkerung: eine grenzenlose Gleichgültigkeit gegenüber ihren Peinigern.

Das Kreuz schien neueren Datums zu sein. Wahrscheinlich hatten Ikonenjäger über die Jahrzehnte so viele Holzspäne weggeraspelt, dass wir es mittlerweile mit der hundertsten Kopie zu tun hatten. Bereits konnte man wieder deutliche Spuren von Schabmessern erkennen. Wenn Placebo-Medikamente nützen, wieso sollte nicht auch eine Latte aus dem Baumarkt helfen? Denn Glaubige *glauben,* wie das Substantiv unschwer vermuten lässt. Was tat ich also vor diesem verdammten Kreuz?

Mein iPhone summte. Schon wieder Cellaris? Nein, schlimmer: Lourgien.

Sie wollte wissen, ob ich vor dem Kreuz stünde.

»Warum bist *du* nicht da?«, fragte ich genervt, »kommst du noch?«

»Das kann ich nicht sagen. Ich weiß es nicht.«

»Was soll das heißen? Wo bist du? Was mache ich eigentlich hier? Warum konnten wir uns nicht im Hotel treffen?«

»Ich stecke im Stau.«

»Ja, ich weiß, hier stecken alle im Stau! Ich warte allerhöchstens noch zehn Minuten!«

»Oh«, sagte sie plötzlich, »der Stau löst sich auf, ich bin gleich da.« Nach einer halben Stunde rief sie erneut an und fragte, wann ich ins Hotel zurückkäme. Sie sei bereits dort und warte.

»Im Hotel? Ich dachte, wir treffen uns vor dem Magellan-Kr…« Sie hatte bereits aufgelegt.

Pedro Vidal

Wütend kehrte ich ins Hotel zurück. Lourgien war nicht da. Ich checkte auf Henris Notebook meine Mails und schrieb Maricel, dass ich sie vermisse. Dann sah ich, dass sie Henri eine Mail geschrieben hatte. Sie schrieb, er habe sie falsch eingeschätzt. Das machte mich neugierig. Ich scrollte nach unten, um zu sehen, was er geschrieben hatte, und las: *Es ist sicher nicht einfach für dich mit einem todkranken Mann. Vielleicht kommt der Tag, an dem dir alles zu viel wird. Dann kommst du zu mir nach Hongkong. Du kannst bei mir leben, ich werde dich verwöhnen wie eine Prinzessin.* Maricels ablehnende Antwort rührte mich, doch gleichzeitig wurde mir bewusst, dass sie diese Zeilen noch vor meinem Disput mit Jay geschrieben hatte.

Die Tür flog mit einem Knall auf. Ein bulliger Filipino in hellblauem Polizeihemd und dunkelblauer Uniformhose stand in leicht gebückter Haltung im Türrahmen, die Dienstwaffe auf mich gerichtet. Ich hob automatisch die Hände.

Lourgien schlüpfte unter dem Arm des Gesetzes hindurch und betrat mein Zimmer. Lässig schlenderte sie auf mich zu und sagte: »Das ist Pedro Vidal, der Cousin der Mutter meiner Schwägerin.«

Der mit allerlei Auszeichnungen behangene Polizist stand da wie ein Halbstarker und fixierte mich. Erst jetzt sah ich den Jungen hinter ihm im Flur. Er war acht oder neun Jahre alt, hatte helle Haut und blaue Augen: *mixed blood.*

»Das ist Ken, dein Sohn, Joe«, sagte Lourgien mit tränenerstickter Stimme. Sie ging ins Badezimmer, holte eine Handvoll Duschgels und deponierte sie auf dem Nachttischchen.

»Das ist gar nicht möglich«, sagte ich müde, nahm die Hände herunter und setzte mich auf die Bettkante, »als Ken zur Welt kam, pflegte ich meine Frau in der Schweiz. Als ich zum ersten Mal nach Asien kam, war er bereits vier oder fünf Jahre alt.«

Lourgien ging auf Vidal zu und sprach auf ihn ein. Er nickte und ließ die Pistole sinken.

»Was hast du ihm erzählt?«

»Dass du bereit seist, in Zukunft Alimente für deinen Sohn zu zahlen, auch rückwirkend für die letzten neun Jahre.«

Im Sitzen trat ich wütend gegen das kleine Nachttischchen und brach mir dabei beinahe einen Zeh. Das eine Tischbein knickte weg, worauf sich die Shampoos und Lotions auf dem Zimmerboden verteilten.

»Ich bin vor zwanzig Jahren vasektomiert worden, seither kann ich keine Kinder mehr zeugen!«, sagte ich und warf dem Polizisten einen bösen Blick zu. Ich erhob mich, zeigte auf meinen Unterleib und machte dabei eine Bewegung, als würde ich mit einer Schere etwas durchschneiden.

Pedro Vidal verzog das Gesicht, säuerlich und angewidert,

zeigte fragend auf meinen Unterleib und wiederholte die Scherenbewegung.

Ich nickte. »Und obendrauf könnt ihr noch einen Gentest machen. Und dann zeige ich dich an, du Miststück!«

Als ich wütend auf Lourgien zuging, stieß sie einen gellenden Schrei aus, sprang aufs Bett, rollte wie eine Stuntfrau über die Matratze und ließ sich am anderen Ende zu Boden fallen.

»Er soll die Einreisestempel in meinem Pass überprüfen!«, schrie ich sie an.

Sie sagte etwas auf Tagalog, das Vidal veranlasste, die Waffe erneut auf mich zu richten.

»Was hast du zu ihm gesagt?«

»Dass du mich umbringen willst.«

»Wie hast du das rausgefunden?«, fragte ich resigniert und setzte mich auf die Bettkante, »hat dir wenigstens Henris Kaviar geschmeckt?«

»Mit Chilisauce war er hervorragend.«

Utang na loob

Pedro Vidal brachte mich auf den Polizeiposten beim Fuente Osmeña Circle. Die zweistöckige Baracke erinnerte eher an ein Lokal eines Tennisklubs. Vidal schritt voran, ohne sich groß um mich zu kümmern. In den Fluren hingen schläfrige Beamte herum, scherzten, lachten und unterhielten sich in Cebuano.

Pedro Vidals Büro war schlicht eingerichtet. An den Wänden hing der übliche Plastikkitsch, ein bisschen Mutter Gottes, ein bisschen Ferrero-Überraschungsei. Über der Tür war ein Basketballkorb angebracht. An einem Tisch saß ein nervöser Deutscher aus Berlin, der gleich mit seiner Geschichte loslegte, als wir eintraten. Ihm sei im Hotel das Notebook gestohlen worden, eine wahre Katastrophe. »Auf diesem Notebook ist die Programmierarbeit der ganzen Woche abgespeichert!«

Vidal würdigte ihn keines Blickes und setzte sich hinter sein Pult. Ich hätte dem Berliner Programmierer gern gesagt, dass man auf den Philippinen mit Druck nichts erreiche, im Gegenteil. Stattdessen sagte ich nur: »Bleiben Sie ruhig, freundlich und vor allem geduldig!«

»Sagen Sie diesem Arschloch von Polizisten, dass …«

»Haben Sie schon daran gedacht, ihm einen Finderlohn anzubieten?«

Pedro Vidal verdrückte gerade zwei Tapas, die ein Mitarbeiter hereingebracht hatte. Ein San-Miguel-Bier stand auch schon auf dem Tisch. Er blätterte lustlos in einer Zeitung und sagte beiläufig, dass er im letzten Jahr über 20 000 Diebstähle habe registrieren müssen. Es seien eigentlich doppelt so viele gewesen, aber für die Statistik dürfe man immer nur die Hälfte nehmen, sonst werde einem der Lohn gekürzt. Dann schaute er von der Zeitung auf und funkelte den Deutschen an: »Wir hatten letztes Jahr einen Anstieg um 172 Prozent, und Sie glauben im Ernst, dass wir alle Ressourcen aktivieren werden, um Ihr *fucking notebook* zu finden?« *Fucking notebook* hatte er so richtig herausgebrüllt. Im Flur hörten wir Gelächter. Die Kollegen brüllten im Chor *fucking notebook* und lachten offenbar Tränen.

Der Berliner verwarf die Hände und sah mich hilflos an. »Er hat mich weder nach meinem Pass noch nach der Marke des Notebooks gefragt. Er will überhaupt gar nichts wissen!«

Pedros Gesicht verfinsterte sich allmählich.

»Bieten Sie ihm endlich einen Finderlohn an«, riet ich dem Berliner.

In diesem Augenblick gingen die Lichter aus. Vidal machte einen Anruf und fragte, ob die Stromrechnung immer noch nicht bezahlt worden sei.

Als er fertig telefoniert hatte, raffte sich der Programmierer endlich auf: »Zehntausend Pesos, wenn Sie meinen Laptop finden!«

»Sir«, flüsterte ich.

»Sir«, fügte er hinzu.

Die Miene des Polizisten hellte sich auf. Er verkündete fröhlich, dass er überzeugt sei, den Laptop noch am selben Tag zu finden, und dass der Dieb, wenn man ihn fasse, die ganze Härte der philippinischen Strafgesetzgebung zu spüren bekomme. Wenn es so weit sei, werde er sich telefonisch melden.

Der Deutsche verließ das Büro, ich nahm Platz auf seinem verschwitzten Stuhl und legte meinen roten Pass geöffnet auf den Tisch. Da er relativ neu war, klappte er gleich wieder zu. Ich öffnete ihn erneut und beschwerte ihn mit Vidals San Miguel.

»Sir«, grinste er, »I'm listening.« Offenbar sprach er Englisch und hatte im Hotel jedes Wort verstanden.

»Rufen Sie die Einwanderungsbehörde an, überprüfen Sie die Ein- und Ausreisedaten von Lourgien und mir. Sie werden sehen, dass ich vor fünf Jahren zum ersten Mal in Asien war! Aber der Junge ist mindestens acht oder neun Jahre alt. Und Sie werden sehen, dass Lourgien Asien nie verlassen hat. Also, wie soll ich Lourgien geschwängert haben? Habe ich über den Atlantik ejakuliert? Falls Sie dies in Betracht ziehen, berücksichtigen Sie bitte, dass ich vasektomiert bin.«

Pedro Vidal griff gelangweilt nach seinem Bier, worauf mein Pass wieder zuklappte. Er trank, überprüfte, wie viel noch übrig war, und schob mir die Flasche mit einem aufmunternden

Nicken zwischen den Aktenbergen hindurch zu. Ich wischte alle Vorsichtsmaßnahmen beiseite, die mir das Unispital in einem dreißigseitigen Dokument aufgelistet hatte, und trank die Flasche leer.

»Sir, das Problem ist, dass Lourgien die Cousine des Ehemannes der Schwester meiner … Sie gehört jedenfalls zur Familie.«

»Ich verstehe das Problem, Sir«, sagte ich, bemüht um einen respektvollen Tonfall.

»Utang na loob«, lächelte er, »sagt Ihnen das was?« Jetzt spielte er tatsächlich mit seinem Handy.

Ich zuckte mit den Schultern, obwohl ich genau wusste, worauf er hinauswollte.

»Bei uns gehören auch Verwandte vierten Grades noch zur Familie. Es handelt sich also um sehr große Familien. Lourgien ist ihrer Familie verpflichtet, und ich bin es auch. Wenn Lourgien mich um Hilfe bittet, bin ich gezwungen, ihr zu helfen, sonst werde ich von der Familie verstoßen. Es gibt in unserer Kultur nichts Schlimmeres. Das wäre so, als würde man Ihren Facebook-Account sperren.«

Ich verwarf die Hände. »Es gibt doch auch Gesetze hier, oder?«

»Ja, das Gesetz der Familie: *utang na loob.* Niemand fühlt sich dem Staat, der Regierung oder den Institutionen verpflichtet, wir fühlen uns nur unserer Familie verpflichtet, denn ohne Familie sind wir nichts. Wir brauchen die Geborgenheit der Familie, um zu atmen. Wir könnten gut ohne Regierung leben, die tut eh nichts für die Menschen, aber wir könnten nicht ohne Familie leben.«

»Und das bedeutet?«

»Ihr Europäer wollt immer Nägel mit Köpfen machen. Ja oder Nein. Lassen Sie sich Zeit, denken Sie darüber nach. Wie könnten wir Lourgien zufriedenstellen?«

»Das darf doch nicht wahr sein!«, rief ich, langsam am Ende meiner Kräfte. »Wofür soll ich denn bezahlen?«

»Ich weiß es offen gestanden auch nicht, ich weiß nur, dass ich als Verwandter dafür sorgen muss, dass die Cousine meines Schwagers … dass meine Verwandte zufrieden ist und zu Hause meine Hilfe erwähnt. Das steigert mein Ansehen und die Reputation meiner Eltern und Geschwister.«

»Also, bei mir haben Sie Ihre Reputation längst verloren«, fuhr ich ihn an. »Jeder Mensch ist einem anderen irgendetwas schuldig. Und wenn Sie sich weder dem Staat noch den Gesetzen verpflichtet fühlen, ist *utang na loob* lediglich ein anderer Begriff für Korruption! Was bei euch zählt, ist nicht die Qualifikation, sondern der Verwandtschaftsgrad!«

»Das ist unsere Kultur, Sir«, entgegnete er.

»Das ist unsere Kultur! Ich kann es nicht mehr hören! Ihr seid noch genau so, wie euch Pigafetta vor 500 Jahren beschrieben hat! Man kann eine Kultur auch ändern und sich der Zeit anpassen!«

»Das wäre nicht unsere Kultur, Sir.«

Vidal führte mich zu einer schmutzigen Zelle, die mich an die Jails der Daltons in *Lucky Luke* erinnerten. Bevor er die Gittertür abschloss, lächelte er versöhnlich. »Denken Sie ein bisschen über *utang na loob* nach.«

»Ich werde keinen einzigen Peso bezahlen, ich werde einen Anwalt verpflichten, der Ihnen den Arsch aufreißt!«

»Wir werden Ihnen helfen, davon abzusehen, Sir.«

»Ich weiß«, ereiferte ich mich, »ich habe den Bericht von Amnesty International gelesen. Bei euch ist Folter an der Tagesordnung, und in Davao erschießt der Bürgermeister …«

»Wer ist Amnesty International, Sir?«

Mein iPhone meldete sich. Beyoncé. Zeit für Cellaris. Ich

nahm den Pillenspender aus meiner Hosentasche. »Medicine! I need water!«

Er rief einen Kollegen herbei. Es kamen gleich drei. Dem einen nahm er das San Miguel aus der Hand und reichte es mir durch die Gitterstäbe.

Ich schluckte die Pille, spülte mit Bier nach, gab die Flasche zurück und sagte: »Danke. Ich werde jetzt meine Frau anrufen. Sie wird meinen Sohn anrufen. Er ist Mitinhaber einer Anwaltskanzlei. Er wird euch allen in die Eier treten …«

Vidal streckte die Hand durchs Gitter: »Ihr Telefon, Sir.«

Ich zögerte einen Augenblick, aber als ich seine Kollegen sah, wie sie breitbeinig dastanden und grinsten, reichte ich ihm mein iPhone. Einer der Kollegen packte mein Handgelenk, der andere nahm mir die Uhr ab.

»Es ist nur eine Seiko, keine Rolex!«, rief ich ihnen nach, als sie sich entfernten.

Santo Niño 1521

Hunderte nackter Insulaner knieten vor dem Kreuz, das Magellan in den philippinischen Boden hatte rammen lassen, in der vordersten Reihe Radscha Humabon und seine Frau Hara Amihan, das Herrscherpaar der Insel Cebu. Beide trugen bunte Gewänder, Gold zierte ihren Hals, ihre Oberarme, ihre Handgelenke, ihre Gürtel, ihre Fußgelenke. Das Königspaar war soeben getauft worden.

»Sie werden weiterhin Bathala anbeten, den mächtigsten Gott aller Götter«, verriet mir der Sklave Enrique lächelnd, »sie werden weiterhin Langit verehren, den Gott des Himmels, Araw, den Gott der Sonne, Buwan, den Gott des Mondes, und Tala, den Gott der Sterne. Wir brauchen all diese Götter, um den Aswang, ein furchterregendes Vampirwesen, den Tikbalang, ein wilder Kentaur, und all die koboldartigen *duwende* und die Geister des Waldes zu besänftigen.«

»Ist ja schon gut«, pflichtete ich ihm bei, »ein einziger Gott würde hier ein Burn-out erleiden.«

Nach der Taufe verkündete König Humabon, er werde nun die restlichen Häuptlinge des Archipels aufsuchen und sie auffordern, sich ebenfalls zu unterwerfen und zum Christentum überzutreten. Unterdessen hatten Christopher de Haro und Rui Faleiro eine Kiste herbeigetragen, die mit einem goldverzierten Seidentuch bedeckt war. Sie stellten sie vor dem König in den Sand und senkten respektvoll die Köpfe.

Magellan ergriff das Wort: »König Humabon, dein christlicher Name sei vom heutigen Tag an König Don Carlos.« Er wandte sich an Hara Amihan: »Dein christlicher Name sei ab dem heutigen Tag Königin Juana. Ihr tragt nun die Namen des mächtigsten Königs der Erde. Erweist dem König der Könige Gehorsam und Respekt. Zum Zeichen unserer ewigen Freundschaft übergeben wir euch dieses Geschenk.«

Magellan hob das Seidentuch mit einer feierlichen Geste hoch. In der Kiste lag die Holzfigur eines Jesuskindes. »Santo Niño de Cebu sei in Zukunft der Schutzpatron aller Insulaner.«

Santo Niño 2015

Maricel folgte dem Priester-Fotografen Diego de Escalante in die Basilica minore del Santo Niño. Sie hatte ihm gesagt, sie habe dort eine wichtige Verabredung. Tausend Pesos hatten ihn bewogen, ihr an den Besucherschlangen vorbei Zutritt zu verschaffen. Im Vorraum warteten die Menschen dicht gedrängt und betend in ehrfürchtiger Ergriffenheit.

»Ang kapayapaan maging sa iyo«, sprach Diego de Escalante mit gedämpfter Stimme, *der Friede sei mit euch.*

Die Gläubigen wichen schüchtern zurück und machten dem jungen Priester und seiner Begleiterin den Weg frei.

Zum Dank spendete er seinen Segen: »Pagpalain kayo ng Diyos.« Als sie die im Barockstil erbaute Kapelle betraten, knieten dort bereits zahlreiche Menschen. Es waren überwiegend Frauen, als würden auf den Philippinen auch beim Beten nur die Frauen Dienst tun. Sie knieten vor dem gläsernen Schrein, in dem Santo Niño als älteste Reliquie der Philippinen aufbewahrt wird. Sie erinnert nicht nur an die Gräueltaten der Spanier und die unheilvolle Christianisierung Südostasiens, sondern auch an den Gott, den die Insulaner aus reiner Freundlichkeit angenommen hatten, obwohl sie tief in ihren Herzen Heiden geblieben waren.

»Gott sei mit dir, mein Kind«, flüsterte Diego de Escalante, und reichte Maricel seine Visitenkarte. »Ich stehe jederzeit zur Verfügung.« Dann ging er, und Maricel wartete.

»Suchst du mich?«, fragte Lourgien und tippte ihr von hinten auf die Schulter.

Maricel dreht sich um und zischte: »Ich suche eine Schlampe.«

»Du bist Maricel, ich habe dich auf Facebook gesehen. Es stört mich nicht, dass du mir die Langnase weggenommen hast, sie wird eh bald sterben.«

Maricel ging wütend auf Lourgien los, riss sie an den Haaren und zerkratzte ihr das Gesicht. Lourgien wehrte sich und schlug zurück. Mitten unter den erschrockenen Besuchern der Kapelle kämpften die beiden Frauen wie Bestien. Im Stil einer

Kickboxerin ließ Maricel ihr gestrecktes Bein auf die Schulter ihrer Gegnerin hinunterkrachen, die vor Schmerz aufschrie. Der nächste Kick traf sie voll in die Brüste. Lourgien sackte weinend zu Boden.

»Ich hoffe, deine beiden Airbags sind geplatzt«, zischte Maricel, »niemand tut meinem Mann etwas an! Hast du verstanden?«

»Mein Onkel ist Polizist, ich werde ihm alles erzählen«, weinte Lourgien.

»Ich werde es ihm selber erzählen! Wo finde ich ihn?«

Als Lourgien nicht sofort antwortete, versetzte ihr Maricel einen Tritt in die Niere: »Wie heißt er?«

Pedro Vidal hatte die Augen zusammengekniffen und schüttelte den Kopf. »Das war nicht hilfreich, Maricel. Du hast mit deinem Tritt Lourgiens linke Brust zum Platzen gebracht, da muss wieder was rein, und das wird ein paar Pesos kosten.«

Maricel schob einen Pillenspender über den Tisch. »Er braucht diese Pillen, sofort, sonst stirbt er! Er hatte gestern nur noch Pillen für einen einzigen Tag.«

Vidal zuckte mit den Schultern.

Maricel sprang von ihrem Stuhl auf, wischte einen Stapel Akten vom Pult und stützte sich mit beiden Händen auf die Kante. »Ich will, dass du meinem Mann die Pillen bringst. Und ein kühles Mineralwasser mit Kohlensäure.« Sie warf zwei Peso-Scheine auf den Tisch.

»Hmm«, machte er nur und las seine SMS. Nach einer Weile, die Maricel wie eine Ewigkeit vorkam, sagte er: »Ich rede mal mit ihm. Wir werden schon eine Lösung finden. Komm doch morgen wieder vorbei.« *Mamaya.*

Pedro Vidal reichte mir die Pillen durch die Gitterstäbe. »Deine Frau war hier«, sagte er müde, »sie hat Lourgien die Brüste verhauen. Wieso können sich Frauen nie vernünftig streiten? Wir zwei hauen uns ja auch nicht gegenseitig in die Eier. Ich gebe dir deine Pillen, und du gibst mir auch etwas. *Utang na loob.*«

»Ich brauche mein iPhone, damit ich erinnert werde, wann ich die nächste Pille schlucken muss«, erwiderte ich.

Der Polizist nahm das Telefon aus seiner Tasche und reichte es mir lächelnd durch die Gitterstäbe: »Wir haben damit ein paar Ferngespräche gemacht, mein Kollege hat einen Schwager, der eine Cousine in den USA hat ...«

»Haben Sie den Vasektomie-Bericht erhalten, das Resultat der Genanalyse? Haben Sie die Reiseaktivitäten von Lourgien überprüft?«, fragte ich genervt.

»Das braucht alles seine Zeit, Sir, wir wollen sorgfältig ermitteln. Die hohen Temperaturen verlangsamen die Verwaltungsprozesse, ich glaube, von den Europäern können das nur die Griechen verstehen.«

»Auf dem Korruptionsindex von Transparency International steht ihr noch schlechter da als die Griechen», spottete ich.

»Sir, Sie beleidigen mich und die gesamten Philippinen.«

»Das sagt die Statistik, *Sir,* ich war nur der Überbringer der Nachricht.«

»Sir, wir sind eben Kinder von viel zu vielen Müttern. Wir haben dreihundert Jahre lang unter der Herrschaft der spanischen Konquistadoren gelebt, dann fünfzig Jahre im Schwitzkasten der Amerikaner, drei Jahre lang flohen wir vor japanischen Bajonetten, und dann schmorten wir zehn Jahre in den Gefängnissen von Marcos. Inzwischen fallt ihr wie Heuschrecken über unser Land her und verspritzt überall euer Sperma! Wieso könnt ihr uns nicht einfach in Ruhe lassen? Wir haben keine einzige Langnase eingeladen, wir hatten keine Wünsche an euch, wir wollten einfach mit unseren Familien zusammen sein und ein bisschen fischen.«

»Könnten wir gelegentlich auf den Punkt kommen?«

»Ich habe jetzt keine Zeit, der Präsident in Manila hat heute Morgen den Gouverneur von Cebu seines Amtes enthoben, doch der widersetzt sich der Anordnung, also musste die Philippine National Police aufgeboten werden, damit sie am Büro des Gouverneurs ein Vorhängeschloss anbringt, aber wir hatten keines, also musste meine Nichte die Cousine ihrer Tante fragen, ob sie ihr eines ausleihen könnte … Aber jetzt wurde mir gemeldet, dass sich der Gouverneur in der Nacht in sein Büro geschlichen habe und wegen des inzwischen angebrachten Vorhängeschlosses nicht mehr rauskönne.«

»Und den Schlüssel haben Ihre Leute auch noch verloren«, sagte ich mit gespielter Anteilnahme.

»Woher wissen Sie das? Das sind Interna«, grinste er, »das könnte Gegenstand einer Untersuchung werden. Wir sind da sehr strikt. Es wurden bereits 49 Polizisten der National Capital Region vom Dienst suspendiert. Manila hat eine PR-Aktion gegen *faule Eier in Uniform* gestartet.« Er lachte herzhaft.

»Das war aber jetzt ein Scherz?«

»Nein, Sir, die Kampagne heißt tatsächlich *Faule Eier in Uniform.«* Er lachte erneut. »Einige meiner Kollegen fahren in konfiszierten Autos herum, andere lassen sich als Geldeintreiber anheuern oder verüben sogar Auftragsmorde. Und wissen Sie, wie viele Frauen jedes Jahr bei Verhören vergewaltigt werden?«

»Wahrscheinlich alle. Wann kann ich hier raus?«

»Ich werde Sie ins CPDRC fahren, dort können Sie sich mit den anderen 1600 Gefangenen austauschen und nochmals in Ruhe über alles nachdenken. Sie sind hier nicht in Europa, das versuche ich Ihnen schon die ganze Zeit zu erklären. Und wenn Sie in Ihrer Zelle zu einem Ergebnis gelangt sind, informieren Sie den Aufseher von Block C, er gehört zur Familie!«

Pedro Vidal öffnete die Zelle. Als wir den Flur entlanggingen, zeigte er mir eine Visitenkarte. »Die gehört unserem Polizeipräsidenten. Ich gebe sie Ihnen für 20 000 Pesos. Mit dieser Karte bezahlen Sie nie mehr Verkehrsbußen. Wir schalten sogar die Ampeln auf Grün für Sie. Ich meine, für den Fall, dass Sie wieder mal freikommen, Sir.«

Mein iPhone summte. »Beyoncé«, sagte ich.

»Sie kennen Beyoncé?«, fragte er sichtlich beeindruckt.

Ich schluckte meine Cellaris.

Vidal reichte mir sein Bier, um die Pille runterzuspülen. »Sie kennen Beyoncé?«, wiederholte er und strahlte übers ganze Gesicht.

»Ja«, log ich, »sie ist die Tochter der Schwägerin meines Stiefbruders …«

Lapu-Lapu

König Carlos Humabon trat am Nachmittag mit einer Handvoll Kriegern an den Strand und gab zu verstehen, dass wir uns zum Gespräch treffen sollten. Magellan schickte Enrique und Pigafetta, ich begleitete sie zusammen mit Henri, der auch deshalb an Land wollte, weil er im Dorf wie üblich bereits nach wenigen Tagen mehrere Freundinnen hatte. Humabon trug das türkische Gewand und die rote Mütze, die ihm Magellan geschenkt hatte.

»Alle Häuptlinge auf den umliegenden Inseln haben mich als ihren König anerkannt und sich unterworfen«, erzählte er stolz, »bis auf diesen einen, den ich schon erwähnt habe. Ich habe mit ihm gesprochen. Ich sagte ihm, er müsse unsere Oberherrschaft annehmen und auch den Gott der Eisenmänner. Er antwortete, er brauche keinen Gott, er habe schon einen. Er sagt, er brauche die Hilfe der eisernen Schildkröten nicht, denn seine Männer seien stärker als der König jenseits des großen Meeres, und seine Kriegskunst sei dem Eisen weit überlegen. Lapu-Lapu ist ein Hitzkopf. Ich bat ihn, seinen Entscheid zu überdenken und wies ihn darauf hin, dass die Männer des Donners brennende Lanzen haben, dicker als der Stamm einer Kokospalme. Doch Lapu-Lapu entgegnete, dass auch seine Krieger Lanzen hätten. Er warf uns aus dem Dorf, ohne uns Speis oder Trank angeboten zu haben. Er sagte, er fürchte nichts außer der Strafe des Himmels.«

Wir gaben Magellan, der uns vom Deck der *Trinidad* aus beobachtete, ein Zeichen, dass seine Anwesenheit erwünscht sei. Er stieg in ein Beiboot und ließ sich von zwölf bewaffneten Männern an Land rudern.

»Bruder Capitán Magellan«, sagte Humabon, »tausend meiner Krieger stehen bereit, um gemeinsam mit unserem spanischen König diesen widerspenstigen Käfer zur Vernunft zu bringen.«

»Ich brauche deine Männer nicht, Carlos Humabon«, entschied Magellan, »es würde niemanden beeindrucken, wenn wir in einer derartigen Überzahl ein kleines Inselvolk besiegen, aber wenn wir mit lediglich sechzig spanischen Soldaten Hunderte von Indios in die Knie zwingen, wird sich das wie ein Lauffeuer über alle Inseln verbreiten und deine Oberherrschaft für alle Zeiten sichern.«

Henri nahm mich beiseite. »Das ist sehr clever von ihm.«

»Ich weiß nicht, Henri, ein Volk, das für seine Freiheit kämpft, ist schwer zu besiegen.«

»Wir werden diesem Bastard schon morgen einen Besuch abstatten«, kündigte Magellan an, »was bildet sich der Kerl eigentlich ein? Er suhlt sich wie ein Pustelschwein im Dreck seiner Vorfahren, die sich noch wie Affen von Palme zu Palme hangelten, und jetzt glaubt er, er könne es mit den schwer bewaffneten und gepanzerten Soldaten der spanischen Krone aufnehmen? Wir werden ihm eine Lektion erteilen!«

Wo bin ich?

Mitten in der Nacht riss mich ein Krampf aus dem Schlaf. Ich versuchte, in der Dunkelheit die Bettdecke zu ertasten, aber ich konnte sie nicht finden. Ich überlegte, warum es so kühl war, und drehte mich zu Maricel um. Aber sie war nicht da. Ich war nicht zu Hause. War ich auf den Philippinen, in einer Gefängniszelle?

Ich richtete mich auf und sah hinter den Gitterstäben einen schwach beleuchteten Flur. Jetzt erinnerte ich mich. Ich legte mich wieder hin und schloss die Augen. Gleich würde ich kotzen. Es war, als würden unsichtbare Hände meine Eingeweide herausreißen. Ich öffnete erneut die Augen.

War ich tatsächlich in einer Zelle auf den Philippinen? Vor mir stand ein massiger Kleiderschrank. Ich hörte, wie jemand eine Tür grob aufstieß. Sie knallte gegen mein Bett. Ich musste mich schlafend stellen. Ein hagerer Kerl kam in den Raum und öffnete den Schrank. Er nahm ein Affenkostüm heraus und zog es an. Ich stellte mich weiterhin schlafend. Farben trieften über das Bild, verschmierten sich zu einem hässlichen Grau und lösten sich in der Dunkelheit auf. Wo war ich?

»Komm«, schrie jemand, es war meine Schwester Isabelle, »schnell, schnell!«

Ich sprang aus dem Bett und folgte ihr.

»Er tut es wieder«, rief sie und zog mich auf den Flur.

In der Küche brannte Licht. Ich rannte los und stieß die Tür auf, ich hatte furchtbare Angst. Vor mir stand der hagere Blonde im hellblauen Hemd. Er stand da wie Muhammad Ali, als er 1971 den Hamburger Fleischermeister Jürgen Blin im Zürcher Hallenstation k. o. schlug. Voller Verachtung schaute er auf seinen Gegner herab. Doch auf dem Küchenboden lag nicht Jürgen Blin, sondern meine Mutter. Sie hielt ein hellblaues Hemd vors Gesicht, das sie soeben gebügelt hatte. Der hagere Blonde packte sie an den Haaren, er wollte ihr Gesicht sehen, sie ohrfeigen. Ich stürzte mich auf ihn, schlug und schlug und schlug auf ihn ein, aber der Kerl wollte nicht fallen.

Plötzlich realisierte ich, dass ich in einem Albtraum gefangen war; ich hatte das Bewusstsein, die Vernunft, die man tagsüber hat, aber mit der Gewissheit, nicht wach zu sein. Trotzdem fühlte ich mich einer sehr existenziellen Gefahr ausgesetzt. Ich wollte dem Blonden den finalen Cut verpassen und schlug mit letzter Kraft zu. Sein Körper zersprang in tausend Stücke, als hätte er aus bemaltem Glas bestanden. Im Scherbenregen kam erneut ein hagerer Blonder mit hellblauem Hemd zum Vorschein, nur ein Stück kleiner. Es gelang mir ein zweites Mal, sein Gesicht zu treffen. Wieder zersprang er in tausend Stücke, und erneut kam eine kleinere Version des hageren Blonden mit hellblauem Hemd zum Vorschein. Meine Mutter kroch auf allen vieren zum Scherbenmann, weinte und stellte sich schützend vor ihn. Das irritierte mich. Hatte ich etwas falsch gemacht? Ich schaute mich um. Im Flur standen meine Schwestern Isabelle und Béatrice. Sie trugen weiße Konfirmationskleider, ähnlich wie Lisa und Louise Burns in Kubricks Horrorfilm *Shining.*

»Habe ich was falsch gemacht?«, fragte ich.

Isabelle sagte: »Du musst jetzt für immer bei uns bleiben, du darfst uns nicht alleinlassen.«

Béatrice betrat die Küche und hob den gläsernen Oberschenkel des hageren Blonden im hellblauen Hemd auf. Plötzlich sagte sie mit einer monotonen, tiefen Stimme: »Wer liebt mich?«

Männer aus Eisen

In der Nacht des 26. April 1521 glitten spanische Boote lautlos durch die schmale Meeresenge, die Cebu von der kleinen Insel Mactan trennt. Magellan wollte mit seinen Soldaten in einer Bucht im Nordosten an Land gehen. Das gestaltete sich schwierig, denn die Korallenriffe waren weit vorgelagert und kaum zu überwinden. Magellan wies zwanzig Männer an, mit ihren Musketen und Armbrüsten in den Booten zu warten. Die restlichen vierzig standen bis zu den Hüften im Wasser, als sie in ihren schweren Rüstungen landeinwärts wateten.

Carlos Humabon beobachtete das Geschehen aus gebührender Entfernung. Magellan hatte ihm jegliches Eingreifen verboten, aber Humabon wollte sich die Gelegenheit nicht entgehen lassen, die Niederlage seines Erzrivalen Lapu-Lapu mitzuerleben. Noch am selben Tag wurde er als König aller Inseln in dessen Dorf einmarschieren.

»Wie damals Charles de Gaulle«, sagte Henri. Wir standen neben Humabon und verfolgten den mühsamen Weg der Konquistadoren gebannt. »Am Ende des Zweiten Weltkrieges standen die Amerikaner vor Paris. Hitler war besiegt. Die Menschen auf den Champs-Élysées warteten auf die Befreier, aber es waren nicht die Amerikaner, die als Erste kamen, sie überließen de Gaulle den Vortritt und den Triumph – und zum Dank hat er die Amerikaner dann sein Leben lang gehasst.«

»Siehst du das?«, fragte ich Henri und zeigte zum Strand hinunter. Mehr als hundert nackte Krieger traten aus dem Dschungel. Sie trugen Schilde, und einige waren mit Fischknochenlanzen bewaffnet, andere mit Macheten. Sie stellten sich in eine Reihe und erwarteten ihren Gegner todesmutig. Lapu-Lapu beschwor die Geister der Ahnen und bestärkte seine Männer darin, dass sie dank ihrer Kampfkunst Pangamut auch einen scheinbar übermächtigen Gegner besiegen konnten. Wenn man sich den bevorstehenden Sieg nur stark genug vorstelle, werde er Wirklichkeit.

Die Krieger brachen in wildes Geschrei aus, schlugen mit ihren Waffen auf die Schilde und griffen auf Lapu-Lapus Kommando zugleich frontal und an den Flanken an. Sie wollten die Konquistadoren bekämpfen, solange diese noch im Wasser standen und unbeweglich waren. Die Musketiere und Armbrustschützen in den Booten schossen ihre Kugeln und Pfeile ab, doch die Entfernung war zu groß. Lapu-Lapus Krieger deckten den Gegner mit einem Regen von Pfeilen und feuergehärteten Lanzen ein. Die meisten Geschoße prallten an den Harnischen ab, doch wurden etliche Spanier an den Beinen verwundet, auch Magellan.

Als der erbitterte Kampf Mann gegen Mann begann, wies der Generalkapitän Enrique, Pigafetta und den Großteil der Soldaten an, sich auf die Boote zu retten. Mit einer Handvoll Soldaten deckte er den Rückzug. Ein Inselkrieger schlug ihm den Helm vom Kopf, eine Lanze traf ihn am linken Auge. Magellan stieß einem Angreifer das Schwert in den Brustkorb, doch dann fehlte ihm die Kraft, es wieder herauszuziehen. Er wankte, das Weiße in den Augen trat hervor. Als ihm ein erneuter

Hieb die Halsschlagader durchtrennte, öffnete sich sein Mund zu einem lautlosen Schrei. Dem Angreifer spritzte eine Blutfontäne ins Gesicht. Magellan sank in die Knie. Lapu-Lapus Krieger stürzten sich auf ihn. Von mehreren Lanzen durchbohrt, starb der Mann, der den *Paso* gefunden hatte, und mit ihm mehr als ein Dutzend Soldaten.

Die Bestürzung in unserem Lager war gross. Nach einigen Tagen begleitete ich Enrique, der am Kopf verletzt war, zusammen mit Carlos Humabon und einigen seiner Getreuen auf die Insel Mactan. Wir wollten Lapu-Lapu um die Rückgabe von Magellans Leichnam bitten.

Am Dorfeingang war ein großes Kreuz aufgerichtet, an das die Leiche des Generalkapitäns genagelt war. Den Brustpanzer hatten sie ihm gelassen, in den starren Augen des Kapitäns konnte man den Schmerz und die Verblüffung im Angesicht des Todes erkennen. Aufgrund der Hitze und der hohen Luftfeuchtigkeit hatte der Verwesungsprozess bereits eingesetzt. Es stank fürchterlich.

Häuptling Lapu-Lapu saß neben seiner bildhübschen jungen Frau auf einem Thron, umringt von nackten Kriegern. Aus der Nähe sah man die rötlichen Schuppenflechten auf seiner Haut, die ihm den Namen Lapu-Lapu eingebracht hatten, den Namen eines aggressiven roten Fisches, der als geschickter Jäger galt: des Barsches.

König Humabon begrüßte Lapu-Lapu und nannte ihn einen Verwandten.

»Die weißen Männer wollen den Leichnam ihres Anführers bergen. Sie bieten dir im Tausch Geschenke an …«

Humabons Männer öffneten Truhen und entnahmen ihnen Äxte, Messer, Scheren und Spiegel, doch Lapu-Lapu schüttelte den Kopf. »Nicht einmal für das Königreich der Spanier würde ich unsere Siegestrophäe hergeben.«

Lapu-Lapu wollte nicht mit sich reden lassen.

»Ich höre keinen Donner mehr, Cousin Humabon«, sagte er, »ich sehe keine Speere mehr, wo bleiben die Männer aus Eisen?« Er zeigte auf den gekreuzigten Magellan. »Hier ist einer, er trägt noch seine eiserne Brust. Hat ihn das Eisen seines Königs geschützt? Hat ihn sein Gott geschützt? Wo bleibt der große König jenseits der Ozeane? Hat er Angst vor dem Fürsten von Mactan?«

Humabon und Pigafetta tauschten ratlose Blicke aus.

Lapu-Lapu erhob sich von seinem Thron. »Der Mann vom anderen Ende des Ozeans wollte zu uns kommen – er ist gekommen. Er kam, um zu bleiben. Ich gewähre ihm Gastfreundschaft. Sein Leichnam wird bei uns bleiben. Er wird alle Völker dieser Inseln daran erinnern, dass uns niemand unterwerfen und uns fremde Götter aufzwingen kann. Wir sind ein freies Volk! Wir sind nur unseren Ahnen verpflichtet. Verpflichtet, frei zu bleiben.«

Cebu-Prison

1600 Männer und Frauen in orangen Overalls turnten sich fit, während die Karaoke-Freiluftanlage den Innenhof des Cebu Provincial Detention and Rehabilitation Center mit dem Gangnam-Style beschallte.

»Du bist ein richtiges Schwein, Henri! Du wolltest mir Maricel ausspannen!«, keuchte ich.

Henri war schon total verschwitzt und nahe am Kollaps. Er stieß mit letzter Kraft hervor: »Mein Zucker, ich schaff das nicht…«

Ich hörte auf zu tanzen, stemmte die Hände in die Seiten und rang nach Atem: »Und ich dachte, wir seien Freunde.«

»Ja«, keuchte Henri, »gerade deshalb wollte ich Maricel meine Hilfe anbieten, für den Fall, dass du …«

»Du wolltest doch nur ihre kleinen Füße sehen …«

»Was fällt dir eigentlich ein, in meinen Mails herumzustöbern?«, drehte Henri plötzlich den Spieß um.

»Ich hoffe, dass du hier verrottest, Henri. Maricel hat Tim benachrichtigt. Er wird mir von Hongkong aus einen Anwalt in Cebu beschaffen.«

Nun schwangen die Häftlinge die übereinandergekreuzten Arme auf und ab und machten das Pferd.

»Byron F. Garcia hat diese Scheißidee gehabt«, keuchte Henri, »der Sicherheitsberater der Regierung. Morgen soll Little Richard auf dem Programm stehen. *Good Golly, Miss Molly* und *Tutti Frutti* und so, das schaff ich dann definitiv nicht, dann gebe ich den Löffel ab.«

»Das mit Maricel werde ich dir nie verzeihen, Henri, nie!«

Henri hielt inne und ließ die Arme baumeln. »Hör mal, Sammy«, schrie er, *»du* bist mir was schuldig! Wegen *dir* hocke ich in diesem Knast. Ich hatte dich damals in Hongkong gewarnt. Diese Dame ist *street-smart.* Aber du wolltest ja nicht hören. Du bist so was von bescheuert!«

»Du wolltest doch in meinem Hotelzimmer wohnen!«

»Weil meine Dusche kaputt war! Ach, geh mir aus den Augen, oder ich verlange eine Einzelzelle.«

Die Musik war zu Ende. Über die Hoflautsprecher wurden wir aufgefordert, in Einerkolonne ins Gebäude zurückzukehren und unsere Zellen aufzusuchen. Mir fiel auf, dass die Libellen an diesem Morgen ziemlich tief flogen. Das erinnerte mich an etwas, und das gefiel mir überhaupt nicht.

Göttin der Jagd

Die nächsten Nächte verbrachte ich in einer Viererzelle mit acht weiteren Gefangenen, darunter Henri. Als ich früher noch Krimidrehbücher schrieb, besuchte ich in der Schweiz etliche Gefängnisse und wunderte mich immer wieder, wie sauber und funktional die Zellen eingerichtet waren. Erst in diesem Rattenloch begriff ich, wieso Kriminaltouristen noch so gern in Schweizer Gefängnissen überwintern.

Ich schluckte meine letzte Cellaris und legte mich auf den Boden. Ohne Nachschub würde ich in wenigen Tagen an weiteren Abstoßungen zugrunde gehen. Ich hatte keine Ahnung, wie Maricel auf meine SMS reagiert hatte. Vielleicht hatte ich sie verloren. Das war mein letzter Gedanke, bevor Cellaris mein Bewusstsein vereinnahmte.

Der Gefängnisboden fühlte sich plötzlich feucht an. Moosiges Kraut spross zwischen den Ritzen hervor, die Wände zerbröckelten, das wilde Blattwerk des Dschungels kroch wie eine grüne Spinne über die Mauerreste, das Buschwerk gebar Baumriesen, die endlos in die Höhe ragten, während sich Luft und Boden rasch erwärmten und das Regenwasser verdunstete. Plötzlich sah ich einen nackten Ureinwohner, der lässig zwischen dem weitverzweigten Wurzelwerk eines mächtigen Baumes dem Nichtstun frönte. Er hatte eine Tätowierung auf dem Oberarm: *Only God can judge me.*

»Jay«, schrie ich, »der Tag des Jüngsten Gerichts ist gekommen, und ich werde dich jetzt richten!« Ich wollte mich auf ihn stürzen, doch er saß bereits auf einem Ast und grinste auf mich hinunter. Zwischen verwilderten Katmon- und Bika-Baboi-Bäumen trat ein Hirsch hervor, eine Frau saß auf seinem Rücken. Sie trug eine schwarze Burka.

»Warum bist du nicht nackt, wenn du die Göttin der Jagd bist, und warum reitest du auf einem Hirsch?«, fragte ich die Vermummte und versuchte zu verstehen, was hier vorging.

»Ich bin keine Göttin«, sagte sie, »und ich wollte eigentlich ein Pferd, bekam aber einen philippinischen Hirsch. So ist das Leben.« Es war Andrea. Sie begann zu singen: »You can't always get what you want ...«

Ich stimmte mit ein: »... but if you try sometime, you just might find ...« Jetzt sah ich auch den dreiköpfigen Kerberos, der unter dem dichten Blattwerk hervorkroch.

»Du und Maricel, ihr habt euch zerstritten«, sagte Andrea mit einem Anflug von Bedauern.

»Ja, leider, zum ersten Mal, aber schuld daran ist dieser Kerl da oben.« Ich zeigte zur Baumkrone, wo Jay immer noch auf seinem Ast saß und vergnügt *Only God Can Judge Me* sang.

»Ich weiß, was dir Angst macht, Sammy, die Vorstellung, dass dieser Kerl da oben alles verjubelt, was du deiner Maricel eines Tages vererben wirst.«

»Ja«, pflichtete ich ihr bei und näherte mich langsam dem Hirsch.

Er beschnupperte mich und drückte seine feuchte Nase an meinen Hals, »ich glaube nicht, dass Maricel stark genug ist, um dem Druck ihrer Familie zu widerstehen. Sie wird nach meinem Tod auf die Philippinen zurückkehren und so lange bedrängt werden, bis sie alles verschenkt hat, bis in wenigen Wochen alles sinnlos verjubelt ist, bis alle zusammen wieder so arm sind, wie sie es zuvor waren und seit Generationen gewesen sind. Wusstest du, dass es in Tagalog kein Wort für *planen* gibt? Wenn du denen Geld gibst, tun sie so, als hättest du ihnen glühende Kohlen in die Hand gedrückt. Sie müssen es sofort loswerden. Sie machen so lange Fiesta, bis nichts mehr da ist, und es stört sie überhaupt nicht, wenn sie nachher wieder im gleichen Elend leben. Sie nehmen das als gottgegeben hin.«

Andrea tätschelte ihren Hirsch. »Du wirst trotzdem für sie sorgen wollen, ihr einen Teil deines Vermögens hinterlassen, obwohl du weißt, dass es am Ende von Jay und seinen bis dahin zwölf Kindern sinnlos versoffen wird. Das macht dich wütend, Sammy. All deine Autorenhonorare werden für San Miguel draufgehen, und jede Zeile, die du jemals geschrieben hast, wird als Pisse im Urwaldboden versickern.«

Ich nickte nachdenklich, ich wusste, dass Andrea recht hatte. »Hast du Pfeil und Bogen dabei?«, fragte ich sie. »Dann könnte ich den Kerl da oben …«

»Ich sagte dir doch, ich bin nicht Diana, die Göttin der Jagd. Ich bin nur zufällig in deinen Traum geraten, aber eigentlich ist auch das falsch, denn ich bin immer in deinen Träumen präsent, gebe mich nur selten zu erkennen. Manchmal spürst du einen Hauch von Vergänglichkeit und Ewigkeit, und manchmal spürst du Schmetterlinge in deinem Bauch, und wenn du aufwachst, bleibt nur ein Gefühl der Melancholie zurück.«

Ich wandte mich von ihr ab. »Ich erinnere mich, dass ich mir im Traum gewünscht habe, nie geboren worden zu sein.«

Um sechs Uhr früh schrillte die Anstaltssirene. Ich war schon lange wach, denn draußen quakten diese hässlichen Barbourfrösche, die mit ihrer dunkelbraunen Haut kaum von der Umgebung zu unterscheiden sind.

»Was ist mit diesen Viechern da draußen nur los?«, fragte Henri und gähnte.

Ich versuchte, mich an meinen merkwürdigen Traum zu erinnern. Henri schielte zu mir rüber, er schien gut gelaunt, vielleicht hatte er von Maricels kleinen Füßen geträumt. Er stieg von seiner Pritsche herunter, kam zu mir und klopfte mir auf den Schenkel. »Okay, war nicht gerade die feine englische Art, aber ich kann nicht anders, sorry. Falls wir hier rauskommen, werde ich es wohl wieder versuchen. Aber jetzt sollten wir gemeinsam darüber nachdenken, was wir tun könnten.«

Ich ging nicht auf seine halbherzige Entschuldigung ein, war aber seiner Meinung, dass wir jetzt gemeinsame Prioritäten hatten. »Sag mal, sind die hier fähig, innert nützlicher Frist einen Gentest zu machen?«

»Das machen die Amerikaner auf ihrem Militärstützpunkt, aber ich sag dir, es gibt Typen hier, die ihre Strafe längst abgesessen haben und seit über einem Jahr darauf warten, dass einer dieser blauuniformierten Ärsche in Manila den Entlassungsschein abstempelt. Wars wenigstens toll bei deinen neuen Schwiegereltern auf Negros?«

»Ja, ich habe Papa zwei Kampfhähne gekauft.«

»Wie bitte? Bist du denn völlig übergeschnappt?«, rief er. »Sind denn alle irre auf diesen Inseln?«

»Ja, Henri, die essen hier sogar *merda d'artista* an Chilisauce.«

Um zehn Uhr sagte man uns, wir hätten Besuch. Wir begaben uns in die Halle, nahmen die uns zugewiesenen Plätze hinter dickem Glas ein, das mit einem zusätzlichen Gitter versehen war, und warteten gespannt. Ein Wächter erschien. Neben ihm gingen – Maricel und der Priester-Fotograf Diego de Escalante. Etwas verlegen setzte sie sich und hielt die flache Hand gegen das Panzerglas. Ich tat es ihr gleich. Wie in *Planet der Affen: Prevolution.*

»Sorry«, sagte sie.

»Sorry«, sagte ich.

»Versuche, unsere Kultur zu verstehen, Sammy. Es ist tief in unseren Genen verankert, dass wir uns nicht mit der Zukunft beschäftigen. Wir wissen, dass wir morgen bereits alles wieder verlieren könnten. Deshalb planen wir nur bis zur Abenddämmerung, deshalb brauchen wir keine Uhren, keine Pläne, keine Vorsorge.«

»Ist ja schon gut, Maricel. Sag mir lieber, wie wir hier wieder rauskommen.«

Sie sagte, dass Diego de Escalante ihr Zutritt ins Gefängnis verschafft habe. Genau genommen hatte sie ihm 4000 Pesos zugesteckt, und das Auge Gottes hatte die Hälfte davon der Gefängnisleitung weitergereicht.

»Tim hat mir eine SMS geschickt«, fuhr sie fort. »Er hat einen Anwalt in Cebu beauftragt. Er wird morgen vorbeikommen und eine Kaution stellen.«

Diego de Escalante wandte sich an Henri. Er sagte, wenn er eine kleine Spende für den Wiederaufbau der Basilika überweise, könnte der Bischof Barmherzigkeit walten lassen und dem Polizisten Pedro Vidal mit der Exkommunizierung drohen. So würde dieser vor seinen Verwandten nicht das Gesicht verlieren. Er hätte dann einfach keine Wahl gehabt.

Henri stand kurz vor einem Wutausbruch, beruhigte sich aber schnell. »Ich habe verstanden, ich darf diesem gottverdammten Pedro Vidal kein *hiya* geben, damit seine *amor propio* unangetastet bleibt …«

»Woher wissen Sie das?«, freute sich der Priester. »Sie sind ja schon ein halber Filipino!«

»Er übt sich in *pakikisama«,* schmunzelte Maricel.

»Leckt mich doch alle am Arsch!«, schrie Henri und donnerte seine Faust gegen die dicke Scheibe, worauf zwei Wächter herbeieilten und ihn packten.

»I have sugar!«, brüllte er, als sie ihn über den Boden schleiften, und alle Insassen begannen vergnügt *Sugar Baby Love* von den Rubettes zu singen.

Diego rief hinterher: »Henri, ich bräuchte eine Anzahlung, damit ich Ihre Kaution leisten kann!«

Maricel nahm eine Pillenschachtel aus ihrer Tasche und zeigte sie dem Wächter. Er nickte. Es war höchste Zeit.

»Ich habe Jay gesagt: Wenn er bis Ende Jahr nicht arbeitet, schicken wir kein Geld mehr. Dann kriegt die ganze Familie kein Geld mehr. Also werden sie nun alle Druck auf ihn ausüben.«

Ich nickte bloß. Es war im Augenblick nicht von Bedeutung.

»Alles wird gut, Hunnybunny, mach dir keine Sorgen.« Sie rieb ihre Handfläche an der Glasscheibe und lächelte, wie sie damals am weißen Strand außerhalb von Hongkong gelächelt hatte, als wir uns zum ersten Mal begegnet waren.

»Alles wird gut«, wiederholte sie.

»Ich weiß«, sagte ich, *»swerte.«* Ich schluckte die Cellaris. Ohne Wasser. Schlecht für den Magen.

Enriques Rache

Die Stimmung an Bord der drei Schiffe war getrübt. Jeder hatte Freunde verloren. Im Nachhinein waren alle tief beeindruckt, wie Magellan bis zuletzt gekämpft hatte, um einem Teil der Soldaten den Rückzug zu ermöglichen. Wir wählten den Portugiesen Duarte Barbosa, dessen Schwester Beatriz Magellans Frau oder besser Witwe war, zum neuen Kapitän der *Trinidad.*

Nach der Ansprache Barbosas ging Enrique, der einen blutigen Kopfverband trug, auf den Kommandanten zu und sagte: »Es gibt keinen geeigneten Zeitpunkt, um die Sache anzusprechen, aber der Generalkapitän ist tot, und mit seinem Tod endet meine Sklaverei.«

»Das stimmt«, pflichtete ihm Pigafetta bei, »so hat es Magellan in seinem Testament festgehalten.« Auch Pigafetta trug einen blutigen Kopfverband, ein Pfeil hatte seine Stirn gestreift. Jedenfalls hatte er das so ins Bordbuch geschrieben. Aber es ist nicht wahr. Pigafetta hatte gar nicht an den Kämpfen teilgenommen. Er war auf dem Mutterschiff geblieben und eine Treppe hinuntergestürzt.

»Sklave!«, schrie Barbosa Enrique an. »Was fällt dir ein, Forderungen zu stellen? Du bleibst unser Dolmetscher, und wenn du nicht tust, was wir von dir erwarten, werde ich dich nach unserer Rückkehr Beatriz zur Züchtigung übergeben. Du wirst jetzt mit Pigafetta König Humabon aufsuchen und ihn auf unser Schiff beordern! Wir müssen mit ihm reden!«

Wir begleiteten die beiden zum König. Humabon und Enrique unterhielten sich sehr lange und intensiv auf Cebuano. Obwohl wir kein Wort verstanden, hatten wir den Eindruck, dass die beiden ein Komplott schmiedeten. Die Ehrfurcht der Insulaner war verschwunden. Die Spanier hatten in der Schlacht von Mactan nicht nur mehr als ein Dutzend schwer bewaffneter Soldaten verloren, sondern auch den Nimbus der Unbesiegbarkeit. Während Enrique im Dorf blieb, überbrachten wir Barbosa eine Einladung von König Humabon. Er ließ ausrichten, er wolle zu unserem Abschied ein Festessen veranstalten und uns für den spanischen König ein Geschenk aus Gold überreichen.

»Wir nehmen die Einladung an«, entschied Barbosa. Zum

ersten Mal würde er als offizieller Nachfolger Magellans in Erscheinung treten, was ihm zu gefallen schien.

Capitán Juan Rodríguez Serrano, der die gesunkene *Santiago* kommandiert und nach der Aussetzung von Capitán de Cartagena die *Concepción* übernommen hatte, äußerte Zweifel, er witterte einen Hinterhalt: »Ich traue diesen Wilden nicht über den Weg. Warum bringt er das Geschenk nicht an Bord? Und warum ist Enrique nicht zurückgekommen?«

»Hast du Angst?«, fragte ihn Barbosa vor allen Anwesenden. Serrano hatte keine Wahl. Sie gingen mit 24 Männern an Land. Ich blieb mit Pigafetta an Bord und genoss den kühlen Palmwein.

Vor Einbruch der Dunkelheit hörten wir plötzlich ohrenbetäubendes Geschrei. Wir feuerten einige Schüsse über die Baumkronen, doch der Lärm hielt noch eine ganze Weile an. Schließlich stolperte ein blutverschmierter Weißer in einem zerrissenen Hemd aus dem Wald; es war Serrano. Er fuchtelte mit den Armen und rief um Hilfe. Im selben Moment ging das Kreuz, das wir gut sichtbar auf einem Hügel errichtet hatten, in Flammen auf. Nackte Krieger mit Lanzen und Macheten traten aus dem Wald. Wir entschlossen uns, die Anker zu lichten und uns in Sicherheit zu bringen. Serrano tat einige Schritte ins Wasser und begann uns lauthals zu verfluchen. Die Insulaner kreisten ihn ein. Wir wandten uns ab und schauten aufs offene Meer hinaus. Den Sklaven Enrique bekamen wir nie wieder zu Gesicht.

Eidechsen

Die Duschen im CPDRC sahen aus wie eine italienische Bahnhofstoilette. Die Männer seiften sich dicht gedrängt ein. Einige massierten ihr Geschlecht und schauten sich nach einem Gesinnungsbruder um, Grund genug für Henri und mich, zu gehen. In der Garderobe zogen wir unsere orangen Overalls an.

Henri bekundete Mühe mit dem Reißverschluss, er hatte an Gewicht zugelegt. »In meinem Alter kannst du trainieren, Hormone fressen, was immer du willst, aber du hast deine alte Haut, die schlaff von den Muskeln hängt, und du wirst so eine Art fette Kuh«, sagte er.

»Hast du die Memoiren von Depardieu gelesen?«, fragte ich erstaunt.

Er reagierte nicht. Mit einem Ruck zog er den Reißverschluss hoch und zerriss ihn dabei. »Nichts funktioniert auf diesen Inseln. Ich bin mittlerweile nicht unglücklich, dass dieses Casinoprojekt gescheitert ist. Keine Macht der Welt könnte mich hier halten, und Japanerinnen haben eh kleinere Füße.«

Ein paar Eidechsen flitzten unter den Ankleidebänken hindurch.

»Ist das normal, dass Eidechsen …«

»Deine Eidechsen sind mir doch scheißegal«, ereiferte sich Henri, «ich brauche jetzt meine Pillen, ich habe Zucker …« Henri kämpfte um sein Gleichgewicht, auch ich fühlte mich unsicher auf den Beinen und setzte mich vorsichtig auf eine Bank.

»Das ist der Zucker«, hechelte Henri. Er war vor Angst erstarrt.

»Das ist Cellaris«, sagte ich und hielt mich an der Bank fest.

»Ich schlucke doch keine Cellaris«, sagte Henri und setzte sich neben mich.

Wir hörten ein unheimliches Grollen, der Boden begann zu schwanken.

»Haben die hier eine U-Bahn?«

»Das ist Cellaris, Henri, this shit is not real!«

»Wieso sprichst du plötzlich Englisch?«

»Ich habe doch kein einziges Wort gesagt.«

Ein mächtiger Schwindel erfasste mich. Mir war, als würde mein Gehirn auf dem offenen Meer hin- und herschaukeln.

»Capitán Elcano«, rief ich, »es ist höchste Zeit, dass wir diese verdammten Gewürzinseln erreichen! Ich muss es beenden. Dann wird sich Cellaris wieder aus meinen Träumen schleichen.«

Die Gewürzinseln

Mit Tränen in den Augen verteilten die Männer die Fracht der *Concepción* auf die Laderäume der *Trinidad* und der *Victoria*. Wir hatten nicht mehr genügend Männer für drei Schiffsmannschaften. Juan Sebastián Elcano, der nach Luis de Mendozas Tod in Patagonien zum Kapitän der *Victoria* ernannt worden war, obwohl er die Reise als einfacher Bootsmann begonnen hatte, gab Befehl, die *Concepción* abzufackeln. Sie sollte dem Feind nicht in die Hände fallen.

Wir segelten zur Insel Borneo, wo wir uns in der Hafenstadt Brunei 35 Tage lang von den schrecklichen Ereignissen erholten. Dann ging es weiter südwärts. Am 6. November 1521 erreichten wir endlich die Molukken. Wir beluden die *Victoria* mit 26 Tonnen Gewürzen, die wir nach Spanien bringen und dort verkaufen wollten.

Am 21. Dezember stachen wir wieder in See. Pigafetta und ich hatten beschlossen mitzufahren, da die *Trinidad* noch für Reparaturarbeiten im Hafen bleiben musste. Das war ein weiser Entschluss, wie sich später herausstellte, denn als die *Trinidad* auf demselben Weg zurückkehrte, auf dem wir gekommen waren – durch den *Paso* – wurde sie vor der brasilianischen Küste von Portugiesen gekapert. Nur fünf Seeleuten gelang nach vierjähriger Irrfahrt die abenteuerliche Rückkehr in die Heimat.

Mit der *Victoria* wählten wir die Route über den Indischen Ozean und die Südspitze Afrikas. Unterwegs verloren wir erneut 21 Mann der Besatzung. Pigafetta hatte Angst, der Nächste zu sein, aber er wollte nicht sterben. Er wollte dem spanischen König das Logbuch der Weltumsegelung überreichen. Mir ging es genauso. Ich wollte unbedingt die *Pacific Avenue* zu Ende bringen. Aber dafür brauchte ich meine Pillen. Doch es rief mich niemand an.

Für eine Handvoll Pesos

»Henri?«, rief ich verzweifelt, »ich habe da so einen Verdacht. Wir sind nicht wirklich in diesem Gefängnis, oder?«

»Cellaris«, hörte ich Henri sagen, »Cellaris hält dich gefangen, aber du kannst nicht mehr aufwachen, sie haben dir eine Sauerstoffmaske auf das Gesicht gedrückt. Du hast jetzt ein verdammt ernstes Problem, mein Freund!«

Ich tastete mich vorwärts und erwischte etwas, das sich wie ein Schalter anfühlte. Ich kippte ihn nach unten. Ich stand wieder in der Garderobe.

Henri saß neben mir. Er schaute mich von der Seite an, er schien Mitleid mit mir zu haben. »Du hast die Geschichte beendet, Sammy. Pigafetta ist bald wieder zu Hause in Spanien. Daran hat Cellaris keine Freude, Cellaris ist wie ein Krake, jetzt greift sie nach der Gegenwart. Pass auf, Sammy, das kann übel enden.«

Plötzlich lösten sich die Kacheln an den Wänden der Umkleidekabine und flogen uns um die Ohren, das Licht erlosch, Wasserleitungen platzten. Die ganze Fertigbauwand löste sich aus der Verankerung, klappte wie ein Schiffsteg nach außen und begrub ein Dutzend abgestellter Motorräder auf dem Parkplatz im Freien.

Die Häftlinge, die sich in der Garderobe aufgehalten hatten, stürmten drauflos, panisch, verzweifelt. Die Erde bebte. Wir rannten um unser Leben, ohne zu wissen, wo wir uns in Sicherheit bringen konnten. Wir rannten wie die Hühner über den Parkplatz, als plötzlich jemand Henris Namen schrie. Ein verrosteter Geländewagen überholte uns und bremste scharf.

»Steigt auf die Ladefläche!«, rief der Fahrer. Es war Diego de Escalante.

Mit meinen versteiften Fußgelenken schaffte ich es kaum. Henri zog mich hoch. Nur raus aus Cebu. Das Auge Gottes drückte das Gaspedal durch, Henri klaubte zusammengerollte Dollar-Scheine aus seiner Unterwäsche. De Escalante fuhr direkt zum Flughafen. Er sagte, er sei zufällig im Gefängnis gewesen, um Aufnahmen eines inhaftierten belgischen Geschäftsmannes zu machen – für einen Anwalt in Brüssel.

»Wir wollen raus aus diesem Land! Einfach raus«, fluchte Henri.

»Ich bringe euch nach Indonesien«, rief der Priester durch das offene Rückfenster, »gebt mir 10 000 Pesos, und ich buche uns drei Flüge. Besser wären 20 000, dann könnt ihr mich Diego nennen.«

Einige Stunden später saßen wir in einer Maschine der Cebu Pacific Air, unterwegs nach Zamboanga auf der Insel Mindanao ganz im Süden der Philippinen. Im Flieger saßen zahlreiche verschleierte muslimische Frauen. Das machte mich nachdenklich, denn ich wusste, dass auf den Philippinen rund 95 Prozent der Einwohner Christen, heidnische Christen oder Patchwork-Christen sind. Flogen wir etwa zu den restlichen fünf Prozent?

Diego schaute sich auf dem Display seiner Digitalkamera Bilder an und löschte ab und zu eines. »Von Zamboanga bringe ich euch nach Malaysia oder Indonesien«, sagte er. »Wir müssen improvisieren. Nicht ganz einfach, aber vor allem teuer. Wohl eher 30 000 Pesos.«

»Hast du noch Pesos?«, fragte ich Henri.

»Nur noch Dollar«, sagte er.

»Ich glaube, der nimmt notfalls auch Dollar.«

»Auch Euro oder Schweizer Franken«, sagte Diego, »ich bin da sehr kundenorientiert und unkompliziert.«

»Ich hatte mal eine muslimische Freundin«, sagte Henri und beobachtete mit gemischten Gefühlen die Barackendörfer, über die wir hinwegflogen, »aber davon würde ich dir abraten, denn du weißt nie, was unter dem Hidschab ist.«

Der Flug kam uns unendlich lange vor. Die ganze Zeit über starrte mich eine Frau in einem schwarzen Ganzkörperschleier an. Ich konnte hinter dem Stoffgitter ihre Augen nicht sehen. Wer war sie? Was wollte sie von mir? Draußen wurde es allmählich dunkel. Wir waren nervös und ungeduldig, bis die Maschine endlich das Fahrwerk ausfuhr und zur Landung ansetzte. Ich hatte offen gestanden Angst, dass es abbrechen könnte. Irgendwie ging auf diesen Inseln alles schief, was schiefgehen konnte.

»Jetzt landen wir im Reich Allahs«, sagte Diego, »hier im Süden hat das Christentum leider nicht Fuß gefasst. Auf Mindanao ist alles muslimisch.«

Die Lichter der Landebahn erschienen unter uns, doch der Pilot riss das Flugzeug im letzten Moment wieder hoch und setzte zu einer Inspektionsrunde an.

»Dass uns auch noch diese Scheiße passieren muss!«, fluchte Henri.

»Runter kommt man immer«, versuchte Diego zu scherzen. Aber auch er war kreidebleich. Beim zweiten Anlauf setzte das Flugzeug dann auf. Wir hörten Gewehrschüsse und den Donner schwerer Artillerie. Als das Flugzeug ausrollte, sahen wir auf der linken Seite Panzerfahrzeuge der philippinischen Armee und Geländewagen, die mit Schnellfeuerwaffen ausgerüstet waren. Der Pilot teilte über den Bordlautsprecher mit, wir sollten im Flugzeug bleiben, bis die Lage geklärt sei, doch Filipinos sind, wie schon mehrfach erwähnt, Individualisten; sie schätzen nichts mehr als ihre persönliche Freiheit.

Noch ehe das Flugzeug stillstand, öffneten einige die Türen und fuhren die Notrutschen aus. Alle drängten hinaus. Ich hielt mich an Henris Stiernacken fest, wir landeten beide auf dem Rollfeld, er kopfvoran auf einem schwarz gepolsterten Sack, der sich als Diego de Escalante herausstellte. Wir liefen zum Flughafengebäude, das teilweise in Trümmern lag. Ein schwarzer Filipino stand vor einem Geländewagen. Diego winkte ihm mit seinen Geldscheinen zu, er zeigte sofort Interesse.

Wir rasten über die Autobahn, wobei wir dauernd brennenden Fahrzeugen ausweichen mussten. Ganze Quartiere der Stadt

Zamboanga standen in Flammen, überall Schüsse und Artilleriefeuer.

»Das ist das Werk einer Splittergruppe der MNLF, der Nationalen Befreiungsfront der Moros«, sagte Diego, als sei dies die normalste Sache der Welt, »die haben gestern mit Schnellbooten vom Meer aus die Stadt angegriffen. Einige hundert Kämpfer vertreiben gerade hunderttausend Christen!«

»Seid ihr denn alle irre auf diesen Inseln?«, rief Henri.

»Einige wollen innerhalb der Grenzen des 14. Jahrhunderts ein muslimisches Sultanat errichten«, fuhr Diego fort, »andere wie die Untergrundorganisation Abu Sajaf wollen einen islamischen Gottesstaat, aber irgendwie fehlt ihnen der Rückhalt in der Bevölkerung. Die Moro National Liberation Front, die Moro Islamic Liberation Front, die Bangsamoro Islamic Freedom Fighters, das ist ein chaotischer Haufen durchgeknallter philippinischer und indonesischer Terrorjunkies. Und alle berufen sich auf den Koran.«

»Diego, bist du eigentlich ein echter Priester?«, fragte ich misstrauisch.

»Ich bin das Auge Gottes und führe euch ins Paradies«, grinste Diego – und vermied es, mich anzuschauen.

»Diego«, hakte Henri nach, »was kostet auf den Philippinen eine Priesterbinde?«

»Die gibts beim Kuchenbäcker für zehn Pesos. Mit diesen weißen Kartonkragen hält man Torten zusammen. Muss man sich nur ein bisschen zurechtschneiden.«

Als wir uns endlich aus dem umkämpften Gebiet entfernt hatten, drehte der Fahrer das Radio an. Er hörte eine Weile zu und klatschte dann die Rosenkränze ab, die am Rückspiegel baumelten. »Wo wollt ihr eigentlich hin?«, fragte er.

»Nach Indonesien«, sagte ich.

»Manado liegt über 300 Seemeilen südlich von Zamboanga. Dorthin kommt ihr nicht, der Flughafen ist gesprengt.«

»Wieso nicht Malaysia?«, schlug Henri vor, »ich hatte dort eine Freundin …«

»Daran zweifelt niemand, Henri …«

»Ich möchte lieber nicht nach Indonesien«, insistierte Henri, »die braten Katzen, Hunde, Ratten, Fledermäuse, die sind wie die Chinesen, fressen alles, was vier Beine hat, außer Tisch und Stuhl.«

Der Fahrer bremste scharf. Staub, Straßensperren. Halbstarke in Uniformhosen und T-Shirts von Manchester United lauerten hinter Sandsäcken und richteten ihre Schnellfeuergewehre auf uns. Einige trugen Westernhüte, eine philippinische Mutation von Crocodile Dundee und Buffalo Bill. Ein Typ mit gelben arabischen Schriftzeichen auf dem schwarzen Stirnband stemmte eine Bazooka in die Hüfte. »Out, out, out!«, schrien alle durcheinander. Sie schienen genauso gestresst wie Henri, Diego und ich. Wir stiegen aus und streckten die Hände in die Höhe.

»Ich habe Zucker«, rief Henri, »I need medicine!«

Einer mit Cowboyhut und Pilotenbrille schlug ihm den Gewehrkolben gegen die Rippen. Ich ließ es deshalb bleiben, meine GvHD-Problematik anzusprechen. Der Fahrer verlangte sein Geld, Henri griff in die Gesäßtasche. Die Halbstarken rissen ihm das Portemonnaie aus der Hand und bedrohten nun den Fahrer. Dieser stieg in seinen Geländewagen, Kickstart, scharfe Kurve, und weg war er. Diego riss sich den weißen Karton unter dem schwarzen Hemdkragen weg und rief »Allahu Akbar!« Ein Pick-up fuhr vor. Wir mussten mit verbundenen Augen auf die Ladefläche steigen.

»Sind das jetzt die Typen von der MNLF oder solche von der MILF?«, fragte ich.

»Was weiß ich«, murrte Henri, »ist doch egal, welchem Verein diese Arschlöcher angehören.«

»Ich hab doch bloß gefragt.«

»Wenn sie Geld für den Islamischen Staat sammeln, werden sie uns womöglich den Kopf abschlagen, aber andererseits: Wer kauft schon eine tote Maus?«

»Dann müssen sie sich beeilen, Henri, diese Idioten haben mir nicht nur die Augen verbunden, sondern auch die Nase, ich kriege kaum Luft.«

Nach einer holprigen Fahrt hielt unser Gefährt abrupt. Wir hörten Schreie und Schüsse, es schien eine ziemlich wilde Schießerei im Gange zu sein, die aber kaum fünf Minuten dauerte. Jemand nahm uns die Binden ab. Endlich konnte ich wieder normal atmen, auch wenn mich die glühende Hitze innerlich fast verbrannte – GvHD, aber diesmal fühlte es sich an wie ein fiebriger Infekt.

»Sind wir frei?«, fragte ich Diego. Er wusste es nicht. Die Männer um uns herum trugen japanische Militäruniformen aus dem Zweiten Weltkrieg und waren ähnlich bewaffnet wie die Rebellen. Als die Abenddämmerung heraufzog, brachten sie uns zum Hafen und stießen uns an Deck eines Schnellboots. Henri und ich warfen uns irritierte Blicke zu. Einer der Soldaten nahm uns die Uhren ab.

»Philippine Army?«, fragte Henri misstrauisch.

Die Männer lachten. Einer stellte sich breitbeinig vor uns hin. Er hatte langes, pechschwarzes, gezöpfeltes Haar und ein bisschen Bart. »Abu Sajaf«, stieß er hervor und versuchte, dabei besonders böse zu wirken. Auf seinem roten Stirnband war Che Guevaras Konterfei abgebildet. Er hakte den Schaft seines Schnellfeuergewehrs lässig an den Gürtel und zeigte auf seine Brust: »Che!«

»Gut, dass wir das jetzt wissen, Che«, murmelte Henri.

Che lächelte, der Triumph stand ihm ins Gesicht geschrieben.

»Gibts denn auch normale Leute hier?«, entfuhr es mir, »Mitglieder von Gesangsvereinen oder so?«

Henris dämliches Grinsen erweckte Ches Zorn. Er brüllte, gestikulierte und veranlasste, dass man uns Mund und Augen erneut verband. Während der nächsten Stunde hörten wir nur noch die Gischt, die am Bug des Schnellbootes abprallte. Manchmal spie sie uns der Wind ins Gesicht, als wolle er uns verhöhnen. Es war eine kühle Nacht. Jemand gab mir eine Decke. Ich wertete dies als gutes Zeichen, aber wahrscheinlich stuften sie mich auch bloß als Kapitalanlage ein, die es zu schützen galt.

»Bist du noch da?«, fragte Henri einmal.

»Ja, wo soll ich denn sonst sein? Sag mal, hast du sein Stirnband gesehen? Hattest du in den Sechzigern auch ein Che-Guevara-Poster auf dem Klo?«

»Nein«, sagte Henri, »als Che 1967 erschossen wurde, war ich erst zwölf. Da findet die Revolution in der Unterhose statt.«

»Du warst frühreif? Aber irgendwie musstest du ja zeitig anfangen, um auf 2000 Frauen zu kommen.«

Henri schwieg. Er machte sich offenbar ernsthafte Sorgen. Ich übrigens auch. Wir waren erleichtert, als man uns die Binden wieder abnahm. Die Terrorfreaks hatten sich beruhigt. Offenbar fühlten sie sich in Sicherheit.

Die Sonne ging auf und legte sich wie flüssiges Gold über die Landschaft. Wir glitten lautlos an Palmenstränden, satten Reisfeldern, unberührten Korallenriffen und steilen Hängen mit Bergreis vorbei. Mit jeder weiteren Stunde wurde die Hitze erbarmungsloser. Die Kämpfer legten ihre Militärjacken ab. Darunter kamen rote T-Shirts mit dem schwarzen Konterfei von Che Guevara zum Vorschein. Che, der Anführer, trug ein schwarzes T-Shirt mit den neun bunten Che-Bildern von Andy Warhol.

»Eigentlich erstaunlich, dass in den Sechzigern der ›Marlboro-Mann‹ der Linken zur größten Ikone der Populärkultur wurde. Che hielt ja nichts von Parteien und Demokratie, vergötterte Massenmörder wie Mao und Stalin, warf Homosexuelle in Arbeitslager und exekutierte mit seinem 22er-Colt eigenhändig Gegner, die er ohne Gerichtsverfahren zum Tode verurteilt hatte. Und als er starb, hatte er eine Rolex am Handgelenk …«

»Erinnere mich nicht an meine Rolex … Ich möchte bloß wissen, ob all diese Kerle echt sind oder ob ich eine Geisel von Cellaris bin.«

»Cellaris wird es dir sagen«, flüsterte Henri.

Gegen Mittag glitten wir auf einem kleinen Fluss tiefer in den Dschungel. Die Entführer schossen drei Salven in die Luft. Die Schüsse wurden erwidert, drei Salven, wir waren offenbar im Guerillagebiet angelangt.

Wir gingen an Land, nicht ganz freiwillig, sondern weil der Motor ins Stottern geraten war und rauchte. Ein Fahrer holte uns mit einem verbeulten Geländewagen ab. Die Tür auf der Fahrerseite war von Schüssen durchsiebt, aber man konnte noch das rote Kreuz auf weißem Grund erkennen sowie den blauen Kreis mit der Aufschrift *Philippine Red Cross.* Wir fuhren durch unwegsames Gelände, ehe wir zwei Bambushütten erreichten, die auf Pfählen standen. Eine Indonesierin – nein, es war nicht Lourgien – kochte auf einer offenen Feuerstelle Reis und vermischte ihn mit Sojasauce. Wir setzten uns unter das Verandadach und aßen schweigend.

Später stieß auch Che mit seinem Gefolge dazu. Er trommelte sich wie ein Orang-Utan auf die Brust und rief: »Che!« Seine Anhänger skandierten: »Che! Che! Che!« Dann feuerte Che in kindlicher Begeisterung in die Luft, worauf auch seine Adlaten mit ihren Schnellfeuergewehren losballerten und das Blattwerk in den Baumkronen zerfetzten. Als ein kleiner Affe durch das Geäst krachte und tot auf dem Waldboden aufschlug, kugelten sie sich vor Lachen. Che schrie, sie seien die besten Krieger der Welt. Ich wechselte mit Henri ein paar mitleidige Blicke. Wieso konnten sich diese Kerle nicht mit einer Playstation begnügen? Aber offenbar gehört das Gewehr in diesem Land zum Mannsein. Wer ohne Waffe herumläuft, muss eine entflohene Geisel sein.

Diego de Escalante hob schüchtern die Hand und zeigte auf seine Digitalkamera. Er gab zu verstehen, dass er gern fotografieren würde. Che fand die Idee großartig und posierte bereitwillig. Diego streckte mehrmals den Oberkörper heraus und forderte Che auf, es ihm gleichzutun: »Du bist der Anführer, zeig es!«

Es war heiß und schwül. Wenigstens war das Wasser kohlensäurehaltig und in Plastikflaschen verschlossen. Ich wischte meine schmutzigen Hände an meinem orangen Gefängnisoverall ab und nahm mit einiger Verspätung meine Pillen ein. Als ich sah, dass der Handy-Empfang funktionierte, sandte ich Maricel eine SMS. *Don't worry,* schrieb ich, machte mir aber selber verdammt große Sorgen.

»Was hast du für einen Scheiß gebucht?«, versuchte Henri die gedrückte Stimmung zu heben. »Hier sieht es nicht nach einem Wellnessresort aus.«

»Und die Typen an der Rezeption können nicht mal Englisch«, flachste ich zurück.

»Ich hoffe, die haben wenigstens Wi-Fi und ein Spa.«

Unser Galgenhumor hielt nicht lange an. Walkie-Talkie-Funksprüche versetzten unsere Entführer in Aufruhr. Dann hörten wir das Rattern von Helikopterrotoren. Die philippinische Armee war offenbar unterwegs, um uns zu befreien. Als sie uns endlich entdeckt hatten, eröffneten sie das Feuer, sodass Dutzende von großen Fledermäusen aus den Bäumen fielen und ihrem Namen als fliegende Hunde alle Ehre machten. Wir flüchteten tiefer in den Tropenwald. An allen Ecken und Enden ratterten Maschinengewehre, ein Helikopter fiel einer Bazooka zum Opfer, einem andern ging der Treibstoff aus, während sich der dritte in den Baumkronen verhedderte, vielleicht ein Akt der Solidarität. Ich verkroch mich ins Dickicht, Henri robbte hinter mir her.

»Die holen uns jetzt raus«, keuchte ich.

»Das Militär hat doch gar kein Interesse daran, diese Abu Sajaf zu erledigen«, gab er zurück. »Die Armee weiß, dass ihr die Regierung anschließend das Budget kürzen würde. Die sind von den Terroristen genauso abhängig wie die Sozialarbeiter im Westen von ihren Junkies.«

Ich wurde unglaublich müde, war total erschöpft, einfach kaputt. »Wenn das Cellaris ist, sollte es uns doch möglich sein, die Kontrolle über diesen Albtraum zu übernehmen«, sagte ich zu Henri, »reich mir die Hand, wir fliegen hinauf in die Baumkronen und bombardieren diese Spinner mit Ananas und Kokosnüssen.«

»Wie kommst du auf die Idee, dass da oben Ananas …?«

Ich ergriff Henris Hand. Gelächter und ein paar Fußtritte rissen mich aus einem fiebrigen Traum. Che posierte mit seinen Kämpfern vor Diego de Escalante. Ich sah auf meinem iPhone, dass Maricel meine SMS endlich abgerufen hatte. Aber geantwortet hatte sie noch nicht.

»Make movie!«, schrie Che und stellte sich breitbeinig mit einer Videokamera vor mich hin. Ich begriff sofort, was er von mir wollte.

»Hallo Tim«, begann ich, »es wird dir schwerfallen, zu glauben, dass dies kein Scherz ist. Du magst deinen Vater als Stand-up-Comedian in Erinnerung haben, aber ich bin tatsächlich entführt worden, und das ist nicht lustig.«

Che signalisierte Ungeduld, also machte ich schnell weiter.

»Meine Entführer sind bärtige Irre aus bildungsfernen Schichten. Sie wollen drei Millionen, wenigstens Dollar statt Schweizer Franken, die sind ja so was von blöd. Du hast keine drei Millionen, ich auch nicht, also gib ihnen nichts. Es macht auch gar keinen Sinn, 20 000 zu überweisen. Selbst wenn du zehn Millionen hättest, wäre es sinnlos. Ich werde als Märtyrer sterben und ins Paradies kommen. Ich hoffe, dass mir Henri dort nicht alle 72 Jungfrauen klaut; einige werden hoffentlich Schuhgröße 40 und mehr haben. Meine Pillen gehen mir morgen aus! Du tust mir also keinen Gefallen, wenn du irgendwelche Beträge in den Busch schickst. Das geht dir alles vom Erbe ab!«

Che brüllte mich auf Englisch an: »Wird er bezahlen?«

»Nein«, sagte ich, »versuch es lieber bei unserem Bundesrat. Die Direktion für Entwicklung und Zusammenarbeit hat ein Jahresbudget von zwei Milliarden Franken. Die Lösegelder werden jeweils über das Konto Entwicklungshilfe verbucht. Unsere Regierung wird garantiert einknicken.«

Che trat vor die Kamera und erläuterte dem Bundesrat seinen Plan, den Planeten von Ungläubigen zu säubern.

»Die werden dir sicher noch ein paar Kartons Ragusa schicken«, sagte ich.

Che verstand kein Wort und starrte mich wütend an. »Wir hassen euch!«, schrie er. »Wir hassen euren Lebensstil, wir hassen euren Alkohol, eure Sexorgien, eure Krankheiten, eure Gier nach Geld, Gold, Öl, wir hassen alles an euch!«

»Aber Ragusa werdet ihr mögen«, beharrte ich.

Che streckte den Rücken durch und hob das Kinn wie ein stolzer Krieger, der für ein historisches Foto posiert. Er machte den Che. Er steckte sich eine dicke Zigarre an und entfernte sich im Stechschritt – bis eine Wurzel, die aus dem Boden ragte, die Militärparade stoppte.

»Sie hassen uns wirklich«, seufzte Diego de Escalante.

»Schau mal da drüben«, unterbrach Henri, »ich glaube, ihrem Vulkan ist der Kragen geplatzt, er wird gleich ejakulieren.«

Der Himmel hatte sich verfinstert, eine graue Aschewolke trieb uns entgegen. Der Vulkan Ragang spuckte Feuer.

Die Terroristen fielen auf die Knie und baten Allah um Erbarmen.

»Seht ihr«, spottete Henri, »das habt ihr nun davon.«

»Henri«, rief ich verzweifelt, »ich glaube, das ist Cellaris, ich habe irgendwie das Bewusstsein verloren, doch mein Gehirn arbeitet weiter, wie eine von ihrer Station losgekoppelte Raumfahrtkapsel.«

Henri ignorierte mich, er tat einfach so, als hätte ich gar nichts gesagt. Das passte gar nicht zu ihm. Eher zu Cellaris. Ich versuchte, die Kontrolle über mein Bewusstsein wiederzuerlangen. Doch ich sah mich neben Henri auf einem dicken Ast sitzen und hörte mich reden, als sei ich eine dritte Person: »Es ist schon erstaunlich, dass die Kerle nach all den Taifunen, Orkanen, Tsunamis, Überschwemmungen und Erdbeben immer noch an einen einflussreichen Gott glauben. Als 1755 ein Erdbeben Lissabon dem Erdboden gleichmachte, wenige Stunden später eine apokalyptische Monsterwelle die halbe Stadt ersäufte, gleich danach eine totale Feuersbrunst die Hartnäckigen grillierte, worauf die letzten Überlebenden von Plünderern erstochen wurden, glaubte niemand mehr an einen Gott. Man suchte nach natürlichen Ursachen, nach Zusammenhängen, das war der Anfang der Aufklärung, aber hier, hier wollen die Leute einfach nicht erwachsen werden.«

»Deshalb bin ich zurückgekehrt«, mischte sich Diego de Escalante ein, »ich arbeitete in einer Pfarrei im Großraum München …«

»Und wieso bist du zurückgekehrt?«, fragte Henri neugierig und gab die Antwort gleich selber: »Immer wenn ihr den Ministranten an die Wäsche geht, werdet ihr in die Dritte Welt versetzt, damit ihr der Strafverfolgung in Europa entgeht …«

»Nein, nein«, wehrte Diego de Escalante ab, »was soll ich in Europa noch predigen? Dass Jesus auf einer Wolke in den Himmel getragen wurde? Soll ich Menschen, die in einer hoch technisierten Welt leben, erzählen, dass ein Heiliger Geist im Media-Markt über die Regale schwebt, dass man ohne Sex schwanger werden und im geheizten Swimmingpool über das Wasser gehen und Kochwein in einen edlen Bordeaux verwandeln kann? Die Menschen in den Industriestaaten haben gar nicht bemerkt, dass sie längst nicht mehr an Gott glauben, sie glauben vielleicht an einen gemeinsamen Ehrenkodex, aber nicht an Gott. Deshalb bin ich Fotograf geworden. Meine Bilder *beweisen,* dass es keinen aktiven Gott gibt, der eingreifen kann. Und falls es ein passiver Gott wäre, hätte er nur Repräsentationspflichten, wie die Queen Elizabeth in England, aber vor allem könnte er uns allen ziemlich egal sein, da er ja ein passiver Gott wäre, der weder belohnt noch bestraft.«

Henri grinste. »Sagte ich nicht kürzlich, Gott sei nur ein Gemisch aus Staub und Gas, ein kosmischer Furz?«

»Shut up!«, rief Che und feuerte eine Salve in die Baumkronen.

»Siehst du«, murmelte Henri, »die lehnen jegliche Art von Bildung ab.«

Die philippinische Armee flog erneut Erkundungsflüge, aber diesmal entdeckten sie uns nicht. Ein tropisches Gewitter machte der Suche ein Ende und setzte unser Lager unter Wasser.

»Die schaffen keine Geiselbefreiung«, flüsterte Henri, »Sammy, wir müssen abhauen, durch die Sümpfe, es muss da hinten eine Straße geben, die durch die Mangrovenwälder führt.«

»Viel Glück, Henri.« Ich schluckte meine letzte Cellaris, schloss die Augen und überließ alles Weitere dem Schicksal. Ich döste vor mich hin, manchmal blinzelte ich, um zu sehen, ob Henri noch da war. Ich erinnere mich, dass ich Aktenschränke sah. Das kam mir sehr merkwürdig vor, da ich ja im philippinischen Dschungel festsaß.

Das Rauschen der Nacht

Ich stand im Stationsbüro des Zellersatzambulatoriums der Uniklinik in Basel und suchte nach einer Akte. Das Büro hatte ungewohnte Ausmaße, größer als der finstere Archivsaal der Casa da India in Lissabon. War das der Ort, wo meine Geschichte enden, der Ort, an dem ich mich von Cellaris befreien würde?

Ich hetzte den Schränken entlang, suchte den Ausgang, die roten Fahrstühle. Ich blieb abrupt vor einem Regal stehen. Aktenordner purzelten heraus und türmten sich zu einem Berg. Ich sah ein Bein herausragen, es war Maricel, die sich freistrampelte.

»Lass dir helfen, Hunnybunny«, sagte sie, »wir werden es auch diesmal schaffen. *Swerte.*«

»Ich suche eine Akte«, sagte ich zu ihr, »aber ich weiß nichts über diese Akte, und im Grunde genommen weiß ich auch nicht, nach welcher Akte ich suche, ich weiß lediglich, dass ich eine Akte finden muss, die man nicht finden kann.«

»Du schläfst, Sammy«, sagte Maricel. Sie strich mir zärtlich über die Wange. »Das ist Cellaris. Cellaris stellt Fragen, gibt Rätsel auf. Was suchst du wirklich, Sammy?«

»Ich bringe Ordnung in mein Leben.«

Sie nahm mich in die Arme und küsste mich auf den Mund. »Träume haben keine Bedeutung, Sammy, es sind keine chiffrierten Botschaften, sie sind wirr, seltsam, manchmal machen sie uns Angst. Erinnerst du dich, was dir der kleine Arzt gesagt hat? Er war nur gerade sieben Zentimeter groß. Er stand in einem Aschenbecher und urinierte auf Jacks Zigarrenstummel. Er sagte, dass im Schlaf das limbische System die Kontrolle übernimmt, wie es schon vor Jahrmillionen die Steuerung der ersten Reptilien übernommen hat. Du fällst in einen archaischen Zustand zurück, in dem es weder Vernunft noch Logik gibt. Im Schlaf wirst du wieder zum Tier, das in der Savanne jagt, du tötest, vergewaltigst und trinkst das Blut deiner Feinde. Du hetzt durch die Finsternis, jetzt nimmst du dich noch wahr, du erinnerst dich, du denkst, du weißt noch, wer du bist, aber gleich wirst du zum innersten Kern der Finsternis vorstoßen, wo dein Bewusstsein vollständig ausgeschaltet wird. Du wirst nur noch Lichter und Farben sehen, merkwürdige Objekte. Falls du noch denken könntest, würdest du denken, dass du noch denkst, aber dein Denken ist ausgeschaltet, und dennoch kommt dein Gehirn nicht zur Ruhe, im Gegenteil, es ist noch aktiver als tagsüber. Es beschäftigt sich nicht mehr mit dir, es beschäftigt sich mit sich selbst. Es schafft Ordnung, es wird aufgeräumt, katalogisiert und neu verknüpft. Aber vergiss nicht: Alles, was du im Schlaf erlebst, ist von dir erschaffen worden. Du bist Autor und Leser zugleich. Aber wenn du noch lange Cellaris schluckst, werden sich diese Welten unwiderruflich miteinander vermischen, und das Gehirn der Nacht wird den Tag erobern, und nichts wird mehr Sinn machen, denn dein Gehirn wird dann auch tagsüber das tun, was es nachts am liebsten tut: sich mit sich selber beschäftigen.«

»Es ist schön, dass du wieder da bist, Maricel. Ich habe dich vermisst.«

»Ich bin nicht da, Sammy, es ist dein Gehirn, das dich zum Narren hält.«

Abubakar Janjalani

Ich lag plötzlich wieder im philippinischen Dschungel. Mir wurde allmählich klar, dass ich in der Welt von Cellaris gefangen war. Die Gewürzinseln waren erreicht, meine Geschichte hatte in der Garderobe des Gefängnisses von Cebu ein abruptes Ende gefunden. Anschließend hatte Cellaris das Steuer übernommen. Ich war mir ziemlich sicher, und trotzdem machte mir die dunkel gefärbte Echse Angst, die an meinem linken Bein heraufkroch, eine Kreatur aus prähistorischen Zeiten, halb Krokodil, halb Schlange. Der Waran kroch über meine Hüften und verharrte mit weit aufgerissenen Augen auf meinem Brustkorb.

»Wer bist du?«, fragte ich.

Die Echse rollte die Augen und schien über etwas nachzudenken.

»Hatte Nietzsche recht? Ist Gott tot?«

»Gott hat nie existiert«, antwortete das schuppige Reptil mit gutturaler Stimme, ohne das Maul aufzureißen. Aber ich konnte seine Gedanken hören und seinen schlechten Atem riechen.

»Die Menschen haben Gott nach ihrem Ebenbild erschaffen, deshalb haben weiße Menschen weiße Götter und schwarze Menschen schwarze Götter. Hätte meine Gattung einen Gott, hätte er die Gestalt einer Echse, hätten Kamele einen Gott, hätte ihr Gott die Gestalt eines Kamels. Es gab nie einen Gott. Wir haben ihn nach unserem Ebenbild erschaffen. Um die Sinnlosigkeit unseres Daseins zu ertragen.«

Die Riesenechse richtete sich auf und kroch über meinen Kopf hinweg ins Gebüsch zurück. Ich wollte mir den Schleim aus dem Gesicht wischen, aber plötzlich spürte ich Schmerzen im linken Arm. Riesige, gelbe Ameisen krabbelten über meine verschwitzte Haut und bissen schmerzhaft zu. Die Einstiche erinnerten mich an die monatlichen Blutentnahmen auf dem Zellersatzambulatorium.

»Was redest du da für wirres Zeug?«, flüsterte Henri. Er schnitt eine Papaya auf und reichte mir ein Stück.

»Du bist ja immer noch da«, wunderte ich mich.

»Ich werde dich nicht im Stich lassen, Sammy.«

»Solltest du aber. Die Pillen sind mir ausgegangen.«

»Ich habe seit einer Woche keine Medikamente mehr, wenn ich morgen keine bekomme, verrecke ich auch.«

»Dann sterben wir zusammen, wie ein altes Ehepaar, wer hätte das gedacht, Henri.«

Henri legte mir den Arm um die Schulter. »Aber wir sterben als Freunde, nicht wahr?«

In den frühen Morgenstunden stieg das Fieber. Ich begann trotz der tropischen Hitze zu frieren. Meine Schleimhäute waren ausgetrocknet, schmerzten und begannen zu reißen, die Atmung flachte ab, die Nagelbette an Händen und Füßen waren entzündet, trieften vor Blut und Eiter. Ich benötigte dringend Antibiotika, Infusionen, Sauerstoff.

Che merkte gleich, dass ich nicht simulierte und in einem besorgniserregenden Zustand war. »Ruft den Bärtigen«, schrie er.

»Jetzt habt ihr Pech gehabt«, murmelte ich, »jetzt stirbt euch die erste Geisel weg.«

Ich spürte, dass ich in etwas Größerem gefangen war. Cellaris hatte in meinen Gehirnrezeptoren Mutationen ausgelöst. Ein Mann fuhr in einem Hightech-Rollstuhl durch das Gewirr von Blättern und Ästen auf mich zu. Er saß seitlich gekrümmt und benutzte einen Sprachcomputer, um sich zu artikulieren: *»Es gibt keinen Gott«*, sagte die monotone Stimme, *»der Urknall ist nichts weiter als eine unausweichliche Konsequenz der physikalischen Gesetze, es brauchte zur Erschaffung des Universums keinen Schöpfer.«*

»Er ist Astrophysiker«, flüsterte mir Henri zu, »frag ihn, ob es ein Leben nach dem Tod gibt.«

»Nein«, antwortete Stephen Hawking, *»ich betrachte das Gehirn als einen Computer, der aufhört, zu arbeiten, wenn seine Einzelteile nicht mehr funktionieren. Es gibt kein Leben nach dem Tod für kaputte Computer, das ist ein Märchen für Leute, die Angst im Dunkeln haben.«*

Ich verlor jegliches Zeitgefühl. Ich erinnere mich, dass sich etwas Dunkles über mein Gesicht legte. Es erinnerte mich an Courbets Gemälde *L'Origine du monde,* die behaarte Vulva einer Frau, die mit gespreizten Schenkeln daliegt. Während ich überlegte, wieso dieser Unterleib nach Sterilium roch, wich die Vulva zurück, und ich erkannte, dass es der schwarze Bart eines Mannes war. Abubakar Janjalani, fuhr es mir durch den Kopf. Der Bärtige beugte sich über mich und schaute ratlos in die

Runde. Mittlerweile waren mehrere Terroristen dazugestoßen. Ich versuchte ihnen zu erklären, dass ich ein ernsthaftes medizinisches Problem hatte und sofort in ein Spital eingeliefert werden musste. Die Gotteskrieger versprachen mir medizinische Hilfe. *Mamaya.*

Ich hoffte auf die Landung eines Rotkreuzhelikopters, doch es kamen kleine schwarze Buschmänner und gingen vor mir in die Hocke.

»Sieht nicht nach Rotem Kreuz aus«, stellte Henri nüchtern fest.

Es war in der Tat schwierig, die Insulaner richtig einzuordnen, denn sie trugen weder Kleider noch Namensschilder. Einer war offenbar Experte für Mangkukulam, dem auf den Philippinen weitverbreiteten Glauben an Voodoo, Hexerei und Zauberei. Filipinos sind tatsächlich christliche Heiden.

»Ein Schamane«, versuchte mich Henri zu beruhigen, »er wird in deine Lunge greifen und das Übel mit bloßen Händen herausziehen.«

»Er soll sich vorher die Hände mit Sterilium desinfizieren.«

Der Schamane stopfte sich Blätter in den Mund, die ihm eine alte Nackte aus den Bergen reichte, und begann sie zu kauen. Dann spuckte er den Brei aus und rieb damit meine Brust ein. Abubakar Janjalani übersetzte, dass ich von einem Fluch heimgesucht worden sei und dass nun ein Albularyo, ein Voodoo-Priester, die satanischen Insekten aus meiner Lunge herausholen werde.

Lungenpunktion

Abubakar Janjalani trug ein Namensschild. Deshalb wusste ich, dass er keine Vulva war. Er sprach zu mir, und ich konnte ihn sogar verstehen: »Die Lungenbiopsie ist gut verlaufen. Wir haben Ihrem linken Lungenflügel ein Stück Gewebe entnommen und werden es nun im Labor untersuchen.«

Ich blinzelte und schaute in das bärtige Gesicht, das mehr Bart als Gesicht war. »Wie viel Lösegeld wollen Sie für die Rückgabe dieses Lungengewebes?«

»Hunnybunny«, flüsterte Maricel, »du sprichst mit Professor Abubakar Janjalani vom Basler Universitätsspital, »es gab vor einer Woche Komplikationen, ein paar Bakterienherde und Keime.«

»Das war dieser Koboldmaki, Maricel ...«

»Welcher Koboldmaki, Hunnybunny? In der Schweiz hängen keine Koboldmakis in den Kastanienbäumen. Du bekommst jetzt vier Tage lang Antibiotika-Infusionen. Und anschließend hoch dosiertes Kortison, 500 Milligramm pro Tag. Nächste Woche bringe ich dich wieder nach Hause. Aber ich bin die ganze Zeit bei dir. Ich bin sofort von den Philippinen zurückgekehrt, als mich das Zellersatzambulatorium anrief.«

Ich versuchte, mich zu orientieren. Ich lag in einem Einzelzimmer des Klinikums eins. Auf dem Nachttisch standen Merkur und Aesculapius, die beiden kleinen Götter. Ich fand das sehr merkwürdig. Dann sah ich den mit Blut gefüllten Plastikbeutel an meiner linken Seite. Ein Schlauch führte direkt in meine Lenden. »War das der Speer von Lapu-Lapu?«

Plötzlich knallte es. Reflexartig versuchte ich, mein Gesicht mit den Armen zu schützen, und riss dabei den Schlauch heraus, der das Blut in den Beutel abführte.

»Draußen zünden sie Feuerwerkskörper«, beruhigte mich Maricel und drückte die Klingel, die über meinem Bett baumelte. »Heute ist der 1. August. Wir sind in der Schweiz, Hunnybunny. Im Universitätsspital Basel. Du hattest ein Problem, aber nun wird alles wieder gut. Schlaf weiter, du stehst noch halb unter Narkose.«

»Maricel, hörst du das Knattern? Das ist ein Helikopter. Die philippinische Armee …«

»Das ist der Helikopter der Rettungsflugwacht. Die landen direkt auf dem Dach des Klinikums. Wir sind im Unispital.«

»Nein, Henri, das ist nicht die Rettungsflugwacht …«

»Henri?«

Tiens, voilà du boudin

Hoch oben in den Baumkronen hörten wir ein ohrenbetäubendes Knattern und wildes Rauschen. Ich musste spontan an *Apocalypse Now* denken, den Kriegsfilm von Francis Ford Coppola aus dem Jahr 1979. Coppolas Vater Carmine hatte die Musik komponiert, aber der Soundtrack, der jetzt durch den Tropenwald von Mindanao schallte, war nicht von Coppola, sondern das Marschlied der französischen Fremdenlegion: *Tiens, voilà du boudin, voilà du boudin …*

»Henri«, rief ich, »mach dir nichts draus, das ist nur Cellaris!«

Henri saß in seinen verschmutzten Shorts auf einem Baumstrunk und spielte auf einer Bambusflöte *Bohemian Rhapsody* von den Queen. Diego de Escalante setzte sich zu ihm und imitierte Freddie Mercury mit Inbrunst:

Is this the real life?
Is this just fantasy?
Caught in a landslide
No escape from reality

Mir fiel auf, dass sich etwas an Henris Beinen veränderte, plötzlich sprossen Haare, und die Füße mutierten zu Bockshufen.

»Henri!«, rief ich entsetzt, doch Henri spielte weiter auf seiner Panflöte, während sich auf seiner Stirn zwei Beulen wölbten, anschwollen und sich zu Hörnern entwickelten, welche die Haut durchstießen.

Diego sang weiter:

I'm just a poor boy, I need no sympathy

Helikopter flogen über unsere Köpfe hinweg und mähten das Blätterwerk nieder. Die Terroristen warfen sich mit ihren Waffen in Deckung.

»Was soll der Blödsinn?«, Henri war außer sich, »das kannst du nicht machen, das ist einfach zu viel des Guten! Zuerst das Erdbeben, dann die Entführung und jetzt auch noch *Apocalypse Now!* Was werden die Kritiker schreiben?«

»Es war die Fremdenlegion, werden sie schreiben, aber es ist Cellaris!«, schrie ich zurück, während die bärtigen Gotteskrieger in wilder Panik auf die kreisenden Helikopter schossen. Einer explodierte und stürzte auf das Zelt ihres Kommandanten Che. Mayday! Die Terroristen flohen in den Dschungel. Plötzlich bogen sich die Sträucher um uns herum, und ein ziemlicher Schrotthaufen von Helikopter landete direkt vor unserer Hütte. Ein älterer Kerl in Kaki-Uniform stieg mühsam aus und humpelte in unsere Richtung. Als emeritierter Hypochonder

diagnostizierte ich spontan eine linksseitige Hüftarthrose dritten Grades.

»Ces salopards! Ces abrutis!«, brüllte er.

»Onkel Arthur«, rief ich, »was zum Teufel suchst du hier?«

»Dich, Sammy, du hast noch was gut bei mir. Siehst du, das ist Familie, deshalb hättest du dieses verfickte Buch nicht schreiben sollen! Aber jetzt wirst du ein Buch über mich schreiben!«

In diesem Augenblick zerfetzte ihm ein Geschoß die linke Gesichtshälfte, gleichzeitig wurde der Helikopter getroffen. Die überdrehten Rotorblätter stoben wie Wurfgeschoße auseinander und säbelten Onkel Arthur den Kopf weg. Er sackte zusammen, klatschte in eine von Moskitos frequentierte Pfütze, tastete sich zu seinem Kopf, erwischte ihn und setzte ihn sich wieder auf. Er machte weiter mit der *Bohemian Rhapsody:*

Mama, life had just begun
But now I've gone and thrown it all away
Mama, oo-o-o-o-oo
Didn't mean to make you cry
If I'm not back again this time tomorrow

Die Worte waren etwas unverständlich, da ihm ein Teil des Kiefers weggeschossen worden war, ähnlich wie damals bei Robespierre, der sich erschießen wollte, um der Guillotine zu entgehen, aber keinen Erfolg hatte. Intellektuelle sind in handwerklichen Dingen furchtbar ungeschickt. Aber auch mit den Tönen hatte Onkel Arthur Probleme, er traf nicht jeden.

Schließlich ließ er den Gesang bleiben und kam auf mich zu
»Tim hat mir den Marschbefehl erteilt. Maricel hatte in Mindanao bereits die Landebasis eingerichtet und einige Irre rekrutiert, was hier natürlich kein Problem war. Was mich betrifft, so

habe ich in der *Crocodile Bar* ein Mädchen getroffen. Sie sang sehr schön, ich sagte ihr, ich würde zurückkehren und sie zum Essen einladen. Sie heißt Rose Fostanes.«

In diesem Moment raste ein bunt bemalter Jeepney auf uns zu, eine Granate riss das Dach weg, Maricel saß am Steuer und winkte und lachte. Sie sprühte vor Energie. Vollstopp. Henri sprang als Erster ins Gefährt. Mit der einen Hand hielt er sich an einer Stange fest, mit der anderen massierte er sein Geschlecht, das wuchs und wuchs …

»Bist du jetzt Priapos, der Sohn des Säufers Dionysos?«, fragte ich Henri, als mich Jay und Joseph in den Jeepney hievten.

Wir fuhren in halsbrecherischem Tempo Richtung Bacolod, der Hauptstadt von Negros. Dort gebe es ein Privatspital, das auch Kreditkarten annehme, sagte Maricel. Auf unserer staubigen Höllenfahrt sahen wir Menschen, die am Straßenrand warteten, mitwollten und wie in Slow Motion winkten, aber Maricel hielt nicht an, sie ließ sie in gräulichen Staubwolken zurück und drückte weiter aufs Gas. In Zeitlupentempo stiebten wir über die Landstraße, an Kapitän Juan de Cartagena vorbei, seine Uniform hing in Fetzen an seinem Körper, neben ihm stand der Priester Sánchez de la Reina in seiner verdreckten Soutane. Sie waren nicht mehr allein, sondern in Begleitung von zwei Mädchen in weißen Erstkommunionskleidern. Ein paar hundert Meter weiter lag Jack mit seinem Weinschlauch am Fuß einer Palme und schob sich Gewürzschinken in den Mund.

»Vorsicht!« schrie ich. Vor uns überquerte gerade Maggy mit ihrem Staubsauger die Landstraße. Das Kabel verfing sich in den Rädern des Jeepneys, und da sie wie üblich nicht nachgeben wollte, schleiften wir sie mit.

Dann sah ich Achmed am Straßenrand. Er stand neben seinem geleasten Taxi, oder was davon übrig geblieben war, und machte einen verzweifelten Eindruck. Ein algerischer Panzer hatte es platt gewalzt. Neben ihm stand eine von Kopf bis Fuß schwarz verschleierte Frau. Zuerst dachte ich, Achmed hätte geheiratet, aber dann sah ich, dass die Frau einen Kerberos bei sich hatte und dass es wahrscheinlich Andrea war, die sich die neuste Herbstmode von Christa de Carouge gekauft hatte. Sie winkte mir freundlich zu und machte das Victory-Zeichen.

Honesto flößte mir Wasser ein, rechts von mir saß Mama und betete einen Rosenkranz. Fast schüchtern hob sie den durchsichtigen Früchtesack vom Boden auf, es waren sieben Früchte drin, und Mama sagte, wenn ich jetzt noch ein T-Shirt mit sieben Punkten anziehen würde, wäre ich geheilt. Dann bemerkten wir, dass uns Lourgien in einem solchen T-Shirt nachrannte. Sie versuchte es auszuziehen und mir in den offenen Jeepney zu reichen. Alle starrten auf ihre mächtigen Brüste, die auf und ab hüpften. Schließlich erwischte Mama das Leibchen und stülpte es mir über den Kopf. Junge Asiatinnen sind verdammt schlank; es wäre wohl einfacher gewesen, einem Delfin ein Kondom überzuziehen. Mama und Mariecl sagten mir, dass dieses Shirt unbedingt notwendig sei, um mein Leben zu retten. Dabei schauten sie mich so ernst an, dass ich es beinahe glaubte.

»Ihr seid mir schöne Katholiken«, murmelte ich.

»Das gehört zu unserer Religion, Hunnybunny, das ist … okay, ist ja schon gut.«

»Wir sind bald da, Dodong«, rief Honesto und strich mir über den Arm, während Jay zwei Orangen aufhob, die mir aus dem Schoß gekullert waren.

»Du darfst keine Frucht verlieren, bis wir in Bacolod sind«, warnte mich Joseph, »es müssen sieben Früchte sein, und dein T-Shirt muss sieben Punkte haben.«

Ich nickte und gab mir Mühe.

Jay kniete vor mir und gab auf die Orangen acht. Ab und zu schaute er versöhnlich zu mir hoch.

Schließlich lächelte ich zurück. »Ist schon blöd, dass man auf Reisplantagen keine Arbeit mehr findet, nicht wahr, Jay?«

»Ja«, sagte er, »ich dachte kürzlich, vielleicht könnten wir einen Jollibee eröffnen. In Escalante hat es noch keinen. Auch keinen McDonald's, Burger King oder Kentucky Fried Chicken, was meinst du, was das Beste wäre, Dodong, ein Jollibee?«

»Ein Jollibee«, wiederholte ich und kicherte leise vor mich hin, »ein Jollibee?«

»Ja«, lachte Jay, »ein Jollibee!«

»Aber du bist doch ein stinkfauler Kerl! Wer soll denn diesen Laden schmeißen?«

Honesto, Joseph und Maricel lachten schallend.

»Ich werde Tag und Nacht arbeiten, Dodong!«, versprach Jay fröhlich.

»Aber nachts hast du doch gar keine Kundschaft!«

Nun musste auch Mama lachen. »Du willst einen Jollibee in Escalante ...?«

Maricel schüttelte es so, dass sie den Jeepney kaum noch auf der Straße halten konnte. »Jay will einen Jollibee in Escalante eröffnen!«

»Was macht dann Cherry mit ihrer Kantine?«, fragte Mama.

»Ja, natürlich, du machst ihr das Geschäft kaputt mit deinem Jollibee ...«, sagte Maricel. Worauf alle wieder loslachten.

Nur einer schwieg: Onkel Arthur. Er erbrach Blut über meine Hose. »Sag Rose Fostanes, dass sie nicht auf mich warten ...«, röchelte er. Ein Blutschwall schoss aus einer Augenhöhle. Er steckte einen Finger in das Loch. »Meine letzten Worte, Sammy, was wirst du mir als letzte Worte in den Mund legen? *I did it my way,* wäre das okay für dich?«

»No-Go.«

»Spielt es wenigstens an meiner Beerdigung.«

»Für wen? Kein Schwein wird da sein.«

»Verdammt noch mal, was soll ich denn sagen? Es geht um meine letzten Worte! *Ich war ein Meter 57 groß.* So was? Oder: *Ich möchte unbedingt noch diese Rose Fostanes bumsen.*«

»Nein, das geht nicht. Vielleicht sagst du, was dir am besten geschmeckt hat in deinem Leben.«

»Sauerkraut mit Bohnen und Fribourger Würste. Nein, eigentlich haben mir … du weißt schon …«

»Nein, Onkel Arthur, das würde die Leute nur daran erinnern, dass du ein pädophiles Schwein warst.«

Onkel Arthur verlor allmählich das Bewusstsein, seine Arme wurden schlaff, das Blut floss über Mamas Shorts.

»Okay, Sammy, vielleicht halte ich jetzt einfach die Klappe«, flüsterte er mit letzter Kraft.

»Der ist gut, Onkel Arthur, den nehmen wir.«

Chirurgie eins

Ich starrte auf den mit Blut gefüllten Plastikbeutel an meiner linken Seite. Eine thailändische Pflegerin wischte gerade den Boden mit einem feuchten Lappen auf. Der Schlauch führte wieder in meine Lenden. »Das war nicht der Speer von Lapu-Lapu?«

»Nein, Sammy, wir müssen das Blut absaugen, das sich während des Eingriffs angesammelt hat, sonst machst du eine Embolie. Aber du hast vorhin den Schlauch herausgerissen.«

Maricel nahm meine Hand und lächelte. *Swerte,* alles wird gut. »Du warst unter Narkose, aber jetzt wachst du auf …«

»Nein, Maricel, da macht ihr mir was vor, ich war zwei Jahre lang unterwegs, ich trieb mehr als drei Monate lang auf dem Pazifik, ich sah Lourgien … Sag mal, habe ich deinem Vater tatsächlich zwei Kampfhähne aus der Zucht von Manny Pacquiao geschenkt?«

Maricel lächelte. »Nein, Sammy, du warst nie wirklich weg. Du wolltest mit mir zu meiner Familie auf die Insel Negros reisen. Wir hatten bereits unsere Tickets, aber auf dem Flughafen in Zürich hast du dich plötzlich anders entschieden, ich musste ohne dich fliegen. Du sagtest, du kämest zu Hause schon allein zurecht.«

»Ich hatte schon Angst, du hättest ein Bild auf Facebook gepostet. Ich, der Kampfhahn und Papa in der Sabong.« Ich schaute zum Fenster hinaus. Betonwüsten, so weit das Auge reichte, und keine Spur von tropischen Regenwäldern, bunten Papageien und leicht bekleideten, dunkelhäutigen Mädchen.

»Ist es wahr, dass Henri dich angebaggert hat?«

Maricel reagierte verdutzt.

»Dann sind doch ein paar Dinge wahr, Maricel? Cellaris verwischt zwar die Grenzen zwischen der realen und der fantastischen Welt, aber das Hirn fügt auch heimlich zusammen, was man in der realen Welt unbewusst aufschnappt. Der Mensch nimmt im Laufe eines Tages kleinste Veränderungen in Mimik und Gestik wahr, ohne sie lesen zu können, doch im Traum fügt das Gehirn zusammen, was zusammengehört. Henri hat dich angebaggert! Lass mich noch ein bisschen schlafen, Maricel, ich möchte Henri aufsuchen und zur Rede stellen, nein, ich werde ihm eine runterhauen, ich muss nochmals zurück, muss noch bis zum 6. September 1522 durchhalten …«

Achtzehn Überlebende

Am 6. September 1522 erreicht die *Victoria* den Hafen Sanlúcar de Barrameda, den Ausgangspunkt der Reise in der Nähe von Sevilla. Von den ursprünglich 234 Männern leben nur noch 18.

Obwohl die Expedition vier der fünf Schiffe verloren hat, ergibt sich durch den Verkauf der Gewürze ein gigantischer Reingewinn von 500 Golddukaten.

Die erste Weltumsegelung hat zwei Jahre, elf Monate und zwei Wochen gedauert. Pigafetta überreicht dem König sein Logbuch, Kapitän Juan Sebastián Elcano erzählt, was unterwegs geschehen ist, und wird in den Ritterstand erhoben.

Die Mannschaft der *San Antonio,* die Magellans Flotte noch vor der Durchquerung des *Paso* bei Nacht und Nebel im Stich gelassen hatte, war bereits am 6. Mai 1521 nach Spanien zurückgekehrt. Kapitän Esteban Gómez wurde ins Gefängnis geworfen. Als die *Victoria* mehr als ein Jahr später in den Hafen von Sanlúcar einlief und die Überlebenden über seine Verdienste berichteten, ließ man ihn frei.

Die Herrschaft der Nacht

»Es heißt, in Pigafettas Logbuch fehle ein Tag«, sagte Maricel. Sie saß immer noch an meinem Spitalbett, als ich wieder aufwachte.

»Nein, er hatte nicht ahnen können, dass er bei einer Weltumsegelung die Datumsgrenze durchbricht. Das steht alles in meinem Manuskript.«

»In der *Pacific Avenue?*«

»Ja, ich habe jetzt einen sehr merkwürdigen Gedanken. Ist es möglich, dass ich die *Pacific Avenue* nur geträumt habe, während ich unter Narkose stand?«

»Du hast im Traum den Traum im Traum geträumt. Du hast die Zwiebel geträumt.«

»Dann habe ich also keine einzige Zeile geschrieben?«

»Doch, aber deine Geschichte endet am Flughafen in Zürich. Auf den letzten Zeilen beschreibst du eine schwarz vermummte Frau, die dir mitteilt, dass du diese Reise nicht antreten kannst. Dass du nur noch in Gedanken reisen kannst.«

»Und doch ist alles wahr, Maricel, die Taxifahrten mit Achmed und Tonga, die Gespräche mit Henri, die Besuche im Zellersatzambulatorium, die Mails von Lourgien, der lange Brief, den ich Jay und deiner Familie geschrieben habe. Die Kantine von Cherry kenne ich sehr wohl, wir haben oft über ihr Geschäft geredet, ich habe ihre Bilder auf Facebook gesehen, den Standort mit Google Earth gefunden. Honesto war mit einer Helmkamera durch euer Dorf gefahren und hatte die Videos auf Facebook gepostet, ich habe den Pawnshop mit der dicken Frau hinter dem Tresen gesehen, und was ich nicht gesehen habe, hast du mir erzählt. Selbst das Hotel *The Henry* in Cebu habe ich gesehen, auf Tripadvisor, ich habe die Kommentare der Gäste gelesen, die Beschreibungen der Zimmer, ich habe mir Straßenkarten von Cebu angeschaut, habe die Standorte von Western Union und Jollibee gesucht, ich habe jahrelang online englischsprachige Tageszeitungen gelesen, den *Philippine Daily Inquirer,* die *Manila Times,* den *Philippine Star,* die *Cebu Daily News,* und die interne Polizeiaktion *Faule Eier in Uniform* hieß tatsächlich so. Mein Gott, Maricel, ihr seid wirklich der Wilde Westen Asiens. 43 Dollar für einen Killer in Uniform, das ist schon krass. Ich habe die Fahrpläne der Fähren zwischen Toledo und San Carlos studiert, obwohl sich niemand daran hält, ich habe dich und all deine Bekannten jahrelang mit Fragen gelöchert, ich kenne alle Menschen in deinem Dorf, ihre Sorgen, die kleinen und die großen, es ist die Soap meines Lebens, und Cellaris hat sie komponiert, Cellaris hat mein Gehirn erobert, meinen Intellekt abgestoßen, die neuronalen Verbindungen gekapert und alles, was ich jemals gelesen, gehört und gesehen habe, auf sehr eigenmächtige Art und Weise wieder zusammengesetzt, zur *Pacific Avenue.* Ich bin nicht der Schöpfer der *Pacific Avenue,* ich war nur die Leihmutter, die wie in Trance in die Tastatur haut und Farben, Stimmen, Landschaften und Gesichter ausscheidet. Und jetzt, wo das Buch beendet ist, fühlt es sich an, als sei ich nach langer Zeit erstmals wieder aufgewacht, aber ich kann mich kaum noch an etwas erinnern.«

»Ja«, sagte Maricel und strich mir über den Arm.

Ich öffnete die Hand.

Sie berührte die offene Handfläche und lächelte. »Die Nacht hat die *Pacific Avenue* geschrieben. Die Nacht hat die Herrschaft über dein Gehirn übernommen und geschrieben, tagsüber haben Zytostatika, Mycophenolsäuren, gezüchtete Bakterien und Entzündungsstoffe dein Gehirn annektiert, aber die Nacht gehört der Nacht, und der Tag gehört dem Tag. Was die Nacht weiß, bleibt dem Tag verborgen, und was der Tag weiß, wird von der Nacht gespeichert, verändert, chiffriert, unkenntlich gemacht, sodass der Tag nie mehr darauf zurückgreifen kann. Du hast die *Pacific Avenue* geschrieben, aber du wirst zu Hause kein vollständiges Manuskript finden. Nur die Nacht kann dir die ganze *Pacific Avenue* zurückgeben.«

Ich strich nachdenklich über Maricels offene Handfläche.

«Ich habe mir diese Reise so sehr gewünscht, ich wollte dich begleiten. Ich wollte bei dir sein. Ich habe es versucht. In Gedanken saß ich neben dir im Flugzeug, folgte dir nach Cebu und auf die Insel Negros. Ich war dabei, als du die Schokolade und die andern Geschenke verteilt hast, ganze Nächte verbrachte ich an meinem Schreibtisch und hörte euch lachen, das *lechón* duftete wunderbar, ich trank euer San-Miguel-Bier, manchmal die eine oder andere Flasche zu viel …«

»Vielleicht ist die *Pacific Avenue* das Buch eines Autors, der nicht mehr reisen kann«, sagte sie. »Du hast dir eine Welt zusammengeschrieben, die du nie mehr sehen wirst. Das ist das Einzige, was übrig bleibt, wenn dich die Krankheit entmündigt: Gedanken, Bilder, Fantasie, Reisen im eigenen Universum. Das kann dir niemand nehmen, ganz egal, was diese Krankheit noch mit dir anstellt.«

Beyoncé rief an.

Cellaris, I love every inch of you.

Nachwort

Auf den Philippinen leben heute rund hundert Millionen Einwohner auf 7107 Inseln. Während sich das Finanzviertel Makati in der Hauptstadt Manila kaum von denjenigen in Hongkong oder New York unterscheidet, begegnen wir in abgelegenen Provinzen noch Menschen, die ein Leben führen, wie es Antonio Pigafetta 500 Jahre zuvor beschrieben hatte. Leben, Kultur und Brauchtum der Dorfgemeinschaften in den Visayas haben kaum Ähnlichkeiten mit den Lebensbedingungen des Mittelstandes in den Städten. In der *Pacific Avenue* liegt der Fokus auf diesem Mikrokosmos, der nicht die Gesamtheit der Philippinen repräsentiert.

Gebrauch und Bedeutung der philippinischen Redewendungen wurden mir von meiner philippinischen Ehefrau erläutert. Grundlage für die Skizzierung von Mentalität und Kultur sind auch die jahrelangen Erfahrungen mit meinen philippinischen Verwandten und Bekannten in den Visayas und in Europa.

Die Aufzeichnungen von Antonio Pigafetta, der als Chronist an Bord der *Trinidad* war, sind in diversen Abschriften erhalten geblieben. Die Geschichte der ersten Weltumsegelung in der *Pacific Avenue* basiert auch auf seinen Tagesprotokollen.

Einige Dialogzeilen sind kursiv gesetzt. Es handelt sich dabei um Originalzitate von bekannten Persönlichkeiten wie Stephen Hawking, Dr. Marc Faber, Sigmund Freud, Franz Kafka, Gustave Flaubert und einigen mehr.

Für die Schilderung des Besuchs bei Imelda Marcos zog ich Interviews und Porträts heran, die in den letzten Jahren in internationalen Nachrichtenmagazinen erschienen sind, insbesondere die Berichte des *Spiegel*-Reporters Thilo Thielke. Für die Schilderung der Entführung in Mindanao benutzte ich Motive aus diversen Berichten von Entführungsopfern.

Für Fragen zum philippinischen Straf- und Zivilrecht nahm ich die Hilfe von Anwälten in Cebu in Anspruch. Philippinische Aktienmärkte, Wirtschaft und Casinoindustrie waren mir aus früheren Buchrecherchen bereits bekannt.

»Cellaris« ist die fiktive Bezeichnung für ein real existierendes Medikament, das sehr starke Nebenwirkungen hat.

Ich danke allen Leserinnen und Lesern für die zahlreichen Mails, die ich nach Erscheinen der *Script Avenue* erhalten habe.

I've been through the desert on a horse with no name
It felt good to be out of the rain
In the desert you can remember your name
(America: *A Horse with No Name*, 1972)

Claude Cueni, Basel/Allschwil, Sommer 2015

Weitere Informationen www.cueni.ch | claude@cueni.ch
facebook.com/claudecueniautor | twitter.com/ClaudeCueni
youtube.com/watch?v=ZFIFn3-U-Rg

Magellan's Circumnavigation o
Spanish
Portuguese
NORTH AMERICA
ATLANTIC OCEAN
PACIFIC OCEAN
SPAIN
San Lucar de Barrameda
Sevil
CANARY
CAPE VERDE IS.
SIERR LEON
SOUTH AMERICA
1519
BRAZIL
Rio de Janeiro
Rio de la Plata
MAGELLAN
1521
PATAGONIA
Cape of Good
Port St. Julian
Santa Cruz
Strait of All Saints
(Strait of Magellan)
TIERRA DEL FUEGO
Spanish
Portuguese